国外教育科学基本文献讲读丛书

丛书主编 石中英

丛书副主编 蒋 凯

丛书编委会（以姓氏笔画为序）

邓　猛　　石中英　　朱志勇　　伍新春

刘云杉　　刘复兴　　杜育红　　陈洪捷

陈晓端　　张　华　　项贤明　　胡劲松

施晓光　　姜　勇　　高益民　　蒋　凯

褚宏启

国外教育科学基本文献讲读丛书

丛书主编　石中英
丛书副主编　蒋　凯

国外教育政策
研究基本文献讲读

主　编　刘复兴

北京大学出版社
PEKING UNIVERSITY PRESS

图书在版编目(CIP)数据

国外教育政策研究基本文献讲读/刘复兴主编.—北京：北京大学出版社，
2013.10

(国外教育科学基本文献讲读丛书)

ISBN 978-7-301-23249-1

Ⅰ.①国…　Ⅱ.①刘…　Ⅲ.①教育政策－国外－高等学校－教学参考资料
Ⅳ.①G510

中国版本图书馆 CIP 数据核字(2013)第 225936 号

书　　　　名：**国外教育政策研究基本文献讲读**

著作责任者：刘复兴　主编

丛 书 策 划：周雁翎

丛 书 主 持：刘　军　于　娜

责 任 编 辑：于　娜

标 准 书 号：ISBN 978-7-301-23249-1/G · 3710

出 版 发 行：北京大学出版社

地　　　　址：北京市海淀区成府路 205 号　100871

网　　　　址：http://www.pup.cn　　新浪官方微博：@北京大学出版社

电 子 信 箱：zpup@pup.cn

电　　　　话：邮购部 62752015　发行部 62750672　编辑部 62767857　出版部 62754962

印 刷 者：北京鑫海金澳胶印有限公司

经 销 者：新华书店

　　　　　　720 毫米×1020 毫米　16 开本　21.5 印张　400 千字

　　　　　　2013 年 10 月第 1 版　2015 年 12 月第 2 次印刷

定　　　　价：42.00 元

总　序

　　为了进一步整理国外教育科学的知识传统，丰富教育科研人员、教育决策者和教育实践者的阅读，提高教育学科人才培养质量，服务于不断深化的我国教育改革事业，北京大学出版社决定编辑出版"国外教育科学基本文献讲读丛书"。

　　遴选和出版一个学科的基本文献，为学习者和研究者提供快速进入一个学科领域的文献指引，对于该学科的学习、研究和知识传播都具有重要意义。国内外众多知识领域都编写过这样的基本文献。就教育学科而言，1986 年北京师范大学出版社出版的《教育哲学教学参考资料》、1989 年华东师范大学出版社出版的《国外教育社会学基本文选》、20 世纪 90 年代初期人民教育出版社出版的《教育学文集》丛书以及 1998 年伦敦和纽约 Routledge 出版社出版的《教育哲学：分析传统中的重要主题》(*Philosophy of Education：Major Themes in the Analytic Tradition*)一书，均属于这类读物。数年前，北京大学出版社决定编辑出版"国外教育科学基本文献讲读丛书"也有同样的考虑。此外，选编者编辑这套丛书还有一些新的考虑：第一，目前国内还没有一个比较全面地反映国外教育学科基本文献的丛书，仅有教育社会学、教育经济学等少数几个学科编辑了这样的基本文献。第二，目前国内已经编撰的少数教育学科基本文献选文时间大都截止到 20 世纪 80 年代左右，对于最近 30 年国外教育学科研究的新进展反映不够。第三，特别重要的是，在我国目前教育学科本科生、研究生的培养中，学生对于基本文献的学习和研读比较薄弱，一些教师由于种种原因也比较忽视基本文献的遴选和指导阅读，这极大地影响了教育学科人才培养的质量。

　　遴选和出版教育学科的基本文献，就像编辑和出版任何一个学科的基本文献一样，是一件极其重要但也有相当难度的学术工作。教育学科作为一个专门的知识领域出现，是一个近代的事件。若从夸美纽斯时代算起，有 380 年左右的历史；若从康德和赫尔巴特时代算起，有 200 多年的历史。两三百年间，世界各国学者们积累的有关教育问题论述的文献可谓汗牛充栋、数不胜数。在众多的文献当中，究竟哪些文献算是教育学科的基本文献，是一个需要费力思索的问题。这套丛书在各卷选篇内容和范围的问题上,主要基于以下四项原则。第一,主编负责制。出版社根据编委会的意见,先聘请各卷的主编,然后由各卷主编确定本卷的基本文献目录。第二,学科共识。各卷主编在确定基本文献目录过程中,广泛征求相关学科领域国内外有影响力专家的意见,力求对基本文献的遴选反映该学科权威学者的共识。当然,从国外一些教育科学基本文献的选编情况来看,完全重叠的认识是没有的。第三,内容标准。所谓内容标准是指,那些堪称学科基本文献的文献,理应是提出了学科的基本问题或概念,建构了有影响力的理论主张,或奠定了学科研究的基本范式的一些文献。第四,影响力标准。各卷选择的文献,理应是相关学科领域内反复阅读、讨论、引述或评论的文献,是学习和研究一个学科领域问题不能忽视或绕过的文献。

这套丛书涵盖目前我国教育学科的主要分支学科。在各卷的结构安排上,有两种体例:一是按照有关学科的主要问题领域分专题或流派来选编;二是按照学科的历史发展脉络分主要阶段来选编。各卷具体选择何种体例由各卷主编来确定。各卷主编为所负责的一卷撰写前言,并对本卷选编工作进行概要说明。每一卷大概分为3~6个专题,每个专题之前主编撰写"专题导论"来介绍本专题的情况,结合该专题选取的文献,对该专题理论、知识和方法的概况进行评析,体现导读的作用。每一专题文献之后附10~20篇专题拓展阅读文献,供学习者和研究者进一步阅读时参考。

选编国外教育科学基本文献是一项高难度的学术工程,也不可能毕其功于一役。由于丛书组织者和选编者的水平有限,在丛书选编过程中难免会出现疏漏,恳请诸位读者提出宝贵的意见和建议,以便我们在后续工作中及时改进或提高。

石中英

2012 年 12 月 10 日

前　言

政策科学的产生与发展是 20 世纪人类知识体系演进的重要事件。第二次世界大战以后，在运筹学和系统科学发展与应用的基础上，政策科学渐渐从政治学中分化出来。在经历了"政策科学运动"与"政策分析运动"两个阶段的发展以后，逐步形成了自身特定的研究领域和研究范式，为实现公共政策活动的科学化、民主化、系统化，为提高经济与社会管理水平作出了重要贡献。在这个过程中，系统化的、作为一个学科领域的教育政策研究也在欧美国家逐步发展起来，并在世界范围内产生了重要影响。

在我国，一般意义上的政策研究也有比较悠久的历史。但比较系统化的从学科视角开展研究的历史并不长。改革开放以后，我国学者开始系统译介国外公共政策研究的成果，并逐步在大学中开展相关课程的教学工作。我国系统化的、作为一个学科领域的教育政策研究始于 20 世纪 80 年代中期。1985 年《中共中央关于教育体制改革的决定》和 1986 年《中华人民共和国义务教育法》的制定与实施，是推动我国开展作为一个学科领域的教育政策研究（包括教育法的研究）的重要力量。此后，教育政策研究以及相关的人才培养和学科建设活动逐步在我国部分大学中开展起来，并成立了一些专门化的研究机构和相关的专业研究学会，译介和创作了大量的相关研究成果。但是从总体上看，无论在研究水平还是在学科建设水平上，我国的教育政策研究与欧美国家相比还有一定的差距。当前，无论是开展高水平的教育政策研究，推动本土化政策理论体系的建设，参与教育政策学科领域的国际学术交流，还是提高专业化人才的培养水平，建设完善的教育政策学科，我们都需要系统地学习和借鉴迄今为止国外关于政策科学和教育政策研究的一切优秀成果。本书的编撰实际上就是这种努力的一个尝试。

《国外教育政策研究基本文献讲读》一书是"国外教育科学基本文献讲读丛书"中的一本。本书可以作为开设教育政策分析或相关课程的大学的教材或教学参考材料，也可以作为教育政策分析专业的研究生、本科生和广大的教育行政与管理工作者的阅读和参考材料。

本书按照教育政策学科理论与实践问题的主要领域、以专题的形式排列与呈现所选文献。在内容的选择上，力图向读者比较全面地呈现国外公共政策特别是教育政策研究领域最具有影响力、代表性和经典性的重要文献。本书共选编文献 26 篇，分为四个专题：教育政策与教育政策分析、教育政策过程、教育政策研究的理论基础与方法论、教育政策与教育改革。每个专题均由专题导论、作者简介、选文简介点评、选文正文和专题拓展阅读文献几个部分所构成。在每个专题之前，我们提供了专题导论，以期使读者对文献的研读起到一个引导的作用。为了帮助读者对每篇文献的背景知识、文献的基本观点、学术价值和学术与社会影响有一定的了解，本书专门撰写了每篇文献的作者简介和对选文内容的简要述评，有些文献还通过脚注的方式为读者提供了原文与译文的来源。为了使读者能够延展阅读的空间，了解该专题问题领域内的其他经典读物，还在每个专题之后为读者提供了拓展阅读篇目。

本书的选编工作得到了国内外教育政策研究领域许多前辈、同行朋友的大力支持与帮助。他们不仅在选文目录的筛选过程中给予我们热情的鼓励，而且还基于他们各自的专业判断提出了关于选文目录的建议。这些专家包括北京大学的陈学飞教授、林晓英博士，清华大学的王孙禹教授、袁本涛教授，国家教育发展研究中心的张力教授、涂端午博士，沈阳师范大学的孙绵涛教授、祁型雨教授，华东师范大学的范国睿教授、阎光才教授，北京师范大学的鲍传友副教授、薛二勇副教授。美国威斯康星大学的迈克尔·阿普尔（Michael W. Apple）教授和芬兰坦佩雷大学的李栋博士对本书文献的筛选工作提供了非常有价值的信息和建议。在英国伦敦大学教育学院攻读博士学位的刘水云女士对于我们搜集国外教育政策研究领域的经典文献和翻译工作提供了很大帮助。另外，在选文简介中，我们也引用了国内外学者的一些现有研究成果。在此，向他们表示深深的敬意和衷心的感谢！

我们编撰本书的过程，也是一个自身学习和研究的过程。许多文献都需要整理、翻译、校阅，并一一撰写作者简介和选文简介点评。北京师范大学教育学部的博士研究生周磊、刘福才、郏芳、徐赟和硕士研究生周琳、王晶晶、余晖、王晓芳、林祖铅、王蕾、刘惠、蔡亮亮、谭敏达、邹维娜等参与了本书的选文、翻译和校对工作。这里对他们为本书的编撰而付出的辛勤劳动表示感谢！另外，还要感谢北京大学出版社教育出版中心周雁翎主任对本书编写工作给予的指导和帮助。

由于我们的阅读范围和水平所限，时间也比较仓促，本书的编撰肯定会存在一些不足和问题。比如选文的范围还可以进一步拓展，部分初次翻译的文献文字还需要锤炼，部分选文作者的一些基本信息还需要补充和完善，专题导论和选文简介点评只是在编撰者自身的认识和研究水平的基础上撰写的，仅供读者参考。对于书中存在的不足，恳请广大读者给予批评指正。

刘复兴

2013 年 5 月

目　　录

第一编
教育政策与教育政策分析

政策科学主要关心的是对社会发展方向的理解和改善。因此，它主要应关心社会导向系统，尤其是公共政策制定系统。

——《政策科学的范式》

在全球化、知识商品化的背景下，教育政策服务于谁的利益？

——《大政策小世界：教育政策的国际视角》

专题导论

本专题选文的主题是"教育政策与教育政策分析",共选入十篇文章。主要目的是通过所选文章或篇目让读者尽可能全面了解国外(主要是欧美国家)学者关于教育政策与教育政策研究①的基本概念、基本理论、基本特点以及发展趋势等方面的观点,以帮助读者初步建立起对教育政策研究的一些基本概念、理论观点和发展趋势的基本认识。

在欧美国家,教育政策研究是伴随着政策科学的发展而发展起来的一个跨学科的、专门化的教育研究领域,也是公共政策研究的一个重要组成部分。尽管教育政策研究与一般的公共政策研究相比有它的特殊性,但政策科学的基本概念、基本理论和基本范式也完全适用于教育政策研究。本专题特别选编了哈罗德·拉斯韦尔的《政策取向》、叶海卡·德罗尔的《政策科学的范式》《政策研究的基本概念》和查尔斯·E.林德布洛姆《直接决策者之间的非正式合作》等篇目。拉斯韦尔和德罗尔是政策科学发展的第一阶段"政策科学运动"的代表人物,他们的理论奠定了政策科学发展的理论基础和基本范式。拉斯韦尔的《政策取向》论述了政策科学的六个特点。德罗尔的《政策科学的范式》从 14 个方面讨论了政策科学的基本范式。其《政策研究的基本概念》则集中讨论了政策研究的基本特征、历史发展和政策研究的基本内容,并从九个方面分析了政策制定的特点。三篇文献代表了政策科学发展的早期阶段关于政策与政策科学的基本认识和基本观点。林德布洛姆则是政策科学发展的第二阶段"政策分析运动"的代表人物,其《直接决策者之间的非正式合作》选自他的著作《决策过程》。《决策过程》是政策科学发展过程中政策分析阶段的代表作之一,反映了政策分析运动重视具体的微观政策问题研究、重视政策研究成果的应用性和重视政策分析方法的特点。

教育政策研究作为公共政策研究的有机组成部分,具有其独特的研究内容和研究视角。本专题节选了斯蒂芬·鲍尔的《什么是政策? 文本、轨迹和工具箱》、佛兰德·S.柯伯思的《教育政策》和约瑟夫·扎耶达的《教育与政策:变化中的范式与问题》等三篇文献。它们从不同的角度对如何理解教育政策、教育政策研究的进展与意义、教育政策分析的基本步骤等方面进行了论述。鲍尔的《什么是政策? 文本、轨迹和工具箱》是他的《教育改革——批判和后结构主义的视角》一书中的精华,文中阐释了政策作为文本与话语的本质属性,为我们理解教育政策提供了独特的思路和视角。柯伯思的《教

---

① 尽管严格来讲,政策研究、政策分析这两个概念是不同的,但本文对"教育政策研究"与"教育政策分析"这两个概念不作严格区分,某种意义上两者可以通用。

育政策》从教育政策理论和教育政策实践的角度,对教育政策活动的特殊性、教育政策问题的类型、教育政策活动中的利益团体、教育政策的价值选择、教育政策活动及其相互关系以及教育政策研究的发展趋势等问题作了具体细致的分析,是一篇全面而综合地研究教育政策的经典文献。扎耶达的《教育与政策:变化中的范式与问题》是一种开创性的研究,文章以1955年至2001年间发表于《国际教育评论》上的有关教育和教育政策的文章进行考察,分析教育与教育政策在研究范式、研究内容等方面的演变过程,并试图将教育政策的主题、问题与教育研究领域中的范式转变联系起来进行研究。

在全球化的时代,一国乃至地区的教育政策往往会打上鲜明的国际因素的烙印,受到国际的政策理论与政策趋势的显著影响。同时,一国乃至地区的教育政策又不可避免地或多或少对其他国家和地区的教育政策活动产生一定的影响。当今的教育政策研究,国际化的视角是一个绕不过去的研究领域。本专题选编了鲍尔的《大政策小世界:教育政策的国际视角》一文,分析了全球化对教育的影响,以及在全球化的复杂性背景中教育政策的反应及其理论依据。

教育政策活动需要系统、科学的教育研究(包括专门的教育政策研究)的支持。但是长期以来,无论是国内还是国外,教育研究是否能够为教育政策活动提供系统科学的支持,教育政策活动系统是否具备较强的理论和伦理的自觉性,一直是一个没有解决好的问题。教育研究与教育政策之间存在着一种隔阂或者鸿沟。学术文化与决策文化、实践文化之间难以融合。关于教育研究与教育政策活动的关系,本专题选编了托尔斯顿·胡森的《教育研究与教育决策》和罗伯特·斯莱文的《以证据为基础的教育政策:教育实践和研究的转型》两篇文献。胡森的《教育研究与教育决策》在区分决策者、研究者和中间人的基础上,探讨了教育研究者与教育决策者的不同之处及其矛盾,分析了二者之间产生矛盾的原因;针对怎样更好地应用社会科学的研究成果来改进政策实践的问题,介绍了社会科学成果应用于政策实践的七种模式,并提出促进决策者与研究者相互沟通的方式,以实现政策性研究的制度化。斯莱文的《以证据为基础的教育政策:教育实践和研究的转型》则基于教育研究不重视实证研究并且没有为教育政策和教育实践提供有力的论证基础的现状,提出并论述了"以证据为基础的教育政策",论证了以证据为基础的教育政策会引起教育实践与教育研究的转型,会促使教育的不断进步。这样的研究和结论对于我国的教育研究和教育政策研究都具有十分重要的启发意义。

政 策 取 向①

哈罗德·拉斯韦尔

作者简介

哈罗德·拉斯韦尔(Harold D. Lasswell,1902—1978),美国著名政治学家、政治传播学先驱。1926 年获得芝加哥大学哲学博士学位,是芝加哥学派创始人查尔斯·梅里亚姆(Charles E. Merriam)最优秀的学生之一。曾任耶鲁大学法学教授(1946)、政治学和法学教授(1952—1971),斯坦福大学行为科学高级研究中心研究员(1954),美国科学院院士,美国政治学协会主席,国际法协会主席(1970—1972),国际政治心理学协会名誉主席(1978)。此外,还担任过许多大学(包括我国原燕京大学)的客座教授和许多政府机构的顾问。②

其主要著作有:《世界大战中的宣传技巧》(*Propaganda Technique in World War I*,1927);《精神病理学与政治学》(*Psychopathology and Politics*,1930);《世界政治与个人不安》(*World Politics and Personal Insecurity*,1935);《政治学:谁得到什么? 何时和如何得到?》(*Politics:Who Gets What,When,How*,1935);《传播在社会中的结构与功能》(*The Structure and Function of Communication in Society*,1948);《政策科学:范围和方法的新进展》(*The Policy Sciences:Recent Developments in Scope and Method*,与丹尼尔·勒纳合编,1951)等。

选文简介、点评

第二次世界大战以前,以芝加哥大学为中心,有关行为科学的研究在政治学领域出现了。第二次世界大战以后,政治学领域又出现了新的学术动向——政策科学从政治学中分化出来。这种新动向在由纽约卡内基财团赞助、由斯坦福大学主办的"关于国际关系的革命性、发展性学术讨论会"(简称为 RADIR 学术讨论会)上得以充分体现。

---

① Lasswell,H. D. The policy orientation[M]// Lerner D. & Lasswell,H. D. The Policy Sciences,Recent Developments in Scope and Method. Stanford,Calif:Stanford University Press,1959:3-15.

② [美]哈罗德·拉斯韦尔.政治学:谁得到什么? 何时和如何得到? [M].杨昌裕,译.北京:商务印书馆,1992:1.

出席这次讨论会的有政治学家丹尼尔·勒纳、哈罗德·拉斯韦尔、文化人类学家玛格丽特·米德、经济学家肯尼思·阿罗、心理学家爱德华·希尔兹以及社会学家罗伯特·默顿等大名鼎鼎的杰出人物。这是一次甚为罕见的学术界泰斗云集的盛会，会上发表的论文由斯坦福大学出版社于 1951 年编辑出版，文集题名为《政策科学：范围和方法的新近发展》，这是政策科学（公共政策学）①的开山之作。

在会议上，主办学校斯坦福大学的伊斯顿·罗斯威尔教授首先对什么是政策科学下了定义。罗斯威尔教授认为，政策科学是指"以制定政策规划和政策代替案为焦点，运用新的方法论对未来发展趋势进行分析的学问"。接着，此次讨论会的重要人物——政治学家拉斯韦尔又论述了政策科学②应具备的六大特点。

第一个特点是：政策科学重视方法，其哲学基础建立在逻辑实证主义之上。拉斯韦尔非常赞赏鲁道夫·卡尔纳普式的逻辑实证主义，他认为政策科学追求政策的"合理性"，使用数学"公式"和实证性"数据"，是一门用科学的方法论进行分析研究的学问。拉斯韦尔认为定量方法能够最快地提升学科影响力。

第二个特点是：政策科学为改善民主实践而提供必要的知识指导。拉斯韦尔认为美国的主流传统肯定了人的尊严，而不是一部分人的优先权，因此政策科学的重点应放在与实现人类尊严相关的知识发展上，政策科学可以成为一种治疗社会疾病的医学。③

第三个特点是：政策科学是一门对于时间和空间都非常敏感的学问。政策科学注重研究从过去到现在到未来的趋势，以及趋势和价值目标的联系。政策科学应具备全球性的视角，因为全世界的人组成一个社会，他们的命运相互影响。

第四个特点是：政策科学具有跨学科的特性。在这个问题上，所有参加这次学术讨论会的人达成了最为一致的意见。人们尤其强调政治学者和经济学者的合作研究，以及政治学者和社会学者、心理学者的合作研究。从第二次世

---

① 英文中的"policy sciences"直译为"政策科学"。虽然"政策"一词可以应用于从个人到企业到国家的不同层面，然而政策科学作为一门学科通常只针对公共政策，所以政策科学又可称为"公共政策学"。人们在论及政策一词时，如果没有特别限定，一般也都指的是公共政策，包括环保、人口、经济、教育、卫生、生物医学、外交、军事政策等等。药师寺泰藏的《公共政策》一书中用的是"公共政策学"一语，而本书采直译"政策科学"。

② The Policy Orientation 文中的"policy"，虽然没有"public"的修饰，但可以看出文章探讨的是公共政策。

③《公共政策》（药师寺泰藏著，张丹译）一书将这条特点概括为：公共政策学必须是以民主体制为前提的学问；公共政策学必须弄清个人对政策作出的反应，还必须对政府和政治权力具有敏锐的洞察力；公共政策学不同于政治学，它具有崭新的学术体系。编者认为这些概括不容易从拉斯韦尔的原文中看出来，引申的程度较大（也有可能是拉斯韦尔在会上的发言中谈到的，但没有写在《政策取向》一文中）。

界大战开始,由于经济学家被动员去研究经济政策,政治学家则受命研究国际政治问题,社会学家和心理学家受命研究复员军人的退伍还乡问题,因此人们意识到,如果把这些学者集中在一起研究政策问题,那么就一定能够得到更科学的解决问题的办法。这样,与其说人们从经济学和政治学的特点中发现了政策科学的跨学科性,毋宁说第二次世界大战前后美国特殊的社会背景对人们达成这一共识产生了重大影响。

第五个特点是:政策科学不可缺少拉斯韦尔所说的"发展建构"(Developmental Construct)。重大社会变革的思考模型可以称之为"发展建构",它详细说明了我们是从什么样的制度模式出发,以及正在向什么样的模式前进。发展建构有助于认清目标、记录趋势、估计未来的可能性这一整体性工作。

第六个特点是:政策科学是一门必须和政府官员共同研究的学问。在制定新政和在第一次世界大战中召开的国家防卫研究评议会上,学者们曾偶尔参与过政府的政策制定工作。但反过来,政府官员们却几乎从未参与过学术研究。从政策科学的研究对象的特殊性来说,学者们非常需要了解政府官员对政策的认识和所掌握的数据。因此,今后政府官员参与学术研究的情况必然会多起来。这可以说是一件新生事物。[1]

此外,《政策取向》一文中还指出:政策科学的首要重点是处理人类社会的根本问题而不是当下的热点问题;政策科学不仅强调基本问题和复杂模型,也要求澄清政策涉及的价值目标;发展专门的制度来观察和报告世界的发展变化尤为重要。

拉斯韦尔是政策科学的创始人。他与勒纳合编的《政策科学:范围和方法的新近发展》标志着政策科学的开端。在收入此文集的《政策取向》一文中首次提出了"政策取向"的概念,研究和描述了政策科学的对象、性质和发展方向,奠定了政策科学发展的基础。这篇文章实际上是政策科学最早期的经典文献。尽管人们对拉斯韦尔的上述主张是否贴切议论纷纷,然而可以肯定的是,它们为后来的有关政策科学的争论定了调,时至今日仍能成为讨论的焦点。当然,在《政策取向》一文中,拉斯韦尔表达了他对共产主义、马克思主义的个人态度,对此我们应该坚持客观分析的态度。

选文正文

我国正处于持续的安全危机之中,这要求我们应最高效地利用美国人民的人力、设施和各种资源。受过高度训练的人才总是非常稀缺和昂贵。因此,危机带来的问题是,如何用最经济的方式利用我们的智力资源。如果要让我们的政策需求得到满足,那么,什么问题最具有探寻的研究价值?为了进行研究,应

---

[1] [日]药师寺泰藏. 公共政策[M]. 张丹,译. 北京:经济日报出版社,1991:32-39.

该分配给官方机构和私人机构什么样的人力和设施？什么是能够为政策收集数据并解释其意义的最佳方法？如何使这些收集的数据及其解释在决策过程中发挥效用？

尽管国防方面的迫切需要强化了这些问题的重要性，但这是一个老生常谈的问题。多年以来，知识分子们就已相当关注克服现代生活的分裂倾向，以及实现公共和私人活动目标和方法的更加彻底的整合问题。哲学、自然科学、生物学和社会学专业化的步伐如此之快，以至于同一所大学里的职员甚至同一个部门的成员都经常抱怨他们不能互相理解。这些"离心"力量已经削弱了精神生活的统一和科学与实践的一致性。

近年来，整合的新趋势在美国日渐强大。在文理学院，选课制度已由更加严密的课程所替代，（介绍一门学科的）概论课被设计为向学生介绍广博的知识并为其提供更宽广的视野。在研究层面，各种专家集合而成的团队被组建起来去处理共同的问题，希望能防止知识由于过度精细、分散而带来的有害影响。在政策领域，更多的关注已被投入到策划上，以及改善行政人员和实际决策所依赖的信息上。我们更加意识到政策过程依其自身特性可以作为一个合适的研究对象，主要是希望提高决策流（flow of decision）的合理性。

一种打通现有专业的政策取向已经发展起来。这种取向是双重的：它一面为了政策过程，一面为了政策的信息需求。第一个任务——发展一种关于政策形成和执行的科学——使用社会和心理探究的方法。第二个任务——改善决策者可接触到的信息及其解释的具体内容——通常走出了社会科学和心理学的边界。

因此，政策取向只是集中在对政策的科学研究这个范围内，这要比心理学和社会科学研究的范围狭窄得多，心理学和社会科学还有很多其他的调查对象。然而，在政策领域内信息需求至上，任何一项知识，不管是不是在社会学科范围内，都可能是相关的。我们可能需要知道卡萨布兰卡的港口设备，或者太平洋岛上的居民对日本人的态度，或者一门固定式火炮的最大射程。

在任何给定的时期，我们都可以用"政策科学"来表示政策取向的内容。政策科学包括：(1)政策的研究过程所用的方法；(2)政策研究的结果；(3)当时最能满足信息需求的学科发现。如果我们要推进对政策制定和执行过程作为一个整体的科学把握，显然对心理学的以及社会科学的调查方法的应用和改进是必不可少的。因此，本书①强调调查研究的发展，这对理解人类选择具有非比寻常的重要性。如果要提高政策制定过程的合理性，我们必须对信息功能进行专门研究。在一定程度上，改善信息功能的任务依赖于研究人员、政策顾问和最终决策者之间的更有效的沟通技巧。因此，当真实的信息和可靠的解释能因方

---

① 指的是《政策科学：范围和方法的新近发展》。——译者注

法的改良而与最终判断相互协调时,政策科学就进步了。在一定程度上,任何时候信息功能的质量都依赖于在政策得到普遍认知之前,成功的预测政策需求。成功预测取决于某些思维模式的培养。例如,考虑事件中那些可能会对将来政策问题有影响的整体环境,这是很重要的。因此,我们要将世界这一整体作为关注的焦点。此外,将过去和未来作为环境中的一部分来思考,以及利用"发展建构"作为探索事件流(flow of events)的工具,培养这种思考模式也是很有必要的。本书在论述"堡垒国家"可能性的章节中,详细论证了一个在全球范围内发展思考的例子。

"政策科学"这种表达在美国并没有被普遍使用,虽然它现在出现得比以前更加频繁。或许还应该指出,这个词语现在正在被频繁地用来替代任何学者们之间流行的表达。政策科学不是谈论"社会科学"作为一个整体的另一种方式,也不是谈论"社会和心理科学"的另一种方式,更不是说"政策科学"与"应用社会科学"相同或者说是"应用社会和心理科学"。前面解释过了,政策取向强调的只不过是社会科学在特定范围内产生的许多问题中的一个,但又包含迄今为止的社会的、心理学的和自然科学的相关结果——它们给一定时期内的政策需求提供适当的信息。

也不要认为"政策科学"与"政治科学家"(political scientists)的研究对象大致相同——"政治科学家"一词常用于称呼研究国家治理的高校教师和学者。诚然,一批学校里的政治科学家会用对权力(在决策制定的意义上)的研究来界定政策科学的研究领域。但目前这只是一个少数派的观点。许多对决策(包括"决定"——定义为合法的选择)的一般理论的有价值的贡献并不是由政治科学家(在学术分工意义上的)做出的。此等例子不胜枚举,包括"理性选择理论"(所谓的"博弈论"),这是由数学家冯·诺依曼(Von Neumann)和经济学家摩根斯坦(Morgenstern)提出的。在本书的贡献者中,经济学家阿罗(Arrow)和卡托纳(Katona)特别关注的是决策理论。并且我们可以很容易地找出很多心理学家、人类学家以及对决策的理解进行专门研究并取得丰硕成果的另一些人。

"政策"这个词通常是指那些在组织或者私人生活中最重要的决策。我们讲"政府政策"、"商业政策",或者"我自己的政策"——关于投资及其他事项。因此,"政策"与那些聚集在政治一词周围的令人讨厌的含义无关——那种含义常被人认为指的是"党派"或者"腐败"。

当我在美国提到"政策取向"的时候,我是在强调在许多学者和科学家中看起来起主导作用的一种趋势,而这种趋势在社会科学中尤为明显。政策科学的概念正在不断给予这些近期的趋势以真知灼见,并且帮助其实现它们的全部潜能。这种运动不仅指向让政策科学成长起来的政策取向,更重要的是它指向民主的政策科学。

重视方法

如果我们回顾两次世界大战之间的趋势，当前事态发展的意义将更为明显。第一次世界大战是美国社会和心理科学史上的一个转折点。其中的一些学科对战争的发展作出了突出贡献，而其他的学科却没有。要解释这种差异的难题立即产生了。两次世界大战之间美国社会科学的发展，很大程度上要依据对这一问题的回答来解释。

最有影响力的回答是：定量方法能最快地提升学科影响力。从这个视角来看经济学的例子。经济学家被广泛地调动起来去估计生产军火、供给人员和物资所需要的设施、人力和资源。那些作出最大直接贡献的经济学家运用了数学和统计学。他们有方法，并且是定量的。他们可以依据一般假设、规则和假说体系来运用数据。

再看心理学家。最成功的团队运用了"智力测试"作为一种快速的为各种行动挑选人员的方法。第一次世界大战后不久，当含有引人注目的论断——大部分美军"低于平均智力水平"的文章出现时，这一论断就得到了公众极大的关注。澄清这一耸人听闻报道中的误解又花了多年的时间。显然"平均"这个词对于那些创造和运用智力测试的心理分析学家和广大读者有全然不同的意义。然而，公众对于智力测试和心理学的注意，极大地增加了对于该学科的科学上的以及世俗的兴趣。心理学的成功，似乎又是依靠定量方法的使用。智力测试的演变和应用，靠的是统计程序的帮助。

经济学家和心理分析学家的崛起似乎表明，社会科学家使用的方法越接近物理科学的方法，他的方法就越可能被接受。这种观点是为改造社会学科做过最重要工作的学者——芝加哥大学政治学教授，查尔斯·梅里亚姆（Charles E. Merriam）所强调的。梅里亚姆教授参与组织了社会科学研究理事会，这是一个在政治学、经济学、社会学、心理学等社会科学学术团体中的代表机构。梅里亚姆强调破除将学者们彼此分开的障碍的重要性，以及提升方法上的技能的重要性。他在1925年做过一次有代表性的论述，在《政治学的新方面》的前言中写道："本研究的目的是——提出方法上的可能性，希望其他研究者可以从事该项研究工作，并通过反思和试验，最终将更智慧的、科学的技术引入到研究中和政府的实践中，引入到公众对于治理过程的看法中。"[①]

当社会科学研究理事会在国家层面被组建起来的同时，一流大学正在建立跨学科研究的机构。例如，在芝加哥大学，当地社区研究委员会（后来称为社会科学研究委员会）进行了芝加哥市的实地研究。哥伦比亚大学和哈佛大学建设了联合项目。耶鲁大学成立了一个人际关系的研究所。

---

① Charles E. Merriam. New Aspects of Politics (1925), p. xiii.

刚才提到的项目大部分是由洛克菲勒基金会（Rockefeller Foundation）和另一个捐赠的基金会——劳拉·斯皮尔曼·洛克菲勒纪念基金会（Laura Spelman Rockefeller Memorial Fund）赞助的。在这些项目中最富有想象力和最活跃的人物之一是比尔兹利·鲁姆尔（Beardsley Ruml），他在不同时期对参与两个基金会的行政活动都很积极。值得一提的是，鲁姆尔是一个心理学博士，精通统计学，他参与了第一次世界大战期间的军队测试计划。

在很多20世纪20年代的出版物上，梅里亚姆和他的同事中的战后一代的领袖人物们明确表达了他们的观点。跨学科主题在《近代政治思想史》（*A History of Political Theories：Recent Times*）中很突出——这是一本由梅里亚姆和哈利·艾尔墨·巴恩斯（Harry Elmer Barnes）教授编的书，于1924年在纽约出版。撰写此文集的除了政治科学家外，还有律师（E. M. Borchard & Caleb Perry Patterson）、经济学家（Paul H. Douglas）、历史学家（Carlton J. H. Hayes）、哲学家（Herbert W. Schneider）、社会学家（Barnes & Frank H. Hankins）、社会心理学家（Charles Elmer Gehlke）、人类学家（Alexander A. Goldenweiser）和社会地理学家（Franklin Thomas）。

科学方法委员会的成立是重视方法的一个例证。它是由社会科学研究理事会组建的，并于1931年出版了由斯图亚特·赖斯（Stuart A. Rice）编辑的《社会科学方法：案例集》。该书是由52个为社会科学作出贡献的方法论的分析构成。其分析者包括来自许多领域的权威，如：罗伯特·帕克（Robert E. Park）和威廉·奥格本（William F. Ogburn）（社会学）；克罗伯（A. L. Kroeber）和爱德华·萨皮尔（Edward Sapir）（人类学）；约翰·莫里斯·克拉克（John Maurice Clark）和弗兰克·奈特（Frank H. Knight）（经济学）；艾略特（W. Y. Elliott）和乔治·加特林（George E. G. Gatlin）（政治学）；海因里希·克卢弗（Heinrich Klüver）和罗伯特·伍德-沃斯（Robert S. Wood-Worth）（心理学）；弗洛伊德·奥尔波特（Floyd Allport）和金博尔·杨（Kimball Young）（社会心理学）；菲利普·克莱因（Philip Klein）（社会工作）；拉乌尔·布兰查德（Raoul Blanchard）和麦克默里（K. C. McMurry）（社会地理学）；还有亨利·皮埃尔（Henri Pirenne）和西德妮·费伊（Sidney B. Fay）（历史学）。

另一种激发对于方法的兴趣的途径，是社会科学研究理事会的博士后合作项目。该项目旨在鼓励青年学者通过为他们的主攻研究领域增加新技术来提高他们的科研知识技能。

大萧条和战争的后果

需要把重视方法的趋势的后续发展，强调通过改善研究工具来促进人类科学的背景中加以考虑。尽管经济大萧条，也没有人会真的质疑在两次世界大战之间出现的美国社会科学的卓越技术水平。当第二次世界大战爆发的时候，新学科已经发展得足够好,以至于能让自己和旧学科一样受到重视。

经济学在"二战"期间美国经济动员中不断地作出巨大的贡献。人们普遍同意,战时生产委员会(War Production Board)中的一个关键的经济学家团队的大胆预测和计划,对美国有效参与战争的进度有决定性的影响,尤其是斯泰西·梅(Stacy May)、西蒙·库兹涅茨(Simon Kuznets)、罗伯特·内森(Robert Nathan)及其同伴的工作。[库兹涅茨是韦斯利·米切尔(Wesley C. Mitchell)在国家经济研究局中研究商业周期的最有成效的伙伴之一。]

"二战"中的心理学家比在"一战"中更多且更富有成效。除了在智力测试上的发展,两次世界大战之间,在衡量才能和人格结构方面也有巨大进展。社会学家和社会心理学家比在"一战"时更多的参与进来。塞缪尔·斯托弗(Samuel A. Stouffer)教授和他的同事利用和发展由瑟斯顿(L. L. Thurstone)教授和其他人在两次世界大战期间提出的定量程序,对军方人员的普遍态度做了持续和系统的研究。

鉴于已经取得的成就,我们并不怀疑对定量方法的重视是完全正确的。这将继续激励人际关系领域雄心勃勃的年轻学者。然而,有理由预测在未来几年社会科学家的重点会有所不同。为方法而战的战争胜利了。社会和心理的科学家们有可能将充分确信地将方法视为理所当然,并把重心转移到与应用和发展方法有关的重大问题的选择上来。这是对政策的思考开始引人注意的时刻。

知识是为了什么?

定量方法的重要性是两次世界大战期间社会科学的主题,然而有许多迹象表明对政策的关注正在上升。政策取向的一个早期的有力的倡导者,是哥伦比亚大学的罗伯特·林德(Robert S. Lynd)教授,他是一些经典社区研究的合著者,又是社会科学研究理事会的长期秘书。林德教授于1939年在普林斯顿大学做了一系列标题为"知识是为了什么?"的讲座。在这些讲座中,他强调利用所有可利用的手段来获取知识以应付我们这个时代的巨大危机。

政策取向不能与那种认为社会科学家应该舍弃科学并且全身心投入政治实践的浅薄想法相混淆。也不应与那种认为社会科学家应该把他们的大部分时间用于为政策制定者提供当前问题的建议的观点相混淆。虽然这对学者来说,投入更多的时间在当前的政治事务上是明智的,但最富有成果的政策科学思想是不同的——其思想要点是,不断壮大的社会科学的所有的资源,都应该用来解决我们文明的基本冲突。将科学方法应用于人性和文化研究,生动地说明了这一点。美国文化和人性的基本情况已经在由社会学家、人类学家、精神科医生和心理学家所做的日积月累的现代调查研究结果中展现出来。

选出根本问题

因此,政策取向的首要重点是人类社会的基本问题,而不是当下的热点问题。现代研究人员的联合努力已经披露了在我们的文明中冲突的根源,这是我们以前没有意识到的。我们在经济和政治机构运作中面对的困难是有目共睹的。大量的人为因素阻碍科学和政策关注的介入,这些因素阻止了以理性的方式解决这些困难。基于弗洛伊德和其他精神病理学家的研究,哈里·斯塔克·沙利文(Harry Stack Sullivan)和其他精神科医生仔细探究了自尊对于人格健康发展的重要性。除非婴儿和孩子都能够爱自己,否则他们是没有能力爱别人的。对一个健康自我观念的生长进行干扰,就能扭曲毁坏人格。沙利文和他的同事发现,心理医生研究的真正领域不是孤立的个体,而是个人赖以生活的人际关系背景。通过研究疯子、神经质和心理变态的发展,这些精神科医生发现了用特殊的文化模式去扭曲正常的、有价值的人际关系发展的方式。一经发现和揭露,这些人类破坏性的来源就可以被改变。为完全的文化重建奠定基础,要通过持续的研究和校正,而不是(或当然不仅仅是)通过传统的政治鼓动的方法。

在他工作初期,沙利文博士和某些同事寻求与社会科学家的合作。由精神病学家、儿童心理学家、人类学家和其他社会科学家的相互配合铸就了在人格形成的文化影响研究方面的辉煌成就。在人类学家中,例如,露丝·本尼迪克特(Ruth Benedict)、玛格丽特·米德(Margaret Mead)、拉尔夫·林顿(Ralph Linton)和克莱德·克拉克洪(Clyde Kluckhohn)的贡献就是最好的代表。①

使用模型

现代精神病学带来的一个结果是,在新的视角下,人类社会里几乎不存在某个看不见的角落。这一发展的一个显著特征是,当仔细观察、测量和做记录被利用起来时,量化就退居相对次要的地位。人际关系研究的内容太丰富,以至于它只能部分的以数量的形式表示。虽只有部分内容以由文字呈现,但可以得到令人信服的研究结果。这种研究对科学和政策的贡献的一个很好的例子是,亚历山大·莱顿(Alexander Leighton)对美国政府为在"二战"中操控"日本人"而重新配置的营地中的人际关系所做的报告。②

处理复杂关系的困难使得很多社会科学家在科学工作中对创造性的应用

---

① *Psychiatry* 杂志中有沙利文博士的佳作,这本杂志是在华盛顿由威廉·艾伦森·怀特精神病学基金会(William Alanson White Psychiatric Foundation)出版的,沙利文在 1949 年逝世前在此任职。露丝·本尼迪克特在其 1948 年去世时是哥伦比亚大学的人类学教授,她最有影响力的著作是《文化模式》(*Patterns of Culture*,1934)。玛格丽特·米德和克莱德·克拉克洪是本书《政策科学》某些篇目的作者。对林顿的介绍,见林顿的《世界危机中人的科学》(*The Science of Man in the World Crisis*,1945)。

② The Governing of Men (1945).

模型有了更多的见解。模型可以是文字的形式，它们可以有长有短。模型可以是数学符号的形式，并且如果是这样，它们可能就与可测或不可测的量有关系（阿罗教授在本书自己的章节中讲述科学模型的功能）。社会科学家和精神病医生总是从相当复杂的模型中得出他们最富有成果的假设。很好的例子是由弗洛伊德提出的口腔期、肛门期和生殖器期人格类型的概念，还有由马克斯·韦伯（Max Weber）描述的领导者类型和权力关系类型，韦伯相当详尽地描述了"理想类型"的方法论作用。当一个人用基本的政策术语来思考时，就有必要使用模型，模型的精致说明足以使研究者能处理复杂的制度情境。

改进的模型对科学和政策的重大意义在 20 世纪 30 年代就得到了显著的例证。富兰克林·罗斯福（Franklin D. Roosevelt）的新政解决了一个影响深远的经济危机，其政策极少含有法西斯主义国家的专制措施，从这个意义上说，罗斯福的新政是一个辉煌的成功。其成功一定程度上是由于政府从经济学家那儿得到的帮助，而将许多经济学家从阻碍进步的古典经济学分析的教义中解放出来的，是美国的阿尔文·汉森（Alvin Hansen）和英国的约翰·梅纳德·凯恩斯（John Maynard Keynes）的思想。他们的思想对于当大规模失业危机爆发时政府应有所作为这个一般观念并没有什么新看法。但其思想在经济学家们的关于自由市场系统如何运行的流行观念中，没有合理的根基。反复出现的经济萧条曾被认为仅仅是系统内的"摩擦"，因而政府的行动从根本上被接受，作为一种处理多种多样的"摩擦"的手段，其行动被认为勉强合理。凯恩斯-汉森的观点则非常不同。他们指出失业可能是自由经济体系本身造成的，而不是把持续的大规模失业当做摩擦的结果而不多考虑。如果将一切都交给市场机制，那么私人的经济选择可能会使劳动力未充分利用的状况持续下去，而不是发起新的企业去吸收劳动力。这对于公共政策的含义是显而易见的：为了消除失业并再次启动自由市场的力量，政府干预是必要的。

这是一个创造性结果的出色的实例，不是在创设出新的量化方法时，而是在设计出制度过程的新模型时，使用模型产生的结果——这种模型能统一可以量化的和不可量化的观测资料并且为新的经验性的、理论性的政策活动指明道路。①

认清目标

政策科学导向的研究不仅强调基本的问题和复杂模型，也要求对政策涉及的价值目标有相当程度的澄清。毕竟，在什么意义上是"基本"问题？其评价取决于对被称为理想的人际关系的假设。为了分析的目的，"价值"一词被用来形容"一类被偏好的事情"，比如和平而不是战争，高水平的生产性就业而不是大规模失业，民主而不是专制，还有融洽和富有成效的个性而不是破坏性的个性。

---

① Note the following title: e. Ronald Walker, From Economic Theory to Policy (1943).

当科学家被提醒要注意价值目标时,他很快就会发现文化内的冲突和他自身个性内的冲突。他的个性在一个理论和事实层面上都有着尖锐矛盾的文化中形成。在理论层面,我们向往一个世界共同体形成,在这样的共同体中人的尊严能在理论和事实上都得以实现。然而我们也有与之矛盾的需求,即维护"雅利安人"或白人至上主义世界的安全。总之,存在着来自等级制社会的遗物,等级制在法国和美国革命前盛行,它们推动了以个人价值为基础的社会阶层流动思想的形成。

民主的政策科学

我认为,可以很确定的预测,政策科学的导向将会在社会科学界的整个领域内带来一系列的"特殊"科学。正如治疗疾病的意愿发展成了医学——它和一般意义上的生物科学不同,但又有联系。在美国,这种特殊科学的特性已经初露端倪。美国的主流传统肯定了人的尊严,而不是一群人的优先权。因此,我们可以预见的是,重点将放在与人类尊严充分实现相关的知识发展上。为方便起见,让我们称之为"民主的政策科学"进展。大量已有迹象都表明这个建议很有分量。

教条主义和实践之间的显著差异就是对黑人和其他有色人种的不公平对待。卡内基基金会在美国举办了一个种族关系趋势的全面调查。其目的是揭露事实真相,去发现制约因素和激励反对歧视的政策。《美国的困境:黑人问题和现代民主》就是成果,由冈纳·缪尔达尔(Gunnar Myrdal)于1944年编著。

不仅是私人基金会,私人的商人协会也发起了问题导向的调查。也许最成功的例子是在"二战"初期成立的经济发展委员会,其目的是制定可以避免或减轻美国战后经济萧条的政策。该研究项目由以芝加哥大学的西奥多·伊恩特玛(Theodore O. Yntema)教授为首的知名经济学家组成的团队执行。基于已发表的研究成果,商人们给政府和私人组织以及个人提出政策建议。经济发展委员会从战时一直持续至今,旨在开发长期的研究项目以及为维护自由市场经济提出建议。[与该委员会有着最重要联系的人物就是它的发起人和首任领导人,保罗·霍夫曼(Paul G. Hoffman)。]

对时间的敏感性

政策取向具有高度的时间敏感性。《美国的困境》就是一个很好的例证。那本书中的项目成果被采纳是因为美国的种族关系被认为对国家未来安全和民主愿景的实现是十分重要的。当科学家以价值为导向时,他根据所研究的东西和他自己的目标价值是否相关来决定接受还是拒绝研究机会,或者他自己发起对他的目标有贡献的研究。

科学家们在执行一个项目时并不必然牺牲客观性。非客观性的价值在于决定该去实现什么终极目标。一旦这个决定做出了,学者就要带着最大的客观性开始工作并且用尽所有可用的方法。此外,没有必要放弃改进方法的思想。缪达尔的调查是上述各点的例证:数据是带着批判精神收集和解释的,并且在调查过程中方法得到了改进。例如,缪达尔做的方法论附录有助于在美国社会科学家中传播一些重要的思维模式。

在政策导向的项目选择中,应始终强调时间的敏感性。一旦你对未来的目标产生兴趣,你就要深入地研究现在和过去,从而找到趋势和价值相接近的程度。用趋势能推断未来,而推断的可信度就要借助一切现有的关于趋势和影响因素的知识来估计。政策的备选方案也是用相同的方法来评估。

全球性的空间

政策导向的科学的观点是全球性的,因为全世界各民族的人构成一个社会。他们的命运相互影响。因此,个体的未来就取决于世界的整体发展。

从社会制度的创造、推广和限制的角度来审视世界事务是可行的。从这个角度来看,莫斯科是我们这个时代世界革命模式爆发的中心,而政治分析和管理的任务之一就是协助或限制这种模式的扩散。更具体地说,我们这一时代的一个主要问题就是用最小的成本来完成我们所处的历史时期的革命进程。至少,这是所有信奉人的尊严并因此希望将高压政治控制在最小范围内的人们的问题。

发展建构:我们这个时代的世界革命

民主的政策科学,鉴于它是我们所处历史时期全球规模的事件,必须通过创建包罗世界万象的假设来进行。我们这一时代的重大社会变革的思考模型可以称之为"发展建构",它详细说明了我们是从什么样的制度模式出发,以及正在向什么样的模式前进。

严格来说,发展建构并不是科学假设,因为它没有提出关于因素的相互依赖性的命题。一项发展建构仅指事件的连续,未来以及过去。应当指出,许多对未来的假说声称具有科学有效性(如马克思主义者的观念——无阶级社会正在形成)。但是,任何"必然性"的主张都是不能接受的。未来事件无法在事先就被确定的知道:它们中的一部分可能性大,一部分可能性小。发展建构有助于认清目标、记录趋势、估计未来的可能性这一整体性工作。

详尽的论述关于我们这个时代的世界革命的发展假说并不属于本章的范围。但是,顺带一提,不得不说在世界革命运动爆发中心的模式和一个时代的世界革命运动的模式间,必须加以区分。在 1789 年(和此后不久),谁掌握了巴黎的权力,谁就肯定是那个时代革命中心的领袖。但是在那个时间和地点盛行的模式,与那个历史时期的整体的革命模式并不一致,虽然它们之间有一些共同的元素。很明显,1917 年在莫斯科的领袖就可以被称为我们这个时代的革命中心的领袖,但是之后在莫斯科盛行的模式和我们这一时代的世界革命模式是否有很多相同的元素,这一点是很值得怀疑的。事实上,今天的政策科学的主要任务之一就是详尽地追踪世界各地社会模式的创新、推广和限制的过程——这是为了评估某些特定事件的意义。①

问题态度

政策取向的另一个特点就是重视具有创造性想象力的行动,它能将一个新的并且成功的政策引入历史进程。成功的创意不能事先保证,但问题态度可以培养,这种态度增加了思想家为了"分娩"出以历史的观点来看可行的政策建议而像妇产科医院那样行动的可能性。今天,危机不断地从对暴力(无论是战争或革命)的预期中产生,这些危机要求我们在政策制定上要有极大的聪明才智,来减少实现民主化政策科学所付出的代价。这不仅是改善联合国机构和其他官方机构的问题。它也是制定政策时引进一系列有益变革的问题。

制度建设

政策科学家对评估和重建社会实践的兴趣远远超过他对更抽象的自身价值来源的私人推理的兴趣。政策科学家的这一选择减轻了自己形而上学和神学的传统包袱。大家能想到的一个例子,是约翰·杜威(John Dewey)和其他美国实用主义哲学家的工作,他们迅速地转移到了对社会制度的思考中来。例如,杜威发起了实验学校运动。鲁道夫·卡尔纳普(Rudolf Carnap)和他的同事的逻辑实证主义加速了政策科学家的这一取向。虽然卡尔纳普没有亲自说明这一影响,但是,有些影响相当明显。如果术语的目的是标明事件,那么直到"操作性指标"得到确定之前,它们并没有稳定的指代。当指标能被一个有着描述性目的,具备能力和条件,并且持有与被描述的事件有关的"观察视角"(observational standpoint)的观测者使用时,这些指标就是可操作的。观察视角是为进入资料收集["协议制定"(protocol making)]情境时使用的程序。②

那些在政策科学中应用的关键术语指代一定的意义,而那些意义的内容是可变的。这就意味着,在社会科学中被选作关键术语的操作性指标比自然科学家用来描述他们所关心的事物的指标更不稳定。因此,我们在政策科学中会谈到术语的"指标不稳定性"。

---

① 请允许我提及我自己的作品,在它们中我揭露了这些区别的一部分。最早的详述是在《世界政治和个人不安全感》(1935)中。更容易理解的是《政治行为分析:一个实证方法》,于1948年在曼海姆主编的"社会学与社会重建的国际图书馆"中发表,详见其第二部分。我1941年的关于"堡垒国家"的发展建构转载在《政治行为分析》上。

② 除了卡尔纳普和他的学校,阿尔弗雷德·科日布斯基(Alfred Korzybski)的作品也被广泛阅读。见他的《科学和理智》(1933)。

由于操作性指标是不稳定的,为了使操作性指标得到合适的校正,提供连续性的调查是很有必要的。例如,某些阶层的特征随时间而有所变化,因此有必要对其特征进行重新界定,而这些特征对于辨认一个特定阶层成员的描述性目的是必不可少的。

那些刚刚简述过的技术上的思考,加强了其他的激励因素,引导社会和心理学家去改善社会中那些人类的自我观察的制度。例如,最有创意的建议之一,由联合国教科文组织提出的给它自己的建议,是建立对于国际紧张局势的持续调查的制度。如果我们要明确对于民主政策科学的适当的目标、趋势、影响因素和备选方案,这类活动是必不可少的。

现存的国际持续调查活动(或称为轮询操作,polling operations),是走向让我们拥有比过去更有价值的、关于人类思想和感情信息的重要步伐。

与自我观察的综合机制的启动紧密联系在一起的,是协助备选政策评估的预测程序的使用。在商业世界里,预试的技术完善性已达到了高水平。新产品成分或者包装的细小变化在一些地方进行测试,从而提供潜在顾客反应的样本(在统计意义上)。人事政策有时在几个车间预试,之后才推广到一个公司所控制的所有车间。系统的预测试可以从市场领域推广到许多其他的社会领域。

社会科学家不是政策科学的唯一贡献者

政策科学观念的一个结果在美国已显露出来,即对于社会科学家不是政策科学的唯一贡献者这一事实的更加清晰的认知。社会和心理学理论专家的确将改进政策形成过程本身的基础分析。但另一个事实是,拥有在实践中的政策制定经验的人可以为基础分析作出比学术界的专家更大的贡献。处理公共事务的人经常在商业、政府和类似场合中用极大的求知欲和客观性审视自己和他人。这些实践参与者中的一些人,发展了不仅应根据专家意见,还应根据事实调查而加以仔细批判的流程的理论。通常,做实务的人缺乏激励去写作技术性书籍或文章,将他们的理论系统化并用可用的资料来支撑。[①] 但是学术性的专家将他们的一些思想拿来加以必要的系统化和评价,就会得到累累硕果。

为了使学者和实践中的政策制定者形成富有成果的联合,需要新的制度(或者说,在现有的制度中需要有所变化)。为了这一目的,在许多高等院校中,研讨班这一形式已被利用起来,比如在哈佛的商学院和利陶尔学院(Littuer School)(主要研究公共管理)。许多公共管理者的全国性组织在芝加哥大学附近设立总部,这是促进大学教师和各组织的工作人员间的联系的一个安排。由

---

① 切斯特·巴纳德(Chester Barnard)是这段陈述的例外。虽然是实践中的商业主管,他出版了广受欢迎的《行政部门的功能》(1938年)。巴纳德现在是洛克菲勒基金会的主席。公共行政案例委员会(社会科学研究理事会)通过研究书面记录和采访参与者建立起了政策形成的案例研究。

于公共行政作为一个学术专业在美国迅速成长,受过大学教育的知识分子和政府官员(和领导)的相互交流就变得容易了。直到最近,美国的法学院才从可想见的最狭隘的专业训练的概念中解放出来。以前,课程内容由对上诉法院的判决(及支持意见)的记忆和讨论构成。而近来课程扩大到包括关于法律理论和程序的社会影响的事实资料。耶鲁大学法学院一直是这一变化的先锋,甚至将社会科学家吸纳到自己的教师队伍中来。

政策科学的取向还有进一步的含义,即它要整合和评价任何来源的、只要是似乎与当代重要政策问题有关的一切知识,而不仅是有关政策制定过程本身的知识。如今,例如,原子能及其他形式能量的知识,这些是在物理学家和其他自然科学家的研究范围内,却和世界安全有着重大又显而易见的联系。物理学家、社会科学家和实务工作者之间需要创造性的交流。[①] 开发出能让“跨学科团队”内的合作变得简单的技术,这是发展中的政策科学的主要任务之一。

总结

两次世界大战之间,美国的社会和心理科学强调方法的改进,尤其是定量的方法,使得做基础观察和处理数据的技术水平有了整体的提升。最近的趋势是将方法视为更理所当然,并将重点转移到应用方法去处理那些有望对政策有所贡献的问题。我们可以将政策科学看做是,有关解释政策制定和政策执行过程的学科,以及有关寻找资料并给一定时期的政策问题提供相关解释的学科。政策取向并不意味着精力要浪费在一堆仅仅是时下关注的热点上,而是要处理那些在调整社会中的人时出现的根本性的却经常被忽视的问题。政策取向并不意味着科学家在收集或解释数据时放弃客观性,或停止优化他的调查工具。政策的重要性要求科学家选择对目标价值有贡献的问题,要求在执行项目时审慎、客观,并充分发挥专业智慧。政策的参考系使我们有必要考虑重大事项(包括过去、现在和未来的)的科学家也身处其中的整个环境。这就要求使用这个时代世界革命进程的思考模型,并把量化技术放在一个次要但必须尊重的地位上。由于给关键术语以操作性定义的可用指标的含义具有不稳定性,发展专门的制度来观察和报告世界的发展就尤为重要。这就使得在社会实践中对可能出现的变化(在这些变化大规模发生之前)进行预试成为可能。在美国,政策科学很可能朝着为改善民主实践而提供必要的知识指导这个方向前进。总之,要特别强调的是民主的政策科学,其终极目标是在理论上和实际上实现人类的尊严。

(林祖鉌　编译)

---

① 这条路线上的成功与失败常常在芝加哥出版的《原子科学家公报》上有记录。

政策科学的范式[①]

叶海卡·德罗尔

作者简介

叶海卡·德罗尔（Yehezkel Dror，1928—　），以色列籍，国际上著名的政策科学权威，耶路撒冷希伯来大学政治学终身教授。曾任建于荷兰马斯特里赫特的欧洲公共行政学院政策分析教授与课题负责人，曾以"德罗尔培训班"的名义为各国高层决策者、顾问、政策研究人员举办以"高层政策推理"为主要内容的国际培训。德罗尔的主要研究领域包括：治国技巧、国家与历史的兴衰成败、高层决策研究、政策规划和战略抉择、决策过程管理、高层政策推理及政策哲学等。他是继哈罗德·拉斯韦尔之后政策科学进一步发展过程中里程碑式的人物。政策科学成长为一门独立的学科，很大程度上与德罗尔的努力分不开。在 1968—1971 年短短的几年间，他撰写了著名的政策科学三部曲：《公共政策制定的再审查》（*Public Policymaking Reexamined*，1968）、《政策科学构想》（*Design for Policy Sciences*，1971）及《政策科学探索》（*Ventures in Policy Sciences*，1971），特别是在《政策科学构想》中，他提出了较系统的政策科学理论——政策科学的基本范式。此外，其代表作还有《疯狂的国家：违背常规的战略问题》（*Crazy States：A Counter-Conventional Strategic Problem*，1980 年再版）、《逆境中的政策制定》（*Policymaking Under Adversity*，1986）等。

作为一位杰出的政策科学家和社会实践家，德罗尔被许多国家的大学和政策研究机构聘为教授、客座教授、兼职研究员，他还担任了二十多个国际组织（如经济合作发展组织、联合国开发计划署等）、国家政府及多国公司、大学企业的政策顾问。1975 年，他被选为世界艺术与科学学会会员；1983 年，作为"一位对公共政策的理解作出贡献的著名学者"被国际政策研究联合会授予首届哈罗德·拉斯韦尔年度奖；1986 年，在美国政治学联合会举行的年会上，荣获"福布莱特 40 周年纪念的著名学者"称号。

---

① 　Dror, Y. Design for Policy Sciences[M]. New York：American Elsevier Press, 1971：49-54.

选文简介、点评

如果把勒纳和拉斯韦尔等人撰写的《政策科学：范围和方法的新近发展》作为政策科学的第一个分水岭，那么以色列学者叶海卡·德罗尔的《政策科学构想》则可称为这一领域的第二个分水岭。今天，攻读公共政策学的美国学生可以不知道勒纳和拉斯韦尔为何许人，但是德罗尔的《政策科学构想》却作为经典著作列入学生的必读书之列。①

德罗尔认为既存的政策科学范式大多反映各个政策研究主体的思想，而没有形成统一的认识，政策科学缺乏一种把相关学科融为一体的模型，这些对于政策学科的发展极为不利。在《政策科学构想》的第三部分第八节，即《政策科学的范式》一文中，德罗尔致力于探寻政策科学独有的、清晰的范式，概括为以下14点：

1. 政策科学关心社会管理体制，尤其是公共政策制定体制，并且关心对方法、知识和体系的改进，从而提出更好的政策制定过程；

2. 政策科学聚焦于宏观层面，即公共政策制定体制，但也用公共政策制定的思考方法处理个人、团体、组织化的决策过程；

3. 政策科学需要打破传统的学科间的界限，尤其是行为科学和管理科学间的分界，整合各个学科的知识，并将它们组成一个聚焦于政策制定的超学科；

4. 政策科学需要在通常一分为二的理论研究和应用研究之间搭起一座桥梁；

5. 政策科学将隐性知识和个人经验视为知识的重要来源；

6. 政策科学与当下的科学共享着工具性的、规范性的知识，但政策科学又将科学与道德、价值哲学联系起来，并且应当建立一套可操作的价值理论；

7. 鼓励、促进有组织的创造，是政策科学的一个主题，也是它的重要方法之一；

8. 政策科学对时间非常敏感，它拒绝当下科学的历史无涉的方法，强调历史的发展和未来的变化；

9. 政策科学对变化过程和动态情境高度敏感；

10. 政策科学清楚地认识到超理性的过程（例如创造力、直觉、魅力、价值判断）和非理性的过程（例如深层动机）的重要作用，探索改善这些过程的方法，对政策科学来说是不可或缺的；

11. 政策科学既修正公认的科学原则和基本方法论，又将它们拓展到公认的科学研究的范围之外；

---

① ［日］药师寺泰藏.公共政策［M］.张丹，译.北京：经济日报出版社，1991：44.原文将《政策科学构想》称为《政策科学的设计》，是 *Design for Policy Sciences* 的另一种译法。

12. 对政策科学自身持续的研究、监测和重新设计,是政策科学的主要题材,而且,政策科学应该认识到自己的边界并说明自己的有效范围;

13. 政策科学致力于让自己在实际的政策制定中被更多的利用,以及为公共政策制定系统中的各个政策科学岗位提供专家;

14. 政策科学必须符合所有科学工作的基本标准,并且显著地改善政策制定。

如果说拉斯韦尔的《政策科学:范围和方法的新近发展》为政策科学的发展奠定了基础,那么以德罗尔的《政策科学构想》为代表的政策科学三步曲则可以说是建立了政策科学的基本理论框架和早期发展阶段的话语模式。德罗尔的《政策科学的范式》一文选自他的《政策科学构想》一书,是该书中最具价值的部分之一。如果说拉斯韦尔撰写的《政策取向》探讨了政策科学的对象、性质和发展方向,而德罗尔的《政策科学的范式》一文则在此基础上建立了清晰的、政策科学独有的基本范式和方法论基础。"德罗尔的政策科学'范式'是拉斯韦尔的政策科学理论的发展和完善,构成政策科学发展史上又一里程碑。"①解决政策科学的范式问题,是政策科学从政治学中分化出来的必要环节,是政策科学学科意识上的进步,也是政策科学的发展、完善所必需的。正是由于德罗尔在这个方面的独特贡献,他被称为政策科学的奠基人。当然,德罗尔还强调,政策科学的范式和方法论既有创新的一面,又有从当下科学中借鉴来的东西。这个观点对我们理解政策科学的范式和方法论也是很有价值的。

选文正文

政策科学几乎不存在。因此,任何一套被推荐的范式反映的更多是某个学者的个人观点,而不是学者们之间确立的共识。而且,当政策科学发展到一个更先进的层次时,它必将拥有一种我们未曾预料到的形态。虽然我认识到任何一套政策科学范式,其本质都是尝试性的,拥有的只是并不充分的而又主观的合理性,但我认为仍有必要对政策科学所特有的范式进行一番详细的考察——这对展现政策科学的基本思想,以及提供一个核心从而围绕它进行更加详细的设计都是必要的。

对政策科学的范式进行清晰的思考尤为必要,因为与当下的常规科学比起来,政策科学具有革新的特质。如果政策科学的发展只涉及在当下常规科学的基本范式内的增量式的变化,那么知识增长的常规过程就足够了——通过缓慢的试错,在既有的学科和研究体系中进行分散的探索。在这种情况下,把政策科学作为一种叠加的概念——包含一大群旨在应用知识、理性来处理已察觉到

---

① 陈振明.是政策科学,还是政策分析?——政策研究领域的两种基本范式[J].政治学研究,1996
(4):81.

的社会问题的研究、学科、专业——来使用可能就足够了。的确,如果我们接受这种假设,即需要的仅仅是常规科学的前进,那么我们将扩大政策科学这一术语的含义,以致包含所有情报的应用、科学方法,甚至也许将包含处理人类事务的常识①。这样一来,我们就能把政策科学的概念变得非常无害——同时却完全无用。我认为需要某种根本性的创新,有必要对政策科学的主要范式进行仔细、详细的考察。

对政策科学的基本范式的澄清尤为紧要,因为存在着政策科学一词被滥用的危险——越来越多的致力于解决人类社会难题的个人、组织,把政策科学作为一种方便的代号,来指代对他们来说最重要或者最令他们感兴趣的任何活动。如果想在政策科学尚未开始真正发展的时候就将其扼杀,那么,几乎最好的做法是:不顾科学的极限(内在的和社会性的)而过度吹嘘政策科学,以及滥用政策科学这一概念——把人们认为被人类发展所需要或对人类发展有用的一切事物都装入这一概念中。

据我们到目前为止的考察,似乎在需要做的与能做的这两者之间存在相当大的差别。为了让科学变得对人类问题真正有意义,我们需要一种基于一套新范式的新型科学。正如已经说过的,这种新的"政策科学"不是当下各种科学的替代物,尤其不是行为科学和管理科学的替代物——虽然这两者为政策科学提供了极为重要的输入,并且正因为如此,它们的加速发展对政策科学的发展尤为必要。为了有意识的管理和改变社会,政策科学应该建立一种新的方法来使用系统知识、结构理性以及有组织的创造力。

当超越了与被调查的现象的同构限制时,所有类比都会成为误导。在牢记这一点的基础上,我认为将政策科学类比作医学是有用的。虽然政策科学与医学间的差别是巨大的,比如,在医学比较传统的部分,对疾病的判断有着清晰的标准,然而对社会的评价,根据我们目前的知识状态,主要依靠的是价值观念和思想体系。但是,政策科学与医学的类比仍然具有相当的启发性,因为在一些主要范式以及次要特征上,它们有着极大的相似。②

---

① 令人吃惊和不安的是,当谈及政策话题时,科学家们竟然那么喜欢使用"常识"一词。科学家们对这一无意义的词的依赖,其原因很可能包括:(1)一些人感觉求助于常识符合民主精神;(2)企图依靠常识来增加提案的支持度;(3)提案缺乏科学基础,因此撤退到无意义的口号上寻求支撑。非常先进的科学往往是反常识的,这一事实让科学家们提出的依赖常识的政策提案显得更加令人怀疑。

"常识"这个词的含义模糊不清,增加了关于这个词的用法的困惑,不仅在政策性的公告中,甚至在研究中也是如此。这些模糊不清的含义包括:(1)通常意义上的显然的事物;(2)被普遍的观点所接受的;(3)某人偶然相信的。无论是以上哪种含义,常识都不能作为知识的来源或是推荐的基础。我的建议是政策科学应避免使用这个词,在相应的情况下使用"隐性知识"、"判断"、"被广泛接受的观点"、"主观看法"等概念来代替。

② 这一类比可以为杜博斯(Dubois)的那段话提供一些解释:"在一门关乎人类生命的新科学的发展道路上,医学似乎是最适合引领其前进的。"Rene Dubois. Man, Medicine, and Environment[M]. New York: Praeger, 1968: 118.

在上述条件和约束的范围内,我们现在将开始政策科学范式的探讨。如果有些细节偏离了主题请别在意,我们感兴趣的是政策科学的有机整体。

我认为政策科学所要求以及期待的重要的范式革新,可以概括如下。

1. 政策科学主要关心的是对社会管理的理解和改善。因此,它主要关心社会管理体制,尤其是公共政策制定体制。对政策科学的主要检验就是看它能否提出更好的政策制定过程——这种过程能得出更好的政策;反过来,更好的政策被定义为,能在那些经深思熟虑确立的优先目标上取得更大的成就。这样的政策科学不直接关心分散的政策问题的实质内容(这些应交给相关的常规科学来处理),而关心对方法、知识和体系的改进,从而提出更好的政策制定过程。

2. 政策科学聚焦于宏观层面,即公共政策制定体制——从地方的公共政策制定,到国家的以及跨国的公共政策制定。公共政策制定体制的子部件,依其在这体制中的发挥的作用而构成政策科学的题材。因此,政策科学在处理个人、团体、组织化的决策过程时,用的是公共政策制定的思考方法来对待它们。政策科学的特定发现,对于各种各样的单元(比如私人公司)中的决策过程的改善也是重要的——不涉及这样的单元在公共政策制定系统中的作用。但是,从广义的公共政策制定过程(其含义比"治理"等概念要广泛得多)的角度看,政策科学的思考方法与公共政策制定过程是融为一体的。

3. 政策科学需要打破传统的学科间的界限,尤其是行为科学和管理科学间的分界。政策科学必须整合各个分支的知识,并将它们组成一个聚焦于政策制定的超学科。政策科学尤其以融合行为科学和管理科学为基础。然而,政策科学也从物理、生命科学、工程学以及其他学科中吸收相关的元素。为了强调政策科学的构成要素的多元性以及其根本上的统一性,我建议使用复数形式的"政策科学"(policy sciences)一词,而在语法上将其视为单数。

4. 政策科学需要在通常一分为二的理论研究和应用研究之间搭起一座桥梁。在政策科学中,将政策制定的改善视为终极目标,才能实现理论研究和应用研究的整合。整合之后,现实世界就成为政策科学的最重要的实验室,而对最抽象的政策科学理论的最终检验,就在于它对政策制定的改善能作出多大的贡献。(这种贡献可能是间接的、长期的。)看重对政策制定的改善最终能有多大作用的这种取向,不应和实用主义的路径相混淆。因此,为了政策科学的发展和其他一些目标,政策科学应依靠非常抽象的理论的建设,即便它们不能直接应用于现实中的政策制定。

5. 政策科学将隐性知识和个人经验视为知识的重要来源,这对较为传统的科研方法是一种补充。努力从政策从业人员那儿提炼隐性知识,让高素质的政策制定者成为我们的伙伴参与到政策科学的建设中来,这些都是政策科学区别于当下的常规科学(包括行为科学和管理科学)的重要特征。

6. 政策科学注重方法和适当的目标，而不是绝对价值，从这个意义上说，政策科学与当下的科学共享着工具性的、规范性的（即制度化了的）知识。但是，政策科学明知自己很难成为"价值无涉科学"，并且它试图通过探索价值的含义、价值的一致性、价值的代价以及价值承认的行为基础，来为价值选择作出贡献。另外，政策科学的一部分也涉及对不同的可替代的未来的构想，包括它们的价值内容。其结果是，政策科学在分隔当下的科学与道德、价值哲学的那面坚固的墙上制造了裂缝，并且政策科学应当建立一套可操作的价值理论（包括价值的形态、分类、测量等等，但不包括实质性的绝对准则）作为自身的一部分。

7. 有组织的创造，包括价值创造，是政策科学的一个重要组成部分（例如，对政策制定体制的设计和再设计，以及对政策备选方案的创新）。因此，鼓励、促进有组织的创造，是政策科学的一个主题，也是它的重要方法之一。

8. 政策科学对时间非常敏感，它把现在视为连接过去和未来的桥梁。因此，它拒绝当下科学（包括大多数行为科学和管理科学）的历史无涉的方法，反而强调历史的发展和未来的变化，并将此视为改良政策制定的中心内容。

9. 政策科学对变化过程和动态情境高度敏感。对社会变化的环境和引导变化的政策制定的强烈关注，约束了政策科学的基本模型、概念和方法体系。

10. 政策科学要让系统的知识和结构化的理性来为公共政策制定的改善作贡献。但是，政策科学清楚地认识到超理性的过程（例如创造力、直觉、魅力、价值判断）和非理性的过程（例如深层动机）的重要作用。为了实现更好的政策制定，对改善这些过程的方法进行探索对政策科学来说是不可或缺的，这包括，例如，对于意识改变状态，政策制定的可能的含义。换句话说，政策科学面临这样一个悖论：如何用理性的方法来改善超理性的甚至是非理性的过程。

11. 政策科学既修正公认的科学原则和基本方法论，又将它们拓展到公认的科学研究的范围之外。对奥卡姆剃刀（Occam's razor）的怀疑，对统觉的支持，对意外新发现的寻找，社会实验，对所谓随机现象和一般情境的高度关注，以及创造新的社会制度、为社会和政治行为创造新法则的努力——这些展现了政策科学的假设和方法论的创新的一面。

12. 政策科学要努力具有自我意识，能够为了专门研究和有意识的设计把自己的范式、假设、隐性的理论、基础结构以及应用作为主题。对政策科学自身持续的研究、监测和重新设计，是政策科学的重要主题。而且，政策科学应该认识到自己的边界并说明自己的有效范围。政策科学去涉足那些本身就几乎不可行且不合理的极端革命性的事务，是不恰当的；去处理那些对于理解和管理范围之外的深层的社会变化（例如新的宗教），是无能为力的；去关注一种通过基因工程、心智发展药物、直接的人机共生等等创造出来的新的超人，也是不当的；政策科学依赖于对实证哲学的一定程度的接受以及对理性的信任——以上这些是政策科学有效性的一些边界。这些和其他的边界应该被作为政策科学自我成熟的一个重要元素来加以持续的思考、研究、探索。

13. 随着政策科学的自我成熟,它不会认可许多当下行为科学的"要么接受要么放弃"的态度,也不会将请愿签名及类似的直接行动当做政策科学对于更好的政策制定的贡献(这区别于像市民一样行动的科学家)。政策科学致力于让自己在实际的政策制定中被更多的利用,以及为公共政策制定体制中的各个政策科学岗位提供专家,反而不允许那样的直接行动干扰对于政策问题的客观、理性分析的取向。

14. 就政策科学范式作为放宽基本科学标准的许可而言,不管政策科学怎么创新,它仍属于科学事业,它必须通得过科学的基本检验。政策科学不应该被当下科学的范式所评判,但是它也必须符合所有科学工作的基本标准,并且,它还要通得过是否对政策制定有所改善的严格的显著性检验。

这些范式构成了政策科学概念、方法论、方法的基础。这些概念、方法论、方法中的一部分是从当下科学中借鉴来的,另一部分则是政策科学新创的。然而,所有这些概念、方法论、方法都在政策科学这一独特的集合中运行。这个集合的一些维度将在后续的章节中讨论,讨论的内容能使得政策科学范式的多种含义具体化。①

(林祖鈜　编译)

---

① "后续的章节"指的是 *Design for Policy Sciences* 一书中的后续章节。——译者注

政策研究的基本概念①

叶海卡·德罗尔

作者简介

叶海卡·德罗尔(Yehezkel Dror,1928—   ),以色列籍,国际上著名的政策科学权威,耶路撒冷希伯来大学政治学终身教授。曾任建于荷兰马斯特里赫特的欧洲公共行政学院政策分析教授与课题负责人,曾以"德罗尔培训班"的名义为各国高层决策者、顾问、政策研究人员举办以"高层政策推理"为主要内容的国际培训。德罗尔的主要研究领域包括:治国技巧、国家与历史的兴衰成败、高层决策研究、政策规划和战略抉择、决策过程管理、高层政策推理及政策哲学等。他是继哈罗德·拉斯韦尔之后政策科学进一步发展过程中里程碑式的人物。政策科学成长为一门独立的学科,很大程度上与德罗尔的努力分不开。在1968—1971年短短的几年间,他撰写了著名的政策科学三部曲:《公共政策制定的再审查》(*Public Policymaking Reexamined*,1968)、《政策科学构想》(*Design for Policy Sciences*,1971)及《政策科学探索》(*Ventures in Policy Sciences*,1971),特别是在《政策科学构想》中,他提出了较系统的政策科学理论——政策科学的基本范式。此外,其代表作还有《疯狂的国家:违背常规的战略问题》(*Crazy States:A Counter-Conventional Strategic Problem*,1980年再版)、《逆境中的政策制定》(*Policymaking Under Adversity*,1986)等。

作为一位杰出的政策科学家和社会实践家,德罗尔被许多国家的大学和政策研究机构聘为教授、客座教授、兼职研究员,他还担任了二十多个国际组织(如经济合作发展组织、联合国开发计划署等)、国家政府及多国公司、大学企业的政策顾问。1975年,他被选为世界艺术与科学学会会员;1983年,作为"一位对公共政策的理解作出贡献的著名学者"被国际政策研究联合会授予首届哈罗德·拉斯韦尔年度奖;1986年,在美国政治学联合会举行的年会上,荣获"福布莱特40周年纪念的著名学者"称号。

---

① [美]斯图亚特·S.那格尔.政策研究百科全书[M].林明,等译.上海:科学技术文献出版社,1990:7-12.

选文简介、点评

　　《政策研究的基本概念》一文是德罗尔为斯图亚特·那格尔(Stuart S. Nagel)主编的《政策研究百科全书》专门撰写的一章,主要介绍了政策研究的基本概念及特点,与该书其他描述具体领域的政策研究的章节相比,本文有更强的概述性,集中讨论了政策研究的基本特征、历史发展、研究内容等,可以使读者能够对政策研究及其概念有更清晰的认识。

　　全文共分五部分,分别为:政策研究的思想、政策研究的知识社会学特征、组织特征、政策研究的内容、小结。前四部分分别从政策研究的主要特点、政策研究的历史发展、政策研究的组织化特点及政策制定的特点等方面对政策研究这一活动进行了详细阐述。

　　文章开篇,作者首先对政策研究的基本性质作出了判断。他认为,政策研究即"根据我们的意愿、通过明智的决策和行动影响未来,从而对所有人类活动提供科学指导"。其次,德罗尔通过分析政策研究的任务、内容、范围等指出了政策研究的特点——学科边界的模糊性、开放性与内容多样性。他认为,政策研究的核心是改进政策制定,包括政策制定的一般过程以及具体的政策问题、领域。政策研究的范围、内容、任务是理解政策如何演变。可见,政策研究涉及众多要素:广泛的主题、事件、态度倾向、方法、方法论和利益问题。也正因如此,政策科学表现出极大的跨学科特征,因为政策研究要完成其任务、实现其目的,需要大量的不同领域的主客观知识。德罗尔还指出,由于政策研究的"论证性",即政策研究目的在于论证政策活动的科学性,因此,研究者须具备客观、科学、不偏不倚地观察事物的能力,须能够区分理智活动的价值分析与人类需要的价值信仰,并在知识与权力之间保持平衡,这构成了政策研究的最主要特点,同时也是政策研究最大的困难。此外,由于缺乏论证方法,政策研究表现出很大弱点。

　　文章的第二、三部分,作者分别从政策研究的知识社会学特征、组织特征两个方面分析了促进政策研究发展的原因。作者将政策研究在当代社会得以迅速发展的原因概括为六点:思想库的成熟、对重大政策问题兴趣的增加、核武器的冲击、对科学能为困难的政策问题的解决作出贡献的坚定信仰、政策制定者面对愈加复杂的困难问题时的无力感、经济学的示范。此外,作者还探讨了政策研究发展的四个组织基础(包括思想库、政策研究职业化、政策课程大纲出现、政策学科形成)及其各自发展给政策研究所带来的利弊。

　　在从政策研究发展的外部条件分析政策研究的基本特征的同时,作者亦从政策研究的内部——政策研究的内容方面分析了政策研究的主要特征。由于作者认为政策研究的主要内容是改进政策制定,因此,作者从现实和问题的理解、宏观政策和关键选择、跨渐进主义(transincrementalism)、复杂性、模糊性决策(fuzzy beuing)、学习、政策结构、困难的选择和元政策九个方面分别分析了政策制定的特点。对于每个方面，作者都从行为性和论证性两个层面进行了探讨，不仅涉及在政策制定过程中如何从这九个方面进行具体的操作，更包括如何从以上九方面探讨更好的方法来改进政策制定，进而为读者们阐述了政策研究的基本含义，使读者对政策研究活动的基本内容及特点有更清晰的掌握。

那格尔主编的《政策研究百科全书》在政策科学发展历史中具有重要地位，它是政策科学学科地位基本确立的一个重要标志。该书的每一位作者都是当时在美国乃至世界范围内在各自学术领域的顶尖学者。德罗尔作为当时政策科学研究的代表人物，他的这篇论文无论是从《政策研究百科全书》的历史地位还是该文的学术水平来说，都是一篇经典的文献。该文虽然篇幅不长，但作为一篇概述性文章，清晰地分析了政策研究的基本概念、特点及基本问题与内容。在文中，德罗尔第一次比较清晰地界定了政策研究的范围、内容与任务。分析了政策研究的基本特点，如依赖于跨学科边界的主观与客观知识，需要在知识与权力之间取得协调统一，需要事实与价值的结合，必须采用论证方法等。通过阅读这篇文章，读者能够对政策研究这一领域有更加全面和清晰的认识。

选文正文

政策研究是很自负的：它雄心勃勃地要求自己致力于对所有人类活动提供科学的指导——根据我们的意愿，通过明智的决策和行动影响未来。然而，浏览一下历史就会发现，要实现这一任务几乎毫无希望：从政策原本的期望和要实现的目标考察，成功的先例很少；变革的梦想很少能成为现实；并且渐进性政策对历史发展的主流几乎没有什么影响。精心策划的行动的确也能影响历史进程，但干涉历史发展的精英们往往无法预料发展的方向，或者这种发展是由很多无法预料的因素积累形成的。从科学的观点分析，无论是一般随机事件还是突然性事件的出现，都是由于对复杂的社会变革理解太少。

如果我们试图严肃地看待政策研究，就必须自觉地、深入地理解这一任务的困难性，就像认识到它的重要性一样。我们至少必须这样对待政策研究：尽我们作为人类和科学家之所能，既要热情又要怀疑，同时还要有严肃的道德观，不乞求从过去的科学家、政策制定者和实施者以及棘手的现实那里得到很多回报。记住了这一告诫并认清了内在的不足，我们再来简要地探讨一下政策研究的一些基本概念和基本问题。

一、政策研究的思想

政策研究的核心是把政策制定作为研究和改进的对象，包括政策制定的一般过程以及具体的政策问题和领域。政策研究的范围、内容、任务是：理解政策如何演变，在总体上，特别是在具体政策上改进政策制定过程。很显然，政策研究的这一观点包含着广泛的主题、事件、态度倾向、方法、方法论和利益问题。这一观点同时说明,政策研究任何实质性的进步,都需要大量的客观和主观知识作为基础。这种需要远远超过了迄今为止人们对跨学科知识的需要,这要用真正一体化的观点把政策与政策制定看成社会问题——处理能力和控制能力提高的一种有力手段。政策研究的学科边界是模糊的、开放的,故对其范围的理解也是不同的。对真正的政策科学家来说,对可能出现的关于政策和政策制定的各种理解都不应感到大惊小怪——这确实是一种非常苛刻的要求。

纯政策研究还有一个难以实现的明显特征,即在有感情因素介入时,不偏不倚观察事物的能力。在被强烈的情绪支配时,即使部分保持理智,也很难保证有充分冷静的意识。但政策研究的独特之处就像其改进政策的贡献一样,要有一种科学的态度,需要尽力区分政策的辩护者和分析者,区分社会评论家和政策科学家,区分政治的行动主义(political activism)和政策的专业贡献(policy-professional contributions),区分理智活动的价值分析和人类需要的价值信仰。在具体政策的个人价值观和服从于权力之间,谨慎地保持一种动态的平衡,这种态度的重要性不亚于政策研究主题本身。在知识与权力之间取得协调统一,是政策研究思想中首要的,也是极困难的要素。

我过去已多次提到,在政策研究中应把理解现实和改进政策、制定政策融为一体。这种二重性的任务在政策研究中产生了极大的,几乎是特有的压力(经济学是社会科学中另一个特殊学科,它也把行为和实证方法结合为一体。但由于其实证假设和单维标准而比政策研究简单得多)。政策研究致力于理解现实,使其部分地成为社会科学和行为科学,其范围包括从心理学(甚至包括神经病学)、人类学到组织论,以及政治学和社会学。政策研究这一独特的行为观察方式要求有自身的方法论(例如,观察者和政策制定者的加工经验作为经验者必要的研究方法论,把国防情报工作上的失误作为研究主题),但总的来说,社会科学的研究思想完全适用于政策研究。

政策研究的论证性(prescription)既给研究带来了很大困难,又使政策研究成为人类提高对未来影响力的一种潜在的重要手段:困难性源于必须区分规范性、价值来源、手段的规则、价值决定与价值灵敏性测验以及价值假设引申等的论证。并且,所有的论证或根据现实优化模型进行(如:理想决策模型)或依公认的相关价值而定(如:民主),通常主要依这两者结合的形式而定。政策研究的最低要求是,应做到在基本价值和假设中,尽可能阐述含蓄的价值和实证假设,并对全部建议进行灵敏性分析,保证在基础假设和价值观中,理论比较充足。对"价值和价值自由"这种难题,找不到最优解是可以想象的,但只要政策科学家对自己的假设和价值有自我意识和自我批评精神,还是可以取得进展的。同时,应尽量以局外人的身份来考察这些假设和价值,对具有强烈倾向的价值观、易使人感情激荡的事物,坚持超然的态度,而不必放弃自己的道德信仰。

论证性给政策研究带来的另一种困难是必须采用论证方法,这是主要的问题,其原因如下。

1. 很多政策研究学者来自社会科学领域,如政治学领域,而政治学领域中几乎没有论证性方法,不能对从现象到建议的过程提供指导。

2. 大部分可行的论证方法的形成来自相对简单的问题和假设,像经济学、运筹学和决策科学等领域的问题和假设。因此,目前大多数政策分析教材即使对最简单的政策问题来说,也毫无用处,并且在选择问题时,不按其重要性而按其可能套用方法的程度进行,处理问题的方式也可能过于简单。高级论证方法是存在的,但大多是经验和技巧,只可意会难以言传。

3. 发展适合政策研究需要、能解决现实问题的论证方法,从知识水平看,是非常困难的,并且需要有一种与大学的环境不同的研究机构(下面将予以讨论)。

因此,同若干其他需要更详尽地讨论的问题一样,缺少适用于复杂问题的论证方法是当前政策研究的主要弱点,也是存在于政策研究的思想和目前解决问题的手段之间的一条鸿沟。

尽管政策研究的行为方法和论证方法不尽相同,但二者联系紧密,成为一个整体的两个侧面。问题的提出和对事物的观察都基于政策研究的论证兴趣;论证的应用为进一步理解现实提供了基本的实验机会;而对现实的深入理解是提出建议方案的基础。

这些仅仅是政策研究思想中几个有特色的方面。但仅仅这几个方面就体现出了政策研究的独特风格。政策研究还有其他方面的特征。下面将分别简略地介绍现代政策研究发展的知识社会学特征和一些具体的组织特征。

二、政策研究的知识社会学特征

智囊是人类最古老的职业之一,并且几乎是与政府同时产生的,故求助于知识解决问题的现象可以追溯到史前时期。现代社会科学的发展,也是与其广泛、成功的应用分不开的。尽管在德国的卡莫拉主义(Kammeralism)和波兰的人类行为学中已有过论证方法的先例,但论证决策模型主要是近期出现的。历史上试图系统运用知识为人类决策服务的范例,很可惜地失传了。

让我们回到当代来。现代政策研究的发展是众多因素作用的结果,它包括以下六点。

(1) 思想库的成熟。如兰德公司和布鲁金斯研究所,这是实用政策研究及其特有方法论发展的主要实验室。

(2) 对重大政策问题兴趣的增加,包括科学家对社会问题更多地关注和参与需求的增加。

（3）核武器的冲击，这已成为寻求更好的政策的主要动力，科学家推动了人们对政策研究的兴趣。

（4）对科学能为困难的政策问题的解决作出贡献的坚定信仰，不但可以依靠技术，也可以运用科学的态度和方法。

（5）政策制定者日益增长的不安，他们对极其困难的问题感到无能为力，并四处寻求帮助。

（6）经济学的示范性影响，经济学在某些时期提供了非常重要的政策知识，这使其他社会科学家和政策制定者在更加广泛的知识领域中寻找相似的发展。

为了对上述六个因素做进一步说明，还需指出以下几个问题。

（1）政策研究源于美国，至今在美国仍然发展最为迅速，但其他国家对政策研究的兴趣也在不断提高，活动也日益增多。

（2）政策研究的兴趣和活动日益高涨的现象是显著的，但也很容易出现逆转。失望、对"科学"态度的变化、知识界与政府关系的微妙变化、政治文化的变化、甚于某些可能的发展，都可能阻碍政策研究的进步。

（3）政策研究的一个明显趋势是它正成为一面"方便之旗"，成为研究的借口，成为学术界流浪者的庇护所，成为寻找经费资助的渠道。这是政策研究面临的主要危险，这种危险因其边界的模糊性和内容的多样化而加深。

任何人看待政策研究的起源，都毫无疑问要看看其具体的学科组织情况，这也是政策研究的特征。下面就谈谈这一问题。

三、组织特征

政策研究与四个相互交叉的学科组织的创新紧密相连：思想库、政策专业、政策课程大纲、政策学科。了解这些组织上的创新，是从整体上理解政策研究概念的基础。

思想库，就政策研究的组织意义而言，不但是政治设计的有意义的发明，也是政策研究成长的摇篮。30多年前，思想库的特点是集中大量高水平的各类专家和科学家，应用多学科的知识来研究政策和政策制定问题。相对来说，他们很少受到外界压力，并有良好的合作机会，可以把发现应用于政策制定。今天，在美国以及日益增多的其他国家中，已有大量思想库存在。就政策研究来看，思想库的重要作用是：发展政策研究的方法论，特别是论证性方法，如系统分析和其他政策分析方法；思想库还是中间测试基地，可以把政策研究推广到实际运用中；能为应用政策领域的学生提供最好的设备和学习实践机会；为来自学术界和政府部门中的专业政策学者创造一个良好的环境；思想库把政策研究的成果凝聚为一门独特的学科；思想库还是产生可靠的、可以被有关部门接受的政策研究成果的主要机构。笔者认为，思想库是政策研究的最纯粹的组织体现，不管是更好还是更糟（例如：在思想库处在其创办的需求和作为社会批评者的职能这一矛盾中时)。我认为,每一位政策科学家都应当把其部分工作时间花在至少一个思想库中,以提高其处理政策科学理论与政策制定现实之间的关系的能力。

政策研究职业化成为人们公认的现象还是最近的事,并且这种职业仍处在萌芽时期。但在美国的联邦、州和地方政府中,作为"政策分析家"或相似职业的职员人数在增加,另外还有公认的思想库中的工作人员和政策课程的教学人员。然而,在其他国家中,这方面的发展仍很缓慢,只是在某些国家中,"政策计划"和"社会经济计划"形成的职位有所增多。政策职业的出现给政策研究带来了新特点:出现了政府的政策分析工作、思想库的阶段性研究及大学中研究与教学活动之间交流的需求;由于"服从权力"和"自由、批评、知识"两者之间的矛盾,出现了职业道德问题;对传统的政策咨询职业(如经济学家)的不适应感出现了;国际交流的可能性增大了(如作为联合国的咨询者),从而提高了政策职业在人们心目中的地位,并丰富了个人的经验;研究者内心的挫折感增加了,这种挫折感至少由两种矛盾产生,即:① 永无止境地需要新成果与时间有限之间的矛盾;② 只能应付眼前的政策研究,同时存在改革或至少改进现实的希望与实际的困难及知识的缺乏之间的矛盾。

政策教学大纲的出现,标志着政策研究作为一门独立学科的成熟。12年来,出现了第一批独立的公共政策学院,并在第一流的大学内开设了相关课程,这标志着政策研究从零散的个人兴趣性研究转变为整体性的(虽然仍是开放性的)专业科学研究。然而,这种从技艺向教学领域的转移也带来了很大危险,这可以与"运筹学"的发展史相类比。具体来说,教学的可行性有可能牺牲掉重要性,经济学和数学技术会排挤掉更重要的然而是"软"的知识和方法。另外,就像目前的流行语一样,"政策课程"也可能会成为滥用之词。由于政策研究的主观性和困难性,任何较好的政策教学大纲一定非常苛刻,有很强的选择性和需要性。因此,一定有很多自封的"政策教学大纲"会受到世人怀疑,同时也可能影响政策研究的高质量。因此,近来出现的把政策研究与经典行政管理甚至工商管理合并的倾向——有时打着"推广"政策研究的旗号——可能会冲淡政策研究的精华。像政策研究这样的新领域,很容易被传统领域吞并,并应用于时髦的活动中,这种活动可能很重要,但不应与政策研究混为一谈。

我想在此提及的最后一点是,政策研究学科的核心及其特征体现在具体的出版物、会议、专业协会以及作为一门学科的相似的标志和内容中。我还要提一下,应该认真地行动,不应为了追求数量和取得社会承认而牺牲质量和特点。然而总的来说,在政策研究发展成学科的过程中,还应有其他方面的组织发展,并增加政策研究的基本要素。

四、政策研究的内容

至此，我们已从外部观察了政策研究的特征、历史发展和组织化特点。为完整地探讨政策研究的基本概念，我们的着眼点必须回到政策研究的内容上。

这部百科全书的其他章节将通过具体领域的政策和方法来介绍政策研究的内容。我打算从不同的角度阐述政策研究的基本概念，从九个方面分析政策制定的特点，简略地介绍政策研究的含义，并从行为性和论证性两方面讨论。这九个方面是：现实和问题的理解、宏观政策和关键选择、跨渐进主义（transin-crementalism）、复杂性、模糊性决策（fuzzy beuing）、学习、政策结构、困难的选择和政策的原则（meta-policy）①。

现实和问题的理解是政策制定的基础。在行为性方面，它提出认识论和感知性问题，人类和人类组织怎样理解现实、提出问题并制定出决策的先后次序。只要看看国防情报上经常出现的失误，就可以说明这方面的问题有多么困难。在论证性方面，需要有一种哲学意义的扎实的方式提出问题和考察环境，并找出可行的方法尽量真实地理解现实，同时，对无法减少歪曲性的意象以不敏感的方式做出决策。

宏观政策和关键选择的含义是，在主要的政策决策中，应对最基本的政策范例做进一步的探讨，而不是像通常那样，被动接受已有的政策，或很少做什么改进。在行为性方面，需要研究和解释基本政策及其基本假设，因为它们通常都很含蓄。同样，使宏观政策变得僵化和约束关键选择的变量，也是行为研究的重点对象。在论证性方面，创造出作为政策主题的宏观政策和关键选择的方式，也是很必要的。宏观政策分析方法探讨的重要性不亚于上一点，并且可能更为困难。问题在于，这类问题不宜用定量方法分析，甚至隐喻性方法也不适用，并且肯定不能用模拟或模型方法。定性探讨政策的方法对改进宏观政策决策和关键选择是绝对必要的——可惜已失传了，并且在当代政策研究中也没有认真地挖掘。

跨渐进主义在行为性方面政策何时采取跨渐进主义或渐进主义的形式？至今仍在美国广为流传的观点认为，政策制定通常应采取渐进形式。这是一种误解，并应立即进行创新性研究。在论证性方面，需要有一种指南，指出渐进性政策可以接受的条件，以及如何制定更好的、更有创造性的跨渐进性政策。所以，需要用论证性政策设计和分析方法来处理跨渐进性问题，并在合适的时候，把这一方法用于研究趋势性变化对政策制定的需要。这与上面提到的宏观政策和关键选择紧密相关，其他的问题将在下面讨论。

---

① meta-policy 译为"元政策"可能更好。——校者注

在大量多样化的因素相互紧密、动态作用的意义上说，复杂性是政策制定的主要特征。在行为性方面，有两个问题：理解相关政策系统；研究政策制定机构对复杂性的反应，如它的约束和简化。在论证性方面，任务也是双重的：发展对付复杂性的方法，改变面临复杂性时学术方法上的无能局面。

"模糊性决策"是一个很重要的概念，即所有决策都面临着不确定性，并且在重大问题上会遇到知识匮乏的情况。进一步说，所有的决策选择都包括在有各种不同层次的概率性的结果中，并且这些结果大都包含未知参数和概率。在行为性方面，我们需要有一套方法，以测定不确定性的程度以及认识组织对不确定性的反应，如用主观感觉的确定性代替客观的不确定性、用不一致的态度对待风险[技术术语即"抽奖价值"(lottery values)]。在论证性方面，需要有一套方法减少和模拟不确定性，必须发展出能吸收无减少不确定性的决策策略，并且应发展能减少对不确定性处理不当的政策制定方法，并测试这些方法并使其规范化。

学习(learning)是政策制定的基本方面，同样可从行为性和论证性两个角度讨论。在行为性方面，必须对现实中的学习、学习不足、学习不当进行研究和解释。在论证性方面，需要研究加速和改进学习的方法，如评价方法和政策实验技术。

政策结构引入了创造力要素，特别是在创造和设计崭新的政策时。同时产生把政策研究与计划联系起来的需要，这一点常常被人忽略，应格外注意。创造力在政策方面的重要性与日俱增，因为新的事物、环境和价值观常常需要新的政策(这一点与上面提到的跨渐进性密切相关)。在行为性方面，影响创造力的变量问题是最具吸引力也是最困难的一个，因为创造力的本质是超理性的。在论证性方面的问题是如何鼓励政策的创造力，对政策结构的要求给政策研究的论证性研究带来了一系列难题，因为"政策分析"通常着眼于已有的或易得到的方案的选择。人们是否能或怎样才能激发政策的创造力，如何在这一领域中满足这一需要，如何培养政策专业人员，都还是悬而未决的问题。

困难的选择意味着所有的政策都有这样的痛苦之处：所有的政策都涉及价值选择，并规定了(通常是缄默地)不同价值观之间的交换率，这种交换常常在不同单位之间通过组织各分支的目标进行。在行为性方面，要测定价值并研究选择的机制，包括隐藏选择本身的动态趋势。在论证性方面，涉及一系列难题：① 政策专业人员与政治家和其他社会阶层相比较，在价值选择中的恰当作用；② 在不干涉价值判断过程本身时，改进价值选择的可能程度；③ 提高政策制定系统的价值选择能力，而不禁止舆论；④ 在不损害政策质量的前提下，设计一种在价值选择上包括其他阶层的系统，如包括公众或有影响力的团体。这是政策研究中最被忽视的方面，部分原因是这方面包含大量禁忌和情感因素，还有意识形态上的问题，同时在研究方面和论证性方法方面都不足。

政策的原则是很多内容的简称,也可称为"制定政策的政策",即关于政策制定的所有操作和改进的系统。这给小范围的政策分析划出了范围:一方面,在行为性上研究具体政策的演化,在论证性上试图改进具体政策;另一方面,在行为性和论证性上,应从整体的角度看待政策制定。这方面的问题很多,例如:不同政策制定单位的作用、政策制定的信息与反馈模型、基本政治结构对政策内容的影响以及其他很多问题。这是观察几乎所有政治科学和其他大型社会科学分支(如社会学和心理学)的基本角度。与现有的很多狭窄的"政策分析"技术性方法比较,正是上述这些组织和系统方面的特征使政策研究成为一门范围广泛的学科。

五、小结

要提出所有政策研究的概念,探讨它们的挑战、困难及前景,揭示出其中隐藏的陷阱和危险,小篇幅是不可能的。即使一部百科全书也只能做到对如此复杂的政策研究提出某些方面的启发,指导进一步的研究,提供一种参考框架,并给读者以激励。政策研究是一种多元化的工作,有多个侧面和多种观点,但也有一些共同的特征,如通过艰苦的思考和公正的态度致力于把系统的知识用于政策问题。还有一些基本概念是大家都要用的。这些概念可以有不同的说法,可以从不同的角度观察,有时还会相互矛盾,至少从表面上看是这样。但所有的政策研究都必然要遇到并处理一些基本概念,这一探索性和介绍性的章节中就包含了其中一部分。

(鲍 克 译 王晶晶 校)

直接决策者之间的非正式合作①

查尔斯·E.林德布洛姆

作者简介

　　查尔斯·E.林德布洛姆(Charles Edward Lindblom),美国人,出生于1917年。世界著名政治经济学家,是"政策分析运动"的领军人物,在政策科学发展史上起着举足轻重的作用。林德布洛姆于 1937 年获斯坦福大学政治与经济学学士,1945 年获芝加哥大学经济学博士,1946 年任教于耶鲁大学,曾担任该校政治系系主任。他于 1975—1976 年任美国比较经济学会会长,1981—1982 年任美国政治学会会长。代表性著作有:《民主的智慧》(*The Intelligence of Democracy*,1965)、《决策过程》(*The Policy-Making Process*,1968)、《政治与市场——世界政治-经济制度》(*Politics and Markets:The World's Political-Economic System*,1977)等。

选文简介、点评

　　选文是林德布洛姆《决策过程》一书的第十一章,也是该书最具原创性的部分之一。《决策过程》成书于 1968 年,正值林德布洛姆所领导的"政策分析运动"方兴未艾的时期,该书以渐进决策理论来指导政策分析,构建出一种多元的决策结构。多元决策结构的观点认为,一项政策的产生是社会各种利益主体间相互博弈的产物,社会大众可以通过博弈来影响决策,最终实现自身的利益诉求,这就与精英决策模式认为"公共政策是权势人物利益和价值观的反映,极少反映一般民众的利益和价值观"的看法相对立。该书具体分析了政策制定过程中各类决策主体的性质和行为方式,具有典型的时代特征,引领了政策分析运动的潮流。该书共分三大部分:第一部分对理性决策模式进行了批判,进一步阐发了渐进决策的思想;第二部分探讨了美国政策制定活动中公民、政党、利益集团、立法者、总统、法官等决策主体的性质和行为方式;第三部分对全书的讨论进行了总结与阐发。该书的一个重要贡献在于提出了"直接决策者"的概念并对其进行了系统分析,而第十一章正是探讨了直接决策者之间的"潜规则",无论对于理论研究还是决策实践都具有重要指导意义。

---

　　①　[美]林德布洛姆.决策过程[M].竺乾威,胡君芳,译.上海:上海译文出版社,1988:150-164.

选文探讨了总统、议员、法官等直接决策者在政策制定过程中的非正式合作，这种非正式合作有时被理解为"幕后操纵"。

该文的第一节分析了直接决策者在政策制定活动中的"相互调节"行为，这种相互调节是通过说服、暗示、谈判等方式进行的。例如，国会通过拒绝立法来干预总统行政权力的行使，迫使总统做出政治上的让步，这样，本来仅享有立法权的国会就得以干预行政事务。在相互调节的行为中，存在一些普遍得到决策者遵守的规则，其中最重要的是互惠规则，还有"尊重其他议员的立法权力"、"立场改变预先通知"、公开反对、和解等等，触犯这些规则的人将会处处受到阻难。

第二节详细论述了政策制定过程中决策者相互调节的具体方法：（1）谈判。即决策者之间在一种既不施加威胁也不允诺利益的条件下相互说服，或是通过威胁和允诺利益来达成一致。（2）确立和履行义务。即决策者在决策活动中给予对方一些好处，这样就给对方设立了一些潜在的"义务"，从而期待对方在以后加以回报。（3）第三者。通过影响与目标人物有关的人来间接影响目标人物，例如，决策者 A 试图影响某国会领导人 B，未果，则可以通过影响国会的另一领导人 C 来间接影响 B。（4）适应性调节。即决策者通过使自己适应他人（而非改变他人）来取得合作。

第三节指出，政策制定过程中的相互调节现象不仅存在于民主政权，还同样存在于独裁政权，只不过后者的运作方式不同于前者——后者惯于使用欺诈和压制。

第四节论述了决策中非正式合作的复杂性。由于相互调节手段具有多样性，由这些手段进行排列组合便产生了无穷无尽的不同变式，从这个意义上说每项政策都具有自身的特殊性，不可能用单一的决策模式加以解释。

林德布洛姆的《决策过程》一书是继 1959 年《渐进调适》后又一部论述渐进决策理论的著作。以拉斯韦尔和德罗尔为代表的政策科学运动，其研究致力于构建一种"宏观的、理论的"的政策分析范式，强调理论体系的建构。作为"政策分析运动"领导人林德布洛姆的代表性著作，该书还具有鲜明的时代特征，即"研究微观领域、实践领域的政策问题，强调政策研究的应用性"。该文就很好地体现出这一特色：文章分析了总统、议员、委员会主席、法官等直接决策者在政策制定过程中的"相互调节"活动，以及维系这种互动关系良性发展的"互惠"、"和解"等原则。尤其值得注意的是，林德布洛姆还总结了决策者在相互调节时的四个常用方法，有助于读者加深对于政策实践的理解。此外，文中所举例子均来源于政策实践，其内容翔实可靠、通俗易懂。

此外，文中的"直接决策者"这一概念也是由林德布洛姆首次系统论述的。在林德布洛姆所构建的多元决策结构中，决策者并非仅仅只有一类，而是包括了直接决策者以及影响决策的人群（如选民、利益集团），其中直接决策者对政策的制定产生了直接而具体的影响。该文系统探讨了直接决策者之间的非正式合作，这种非正式的合作一般被认为是一种"幕后操纵"，在政策制定中往往发挥着隐性而深远的影响。传统政治学主要关注政治体制、机构设置等静态的政治现象，自拉斯韦尔将行为主义政治学发扬光大以来，政治学的研究开始关注动态的、深层次的政治问题，该文对于"非正式合作"（幕后操纵）的研究符合政治学发展的大趋势，有助于深化对决策活动的研究。

选文正文

在一个满脑子想入非非或满脑子阴谋诡计的人看来，政治就是诡诈欺骗、"幕后"操纵，以及巧妙地制服对手。政治策划于烟雾朦胧的密室。较正式的政府过程被指斥为表面现象。

我们在这一章里要讨论的就是这种诡诈欺骗、操纵以及非正式的相互作用。

不过，我们是正确地观察这一非正式的相互作用的。它们只是"政治"的一部分，只是决策过程的一部分。它们是对直接决策者之间进行必要合作的较正式的组织方法的重要补充。我们不想听闲言碎语，而是要毫无掩饰地阐明它们的显著特点。

11.1　相互调节

使直接决策者取得意见一致的最普通的方法，是他们本身对相互调整所作的非正式努力，层次组织、委员会体制、行政领导、内阁、政党组织是非正式互相调整的海洋中的几个非正式组织的岛屿。直接决策者总是以许多非正式的方法发出信号，说服、相互影响，以取得他们之间的合作，或——正如任何一个直接决策者认为的——使别人跟他走。

当正式的方法失灵时，相互调整必须做的远不止进行此类必要的合作。它还必须妥善处理由正式方法所产生的合作问题。在美国，国会的委员会体制（它是为了把国会议员合作地组成一些亚组织而发展起来的）在较高的层次上产生了新的合作困难，因为每个委员会及其主席都有相对的自主性。1957 年 8 月，众议院规则委员会主席为了扼杀一项民权提案，干脆就离开华盛顿，回到他在弗吉尼亚的老家，使他的委员会无权召集会议对提案采取行动。这并不是一个不寻常的手法。由于在委员会主席之间缺乏中心协调的正式机制，国会寄厚望于他们彼此进行非正式行动。

正如委员会主席的情况所表明的，每一次将权威授予一个"中心"协调者，就至少会产生如何把协调者协调起来的若干新问题。由于我们已指出过的任何一个直接决策者都能自由地运用他的权威去间接地干预他权威之外的决策，如国会通过拒绝立法来阻挠在总统权威范围内的行政任命，直到总统在任命上让步为止。把协调的权威授予像委员会主席那样选择出来的官员,或党的领袖越多,就越有机会间接地运用权威。如果直接决策者能以这种方式(有时以无法预料的方法)进入彼此的权威领域,那么就不可避免地需要特别的非正式谈判,或类似的活动。

控制相互调节的规则

就像社会中其他任何人一样,直接决策者在他们的非正式合作活动中受到那些抑制高压政治和欺骗行为以及强制承担义务的一般行为规则的约束。但由于他们的决策义务使他们要进行紧密的交换而连在一起,他们建立了这些普遍规则恰当而具体的规则形式,以及其他控制他们权力运用的特殊规则。

在总的社会彼此交换中,一个强有力而容易被人忽视的普遍规则是互惠的规则。虽然互惠规则的具体运用因社会和集团的不同而异,但无论何处它使每个人都承担一定的投桃报李的义务。在一项互惠规则的研究中,社会学家阿尔文·古尔德纳认为这一规则也许就像乱伦禁忌一样,是一个普遍的文化因素。在参众两院,"互惠是生活中的常事"。这一规则把选票交易和交换其他恩惠的义务强加于人。一个参议员行政助理说:"我的上司将对其他任何参议员提供恩惠,只要这对他来说没有损失。至于这个参议员是谁,那无关紧要。这不是个友谊问题。它只是如果你不是个畜生,那么我也不会是的问题而已。"

但是,还有其他许多规则。当一个立法者被问到在立法机关中看到有哪些行动规则时,四个州的立法提及数十条规则,以下是个样本:

尊重其他议员的立法权利:支持另一个议员关于他本地的提案,如果这提案不影响到你和你的地区的话;不要草率通过议案;除了你自己的委员会,不要去另一个委员会反对另一个议员的提案;不要将他人的提案窃为己有;尊重提案作者的权利;接受作者对提案的修正。

立场改变预先通知:如果你打算改变立场或不遵守诺言,那么就预先通知。

公开反对:不要隐瞒你的反对意见。如果你打算反对或提出修正,那就预先宣布。

和解:乐于妥协;不要求全责备;过得去就接受。

当然,控制行为的规则也受到不同程度的侵犯。但立法部门有办法推行它们的非正式规则、犯规者会发现自己的提案被阻挠,或被逐出同事间磋商的圈子,或发现在立法机关中的升迁机会受到阻难。有利的委派落到众议院议员称之为"负责"的议员之手——他"基本上尊重立法程序,并理解和赞赏它的正式的和非正式的规则"。

11.2 调节的方法

哪些是直接决策者之间在权力运用中的非正式互相影响的具体形式?

一个共同的回答是"讨价还价"。许多政治学家认为讨价还价是政治的一个根本过程。有些人几乎断言讨价还价是政治过程的中心，讨价还价的本领是政治家的决定性的本领。例如：

政治家首先是这样一种人，他的前途取决于讨价还价的谈判的成功。为了赢得公职，他必须进行有关选举联盟的谈判……他把大部分时间都花在讨价还价上，这是一种他刻意培养的技巧……

有些人甚至说什么解决冲突——或许因而也可说决策——只有两种可能的办法：分析与讨价还价。

但"讨价还价"对于我们的问题是一个不精确的回答。如果——正如第二种观点认为的那样——只有"讨价还价"是政策分析的另一种办法，那么如此界定的"讨价还价"大致上成了"权力运用"的同义词，因为我们已经把决策的可能性分成决策分析和权力运用。如果是这样，这样界定的"讨价还价"便成了各种决策方法的总汇。它无助于我们具体分析通过相互调节的非正式合作。

因此，我们将挑选出一些相互调节的方法。我们会发现它们的内容比起通常在讨价还价这一概念中所包含的来得多。我们也会看到那些不加分别地被归入"讨价还价"这一概念中的各种技术的显著不同。

谈判

当两个或更多的决策者为了取得合作的明确基础而开始明确的谈判时，相互调节的一个最通常的形式——那些被称为"讨价还价"中的一种——就出现了。但谈判本身具有多种形式。

相互说服　有时，谈判者的相互影响只不过是彼此指出事实不同于它们被认为的那样，或指出一个谈判者追求的政策实际上并不符合他的利益。这是一种通过党派分析进行说服的谈判①。在这种相互交换中（我们曾不止一次地指出，这种交换是强有力的），决策者对他人既不施加威胁，也不应允利益（除了那些在对手头问题的再分析中出现的利益之外）。甚至是一个强有力的总统也信赖这种交换。理查德·E.诺伊施塔特在他的《总统权力》中写道："总统对国会议员和其他每一个人进行说服的实质是诱导他们相信，他对他们所想要的，正是他们对自己责任的估价要求他们去做的符合他们的利益，而不是他的利益的事。"

威胁和许愿的交换　有些人把讨价还价看成是"除非你这样做，否则我将……"以及"如果你为我做那个，我就为你做这个"。民主游戏的规则不允许比如在苏联的领导人中很有效的那种高度威胁性的权利剥夺。但是，一个委员

①　在决策者 A 与 B 的互相具体交换中，A 可能说服，B 可能聆听，虽然通常的情况是如果 B 聆听，他也会试图说服。非正式的相互调节的其他方法也可以是单向的或双向的。

会主席,举例来说,有时能使众议院多数党领袖遂他的心愿,因为他能运用他的权威来威胁不将议案提交众议院议席,除非多数党领袖作出他想要的让步。相互许愿也是很寻常的。道格拉斯参议员描述了一个通过公共工程拨款提案的方式:

> ……这一提案是由一个完整的相互适应系统所编造的。在这个系统中,各类恩惠得到广泛的分配,其含蓄的保证是:谁也不来破坏计划;只要参议员们不反对整个提案,那么"他们的提案也能获得通过"。

确立和履行义务

除了谈判形式,决策者在互惠的规则上建立了巨大的相互承担义务的上层建筑或网络,这些义务可以用他们各自的权威予以确立和履行。有时在明确的谈判中确立或提出义务,但决策中利用互惠进行合作并不一定需要谈判。

例如在民主党中,当党的纲领在代表大会上通过时,如果北部的自由派人士自动在种族政策上向南方人作某一点让步,那么他们也可以指望南方人作出某些让步作为回报。这或许是一种默契。由此让步而产生的义务并不一定是讨价还价的一部分。因为当北方人在作出让步时,他们头脑中或许没有什么要求,只不过把这种确定的义务看做"银行中的存款",有朝一日需要的话就可以去提取。在部门之间的谈判中,如果一个来自国防部的行政决策者对美国财政部的代表作了某种让步,他通常可期待在将来得到一种互惠的让步。他并没有作成什么交易,但他储存了大笔可供他将来领取的善意。

当林登·约翰逊还是个参议院多数党领袖时,他对决策的许多影响可以追溯到他勤于投存大量有欠于他的义务,从而在他周围建立了一个义务网络。在这样一个网络中,义务导致合作,其原因不仅在于任何一个决策者想影响第二个决策者,能期望第二个决策者履行欠他的义务。其之所以力量强大,还在于每一个想建立有利于自己的义务基金的直接决策者,都有意把自己同其他决策者的和解作为一条经常的规则,并且尽可能广泛地和经常地这样做。

每一个决策者都在一个他周围的环境中活动,这一环境既提供他某些机会,又剥夺他另一些机会。一个决策者影响另一个决策者的方法是试图运用他的权威去直接摆布另一个决策者在其中行动的环境,具体来说,就是摆布其最接近的环境。[①]

1950 年,在美国财政部与联邦储备委员会围绕短期利率问题进行的斗争中,财政部突然想出了一个策略来阻止委员会提高利率的企图。它预先宣布将发行新的低息债券的条件,从而使委员会处于要么同意财政部的条件,要么面对总统和国会批评的境地。此外,如果委员会不能按照财政部的条件去支持美

---

① 请注意,所有相互影响的技术都十分有赖于说服或权威。

国债券市场,它还要经受住财政政策上的动乱。

再举一例。1957 年,纽伯格参议员和其他自然资源保护论者提议联邦政府全部购进正在解散的克拉马斯印第安人居留地的股份,使这块土地不致落入一些伐木公司之手。但在纽伯格参议员向参院提交这一议案之前,内务部长西顿提出了一项议案。这一议案满足了纽伯格参议员的部分要求,但大大改变了纽伯格得到他全部要求的可能性。西顿的提案允许将居留区的股份出售给一些伐木公司,但它们必须在政府的严格监督之下伐木。纽伯格参议员描述了这一提案对他的影响:

"现在我左右为难。如果我坚持自己的提案并使它陷入一场党派政治的大混乱之中,那么我出生的州的经济将蒙受沉重打击。我迫切需要我在印第安人事务小组的同事大力帮助,如果我们跟整个参议院一起要有任何成功的希望的话。按内务部提案,只要有一大片或两大片印第安人森林为私人购买;整个居留地的代价即是 9 千万美元,而我原先提议的代价则是 1 亿 2 千万美元,这对我是有决定性意义的。因为我知道,我的许多来自西部的参议员同事——他们提出的一些规模较小的本州开垦和公共工程计划遭到了拒绝——会奇怪为什么对于一个俄勒冈印第安人居留区要花这么多美元的代价。

我拿着西顿部长给我的提案并"应请求"把它投入参议院的议案箱,如果我没有跨过卢比孔河①,那么至少我已经跨过了上克拉马勒湖,现在这成了我的提案了。

第三者

相互调节,由于上述每一种方法都可以通过第三者间接地进行而变得更为复杂了。如果一个委员会主席不能运用其中任何一种技术去影响另一个主席,他也许可以运用这些技术去影响其他的国会领导人,这些人又可以影响这个主席。

例如,刚上台的肯尼迪政府面临的一个紧迫问题,是诱使众议院规则委员会允许在众议院议席上考虑开明立法。总统的主要的直接行动并非针对委员会,而是针对众议院议长,诱使他去接近规则委员会。议长然后同规则委员会主席谈判,力图使他赞成增加一些开明派代表人物以扩大委员会。此举没有成功,接着他试图用一个开明派议员来取代一个保守派议员,又因受到抗议而招致失败。最后,他(当然也是间接地)着手诱使众议院议员不顾委员会主席的反对而扩大委员会。

适应性调节

最后,一个明显的可能性是直接决策者并不通过操纵他人,而是通过使自己

---

① 卢比扎河是意大利北部的一条河,公元前 49 年,恺撒越过这条河与罗马执政庞培决战,喻采取断然行动。——译者注

适应他人——最突出的做法是授权给他人来取得合作。每一个负担过重的国会议员都乐意为每一个他不熟悉但又必须对之采取行动的问题寻找一个议员同行，并在决策中尊重他的专业才能。在他所擅长的领域里，别人可能尊重他的意见。

相互尊重最明显地表现在众议院拨款委员会的各小组委员会之间。

小组委员会之间（或一个小组委员会同委员会中其他部分之间）的冲突因相互尊重而得以减少到最低程度。这种尊重一向是给予擅长某一领域工作，工作勤奋的小组委员会提出的建议的……"这就是：你尊重我的工作，我也会尊重你的工作。"

将本人的政策对其他的决策者作尊重性的适应可能只是局部性的；意即一个决策者会考虑必须作出让步刚好是多少，即可同其他的决策者取得一致意见。第二次世界大战末，罗斯福总统对究竟应通过行政命令（这是他被授权这样做的），还是通过国会立法来决定国家恢复政策举棋不定。那时，罗斯福显然认为，在指导恢复到和平时期经济方面，行政命令要优于新的立法，但他又怕国会对过分依赖行政命令会作出反应。这时，他就故意去适应国会，要求它作出将战争动员署改成战争动员与战后重建署的立法；在其他一些战后重建立法上也与国会合作。

这些非正式的合作方法与前一章描述的较正式的、有组织的方法相互交错。党的领导尤其努力地促进在党员中，但有时在政党之间的非正式的相互调节。因此，一个极端重要的决策专家是中间人、调解者、和事佬。林登·约翰逊在 1953 年至 1960 年期间作为参院多数党领袖时，在发挥其中间人功能方面是异常有效的。他把了解每一个参议员的需要以及追求这一需要的程度作为他该做的事。因此，他能够召集一批参议员进行讨价还价和结成联盟。如果任其放任自流，他们就认识不到他们的共同利益。一个典型的中间人对哪一项政策获胜不感兴趣，他关心的只是产生政策，关心完成决策这一政治工作。作为一个多数党领袖，约翰逊近乎这一典型，因而他"能够安排问题的解决和妥协，而这对一个同样积极但更有目的和信仰的人来说是不可思议的"。

11.3 独裁政权中的相互调节

这些同样的相互调整的技术对独裁政权中的决策也是十分重要的，虽然它们是按照民主政权所不能接受的规则运用的——高度的欺诈和压制。例如，第二次世界大战期间，德国的对俄政策在几个集团之间不停地竞争。一个集团包括希姆莱、鲍曼和希特勒本人；另一个集团以阿尔弗雷特·罗森堡为核心；第三个集团以戈培尔为骨干；第四个集团则是些职业军人和外交家。没有像在前一章里讨论过的专门化的结构足以使这些集团在政策上统一起来。他们可能取得的不论怎样的合作大部分要按我们刚才提出的那些机制来予以解释。

在独裁体制的最高决策层，相互调节的方法是至关重要的，因为最高决策者人数少,因而只能从事面对面的交流。在苏联,共产党常务委员会只有十几个人,有时政策只在常务委员会中的核心成员中讨论。例如,从古巴撤出导弹的决定显然是由赫鲁晓夫、米高扬、勃列日涅夫、科兹洛夫、苏斯洛夫和柯西金非正式磋商后决定的。

权势人物能如此不动干戈地在政策上非正式地达成一致意见,乍一看似乎令人奇怪。首先,他们都忠于一种高于一切的意识形态,这同民主政权中的情况不同。第二,他们当中没完没了的重大政策分歧导致一个集团被另一个集团所驱逐,直到生存下来的集团对政策具有相对一致的看法为止。这样,我们在上面提到过的那些较苛刻的相互调节的技术不能被直接用来调和政策上的分歧,而只能被间接用于录用进或驱逐出最高决策集团。

11.4 排列与组合

通过非正式相互调节来影响政策可能有无穷无尽的不同形式。每一种决策情况很有可能在某些重要方面各不相同。如果不考虑到调节形式中政策由此得以决定的某些特殊因素,我们就永远无法理解任何一项具体的政策结果是如何产生的,但恰恰因为这些因素是特殊的,即使我们看到大多数影响政策的力量中那种可以理解的反复发生的模式,我们也不能确定各种特殊因素的分量,或者确定它们影响结果的具体特点。因此,我们永远不能完全说清楚为什么一项具体的政策就是那个样子。

相互调节的本领——在非正式的相互作用中得到最大好处的能力——是一项明显的“政治性”本领。某些直接决策者以及领导人的本领比其他直接决策者和领导人更高明。某些领导人懂得如何在这种而不是那种情况下赢得他们想要的东西,例如有的领导人具有谈判技巧,有的则精于直接操纵。因此,成功地对任何特定的政策结果产生影响,通常包括各种技术与一些重要的特殊因素的组合。这样,我们也因此永远解释不了为什么形成了这一政策或那一政策,或将要形成的政策。

当我们一次又一次看到决策系统中一些无可补救的错误时,我们也无法在重新设计决策系统中获得所期望的那种有把握的能力。因为人所设计的系统永远不能具体地、精确地控制——只能是广泛限度内的控制——直接决策者将如何施展其相互调节的艺术。此外,正如我们一再指明的,每一次新的合法授权和法律外的授权,都开创了在各种相互调节的技术中间接利用这一权力的可能性。其结果是,改革或重新设计决策系统的规则,特别是重新设计直接决策者中的正式合作形式,必然无法预料地将非正式的、间接的新权力落入各种各样的决策者手中。

（竺乾威　胡君芳　译　余　晖　校）

什么是政策？ 文本、轨迹和工具箱^①

斯蒂芬·J. 鲍尔

作者简介

斯蒂芬·J. 鲍尔(Steven J. Ball)是伦敦大学教育学院(Institute of Education, University of London)的卡尔·曼海姆教育社会学讲座教授,国际著名学者。鲍尔教授的研究方向是教育社会学、教育政策分析,他借用"政策社会学"的工具和概念,尤其是米歇尔·福柯(Michel Foucault)和皮埃尔·布迪厄(Pierre Bourdieu)的概念和方法来研究教育问题。鲍尔教授撰写了多部著作,主要包括:《政治与教育政策制定——政策社会学探索》(*Politics and Policy Making in Education：Explorations in Policy Sociology*)、《福柯、权力与教育》(*Foucault，Power and Education*)、《学校微观政治学》(*Micropolitics of the School*)、《教育改革——批判和后结构主义的视角》(*Education Reform：A Critical and Post-structural Approach*)。

选文简介、点评

《教育改革——批判和后结构主义的视角》一书中的大部分章节是斯蒂芬·J. 鲍尔已发表过的文章,但都已经过比较大的修改。这本书是斯蒂芬·鲍尔早期对英国教育政策制定问题研究的一个延续。^② 在该书中,鲍尔主要关注英国中学的教育改革问题,包括课程、评价、教学和组织者四个方面的内容。他的主要目的是"对教育问题从理论上进行分析,最后为那些深受权力困扰的人揭开权力的神秘面纱"。该书第一章,鲍尔提出了三种理论分析工具:一是批判性的政策分析;二是后结构主义;三是批判性人种学。第二章"什么是政策？ 文本、轨迹和工具箱"则在此基础上对教育政策作进一步的分析。第三章从文化复兴的角度诠释了国家课程计划。第四章分析了课程、学校管理与地方校际关系方面的政策变化。第五章着重批判性地分析自我管理式学校的理念。第六章运用了各个学校的调查资料,分析了学校领导方式的不确定性及其变革。第

① ［英］斯蒂芬·J. 鲍尔.教育改革——批判和后结构主义的视角[M].侯定凯,译.上海:华东师范大学出版社,2002：29-44.

② 详细内容可参见本文选收录的斯蒂芬·J. 鲍尔的另一篇文章《政策是关键》。

七、八章则对教育市场问题进行了讨论,并分析了校长在教育市场中遇到的价值观与道德困境。

选文是该书的第二章"什么是政策?文本、轨迹和工具箱"。在该文中,鲍尔首先阐释了其对教育政策研究范围的理解,他认为,有必要把教育制度、教育结构化的宏观分析与微观探究结合起来,政策研究要"去寻找杂乱无章背后反复出现的东西"。关于"政策"的概念界定,鲍尔提出了两种不同的理解:"作为文本的政策"与"作为话语的政策":

(1)"作为文本的政策"。鲍尔认为,政策是重要的,因为它由文本组成,而文本是我们行动的指南。但是,政策文本本身不一定是清晰的、封闭的或完整的,政策是不同阶段不同让步的产物,是各种影响力和议程重新装配的产物。政策文本中复杂的"声音"经常会引起人们对教育政策的模糊的解读,并导致公众的迷惑和怀疑。对于政策决策者、执行者和目标群体来说,存在着对政策的表达或再表达,也就是所谓的"解释的解释"。此外,他认为,教育政策是环境的产物,具有情境的特征,这个环境会影响到政策的"二次适应"。同时,鲍尔认为不能忽略政策文本中权力的作用。因为,政策的效果是"环境中不同利益集团冲突和斗争的产物"。

(2)"作为话语的政策"。在这里,鲍尔借用了福柯关于话语与权力的理论。鲍尔认为,一系列教育政策都是通过"生产"真理和知识来行使其权力的,并将这一过程视为话语。只有话语才能让政策真正落实、完成既定任务。他指出,政策话语为我们提供了解释的路径,我们只有在话语的帮助下才能真正理解教育政策。但是,在面对政策时,每个主体对话语的解释都是不一样的,因此,我们必须对"二次适应"做出话语分析。此外,政策也对"话语权力"进行分配,只有特定的声音能被听到并被采纳。

在第二章的最后,鲍尔讨论了政策的效力问题。首先,他将政策的效力分为具体的效力与总体的效力。鲍尔认为,地方对政策的反应充满了临时性和偶然性,政策的效力因具体情况而异,而且具体效力与总体效力常常相互重叠。此外,鲍尔还划分了所谓的"一级效力"和"二级效力"。一级效力指的是教育政策"对实践和结构中产生的变化";二级效力就是教育政策"在教育改革社会路径、机会和社会公正模式上的影响力"。

正如鲍尔本人所说"政策分析所需的'工具箱'应该包括不同的概念和理论——它是应用性的社会学而不是纯理论的社会学",《教育改革——批判和后结构主义的视角》一书综合了不同的理论视角和分析方法,如后结构主义、批判性分析、人种学研究方法以及福柯的权力话语体系等。运用这些理论,鲍尔对教育改革中的政策问题进行了深度分析,"揭开了其面纱",有助于我们理解教育政策的本质及其运作过程。

该书第二章"什么是政策?文本、轨迹和工具箱"是全书的精华部分,值得我们进一步研读并加以借鉴。首先,鲍尔娴熟地运用理论工具来分析教育改革具体实践问题,使理论与教育实践紧密集合、高度契合。其次,鲍尔阐释了政策作为文本与话语的本质属性,为我们理解教育政策提供了新的思路和视角,很有启发意义。再次,鲍尔提倡将宏观研究与微观研究相联系,政策科学时代强调宏观探讨,政策分析时代则着重研究个体行为,在鲍尔这里,宏观与微观研究出现了合流的迹象。最后,鲍尔提出了政策效力问题,但是没有进行具体阐释,值得进一步研究。

选文正文

　　本章是启发式理论教学的一次尝试。它是试探性的,没有最终的结论。我意识到有时我在借用警句格言而不是靠论证来阐明观点。本章的内容部分是建立在有些过时的教育学和社会学研究的基础上,但我想,在分析复杂的社会问题(如政策)的时候,这两种理论的结合总是强于一种理论。换种说法,在分析政策的复杂性及其范围的时候,我们的兴趣将从政府职能转向政策实施的背景和政策实施的结果。这里排除了单一理论解释获得成功的可能性。政策分析所需的"工具箱"应包括不同的概念和理论——它是应用性的社会学而不是纯理论的社会学。所以我将用一种更加"后现代主义"的观点去关注局部的复杂性,而不是用现代主义对现实问题进行抽象和简约的分析。这种介乎简约性和复杂性之间的多极化理论所显示的两难处境,恰好反映了当前英国关于政策社会学概念及其研究的争论(Ozga,1987,1990;Ball,1990b)。所以,奥泽加(Ozga,1990)提出,有必要把对教育制度、教育政策结构化的宏观分析与微观探究结合起来,尤其需要考虑人们对教育的知觉与经验。

　　关于教育政策的研究范围,我非常同意奥泽加的观点。但她又继续批评那种让决策指导思想变得更具临时性、偶然性、混乱和讨价还价的做法,而这正是我对于复杂性的理解(至少是部分的理解)。我不同意奥泽加排他性的观点,我们不能放弃某些社会行动的形态和概念,而仅仅是因为他们令人讨厌、具有理论上的挑战性或做起来很困难。我们的挑战在于:如何通过分析将宏观层面的临时性和微观层面的临时性结合起来,而不至于忽视系统的基础和临时性社会行为的结果。也就是说去寻找杂乱无章背后反复出现的东西。在我看来,这也需要重新审视结构/代理机构"二分法"背后的简单性。哈克和梅(Harker & May,1993)将此视为布尔迪厄社会学的中心问题。也就是说,在一个受制约的世界里如何解释代理机构,揭示代理机构的结构是如何相互包容而不是将其视为一个整体的两极。

　　当前,经常困扰许多政策研究者和政策社会学者的一个概念性问题是:如何在理论上界定他们所指的政策?人们对政策的含义通常是想当然的,于是在他们建立的分析架构中,充斥着苍白的理论和认识论。不难发现,即使在同一项研究中,政策被用来描述不同的事物,表达不同的观点。我想,我们如何给政策下定义至关重要,这涉及我们从事研究和解释现实的方法。我还要说,我本人也未能幸免于这场批评。虽然在最近的研究中,我和理查德·鲍一起力图对政策这一术语作细致而清晰的解析(Bowe,Ball & Gold,1992)。

通常一篇文章这样开头,接下来就应该是我给政策下一个自己的定义,并借助一些华丽的辞藻和巧妙的理论手腕来解决我业已提出的问题。但是我不能这样做,至少我不能非常草率地这样做。原因在于我本人对于政策的理论含义仍然不确定。在最近关于政策问题的一篇文章中,我提出了两个不同的关于政策概念的理解。现在我将它们称之为"作为文本的政策"和"作为话语的政策"。在日常的术语中,这两者存在巨大的差别,但在社会学的术语中,这两者却是老掉牙的话题。我想继续讨论的是,政策不是上述两者的非此即彼,而是兼而有之,它们相互包容。顺便说一句,"什么是政策"的问题,不应该将我们误导到一种未经证实的假设中去,这种假设认为政策是"客观存在的事物",但政策主要是"过程"和"结果"。

作为文本的政策

这里或许是受文学理论的影响,我们发现政策成为许多复杂意义的代名词,如斗争、让步、权威的公开说明或再说明。对政策的界定也十分复杂,如政策被理解为行动者根据自己的历史(经验、技术、资源、背景)赋予意义的过程。任何一项政策都充满了争执而且变幻无常,它总是处于"正在变成什么"、"过去曾是什么"、"从来不曾是什么"或"不完全是什么"的状态中,对于任何政策的文本都是"见仁见智"的(Codd,1988)。但这一观点本身并不能说明阅读政策字面意思的重要性。而事实上,政策制定者们确实在用各种方式全力以赴进行这样的操纵,以达到"正确阅读"的目的。我们需要理解这些努力以及这些努力给读者产生的影响,也应该认识到读者应该关注的政策制定者的写作背景和沟通意图(Giddens,1987)。但另外,我们也应该认识到政策文本本身不一定是清晰、封闭或完整的。政策是不同阶段不断让步的产物(如在最初产生影响的时候、立法过程中的政治手腕、议会程序以及利益集团对它们的策略及表达)。因此,政策是各种影响力和议程重新"装配"的产物。在政府内部,在政策制定过程中充满了临时性、偶然性和讨价还价。

我们仅希望在任何问题上都能及时听到不同的声音。问题在于那些吹毛求疵的声音与那些"合法"的声音同时出现,而且通常前者导致人们对于政策文本的模糊解读,并进一步导致公众的迷惑和怀疑气氛的蔓延。我们只需看看爱德华兹等人(Edwards,1989,1992)关于"受援地区计划"和城市技术学院的研究就可以发现,有时要界定政策概念或政策所要达成的目标确实很困难。这些研究还引发出另一个问题:政策会在策略领域变换其内涵,政策的表述会变化,关键的政策解释者(内务秘书、部长、委员会主席等)会变更。有时关键性行动者的变更,是为了有意识地改变政策的内涵。政策在政府内部有自己的势力,政策的目标和意图一段时间后会重新确定和定调。随着时间的推移,政府面临的问题也在不断变化。不同的利益群体行动者也会对政策作不同的表达。肯尼斯·贝克的拨款计划和玛格丽特·撒切尔的计划相互对立;同样玛格丽特·撒切尔的国家课程计划与约翰梅杰的、肯尼斯·贝克的、肯尼斯·克拉克的和罗恩·迪林的也不一样。在政策过程的每一阶段,我们都将面对政策的不同解释,还有里兹维和凯密斯(Rizvi & Kemmis,1987)所谓的"对解释的解释"的现象的存在。这些对政策的表达或再表达不断地滋长,它们使人们普遍感到困惑,人们可以对政策意义作各种各样的解读(甚至相反的解读),结果在行动中人们总有机会钻政策的空子。所以从学校信箱或别的地方匆匆经过的政策文本,都不是空穴来风,它有一个很长的解释和再表述的过程。这些解释和再表述都不是在社会或机构的真空中进行的。文本及其读者都有历史背景:政策进入不平等的形态中,如当地市场的结构或当地的阶级关系中。但政策发挥作用或被接受的方式是不一样的。政策可以改变不平等境况,但政策不能置身于不平等的社会环境之外。政策同样会受到不平等问题的影响而发生变化。

有些政策文本的第一手资料从来少为人知。一项正在进行的对国家课程(数学)实施情况的调查显示:7％的被访的数学教师从来没有阅读过任何国家课程的文件(Brown,1992)。调查发现,在 32 所个案学校中,有相当数量的教师根本误解了"学业成就任务"(school attainment tasks)的前提和方法。而教师们却将这种误解带到他们的课堂组织实践中(Gipps & Brown,1992)。以讹传讹的现象时有发生。但通常会随时随地出现关键性的协调人员,他们与校长和部门负责人(Bowe, Ball & Gold,1992)一起将政策与具体实践联系起来。某些政策文本可以由集体决定取消。如在 1993 年,教师工会反对对 14 岁年龄段学生进行全国性考试,并反对将 7 岁和 14 岁阶段学生的考试成绩公布于众。当然,另外一些政策文本也可能导致普遍的思想轮换和士气低落。波拉德(Pallard,1992)提供了很好的例子,说明政策文本如何起到协调和使其自身非法化的作用的,这个例子就是"学校考试和评估委员会"颁发的"教师评估指南"(1990)。

这一文件原本希望能给学校工作起到查漏补缺的支持作用。但事实上,文件与小学教师的学习观严重脱节,也与他们工作的实际环境严重脱节。例如,文件规定每一堂课都必须根据统一的"成就目标"(attainment targets),且国家课程明白无误地规定了学生学习的顺序。对于那些信奉"儿童中心论"或主张学习方式差异性的教师和教学指导员来说,这样的政策无疑让他们感到愤愤不平。对于那些政策中的不切实际的地方,也是"几家欢喜几家愁",尤其对于教材编写者来说,他们不知晓大班教学的实际需要,所以提出了一些简单化的,甚至天真的建议。文件的可信度也因此而大大降低。于是"学校考试与评估委员会"屈尊于泰德·雷格在《时代教育副刊》上的撰文,该文评论了教材问题,其题目是《谁让教学评估出洋相?》,许多学校和地方教育当局竭力反对"指南"在教师中传播和使用。

毫无疑问,在将政策与学校实践相结合的过程中,必然有情景的变量。虽然许多教师难免有先入为主的倾向,从政策制定者角度看,读者的因素、解读习惯及读者可能的反应都没有和读者所在的具体环境结合起来。政策为他们留下了需要解决的问题。而这些问题只在特定情景中才能解决。对有些人来说,或许可以逃脱政策的影响,但通常人们不做这样的选择。我必须说清楚,政策至关重要,因为它由文本组成,而文本正是我们行动的指南。问题在于我们无法预测或假设政策是如何在特定事件和情形中指导我们的行为,或者行为的直接效果会如何,或者行为者能拥有的活动空间有多大? 行动者通常会受到不同的(甚至是严格的)限制。但这不是由政策带来的。对于政策执行环境而引起的问题,其解决方案必须因地制宜,为可能出现的临时性决定或杂乱无章的情形做好准备。对政策的回应必须是创造性的,但在此我得谨慎措辞,因为创造性有特殊的含义。在特定的条件下,情景和现实中要将笼统、抽象而简单化的政策转化为互动的、持续的实践活动,在这一过程中,我们当然需要建设性的思想、新的观念和适应性。政策通常不告诉你应该做什么,但政策能创设一种具有选择性的情景,它能告诉你如何缩小或改变未来的行为范围,或者帮助你设定特定的目标或结果。但在回应政策时,我们仍然需要结合具体情景作出整合和建构,同时也需要化解来自其他方面对政策的期待。所有这一切都需要创造性的社会行动,而不是机械式的反应。

所以,政策文本的下达有赖于承诺、理解、能力、资源、现实的制约条件、合作及不同政策文本之间协调等因素。有时,当我们专注于一项政策或一个文本的分析时,通常忘记了教师手中流传着其他的政策和文本。一项政策的下达可能有碍于其他政策的下达或者政策之间的相互冲突。意识形态上越抽象的政策,其概念与实际距离就越大,政策也越不可能不加协调就能适应现实的情形。因为政策在执行过程中必然会遇到"别的现实"情景,如贫困问题、不断受到干扰的课堂、教材的缺乏、多语种教学的班级等。另外的一些政策能够部分地改变我们赖以工作的环境,但不能改变环境的所有方面。

赖斯柏格(Risebrough,1992)曾详细研究过一名教师是如何应付政策的。这项研究让我们开始关注教师参与政策过程时"二次适应"的重要性:通过集体或个人活动,以克制的(如在没有重大变革压力下适应变化)或破坏性的(如试图对结构作重大变革或辞职)战略,教师能够建立一套经验性的针对政策意图的、内容丰富的个人应对策略。在通常情况下,我们未能研究、分析和总结这样的个人应对策略。这里所谓的教师"二次适应"将教师与政策、教师与政府通过不同方式联系起来。我们一开始就假设让教师和环境去适应政策,而不是让政策适应环境。这样政策制定者自然可以高枕无忧了。由于"抵制"一词在实际中没有立足之地,因此,在解决政策问题过程中人们更多的是贪得无厌,而不愿忍辱负重、忍气吞声。同时我也想避免一种看法,就是人们总是消极地面对政策,或者认为政策都是强制性的、落后于时代的;那些开放的政策都是那些富有创意却得不到实施的政策(教育史上到处有这样的例子),而另外一些政策的实施是为了排除、弱化其他政策的影响力(Troyna,1992)。

在这一论题中,我不想忽略权力的作用。环境的干预能在很大程度上改变事物。但我们也不能忽视这样一些问题:事物是如何保持不变的?为何不同环境的变化各不相同?为何这些变化与政策制定者的本意大相径庭?正如福柯指出的,权力是生产性的,权力关系不属于上层建筑。它的作用是下达禁令或成为"陪衬物"。只要有机会行使,权力就能直接发挥生产性作用(Foucault,1981)。政策通常需要对权力关系进行重新建构、重新分配甚至推翻。这样不同的人可以从事或不去从事某些事情。权力关系不是独立于其他关系之外:经济过程、知识关系、性别关系等。相反,权力关系存在于这些关系之中(Foucault,1981)。权力表现形式复杂多样又相互作用。而政策文本只是介入而改变权力关系,当然也无法改变政策意图、文本、解读和反应之间的复杂关系。从不同的理论出发,奥菲(Offer,1984)提出了相似的观点:

法律或机构性服务的真正社会影响,不是由法律或法令的措辞决定,而主要是由社会争议和冲突的结果带来。政府政策只是为这种争议和冲突提供了场所、时间表和讨论的议题及"游戏规则"。对于这些社会政策措施的外部政治力量,国家和社会政策不会为其提供具体的"条件"(如服务水平、克服生活困难的特殊保护等)。相反,政策规定了冲突的内容,通过为相关社会团体授权或收权,分别为这些团体确立社会政策制定的实际效用范围。

我想奥菲想表达的是:现实和政策的效果不能简单从文本读取,它们是环境中不同利益集团之间冲突和斗争的产物。(对这方面的说明,可参见本书第七章中关于政策中市场力量的运用,及由此给中产阶级家庭带来便利的论述)

我认为政策既有它现实的作用又有其局限。它不是一个"零和游戏"(sum-zero game)。我们应该理解政策分析的基础不是它的局限性,也不是它的实际作用,而是局限性与实际作用之间的关系以及它们之间的相互渗透。而且,这样的分析必须同时洞悉政策的总体和局部的成效。

我还想用这段引文,作为我向下一个政策议题的过渡。首先,我想强调的是政府政策只是为竞争提供场所、时间表以及"游戏规则"。这一点说明了将政策视为一种话语和将政策置于话语之中的重要性。然后,我将回到关于政策的影响问题上来。

作为话语的政策

我们可以发现政策的社会影响力无处不在,社会上对政策各怀意图的人也无处不在。教育政策的行动者正使自己的行为具有意义。他们正扩大他们的影响力、相互竞争、做出自己的回应、处理各种矛盾并试图以自己的方式表达政策的内涵,许多关于政策的行为可以用现实主义的分析方法,将其置于政策环境中加以阐述。但这样做可能是新的"多极主义"。或许这样做属于一种政策意识形态的问题:只考虑现实是什么,或者可以做些什么,却忽略了奥译加所谓的"事物的整体性"。换句话说,我们这样做可能过分强调了那些身居决策活动内部的人的想法,而没有关注他们没有想到的问题。为此,我们会关注相关的一系列政策是如何通过真理和知识的生产行使其权力的,并将这一过程视为"话语"。话语是指那些系统地形成人们所谈论事物的实践活动。话语不是事物本身,它们不能确认事物,但它们构成事物一部分;而当真的成为事物一部分的时候,它们又销声匿迹了(Foucault,1977)。话语规定人们可以说什么、想什么,还规定说话者的身份、时间以及说话者的权威性。话语内涵丰富、措辞讲究。话语体现人们多维思考的可能性。词汇以特定的方式排列和组合,从而排出了其他的组合方式。有时话语可能是无足轻重的,但福柯说,话语所遵循的禁忌揭示了它与欲望和权力的关系。话语是我们书面语言和口头语言中不可或缺的(Foucault,1974)。话语的内涵远比字面的表达更为丰富。我们的主观意图、表达、知识、权力关系都是由话语建立、提供的。我们自己其实并不了解我们在说什么,但我们所言所做都传达了我们的真实想法。就意义而言,政策代表了我们的心声;我们以政策给我们确立的位置自居。这体现在一系列的行为(如推广某人的课程,或宣传某人的学校)和价值伦理观(如强迫那些无效的同事提前退休,这样就不必在部门的绩效统计中将这些人的因素考虑在内)之中。话语让政策真正落实、完成既定的任务,并使某些人获得权威(Said,1986)。我们必须注意政府在话语中的大权旁落——话语不会厚此薄彼。政府也是话语的产物,是权力图式中的一部分。我们有必要深入分析政府权力,但还没有充分的理论来这么做。政府的运作是建立在其他权力的基础之上的,像种族主义、夫权制等;我并不是说政府无关紧要,或者说在政策分析中没有政府的一席之地。但我们必须特别关注在那些分裂的、多样的和具体的场合中,政府权力是如何运作的。围绕特殊事件,人们在某些领域的认识又是如何保持或受到挑战的?

在福柯的理论中,政策是一个有机的整体。它涉及诸如市场、管理、评价和绩效等。通过这些"真理性知识的集合",人们进行自我控制,同时也控制他人。这种控制的基础包括生产过程、变革和正误鉴别的结果。将科学科层化运用于教育问题(如标准、纪律、教学质量、资源的有效使用等)。有一批学者确立、传播新的教育科学,并赋予它以合法地位,他们是:斯平克斯、考德威尔斯、塞克斯顿、哈格里夫斯、霍布金斯、菲德勒、鲍尔斯。通过这一切想说明的一点是:如果我们不关注"二次适应",尤其是以天真和乐观的方式将其忽略,那么我们将无法认清发生在政策适应过程中有悖本意的现象。我们只有通过话语为我们提供的概念和词汇,才能找到回应政策的可能途径。奥菲认为斗争、争执、冲突和调适等活动都发生在既定的领域中,我想这没有错。这句话的实质就是在政策的解释和制定过程中发生着真正的斗争。但斗争是以流动和出乎意料的方式进行的,这样的斗争既阐明又限制了政策被解读和制定的可能性。我们需要因地制宜地阅读和回应政策,因为形式的变化通常超越我们的思维。这其中需要考虑的因素包括政策变革的拥护者和技术人员提出的充满智慧的真理性策略,还有另一些人的权利意志和欲望,他们将自己视为新权力关系的得益者。在这种新关系中,权力的实施就意味着一种行为对另一种行为的影响。权力首先应被理解为多样化的力量关系,在这个力量"场"中,权力得以施展,并构成各自的组织。从这个意义上讲,政策的影响主要体现在偏离主旨的那部分,它改变了我们在思维上另辟蹊径的可能性,所以它限制了我们对于变革的有效回应,并因我们对政策实施现状的误解而导致对政策本质的误解。进一步看,作为话语的政策还具有"再分配发言权"的作用。这样,一部分人所说的和所想的就变得无足轻重,而只有特定的声音能够被听到,并被认为是有意义的和具有权威的。

现在的危险是由"天真的悲观主义"带来的,正如詹姆森所说:

政策的读者感到越来越无助。通过建立日益封闭和可怕的理论体系,理论家的所得和所失一样多,因为他们作品的批判功能已经丧失,而否定和反抗的动力(更不要说社会变革的动力)在理论模型面前日益被变得空洞和微不足道。

但在现实中,在复杂的现代社会中,我们被纠缠于各种不协调的、不连贯的,甚至相互矛盾的话语中,而且在政策贯彻过程中我们不会完全排除"奴性知识"的侵蚀。我们必须考虑那些复杂的和不稳定的过程,借助于这一过程,话语既能够作为理解政策的工具,又能够视为权力的实际影响力。同时也可作为对抗性策略的"挡箭牌"(Foucault,1981)。但我们确实也需要认识和分析那些社会政策中主导性的话语、真理的领地以及博大精深的知识,如新自由主义和管理学理论。现在,对作为话语的政策的问题,我不能作出令人满意的结论。或许我只能强调早先提出的那个论点,即为了建立一套还算像样的解释或阐述体系,我们需要一个以上的好理论的综合。在我的一项对英国教育改革策略的研究中(1990b),我曾尝试使用过这样的复合式理论。

政策效力

现在我想用不同的方法,重提本章第一部分中的一些问题。那就是:我们应该如何总结政策效力,才能做到既不专横跋扈,又避免玩世不恭。这使我想起了先前提到的与奥泽加的分歧之处,我认为各地对政策的反应充满了临时性和偶然性。在这点上,那些为政府部门歌功颂德的作家和这些作家的批评家都误解了,至少没有准确理解政策的效力或政策影响的实质。以下我想从区分政策效力的一般的和特殊的意义开始。

需要澄清的是:早先关于政策文本的讨论并不是有意将政策效力的概念说得微不足道。我并不是说政策没有效力,它们确实有;不是说这些效力不显著,它们非常显著;也不是说这些效力不能按图索骥,它们确实能。需要强调的是,对政策的回应(效力的一方面)是因具体情况而异的。来自上级的政策不只发挥对基层的限制或影响的作用。讨论政策效力的困难在于具体的效力和总体的效力通常是相互重叠的,当不同方面的变化与具体的回应联系起来的时候,政策的总体效力自然就凸现出来。如此看来,具体政策的具体效力可能是有限的,但不同政策总体效力却是不同的。

举例来说,至少在英国(或许还有美国、加拿大、澳大利亚和新西兰),这些年针对教师工作采取了多项改革,这些改革的总体成效具有深远影响。这里教师工作是一个大的范畴,其中涉及一系列独立的政策,包括课程、评价、工作绩效、组织、报酬和工作条件。如此综合性的范畴需要小心分析,因为:

1. 存在美化历史的危险

认为教师过去曾拥有自治权,而现在没有了(这不是个"零和"的问题)。如戴尔所说:教师的自治权由过去的"特许"变为现在的"规范"。戴尔(Dale,1989b)试图论证的是从一种自治权到另一种自治权的数量的变化,所以他需要详细说明两种自治权的特征分别是什么。

2. 综合化不能囊括各种情形下所有教师的经验

举两个例子,在英国,那些资金充裕、声誉良好学校的教师,与那些资金匮乏、声誉不佳的学校(那里的教师不能选择学生)的教师相比,他们的实际工作条件和自由度是大相径庭的。另一个例子是:最近英国教育改革对于普通教师和校长具有不同意义。校长们发现他们实际拥有的自由比过去的同行提高而不是削弱了,尽管这在一定程度上也要看他们负责的是什么样的学校。至少在重新架构的权力图式中,这些校长是目前教育改革的受益者(见第六章)。从政策文本看,如果以这样的方式关注政策的话,我们会遇到其他的困难。关注个别行动者的解读和反应,容易忽视政府政策带来的综合性和结构性的变化。尤其重要的是,这样容易忽略教育政策对机构重组的潜移默化的影响(见第四章、第五章)。

关于政策效力,还有另一个重要的区别,就是所谓的"一级效力"(first order effect)和"二级效力"(second order effect)。一级效力指的是实践和机构中产生的变化(这点可从特定场合和系统整体中发现这种变化);二级效力就是在教育改革社会路径、机会和社会公正模式上的影响力。沃克尔(Walker,1981)

如此阐述这其中的区别：

社会政策的基本方面就是它们的分配性意义或产出上。许多社会机构和团体（包括政府）可能将社会政策制定得含蓄或直露。社会政策分析家的任务是评价政策的分配性意义和这些政策下的建议和理性成分。如此我们就能集中研究组织、专业人员和班级的行为，以便能全面描绘组织整体框架的运作情况；透过这一框架，分析社会如何生产和如何保持不平等，福利国家的管理才得以进行。

在对受援地区计划（APS）和城市技术学院（CTC）的研究中，爱德华兹等人（1989,1991）采用了一项重要的分析技术；它为联系和追踪政策各种无序的源头、可能性及政策意图、回应及效力，提供了一种机制。这就是我所说的政策轨迹研究法。他们采用截面而不是单一水平的分析方法；他们追溯政策的形成过程，有关的斗争以及来自政策内部及不同政策接纳者的回应。理查德·鲍和我试图以三种决策情景为轨迹研究法提供一种概念性框架，即"影响力的情景"、"政策文本制作的情景"和"政策实施情景"。每一种情景都包含众多个人和公众的行为领域。每一种情景都涉及斗争、妥协和临时性。它们松散联合、彼此之间没有单一方向的信息流。但从理论和实践的角度，这一分析模型需要另外两个情景才能完整。

首先，我们必须添加"一级效力"和"二级效力"的关系，也就是说产出的情景。这里分析的关注点在于公平、平等和个人自由。政策分析就是考察政策对于现存的不平等与不公正形态的影响，以及它们之间的相互作用。第五个情景是政治策略的情景，就是确定一系列最有效解决不平等问题的政治和社会活动。这就是哈维（1990）所谓的批判性社会研究的基本组成部分，或者福柯所谓的用以分析特殊社会背景和斗争的特别的思维方式。诚如谢里登所说："福柯的系谱学揭开了权力的面纱，并为那些深受权力之困的人享用。"这就是福柯所称的我们社会的真正的政治任务：批判那些貌似中庸和独立的机构的运作，批判那些隐藏在机构内部的政治暴力，直到我们揭开其面纱，并与其斗争。但福柯的研究方法对那些狂妄自大的研究者和改革家也隐含着严峻的信息，因为正如谢里登（Sheridan,1980）所说：系谱学研究方法也是针对所有一心为自己追逐权力的人的。

（侯定凯　译　王晓芳　校）

教 育 政 策①

佛兰德·S. 柯伯思

作者简介

佛兰德·S. 柯伯思(Fred S. Coombs)，美国教育政治学和教育政策研究领域重要学者，曾任教于美国伊利诺伊大学香槟分校教育政策系。柯伯思曾获得政治科学博士学位，发表多篇关于选举行为和计算机辅助教育的文章，代表作有《决策的基础：投票行为的态度分析》(*Basis for Decision：An Attitudinal Analysis of Voting Behavior*，与 Martin Fishbein 合著，1974)，《政治与教育改革》(*Politics and Educational Reform*，与 Richard L. Merritt 合著，1977)。

选文简介、点评

斯图亚特·S. 那格尔编著的《政策研究百科全书》(*Encyclopedia of policy studies*)出版于 1983 年，是"政策分析运动"走向深入的产物，收录了国外众多政策科学研究者关于政策研究的基本理论、方法及不同政策领域研究的成果。其中，佛兰德·S. 柯伯思所著的《教育政策》一文，系统阐述了教育政策相对于其他领域公共政策的特点，并对教育政策研究的关键性问题(如教育政策研究的历史发展、教育问题的分类、教育中的利益结构、教育政策价值标准、未来研究趋势)作出了详细阐述。该文的写作背景在于这一时期的教育政策研究初步形成了独立的学科范式，但是尚未得到公共政策学者的广泛承认，因此该文的重要价值在于，论证了教育政策研究作为一个独立研究领域的必然性与必要性，有助于教育政策研究者树立学科自信，并准确把握研究的方向和重点。

《教育政策》全文共分九节，分别为："教育政策研究领域的出现"、"集中精力于政策分析"、"教育问题的类型"、"教育中的利益结构"、"相互冲突的教育标准：质量、公平和效率"、"地方教育政策"、"州级教育政策"、"联邦的作用"、"教育政策研究的趋势"。鉴于选文篇幅有限，本书节选该文的第一、二、三、四、五、九节供读者选读。

---

① ［美］斯图亚特·S. 那格尔. 政策研究百科全书[M]. 林明，等译. 上海：科学技术文献出版社，1990：442-451，456-458.

在该文开篇,柯伯思首先详细阐述了教育政策活动作为一项特殊、复杂的活动所具有的特点。他认为,相对于其他政策领域来说,教育政策之所以是一个独立的领域,是因为:(1)教育政策制定是一个复杂过程,涉及成千上万的利益相关者,且教育政策有着自己的文化历史背景、合法惯例、财政及政治依托、专门术语等;(2)每位公民都以自己的方式与教育保持着密切的联系,相对于其他政策领域来说,公民对于教育政策问题有着强烈的亲身参与的欲望;(3)教育政策领域权力更为分散,在不同的教育阶段、不同的班级、校园级别、地方校区级别、县或行政区、州和联邦级别等各个层次上均有相互联系、相互作用甚至相互对立的各种关系;(4)教育成果的评估具有复杂性和困难性,教育政策研究相较于其他公共政策研究具有描绘性、历史性和程式化;(5)教育发展需要有力的财政保障,其经费不能随意削减。

在第一小节"教育政策研究领域的出现"中,柯伯思回顾了拉斯韦尔(Lasswell)、罗伯特·道尔(Robert Dahl)、林德布洛姆(Lindblom)、戴维·杜鲁门(David Truman)、詹姆斯·科尔曼(James Coleman)、戴维·伊斯顿(David Easton)等政策研究者在不同阶段所提出的各种有影响的经典理论,以及不同阶段指导着政策研究者进行研究的方法论。在第二小节"集中精力于政策分析"中,柯伯思肯定了20世纪70年代以来美国政策研究领域中出现的"政策分析"趋势的重要作用,并特别强调了"教育评估"对于教育政策分析的重要作用。在第三小节"教育问题的类型"中,柯伯思指出在教育政策研究中理论一直很难发展起来,问题在于教育问题研究中缺少一种能广为接受的分类学。他将教育问题归纳为六类:财政问题、课程问题、教育对象问题、人事问题、学校组织问题、政务问题。在第四小节"教育中的利益结构"中,柯伯思分析了影响教育政策活动的几大利益团体——家长、学生、教师、学校行政人员、教科书出版商、地方社团等——各自所拥有的资源、权力,所持的立场,所代表的利益以及对政策的影响等。在第五小节"相互冲突的教育标准:质量、公平和效率"中,柯伯思以美国具体的教育政策为例,详细论述了教育政策价值选择过程中几种重要而又相互冲突的价值标准。在详细考察美国各级教育政策系统及教育政策活动之后,柯伯思针对教育政策研究的趋势提出了几点看法:加强基础研究、理论研究、多案例研究;致力于州级教育政策的研究;更多的专家投入教育政策研究;等等。

在该文写作的时期,国际教育政策研究的特征是:研究微观领域、实践领域的政策问题,强调政策研究的应用性。柯伯思的这篇《教育政策》以美国为例,从政策理论及政策实践角度对教育政策活动的特殊性、教育政策问题类型、教育政策活动中的利益团体、教育政策价值选择、各级政府的教育政策活动及其相互联系与制约、教育政策研究的趋势等重要问题进行了详细而有价值的论述,是教育政策研究领域不可多得的综合性的研究成果,对于教育政策研究及教育政策实践均有着重大影响。尤其是其对教育问题类型的划分,不仅是教育政策理论研究的一大突破,也对指导教育政策实践有着重大意义。

选文正文

在 1979—1980 两年中,约有 1660 亿美元(占国民生产总值的 7％)花费在 330 万教师、30 万学校行政人员和 10 万座教学大楼,以及教科书、设备和教学仪器上面,所有这些都用于美国的青少年的教育。这些教师教着 5040 万青少年,这些行政人员的大部分在 16211 个地方公立教学区中的这个或那个学校供职,这些公立教学区成了美国政治文化生活中独特的和吸引人的一个部分。总而言之,每 10 个美国人中就有 3 个人直接从事于美国教育事业(Grant ＆ Ei-ders,1950)。这一章就是论述关于这一庞大事业的政策问题,即如何筹集和分配基金,以及从事这一事业的大多数人的利益如何在教育政策中体现和具体化。

汤姆斯·爱里特(Taomas Eliot) 1959 年在《美国政治科学考察》上发表的文章宣布存在教育政治学这一学科,而且它非常值得政治学家们作系统化的研究。在这篇被斯如弗(Sroufe,1980)近来一直称之为具有中肯的标题的中肯的文章中,爱里特号召人们注意教育的一直与政治无缘的那种神秘气息(这种神秘气息使得人们一直未从政治方面去探索教育本身)。之后他划分了几个极吸引人的研究方向,包括财力的获得,教育行政人员处理事务的战略,以及课程设置受外行的及专业的人支配之间的紧张状况。

20 年后,尽管出现了数目日益增多的一小批专门研究教育政策的专家,人们仍然怀疑他们的工作是否有那么大的特色和区别,以至于要求指定为一个独立的研究领域。彼得森(P. E. Peterson,1974)认为他发现了一条重要的教育政策的中心原则(即教育政策的形成完全由这一领域的专家独立完成,并不受外界压力的影响),而且认为这一领域对政治科学家的要求是要有真正的独立和自主,以期似乎使它与其他方面不同。然后他进一步论证道:当与其他政策领域相比较的时候,教育政策的制定与其他政策相比并没有更多的自由。他因此得出这样的结论:并没有令人折服的理论根据说明教育政策有如此显著的特征和区别,以至于对它们的研究需要特殊的分析,特殊的概念,或是特殊的方法。

然而,尽管对于这一领域的独立要引证一个令人信服的理论根据仍很困难,但是却可以找出许多引起这一领域独立的实际诱因,而且它们中的一些因素最终可能影响到理论的发展。首先,教育政策的制定是一门极为复杂的学科,有成千上万的人参与了这项令人眼花缭乱的制定工作。它有它自己的文化历史背景,它自己的合法惯例,它自己财政上和政治上的依托,以及它自己的专门术语,总之,因为它的领域之广阔和多变,以致大多数学者想对它的本质多些理解,是需要费些气力的。

第二,教育系统相对而言是为公众所接触,所熟悉的,鉴于以下简单的事实:几乎每个人都在上学或曾上过学,许多人都有孩子在学校就读。因此大多数公民相信他们对这一系统的这一方面或那一方面有自己特殊的了解,而大多数人却与国家国防机构或公共福利系统没有直接的联系。显然,相对来说几乎没有谁能完全避开公共教育,他们与学校的接触以及他们后代与学校的接触增强了他们对教育问题的认识,他们自己的经历也使他们更倾向于关心教育政策。教育界流行着一句名言:每个人都是教育政策专家。在教育政策方面公众存在一种对专业人员的潜在的不信任感,公众对公立学校如何开办有一种亲身参与的欲望,而这两种情况在其他政策领域是很少有的。

第三,教育,也许比其他任何政策领域权力都分散(Halperin,1978),教育政策不仅要在众多的权力级别上形成和执行,而且在同一级别里也有一种复杂的权力分配。美国的小学和中学教育政策的制定和执行,是在一个明显与中学后教育系统不相干的体系中进行的。不同的地方行政人员和地方行政委员会,不同的州政府机构及不同的立法委员会典型地、明显地掌管着这两个领域(中小学教育和中学后教育)①,但是即使在小学和中学系统内,人们也可能以不同的班级、校园级别、地方校区级别、县或行政区、州和联邦级别来鉴别和研究教育政策,在每一个级别都会发现一些能很好地为社会服务的角色在复杂的社会关系中常常相互对立起来,在权力分配上发生矛盾,如果我们考察一下在校园级别上学生、家长、教师和校长的相互作用;在地方校区级别上考察教务长、教委会成员及教师组织领导的相互作用;在州一级上考察州教育委员会成员、州议员和法官之间的相互作用;或是在联邦一级考察国会议员、最高法院的法官、教育部部长、白宫官员之间的相互作用。我们都会发现权力是四分五裂,到处扩散的,而且其具体细节是不易说明白的。在同一权力级别内且在各级之间,都有功能重叠现象,许多计划的重复也是常见现象。

第四,由于事实上教育过程本身具有多种目标的特点,及在许多机构中目标又具有含混性,使得教育政策的研究变得更加复杂化。加之我们不太了解如何能达到预期的目标,以及评估教育成果先天具有的困难性,这一状况使得教育政策研究在与像卫生、农业或公共交通等其他政策研究相比较时,显得更具有明显的描绘性、历史性和程式化。

第五,教育是一个劳动密集型过程,关于教学楼、公共交通及教科书的花费虽不是微不足道的,但更多的是为教师、行政人员及后勤人员所支出的人事方面的开支,占大部分学校预算的70%,其结果就是固定开支相当高。在一个不景气的财政年度里一个政府官员可以考虑削减40%的高速公路建设开支,而同样巨大的削减在教育领域却不现实。20世纪60年代学校招生量的急剧增加,70年代和80年代学生入学率则有明显的下降,这一情况虽严重地影响了教育政策的制定,但是总的来说,教育预算并没有和入学率成比例地下降。

---

① 彼得森(M. W. Peterson)对高等教育政治因素的真知灼见。

一、教育政策研究领域的出现

为了力图解释为什么教育政策作为一个独立领域而出现,施立布纳和安格雷特(Schribner & Englert,1977)通过伦理学、法学以及现实主义和行为主义来探索政治科学的发展。他们认为,行为主义强调理论建设,强调政治制度的比较及社会科学之间的联系,这恰好为教育政策作为一个独立的研究领域奠定了基础。到1980年,盛行一时的强调个体思想及行为的热潮已骤然转向为重新检查教育政策过程的本身。[①]

教育政策研究的基础理论由几个不同的分支组成,在政治学丰富这一学科领域之前,学习教育管理的学生曾偶尔做过一点在今天被认为是教育政策的研究工作(Counts, 1927;Charters, 1953; Carter, 1960)。20世纪初期,对科学管理的重视倾向(这种倾向强调找到一条最好的道路)(Taylor, 1911;Bobhitt, 1913),已经让位给重视效率的系统模式(Weber, 1946;Callahan, 1962),进而让位给社会学方法论(Baldridge, 1971),最后被含有有限理性的现代管理理论所取代(Simori, 1945;March & Simon, 1955;Weick, 1969;Cohenetal, 1972)。但最重要的在教育政策研究中仍是使用系统论的概念和观点进行系统分析(如学校、班级、地方社区、联邦机构或任何州议会)。

另一方面,大多数政治学家已不再热衷于强调对分配过程中利益相互作用的理论方法的组织理论研究。在(教育政治学)理论的一些创始人当中,哈罗德·拉斯韦尔(Harold Lasswell)与其他政治学家相比最有名望,遗憾的是他的著作经常被引用来说明的主要问题是:"谁得到了什么?什么时候?如何得到?"拉斯韦尔著作的其他两个方面,价值结构论(Lasswell & Kaplan, 1950)以及他对能够从公共利益出发使个人动机合理化的政治家的描述(Lasswell, 1930)在教育政策研究文献中却很少被引用。罗伯特·道尔(Robert Dahl)的多元民主论也与在教育政策方面的大量研究结果产生共鸣。一些学者支持他们的观察结果与一种多元理论模式是一致的,但也有另一些学者认为,存在着他们所说的专业精英人物的团体,而这团体却根本不与多元主义论相一致。虽然在《谁管理》(1961)中论述教育问题的章节与实际情况的研究并不相符(P. E. Peterson, 1974),但由道尔(Dahl)在这本书中建立的基本理论,尽管在每个领域内互相竞争的尖子人物所组成的领导集团有更替,但对大多数从事教育政策研究的人来说它始终是一个很合适的理论。另外,渐进主义论者(Lindblom, 1959,1965;Braybrooke & Lindblom, 1963;Wildavsky, 1964)在教育政策研究中也表现得较为出色,特别是当研究的注意力转向预算过程的分析时尤其明显。

---

① 我们应该注意到这里的行为活动旨在通过激发个体特征(例如人口变量),或者心理取向(态度、信仰或价值观)来说明相对严肃的行为,比如投票。

在(教育政治)理论发展历史中,虽然现在不常被人提起,但人们可以感到亚瑟·本特里(Arthur Bentley,1908)的影响。在他的开拓性的著作中,他使人们注意到了政府运行过程中集体的作用。人们同样可以感到戴维·杜鲁门(David Truman,1961)的影响,他领导了战后年代群体理论的复兴。在教育政策理论的发展过程中对于利益集团作用的分析已经成为考察研究实际情况的最常用的红字标题(Munger & Fenno,1962;Gittel,1968;Iannaccone & Lutz,1970;Bailey & Mosher,1968;Thomas,1975)。各种利益集团所产生的相对的影响、使用的战略、所形成的联合组织,以及在这一过程中他们力图保持他们实力的手段,等等,都是大多数教育政策研究者的研究主题。他们试图通过这样的研究来解释为什么一些建议变成了政策,而另一些则不能。

然而,又出现了一个友好的对手,加里布埃耳·阿尔蒙德(Gabriel Almond)和詹姆斯·柯勒曼(James Coleman)在合著的《发展领域的策略》(1960)一书中为教育政策学科提出了一个最终会比相对性的政策有更大影响的观点。在他们的功能行为范畴中,利益聚集和利益结合在关于教育政策的条文中经常出现。并且以同样的风格,戴维·伊斯顿(David Easton,1965)在社会学家泰尔柯特·帕索恩斯(Talcott Parsons,1961,1969)的专著基础上所搞的系统分析提出了一个完全与群体理论学家不同的观点。其着眼点主要放在教育制度的需求上,放在社会化支持的程度和来源上,放在输入(需求和赞助)和输出(通常被认为是政策)的变化过程上,放在输出和输入的反馈以及教育系统与周围环境的关系上。

系统分析的直接成果是20世纪70年代政治社会化研究的迅速普及。早期,一般的孩子都有为社会服务的积极经验,这使得政治学家领悟到对于政治制度的社会支持所具有的广泛基础,正是基于这种支持才使得政治制度能够对付不同利益集团的特殊要求。一些设法通过"参与"这个中介概念来把社会化过程与教育政治过程联系起来的尝试也在政治学研究中出现过(Milbrath,1965;Verba & Nie,1972)。可是,我们依然不很了解,个人是如何形成和发展他们关于教育的基本信念及价值观的,也更不了解这些基本因素的确定是如何同政策选择或参与教育政策的形成联系起来的。

我们决不能就这样结束了对戴维·伊斯顿(David Easton)的介绍,而不提及他的另外一个贡献。在《政治制度》(1953)这本书里,他给出了关于政策的一个定义:"价值的授权的分配"——大多数政治学家就可围绕它(进行研究)。如果认同了这样一个无所不包的定义,伊斯顿的同行要寻求出哪里是价值被权威性地分配的非传统的场所,仅仅是时间问题,尽管教育系统曾经是几乎无人问津的领域。

在教育政策研究中,最早明确的使用系统分析的是沃特和柯斯特(Wirt & Kirst,1972)的专著(其各章标题包括"学校和制度支持","需求输入的来源和代理人",以及"地方变化过程,主体和分支")。这些标题即可表明,由于使用系统分析的理论而使他们对教育领域的考察和研究显得富有条理。可是,除了政治社会化研究外,还几乎没有研究人员能完全不使用系统论的语言作为划分作用及鉴别过程的手段。但到目前为止,也还没有一部著作靠系统观点提出假设并试图证实它们。正如沃特(Wirt,1977b)所指出的"相当坦率地讲,我们现有的最好理论还仅仅是描述型的,例如,系统分析的启发式理论"。作为研究教育政策富有启迪的提示,沃特给他所希望的,将会是更有生气的研究方向提供了他的观察结果,即"政策起源于这个社会里两种不同分布之间的差距,即现存财力物力与目前需求之间的差距"。考虑沃特的观点,并注意到在美国学校里需求与财力之间的差距就可明白这一政策制定过程的许多方面。

使用多元回归分析法进行政策产出分析("产出"即是州或地方政府对学前儿童的开支)在教育政策文献中曾比比皆是(Dye,1966,1967;Sharkansky,1968;Zeigler & Johnson,1972)。从这些研究中普遍得出的结论就是,"政治的"变量(如党派之间的竞争、选举结果、州立法失调程度,或立法的党派控制等)同一定的"经济的"变量(如州的人均收入、都市化程度或工业化程度等)相比,[①]政治变量影响较小或几乎无影响。一个很少有争议的研究结果就是,相比之下,较富足的社区或州在教育上的开支比起不太富足的社区或州要少(Bloomberg & Sunshine,1963;Dye,1966,1967)。

在政治科学中,最近形成的另外两个学派几乎没有渗透进教育政治领域。可以说,几乎没有研究人员使用标准的模型,或利用经过严密推导的经济理论,如安东尼·道恩斯(Anthony Downs,1957)为选举政治领域提出的那样的理论来研究教育政策系统的任何一方面。在这方面,强硬派的马克思主义或新马克思传统也十分缺乏。教育制度肯定有它的激进的批评者,但是他们最固守的观点——公立学校的目标在于维护和加强现存的社会秩序,大部分来自社会学(Bourdieu & Passerou,1970)或经济学(Bowles & Gintis,1976;Carnoy & Levin,1976),而不是政治学。

比政策分析沿袭的理论更富有多样化的所使用的方法,来自传统的实践研究,来自于人种论。通过亲自参加研究对象的活动所进行的现场观察研究、剖面观察、人口普查资料、政府报告、深入的访问及实验的资料,于我们对教育政策的了解十分有帮助。分析方法从解释历史到假说的统计学检验,多元回归分析法,有时则用时间序列分析和通常模型。虽然近几年在政治学和教育学中成长起来的一批学者共同致力于教育政策研究,但在现代模式研究的每个领域里存在一个相当有趣的对比。大多数政治学家,在注意到运用累进理论的方法在几十年中几乎没有大成果的案例研究之后,已经着眼于开发运用更系统的、更

---

① 参见:彼得森(P. E. Peterson,1974)有关比较教育政策输出实例分析的独到见解的评析。

理论化的政策研究方法。许多教育研究人员(尽管他们被指责虽从事了几十年的测验和实验研究,但实际给学校提供的帮助很少),则已抛弃了偏重于人种论方法的传统。他们力图在研究中通过以读者能够使自己的经历变得与实际联系起来的方式,来传达对被观察对象的直观理解,当然两方面都有可能例外。

二、集中精力于政策分析

在数年间相对忽视之后,在政治学研究中重新恢复的对"政策"的关注已经明显地影响了近10年的教育政策。事实上,彼得森(P. E. Peterson, 1974)对政策分析的认识,对于一门独立学科而言,在统一思想上还是富有见地的。然而,政策分析还意味着对不同的事物进行不同的分析。在大多数政治学家的概念中,政策分析就是关于政策制定和执行过程的分析。分析从概括入手,然后到理论升华,这一过程就是研究者们试图理解政策过程所进行探索的目标。

对于美国教育部门的教育政策的制定者而言,政策分析可能意味着识别教育上的主要问题并寻求正确的行动——即在一定的财政条件下确定解决这些问题的优先顺序。对于一个工作在教育机构或立法委员会的政策分析家来说,政策分析则很可能意味着对一个已经提出的特殊政策选择进行分析,并与其他可行选择进行比较研究,以企望预见这些选择实施的结果。虽然这三种努力需要同样的技能和观点,但显然它们并不是一件事情。至于导致政策分析混乱的根源恐怕还在于三个立法机构对条文的不同使用。

请注意在最初的解释中,原始目标是解释政策过程,政策常被看做是一个因变量,而需要探索的是引起这个因变量发生及改变的那些自变量。这样,州或地方政府(反映在政策上)对于每个学生的开支变化是平均收入、城市化和工业化程度变化的结果的这一发现(Dye,1986,1967)可以帮助我们更好地理解政策产生的过程,即使教育政策的制定者无力改变这些自变量。在第一或第三种政策分析中,政策制定者在探索改变政策的方式,而这些方式将不同程度地影响非独立的"输出"因变量。例如,如果一个州议员需要知道在市区内如何提高即将毕业的高年级学生的阅读能力,那么了解一下经济上不富裕的孩子一般阅读能力偏低会帮助他认识这个问题,当然不能解决它。他或她仍必须了解需要通过立法或教育政策去改变些什么方法可提高那个市区毕业生的阅读能力。是改变教师资格证明法呢?还是再制定一些不断地评定水平的计划,并为补救计划提供更多的钱?或是提供更好的阅读材料或设施呢?还是改变升级政策?这些都是通过研究政策过程可改变的变量。但同时人们也不得不对每一种变化方案的花费及收益大小进行估计。

现在迫切需要对各级政策究竟能在多大程度上影响学生学习的数量及质量,作出较准确的估价。如霍拉(Hawley,1977)所讲的,我们需要更多地注意那些在"谁掌权"及"掌权者对那种简单的问题怎样对待"等问题之外的许多问题。有充分的证据表明，在一般情况下，一个人所就读的学校的好坏对于他的一些知识才能培养，包括学术成就的影响还不如他的家庭环境的影响大（Coleman，et al.，1966）。这并不是说学校不重要，而是说一个人至少在他能够上的一些学校当中，他去上哪种学校对他成才所起的作用并不像以前人们认为的那么大。研究者就一些因素（如学校大小、设施好坏、经验、学术资格、教师工资、种族隔离以及学校的学生人均经费等）对学生个人成才的影响情况已做过许多研究，但现有的研究结果并没有能强有力地证明这些因素对学生的学术成就或其他个人教育成果有多么重要的影响。尽管许多的此类研究都有缺点和误差，可是要进行一次非常精确有效的研究，困难还是相当大的，其中部分原因是因为做这种研究总是把一个可见到的影响的原因归于政策（尽管有时并非是政策引起的）。许多结果都像教育结果那样难以测量，所有有因果关系的那些熟悉的问题都混杂在一起了。然而，这种研究对于政策分析工作的重要性还是很明显的，它代表了近几年内最有前途的研究领域之一。

教育政策分析在这个富有前途的工作中有一个强有力的助手——教育评估领域。教育评估领域是一个相对成熟完整的领域，它能对政策分析家的工作给予相当有价值的帮助。教育中的项目评估工作一直受益于在测量教育结果这种极其困难的工作方面多年来所取得的经验。可是，罗伯特·安德英格（Robert Andringa，1976a）根据国会教育委员的判断列出了影响联邦教育立法的十一个因素的表格，在这个表格中，他把项目分析列在第十一位，比政策研究和报告还要后两位（这个因素列第九位）。随着评估的创始者们越来越了解评估工作的政治方向的来龙去脉，评估可能越被重视。由于同样原因，我们很难想象有一种政策分析，它不研究、不涉及所提出的政策方针对像学术成就、辍学、自尊心或能否找到工作等个人受教育结果产生的影响，还能给人们什么启发和信息。教育项目评估专家们能够在许多主要方面对政策的影响分析有所帮助。

三、教育问题的类型

在教育政策研究中理论一直很难发展起来，这种迹象表明教育问题研究中缺少一种能广泛为人们接受的分类学。随着人们在一些特殊的条件下越来越明白更好地理解问题种类的重要性（Bachrach & Baratz，1962），随着政治问题的性质从一种类型变到另一种的可能性的增加（Dahl，1961），这样的分类学的价值将越来越受到重视。除了试图进行彻底的分类以外，财政的、课程安排的、权利机会的、人事的、学校组织的及政府问题的分类都说明这种分类很重要。

在教育政策的研究中最流行的是关于"财政问题"的研究，所谓财政问题是试图要回答这样一个问题：谁出钱？出多少？为什么付钱？不动产税收是中小学教育基金的主要来源，在这种税收中存在着不平等，而建立在第十四次修正法案的"平等保护"这一条款基础之上的对税收不平等的挑战,就是这样一个财政问题(Wise,1967;Serrano v. Priest,1971;Rodriguez v. San Antonio,1971)。一些关于教育税收贷款的建议,目的在于减轻那些上私立学校的青少年的家庭经济负担,这些建议构成了另一个财政问题。关于预算、公民投票权、税收与花费限制和公共需求的研究则是研究财政问题的另一些例子。

第二个问题是课程问题。它围绕着"要教些什么"的这样一个议题。在(上帝)创生主义者与科学界之间关于如何对待生物教科书中的生物进化问题存在的斗争,在关于课程内容的众多对立争论中是早已存在的了(Nelkin,1977)。这种观点上的斗争非常广泛乃至包括很多地方学校对性教育、四级培训和开设诸如艺术、音乐、戏剧这样的纯属装饰性的附加课程的做法提出异议。总是考虑学生毕业后的实际需要,考虑在不影响外语教学的情况下增设更多的职业性的课程的校委员会,是有关课程设置决定的另一个例子。轰动一时的西弗吉尼亚州凯那华县暴力事件(事件是由关于应把什么书籍列入图书馆的阅读目录之中的争论引起的)已引起了人们足够的注意。现在又开始出现了这样一些研究工作,即探索课程设置的方式以及在设置过程中各种各样的像教育基金会及商业教科出版社等机构所起的作用。

第三个问题的完整表述应为:"向谁教授什么?""向谁"两个字即是我们通常所说的教育对象问题。因为经济高度发达的国家普及了义务教育,所以义务教育法的产生(通常到 16 岁)并不费解了。然而,甚至这种普通教育体制中也同样面临着在具有一定文化水平的生源中进行选择的问题。① 这种选择到底应该严格到什么程度,在多大的年龄以及在什么样的文化基础上进行选择是在美国制度中一个有关政策性的不可回避的问题。目前,社会的某些制度阻碍了这种选拔的顺利进行,而只是允许学生和家长拥有权力。为了某种计划的需要,社会的其他方面已经较早地开始了学生选拔。但他们的选拔所依据的只是如考试成绩或所具有的文化程度等客观标准,而不是根据学生的个人爱好和自我评价。在小学和初中,按能力划分学生班级、留级、两种语言教育计划,以及在高中及高中后严格的入学标准等都是来自教育对象选择的问题。

另外,"由谁任教及管理学校系统"构成了另一种形式的问题,即人事问题。它在各个州都产生了相应的复杂的资格许可和任期法。甚至从符合条件的候选者中挑选教师和教管人员的方式以及所使用的挑选标准,都对学校系统的效率有很大的潜在影响。一系列有关管理的问题包括:如何组织和管理学校?需要设置哪些学校?在哪里建设这些学校?需要关闭哪些学校?是否需要建设一些独立性的中学?怎样融洽与师生的关系?所有这些和其他一连串有关管

---

① 从历史上看,欧洲的选择比美国的选择进行得更早、更严肃。但许多国家的改革实际上取消了"11+"考试,以及一些类似的做法。招收学生的做法是通过设置一些指定的功课与课程,而使某些学生因为能力、年龄或性别的原因被拒之门外。

理的问题,还包括学校祷告、停课制度、着装规定、体罚、日程表、校历、校纪等可能会成为有待由政策的制定实施来解决的各种问题。

最后是政务问题,它要解决的问题是:"谁来制定政策?并由谁来负责这套教育系统的运行?"要求学校自治的呼声在 20·世纪 60 年代末 70 年代初达到了高峰(Gittell,1968),但在政策的每一层次上,当权者都在试图最大限度地扩张自己的权限并指责上级机构的干涉。这种等级制度的问题已经引起了相当一部分公众的注意力(Gronin,1976;Hill,1976),其中包括一些对学校现场实行新的、更严格的管理责任制的建议(Guthrie,1978)。其他一些再次出现的问题包括:州教育委员会或州立学校的主要官员是应该任命,还是应该选举以及教师在谈判期间罢工是否合法。

管理也包括公共官员为保证系统有效运行而行使他们的权力的方式。随着费用的提高和教育质量的明显下降,要求实行问责的呼声越来越高,至少在中等教育中是这样。在最近几年,对学生进行最低能力测验,已经是州一级的主要任务之一,并且在很大程度上是一种为保证学生学习质量而建立的一种考核策略的努力尝试。在这些计划下,学生将经受测验以考察他们在某些拟定的最低水平上是否能胜任他们的学习。这种类型的考察花样繁多,其支持者的动机也五花八门,但似乎很明显,这种能力测验规定的大量涌现,是由于公众对学校职能日益失去信心而造成的。

有些问题不能简单归类。例如,关于担保人计划的各种综合建议在本质上主要是财政问题,但也暗示着要在课程设置、人员、录取、学校的组织和管理方面做些改变(Coons & Sugarman,1978)。

四、教育中的利益结构

几乎每个人都以某种方式与教育发生联系。学生、教师和学校行政人员每天都直接参与教学过程。义务教育使大多数儿童有至少十年或十一年同教师及其他儿童在一起交往,按一个学期算,在连续 180 天中大约每天占 6 小时。其他许多人,包括父母亲、雇员、房地产经纪人和纳税人,都与教育有着虽不太直接,但却非常重要的利益关系。学校的所有成员都有一个共同的基本目标:使青少年得到适当的教育和福利(Tyack,1974)。这个设想来源于教育是非政治性的这一幻想。但随着学生抗议、教师罢教和反对增加学校税收的选民急剧上升,这一想法被彻底打破了。人们今天还认识到了,由于青少年个体的兴趣、能力、经历、动机和需要的不同,使现行教育可能适合某些人而不适合另一些人。从本质上讲,公共教育事业是一系列猜测,即有关对某一特定学生来说什么将是最理想的;也是一系列妥协,即在有限的财力物力下,当这个学生的要求与另外学生的要求发生冲突时的妥协。教师、学校行政人员、学生家长和纳税人——仅仅列举这些,也同样对教育体制有他们自己的合法要求。众多的研究或管理人员在各个教育层次上所做的与政策有关的工作,就是为了尽可能准确地确定这些常常是相互矛盾着的要求并以不使任何一方损失其重要利益的方式来解决矛盾。

如果我们权且认为人们对一些问题的偏好与他们的利益相一致的话,[①]便不难认识到在教育领域存在几个利益多少是一致的集团。如有的利益集团在政治上难以有较大影响,因为它们不是缺少统一意见和组织才能,就是缺乏其他政治支持。举例为证,家长作为一个利益集团,其活动的范围即仅限于某些问题,如大学对学生资助项目的增加或减少,在多数有关教育的问题上他们各持己见,对此可说一筹莫展。家长与教师组织曾经在全国范围内成功地进行了反对电视节目中色情和暴力内容的运动。这些组织通常也呼吁各州增加教育基金。在需要广泛赢得对学校、管理人员或基金的支持时,可借力于地方上的"家长—教师协会"(PTA),但在许多有争议的问题上,家长—教师协会成员又常常分裂为力量均衡的两派。可以说,该协会并不是一个在致力改变学校政策方面起带头作用的组织(Campbell, et al. ,1970;Wirt & Kirst, 1972;Ziegler, et al. ,1974)。最近,一些家长倡议机构——最突出的是全国公民教育委员会——已经组织家长以更多具体的方式向教育机关施加压力。但要对这些机构最终影响教育政策的结果进行估价,尚为时过早。

无可争辩的是,家长们在特殊教育项目方面已经显示了他们的作用。残疾儿童的家长积极主动地花费了必要的时间和钱财,以促成特殊教育项目的改善,使之向更多的残疾儿童开放,使更多的残疾儿童能有机会接受教育。在大多数州里,关于特殊教育的游说呼吁集团是一股值得重视的力量。

显然,学生作为一个有效的利益集团,在其发挥作用时面临着比他们的父母更为棘手的问题。在学生中能持有一致意见的问题相当有限,而某些问题虽确实持统一的意见,但财力物力的缺乏又阻碍了其有效的政治行动。即使在初中以上的学校里,由于学生们缺乏经验、政治素质和必要的财力物力,结果很少能对学校政策产生什么深远影响。

教师则另当别论。他们的两个主要组织——全国教育协会(NEA)和美国教师联合会(AFT)具有作为一个有效利益集团所应具有的全部特征。它们拥有众多而又负责任的组织成员,并且具有组织才能和充分的财政资源,以及对于一系列问题的明确的目的性。它们有能力在某些问题上影响公众舆论,在要求未能满足时,又有力量实行种种抵抗措施,包括罢教。这些对教师利益有影响的代表组织在地方、州和联邦范围内的出现,是第二次世界大战之后在美国教育利益集团构成中发生的最具重大成果的转变之一。

---

① 尽管戴维·杜鲁门(David Truman, 1951)把兴趣作为态度,但假如我们是特别关注某个特定问题,如所有赞同给予学费贷款的人在这个问题上持有相同的兴趣,则可更为直接地把它们与政策过程联系起来。主观兴趣的这种观点在政策研究上比客观兴趣的概念更为有用。

当然,教师中也存在某些不利因素,这些不利因素在以往的岁月中抑制了教师对教育政策的影响。由于受制于学校行政人员的影响,"全国教育协会"就曾忽视过不少问题,而这些问题本有可能因为支持更广泛的职业性问题而使教师们受益(Lannaccone,1967;Masters,et al.,1964)。一度盛行的有关教育与政治无关的童话也淡化了教师们谋求自身福利的努力(Rosenthal,1969;Ziegler & Peak,1970)。

其他许多有关学校问题的利益集团同样对政策制定过程产生影响。学校行政人员制定并且实施政策,但他们也有自身的利益,这些利益通过几个职业性协会予以明确表达。同样,校务委员会成员在州和联邦范围内也都有他们自己的协会,这些协会一方面要教会其成员如何有效地与教师谈判;另一方面,还要在立法界为众多的事情进行游说。教育机构的各个不同部门也具有明显的自身利益。教科书出版者、师范学院、体育促进俱乐部和教师研究基金会就是显例。

地方社团也在学校政策上寻求其自身利益。看重盈利的商业利益社团指望税率低而又声誉好的地方学校能吸引新的居民和公共投资;建筑工业从兴建新的学校项目中获益;而房地产经纪人则早已摸清并在利用学校位置与居民住宅情况之间的密切关系,这种住宅情况包括社区的社会阶层和种族构成。

最后,就所影响到的公众的数量而言,我们必须关注全体公民的最广泛的利益。学校耗费资金,一般划归教育的税收额占大多数纳税人总支出额的很大比例。显然,纳税人对教育预算具有无可争辩的利益。在公债和税收的公民投票表决过程中,或是在支持特别节俭的候选人进入校务委员会方面,他们都能被适时动员起来一阵子。纳税人协会在许多州的首府是最具潜力的游说活动集团之一,可以指望它出于财政责任感而对新的主要教育项目表示关注。

五、相互冲突的教育标准:质量、公平和效率

政策研究的目的之一就是要解释政策选择与其潜在评价标准间的关系(Wist,1977)。不同的教育政策所依据的不同标准名目繁多,不胜枚举。但在进行试图说明某种政策选择是更为合适的政治性描述时,有三个标准显得相对突出。

在众多教育标准中,被认为值得首要考虑的就是质量。当然,与其他政策领域相比,在教育领域质量更加难以解释与衡量。因为一种选择对某个(些)学生来说是高质量的,但对另一个(些)学生来说或许就并非如此。然而强调这个概念却不是毫无意义的。通常,高质量即意味着教学大纲应强调较高学术成就的取得,强调受过良好教育的优秀教师和行政人员的拥有,以及要有严格的方法来淘汰那些不适合一个课程或项目的学生,而同时允许那些最有能力的学生挖掘其最大潜力。

其他教育政策(其中许多为州及联邦政府在 20 世纪 60 年代所采纳),主要是在强调"公平"的基础上制定的。美国教育家们常常为在他们社会中"教育机会均等"而感到自豪。然而,在同等的教育领域,美国区域上存在的不均等——州与州之间,州内的区与区之间——同世界上许多工业化国家相比要严重得多。出现这种差距的主要原因之一,就是中小学教育经费是由实际征收的财产税提供的,显然,这使最富裕地区的学生人均教育经费有可能比最贫困地区的学生人均教育经费高出许多倍(Wise,1967)。虽然州政府(在较小的范围里,联邦政府)的资助已使学生人均教育经费不均等状况得到了一定的缓和,但富裕地区用于教育的经费仍比落后地区用于教育的经费多得多。

为改变教育机会不均等的状况,美国已制定出许多教育计划和政策。在大多数州所制定的向学校提供经费的方案中都规定,向贫困地区学校提供资助的比例高于富裕地区学校。迄今,在经费问题上,联邦政府最大的教育计划是"中小学教育法"(ESEA)的第一条款,其中规定向贫困学生和受教育水平低的学生比例较高的学校提供额外援助。"抢步教育"[①]、"终身教育"(Follow Through)、"残疾儿童教育法"、"取消学校种族隔离法"以及"双语种教育法"等都是其他一些主要以机会均等为出发点的教育政策。在高等教育领域,佩尔助学金[②](以前还有基本教育机会助学金)以及学生托保贷款等措施,为许多学生创造了接受高等教育的机会,如果没有这些财政援助,他们中的许多人将丧失接受高等教育的机会。

效率标准则把开支这个考虑因素引进了政策制定领域。应该指出这是一个与教育界中绝大多数人的意识相悖的做法。教师、学校行政人员以及学生家长一般都认为,一个对学生教育有益的计划,不管其开支如何都应该保持。然而,完成所有的教育计划都需要钱。此外,还要考虑在地方区与区之间,以及州与联邦层次上合理使用资金问题。在地方,有限的资金分配要顾及哪个项目更合算;在州及联邦一级,教育又要同其他领域如公共卫生、社会福利、能源保护等竞争,以求多分得一份。

效率的准确定义应是"项目开支与收益的比率"(MacMahon,1980;Nagel,1980)。然而,提出效率问题的人们往往更注重开支。一般那些满脑子"效率"的人最热衷的就是要从教育预算中"砍下一块肥肉",而不愿在如何在少增加或不增加开支的条件下提高效率上下工夫。

除"质量"、"公平"、"效率"以外,人们还可以列举出许多其他标准,如"社会"(Pashkin,1978)、"自由"(Guthrie,1950)或"地方控制"(Wirt,1977a)等,但最主要的还是这三者。必须指出的是,在许多问题上"质量"、"公平"和"效

---

① Head Start,美国对先天不足或出身贫困的儿童给予特殊照顾的一种教育制度。——译者注
② 为美国政府所发,数量随个人的收入、财产和费用而异,是以参议员 Claibborne Pell 的名字命名的。——译者注

率"总是相互冲突。例如,攻击法院基于"公平"原则颁布的取消种族隔离法的人,宣称此法会降低教育"质量",以及由此引起的昂贵的校车接送计划提高了教育经费开支(即效率降低)(Orfield, 1978；Crain, 1968)。入学率下降时期,董事会和管理人员关闭某个学校以提高效率的提议也会遭到反对,它被指责为将给邻近地区学校的"高质量"计划带来所谓毁灭性打击。基于提高质量而提出的学生最低能力测验计划同样也受到非议,强调"公平"的人指责说这将会影响少数民族学生和经济困难学生获得公平的教育机会,但对那些在经济上和社会上处于优越地位的人却不会有任何影响；而强调"效率"的人则担心会导致一个潜在的耗资巨大的补习计划的出现。这三个标准和其他一些标准,为什么和如何被用来解释政策在教育领域中的地位,过去很少受到经验主义者的重视。但已有迹象表明,同其他领域一样,教育领域的政策研究将会逐步致力于解释并阐明标准与政策选择之间的关系(Wirt, 1977b；Guthrie, 1980；Mcmahon, 1980；Merritt & Coombs, 1977)。

六、教育政策研究的趋势

在撰写此文期间,美国教育体系正在逐渐解体,这必将在相当大的程度上改变教育政策的制定,甚至包括公共教育本身的性质。无疑,这些变化是传统教育体系欲适应社会、经济秩序方面更广泛变化的反应。

最明显的例子是 20 世纪 60 年代中期出生率的急剧下降,相应的在 1973 年"二战"后入学率一直上升的势头开始扭转,教师短缺突然变成了教师多余。几乎同时,教育委员会面临必须关闭在 10 年前他们引为自豪地修建起来的办公楼的问题。那些财政资源与招生量有关的社区也突然发现州拨款在下降。一直认为只有增长才是天经地义的教育经济学家们也赶紧转向去研究紧缩现象。习惯于按预算会逐年增长来考虑问题的企业经理开始对预算下降感到焦虑。一直实行分配政策的立法与教育委员会面临一种更艰难的任务,要实行再分配政策(Lowi, 1964)。

入学率下降引起的剧烈变化并不是偶然现象。不论未来的出生率如何,人口统计已明确地显示出 20 世纪 90 年代,美国人口将相对老化。这种变化将会对现有教育体系产生影响,那时,将会有相对多的财力物力投入到非传统学年方式的许多教育组织之中。它也预示教育将与其他政策领域对地方的、州的及联邦的款项进行更激烈的争夺。老年公民将要求有更多的社会保障项目,更好的医疗及服务的多样化,而不是教育。他们人数越来越多将自然而然地具有巨大的政治影响。

入学率变化并非"二战"后繁荣年代出现的唯一现象。即使扣除通货膨胀因素,每个学生的教育支出在 1950—1975 年的 25 年间增长了 5 倍(Guthrie, 1980),班级人数减少,而教育计划与专门化训练却增加了许多,修建了成千上万的学校大楼,但谁也没有记录下这一时期教育效果是否有显著提高,事实是,如果认为标准化考试分数可作为学生在校表现的真实标准,那么教育水平可能还要下降(Flanagan,1976;Munday 1980)。

人口结构的变化、剧增的费用和学校教育质量提高不明显,三者交加给教育形成了一个敏感的政治气候。20世纪60年代某些基于平等出发所制定的政策,包括为反种族隔离而执行的校计划及各州与平等有关项目的发展所带来的费用按许多中产阶级人们的支付能力来讲也是十分高昂的。同样地,80年代最具爆炸性的地方社区问题之一——学校关闭激起了许多公立学校支持者的愤怒。大萧条以来最保守的本届共和党政府发誓要把联邦政府承担的许多权限交还给州与地方,对公立学校的表现越来越了解的公众正在想其他方法来对付这些情况。

有几种政策选择可能奏效。从近期看,至少各州将可以承受公众教育更多一部分的财政负担与权限。人们将会要求对学校情况能进行更多的统计和评估,这种要求来自于记录教师工作质量,以及记录对学校、对年轻人的教育效果的一些尝试。立法者与监督学校教学质量的利益集团将要求进行学生最低限度能力测试和教师能力测试。国会准备认真考虑设立学费税贷款,为那些对公立学校感到不满而财政上紧张的父母提供出路。私立学校将成为这一法律的主要受益者。像孔斯-苏格曼提案(1978)将会得到非常慎重的考虑,以鼓励许多费用适当的学校可选项目的发展。

在变化着的教育政策环境中,应该注意到的还有最后一个变化,美国历史上很长一个时期,教育一直被看做是解决所有社会、经济和政治问题的手段和方法。如前所述,联邦计划就其特点而言,总是以手段主义态度看待教育的,谋求拿教育作为消灭贫穷,消除种族偏见,或更好地发展空间计划的工具。然而,幻想的一再破灭使人们得以一种更审慎,显然是更现实的态度来评估教育在开创社会、经济改革中的作用(Carnoy & Levin,1976)。

以上种种对教育政策的研究有几点启示。首先,如果事物变化非常迅速,则可以认为我们所了解的关于教育政策是如何制定的许多情况在30年后会变成现实的这种看法值得怀疑。教育行业和外行公众间紧张关系的性质将随着教育行业本身的变化,以及公众倾向的变化而改变。教育政策制定的各层次间的关系也肯定会有出乎意料的变化。很难确定我们今天所坚信的法规、建议,乃至常识能够不受这些重大变化的冲击而一直存在下去。

最为主要的是要对教育政策进行更多的基础研究。对基础研究总是无显著成果的不耐烦情绪,促使一些人建议政策研究的重点应该重新回到应用研究上来,因为应用研究可以在改进学校状况方面产生直接效益。可是如果不深化我们对政策过程的认识,提高和改进教育效果是无捷径可走的。问题并不是我们的基础研究太少,而是通常与政策相关的基础研究太少,现在非常需要有探索选民意志与政策过程之间关系的基础研究工作(pucker & Zeigler，1980)；而能够更好地在教育政策与教育成果间建立起联系的那些基础研究也同样需要(Hawley，1977)。

为了使基础研究具有更大的政策相关性，非常有必要找到一些"变量"，这种变量随着政策而变化，同时也带来我们所探讨的教育成果的变化。例如，直到我们对政府干预会如何影响学术成果、学生表现、退学情况，以及退学后学生再继续上学的机会等有充分的了解之后，政策研究才算有其真正的效果。

因而，把研究集中在州一级似乎是合适的。还在一位共和党总统以呼吁降低联邦作用的政纲参与竞选之前，华盛顿教育经费的增长就已停顿下来了(Grant & Zidon，1980)。联邦政府总收入中用于公共中、小学教育的份额在1968—1978年间仅增长了不到1％；而同期各州为中、小学所提供的份额增长了4.5％。假如对各州一揽子拨款计划兑现，加上地方一级的抗税，这种变化将几乎不可避免地把更大的筹款负担压到了各州身上。尽管这种以款项变化到有影响作用的过渡不是情愿的，但在州府的那些非常庞杂的教育机构和立法委员会倒也有能力承担一部分联邦或地方一级推给州的责任。

假如我们要更好地把握我们的某些不利的研究结果不再出现的条件，就需要进行理论研究(Burlingame & Geske，1979)。在需求和资源不断变化的情况下，沃特集中精力探索需求与资源的相互关系及其作用，或许是一种深思熟虑的举动(Wirt，1977b)。

从方法论来讲，大多数研究都是"单项案件研究"，这显然会留有许多空白地带，仅有极少的为确定教育经费关系的政策研究是针对50个州进行的。目前非常需要"多案例研究"(Buriingame & Geske，1978)。为仔细了解和检验我们原来的理论是否正确，当前更需要有一些能够对学校、社区、州和对选定的一些"政策相关的"变量进行比较探讨的大规模的研究工作。

这些观点大概向我们表明，仅仅依靠教育政策专业的学生还不能完成这项工作。人口统计的、社会的或经济的变化可以引起教育政策的变化，注意到了这些问题就会明白必须有相应领域的专家来做相应的工作。要想仔细研究教育政策究竟给学生带来多大影响，需要具备教育学家所有的那种方法论技巧及对学校问题的直觉。目前，仅仅是对政策过程的认识程度不深这一弱点，就使我们远远缺乏那种可以对可能激发新政策出笼的一些变化作出英明预见的能力，缺乏那种能自信地对某个建议付诸实施将会有何种成果作出预料的能力，缺乏对政策过程进行及时调整修正的能力。教育政策分析，若它的理论和方法都发展到能胜任这些任务，将还有多年的路要走。

（龚　裕　译　王晶晶　校）

教育与政策：变化中的范式与问题[①]

约瑟夫·扎耶达

作者简介

约瑟夫·扎耶达（Joseph Zajda），现任职于澳大利亚天主教大学（Australia Catholic University）。扎耶达出生于波兰，在澳大利亚的莫纳什大学获得硕士和博士学位，是澳大利亚国际教育和发展机构的主任及澳大利亚通识教育国际研究中心的创立者。扎耶达在全球化与教育政策、终身教育、高等教育、价值教育等领域已出版28部著作，100多篇文章。代表作有：《苏联教育》（*Education in the USSR*）、《教育的优异和质量》（*Excellence and Quality in Education*）和《州的角色：教育领域的权利下放与民营化》（*Decentralisation and Privatisation in Education：the Role of the State*）等。

选文简介、点评

约瑟夫·扎耶达撰写《教育与政策：变化中的范式与问题》这篇文章的主要目的，是通过对1955年至2001年发表于《国际教育评论》（*International Review of Education*）上的有关教育和教育政策的文章进行考察，分析教育与教育政策在研究范式、研究内容等方面的演变过程。在这篇文章中，扎耶达主要关注的是，在1955年至2001年这段时期里，教育和教育政策领域中不断变化着的重大事件，以及在这两个领域里，理论与观念的变化和发展的方式。这篇文章是一项开创性的尝试，将"教育规划、教育政策的主题与问题"、教育研究领域中的"范式转变"与"教育和政策的必要性和问题"联系起来。扎耶达的《教育与政策：变化中的范式与问题》为我们描述了20世纪后半个世纪教育研究与教育政策研究的演变趋势图，是对20世纪后半期政策研究范式与问题的一种反思和总结。

在《教育与政策：变化中的范式与问题》一文中，扎耶达关注的内容主要有三个方面：① 教育政策研究方法论的范式转变；② 教育规划和政策中心问题的演变；③ 教育和教育政策领域的结构性转变。

① Joseph Zajda. Education and Policy：Changing Paradigms and Issues[J]. International Review of Education，2002，48(1/2)：67-91.

关于研究方法论的范式转变，扎耶达指出，教育政策研究范式的转变并不是完全割裂式，而是相互联系、不断演进的。20世纪70年代出现了社会科学研究范式的第一次重大转变：从"实验/量化"研究转变为"解释/质性"研究，此次转变在20世纪80年代达到高潮。这次研究范式的转变让人们开始质疑经验研究中遵循的"价值无涉"原则，认为政策研究应该以某种价值观为导向。第二次重要的范式转变发生在20世纪90年代，社会科学研究范式从结构主义向后结构主义和后现代主义转变。教育范式应该发生一个彻底的转变，向相互关联的"多学科"研究转变。而进入21世纪，教育政策的研究方向发生了新的转变，从国际合作（international cooperation）转向全球化教育（global education）。扎耶达认为，这一转变或许是目前最重要的转变。

关于教育规划和政策中心问题的演变，扎耶达认为，虽然在这段时期里，教育的扩展、变化和改革使得教育规划与政策的问题呈现变动的特点，但是仍然有几个优先的、集中的问题。在20世纪60年代，教育规划（educational planning）成为教育政策最重要的问题。在政策层面，教育规划对教育改革的影响是最重要的。20世纪70年代，教育研究的中心问题转向了从质性的角度来看待"过程—规划"模式。此外，在教育结果方面，从1955年到1979年，教育研究者们关注的主要是：增长、权力下放以及基于校本的创新。此外，"不平等的问题"也受到政策制定者的充分关注。

关于教育与教育政策领域的结构转变，扎耶达认为，界定和指明教育政策领域的结构变化的主要问题包括：义务教育、教育机会的平等与公平以及家庭背景对学业成绩的影响等。对于西欧等发达国家以及其他发展中国家而言，20世纪50年代和60年代主要关注的是义务教育与初等教育的普及。到了20世纪90年代，教育选择问题凸显出来，成为教育政策新的讨论重心。

文章的最后，扎耶达对教育政策研究进行了批判性的评价和总结，进而归纳了1955年到2001年教育政策的发展方向。并指明了1982年以后，教育政策研究的发展趋势，如：提高教育质量、使教育与文化相适应、各个国家在教育政策上进行国际性合作等等。

总之，扎耶达的《教育与政策：变化中的范式与问题》是对20世纪后半个世纪世界各国教育和教育政策领域的研究范式与研究问题的变化轨迹的总结和评述。扎耶达在该文里提出的教育政策研究范式从定量研究向质的研究的转向、教育政策研究的全球化趋势、重视教育质量以及教育选择等中心问题，都与我国目前教育政策研究的大体趋势相契合。因此，研读该文有利于我们清晰地把握国外教育政策研究的新动向，借鉴国外的教育政策研究方法论，使我国的教育政策研究跟上世界发展的脚步，提升我国教育政策研究的国际化水平。

此外，《教育与政策：变化中的范式与问题》是对以往教育政策研究的一个总结和综合分析，可以说属于教育政策"元研究"范畴。因此，学习该文，有助于推动我国教育政策学科范式的建立以及教育政策学科的发展。

选文正文

教育政策与教育变革的轨迹

《国际教育评论》(*International Review of Education*)发表的教育政策文章涉及教育评价和分析、学校改革和教育规划、课程的国际比较以及专业机构和国际机构的报告。政策陈述经常提到初等、中等、职业和高等教育的指标(国别间的比较、入学的模式、教育的公共经费等等)以及教育的其他方面,包括:课程的国际维度、多元文化、学校效益和产出以及全球化。这个期刊包含丰富的文章,包括:变化的教育政策目标和优先考虑事项、基于政策变化和创新的结构变化以及研究教育政策的方法论或理论上的重大转变等。所有这些都能够与研究主题及其优先次序的转变联系起来,研究的主题则是对变化中的经济和社会政治趋势的一种回应。因篇幅有限,我在这里主要讨论如下三个广泛的相互联系的主题:教育政策研究领域范式方法论的转变,包括比较研究基础的变迁和这个期刊关注的问题变化;在教育和政策领域的中心问题及其转变;教育和政策领域的结构性变迁。

教育和政策:范式的转变

在方法论层面,几个主要的范式转变发生在 1955 年至 2001 年间。一篇发表的调查文章显示,这些变化并没有与之前用的方法有明显的断裂。相反,他们的出现促使处理政策的工具和技巧的逐渐精练,以回应不断增长的对教育和政策问题的复杂性的意识和适应变化的境况和需要的意识。就如米特(Mitter,1997)在《比较教育的挑战:在回顾和期待之间》一文中提醒我们的,范式的概念暗示"主题领域和相应的关键概念之间的相互关系,以及理论方法"。他同时指出,范式的转变已经回应了某些政治和经济方面被意识到的境况和需要。"这些范式反映了社会政治趋势和研究主题的优先次序之间的具体联系。"

其中一个主要范式变化发生在 20 世纪 70 年代初,导致对在教育中"价值无涉"的经验研究的疑问。《国际教育评论》的作者们开始花费更多的注意力研究质性 VS 量化研究的问题,这反映了认识论方面的争论(这个争论的特征是两种主要研究范式之间的对立——经验的/量化的研究 VS 诠释的/质性的研究,这个争论占据了 20 世纪 60 年代社会科学的舞台)。至此,由于这个中心主题,教育和政策领域已经接受了出现于 20 世纪 50 年代早期的政策科学的观点。勒纳和拉斯韦尔(Lerner & Lasswell,1951)的很有影响力的著作《政策科学》认为,政策分析是一门独特的科学性学科,它包含两个维度:① 政策过程的科学性;② 在各种政策形成过程中科学的使用。尤其是在教育和政策领域,它引发了对政策过程科学性的研究(Mitchell,1985)。

然而,到 20 世纪 70 年代,《国际教育评论》的文章讨论道,"价值无涉"隐含的"科学"概念已经导致"政策"有时候被理解为一种为了产生"价值无涉"研究的努力,以至于"任何对系统或个人行动的投射的理论被视为目的论而丢弃"(Coombs & Luschen,1976)。在柯博思和鲁绅(Coombs & Luschen,1976)的文章中,他们提出应该超越对"在目前情境中,观察到的变量之间的相互关系"这一主题的关注。同时他们建议,为了更好地理解教育系统的行动,整个系统必须以这样的方式来分析,即:"教育系统的成果,只有在与这个系统的其他因素(比如教育目标、成本、要求和社会需要等)的联系中,才能够被有意义地分析和比较。"达林(Dalin,1970)在《对教育变化的规划:教育规划的质性方面》一文中提到,为了理解关于"教育变化过程"中的质性本质,规划者必须提出关于人类的质性的问题,比如"我们为什么改变?""我们要去哪里?""我们为谁服务?"

关于这个范式转变的争论在20世纪80年代达到高潮。在《教育研究方法论的理论、政治和实验》一文中,沃克和埃弗斯(Walker & Evers,1986)对于经验研究仍然在研究中占主导地位是持批判态度的。他们认为,另一种范式可以将对教育研究"对象"的认识论的理解融合到实际的研究设计中。

20世纪90年代,方法论方面进一步的转变引起了争议。社会科学领域的范式从结构主义向后结构主义和后现代主义转变也在《国际教育评论》的文章中有所体现。在讨论后现代社会的可选择的范式中,阿拉姆(Aviarm,1996)建议,教育范式应该发生一个彻底的转变,从本质上已经"过时的"以"解决迷惑"的方法为基础的流行范式,向为了保持联系性的"跨学科"研究转变。

时代要求一种跳跃性的转变,从今天在教育思想中占统治地位的"解决迷惑"的方法(这种方法是对特定问题的特定的学科处理方法),向寻找特定问题之间的联系的宏观层面的系统方法转变。这种跳跃将需要寻找学科间可能的联系。探索一种新的范式一定会以提问开始,即在后现代的民主社会里,界定国家范围这一目标是否可行? 如果可行,它们是什么?

在1997年,"比较教育的后现代性"的概念出现在由梅斯曼和韦尔奇(Masemann & Welch)编辑的特刊——《比较教育的传统,现代和后现代》收录的文章题目中(第43卷,5—6期)。这里,米勒(Mitter,1997)看到了范式从"古典的"历史研究和对国家系统的调查研究,向多元文化社会中的跨文化教育(以及普遍主义与多元文化主义之间的相互联系)的转变,最终向"后现代对之前占统治地位的现代性理论的挑战"转变,现代性理论界定了过去的比较教育。他进一步提醒道,"目前经济、技术和科学全球化的趋势以及与之对立的文化多样性意识的复兴",已经对教育产生了新的要求和结果。就现在和未来的"普遍主义和多元文化主义"而言,有效的平衡一定会被找到,这种平衡存在于"世界系统理论和那些将文化多样性理解为一种人类历史的永恒的形态的理论之间"。另一方面,杨(Young,1997)反对在比较教育中的极端的"后现代的相对主义"和"普遍主义",并建议一种新的以"不断前进的对话(这种对话珍视共同性和差异性、相对主义和普遍主义)"为基础的"跨文化研究"的实践。

比较教育和政策转变

强大的比较教育传统为《国际教育评论》期刊这些年来关于国际教育政策的广泛的论述提供了基础。在负责人瓦尔特·默克（Walther Merck）建立联合国教科文组织中的教育研究所短短三年之后，创办了该期刊。这个期刊试图继续保持它的前身 *Internationale Zeitschrift fur Erziehungswissenscharf* 的比较传统（Dave 1984；Ferning 1980）。它的目的是促进国际理解和合作。主编在介绍 1955 年的创刊号时提到，其宗旨是"提供国际论坛和促进国际信息交流"。这个期刊的目的是为了"让读者了解不同国家的教育理论和实践……并且探索在多大程度上这些观念和行动具有超越国界的有效性"。《国际教育评论》的编辑重心是国际问题、国际理解和比较教育，这些已经成为它在过去五十多年中的鲜明特征。

在联合国教科文组织设立的早期，教育的国际理解是一个重要的政策创新，也是二战后的主要关注点。在稍后的一篇评论文章中，费林（Fering，1980）对在教育和政策中，国际合作和教育的国际理解之间的联系做了评论："在联合国教科文组织设立的早期，受世界大战的影响，它将注意力放在教育的国际理解问题方面"（Fering 1980）。

通过学校间的国际联系来建立世界和谐和和平的必要性，最开始出现在达宾森（Dobinson，1955）的文章《学校间的国际联系》中："在大多数国家的教师对于教育应该竭尽全力在解决最重大问题中发挥合适的作用是很担忧的。这些最重大的问题直面全人类——建立所有国家间的和谐合作……""学校的功能是在最广泛的意义上培养好的公民。但是，一个人如果不先成为国家的好公民，就不可能成为从世界角度来看的一个好公民。因此，学校的任务是在学校所在的社区内提供正确的态度，之后，这种好态度将会自然地通过本地社区向世界范围扩展。"

哈比和埃斐非（Harby & Affifi，1958）在《国际教育评论》期刊中做出最先的尝试：提供以教育的世界理解的概念为基础的政策制定分析。通过对阿拉伯国家主义和世界理解问题的评论，他们主张，那时"横扫这个领域，从大西洋扩展到阿拉伯海岸的国家意识已经围绕阿拉伯民族主义稳固下来了"。他们认为，这种国家意识体现在阿拉伯联合共和国的建立过程中。他们进一步指出："阿拉伯联合共和国的人们正在意识到一个事实，他们将在以后的几年里发挥值得骄傲的重要作用，不仅仅强化了他们自己的社会文化，而且参与到加强世界和平和世界理解方面。"

坎德尔的文章《比较教育的问题》（Kandel，1956）则提出了将"比较教育"这个概念作为一种方法论的问题。他的关于比较教育的本质的观点在今天仍然是适用的："不应该对国际教育的目标感到困惑，它们是为了在世界人民中促进一个共同的目标——亲善、友谊、兄弟感情和平等。比较教育的研究可能会对实现这个目标有所贡献,通过展示这些在哪里和如何实现的,但是它自身并不是国际教育……"

安德森(Anderson,1961)继续了这个问题,并建议运用那些被"更合适和更精致的问题"所指引的可信赖的研究方法。"在几乎所有国家当中对目前学校运转的强烈不满,为现阶段比较研究的复兴提供了很大的动力。有什么比让我们相信我们自己学校的缺点在其他国家被避免更合理呢?太多的作者正在使用以前的工具。"

方法的变化逐渐变成了跨文化和跨学科的。在这个背景下,卡扎米尔斯(Kazamias,1962)分析了历史和社会科学在比较方法论领域的角色。他认为:"比较教育也处理很多借鉴和传播(borrowings and diffusion)的问题,而对这些过程的跟踪更多地是历史学的工作。一个完整的教育模式、实践等的比较研究,最终会依赖于历史学和社会学的综合,也可能加入关于这个现象的人类学和心理学知识。"

这个观点在尼勒(Kneller,1963)那里得到强调,他正在对比较教育的前景进行考察。尼勒认为,美国教育者忽略了比较教育早期致力于德国和日本的教育复兴时对历史、社会和文化的关注,这使他们在"从一个国家传播观点和制度到另一个国家"显得拙劣。这种观点在今天仍然是适用的。他认为,尽管战前的比较教育研究在经验主义层面上是"粗糙"的,他们"在使用概念方面具有无法估量的优势。这些概念不断地强调教育作为文化和历史环境的产物所具有的独特性"。尼勒指出这种带有强调个体性和独特性的"人文主义偏见"在"系统的经验研究面前似乎是苍白无力的"。

相互矛盾的定义和范式的使用是 20 世纪 60 年代比较教育和政策转变的关键部分。在对比较教育重新进行审视之后,鲁斯科和尼尔森(Ruscoe & Nelson,1964)主张一种非纲领性的"描述性的定义"。他们还认为"教师教育"和"国际理解"应该成为比较教育和政策分析的一部分。1970 年之前,伴随着跨学科方法更多地出现在比较教育方法论中,安德森(Anderson,1970)主张,教育社会学在比较教育中应扮演特殊的角色:"对社会的比较研究必须依赖人类学,但是,基于社会学在分析"制度体系"的国际联系的经验,它也有自己独特的优势和能力"。

在审视比较教育本质的变化时,萨卡罗普斯罗(Psacharopoulos,1995)建议用一种更实用主义的教育政策评价,这是建立在解构国际比较的基础上的。他对国际学生成就比较的有效性的争论(国际教育协会和国家教育政策协会报告了不同国家学生的成就)进行了述评,揭露了成就指标的使用错误,包括没有使用净入学率,而使用毛入学率(它忽视了入学年龄这一维度),并且提出了对比较教育数据进行分析的新方法:"自萨德勒(Sadler)时代以来,比较教育已经发生了许多变化。这些问题过去可能是在哪个年龄应该开始学希腊语和拉丁语?

或者英语学校如何能学到费城学校的教学本质？今天的问题则是：不同的教育政策的福利效应是什么？教育成果的决定因素是什么？……"

从国际合作政策到教育全球化

作为一种确保人类生存的新范式，"全球安全"模式的概念可能是最具创新性的观点了。威廉姆斯（Williams，2000）认为，伴随着"过去十年中全球变化的浪潮"，作为一个研究领域的"国际教育"正在丧失其独特性；全球安全的概念在今天更适用："它融合了对人类安康的威胁……反映了满足人类需要（发展）、资源有限性（环境）和冲突（暴力）之间的相互关系……全球安全的种子能够通过我们怎么教育来培植，这种教育必须反映国家间的差异。"

教育规划和政策的中心问题

尽管在广泛意义上来说，教育的扩张、变化和改革构成了1955年至2001年间教育研究的主题；但是在这些年里，教育和政策领域的某些问题还是很明显得到了优先考虑。费林（Fernig，1979）在他对教育趋势的评论文章——《教育实践和理论的25年：1955—1979》（第25卷2—3期）中，对20世纪50年代与20世纪60年代之间欧洲和其他地方的政策变化做出了非常有意义的评价："1952—1954年间，教育政策的主要关注点在于国内或社会问题：国内问题中，教育的结构性变革处于争论的前沿；社会问题中，民主主义是主要的目标，保证初等教育和中等教育更好地衔接。欧洲的改革运动贯穿于20世纪60年代，但是在这十年里社会和经济因素对教育的重要性在公共政策中变得更加明显……教育系统能在多大程度上减轻社会和经济方面的不平等是值得拷问的。"

在期刊的同一期中，吉列（Gillette，1979）观察了1955—1979年间教育和政策的量化视角，他写道："'更多就更好'——尽管这种说法过于简化，有人可能会认为，这是25年前教育政策制定者和实践者的最好的座右铭。在一个战后重建后出现的欧洲中心的世界里，他们的中心问题是：为更多的人提供更多的现有的各种各样的教育。就激励和倾向而言，改变意味着线性增长。"其中一个很有影响力的政策研究的案例是20世纪60年代收集的入学数据。在"人力资本"理论背景下，这些关于入学模式的描述性报告，是引发全球范围大规模的基础教育扩张的原因之一。"例如在苏丹，20世纪60年代有一个5年计划对教育进行重组，包括教育投入的增长：在众多的新的措施当中，国家预算中教育份额的增长应该受到关注。从现在的13.5%增加到15%、18%乃至20%都是有可能的。另外的措施可能在更大程度上分担目前由地方议会和自治区承担的义务教育的责任。"（Akrawi 1960）

教育发展的量化视角在20世纪的五六十年代和70年代一直是教育和政策领域的主要问题。就如我们所见，向教育和政策产出的质性指标的转变出现在20世纪80年代和90年代的政策话语中。

作为一种概念：教育规划

20 世纪 60 年代期间，教育规划是教育和政策领域的一种"主要活动"。1964 年，教育规划这个概念第一次出现在《经济计划框架中的教育规划》这篇文章的题目中（Ewers，1964）。这种转变，与早期的教育的线性扩张中从数量方面以经济学的视角把教育规划作为一种投资和消费的理念有很大的不同。库姆斯（Coombs，1964）认为，与过去的做法相比，教育规划在 20 世纪 60 年代被赋予了"新意"，主要特点如下："第一，它拥有更广阔的视野，涵盖了一个国家全部的教育建设……第二，自觉地努力，使教育成为促进经济和社会发展的主要力量和不可缺少的一部分。因此，在这个更大的框架下，教育规划同时包含着教育内部的事务及它与其他社会和经济事务的外部关系。"

在审视 20 世纪 60 年代教育规划中出现的操作问题时，埃维斯（Ewers，1964）提出了许多策略，包括：教育规划要确保它规划的这个教育系统能够吸引足够的合格的各个层次的学生；需要检查学生目前的兴趣偏好，并确定相应的激励机制以期引发必要的变化；教育的历史显示教育的偏好与那个时代经济的现实相吻合。

与苏联不同，教育规划在西方是一种新事物。在政策层面，教育规划在带动教育改革方面中的作用变得更加关键（Husen，1979）。国家发展规划（比如 5 年计划）变成教育和政策规划的标准模式。

20 世纪 70 年代：转向质性视角下的完全过程规划模式（Total process—planning model）

如果说 20 世纪 50 年代和 60 年代是使用传统的线性方法的"步骤规划"（step planning）模式，那么在 20 世纪 70 年代早期，教育政策领域则转向质性视角下的"完全过程规划模式"。维恩（Winn，1971）精心设计了一个完全过程规划模式，这个模式以社会变化的准则为基础，这个准则就是"让那些受到决策影响的人最大程度地参与到政策制定中来"。他解释道，完全过程规划模式包含"认证、建构、评估和奖励"。他认为，"需要在州、地方和国家层面上建立有影响力的组织"来促进和引导教育规划的整个过程。他批评了"绝大多数的规划仍然拘泥于按步骤规划的方式中"的现状。

政策规划的一个明显的转变发生在 1983 年，教育规划这个概念出现在由休·豪斯（Hugh Haws）主编的一期特刊"基础教育的普及"中的第二部分。这证明从早期"数量"方法向一种更全面的概念模式的转变。这里，规划被置于以下事务的讨论中，比如国家和国际间的创新参数，"宏观与微观计划"之间关系的日益重要，以及"权力下放"及其对于当地社区的重要性，等等（Hawes，1983）。

这种从线性的、量化的方法（主要关注对入学率和成本的调查）到更加质性的方法的转变,在一些评论家看来,可能导致教育和政策规划的认同危机。这种教育规划的认同危机在雷库姆(Recum,1984)的《教育规划的认同危机》一文中第一次被讨论。鉴于教育扩张没有产生预期的结果,雷库姆质疑了教育规划的"传统和现代的技术手段","20 世纪 60 年代早期,教育政策制定领域开始了新的征程。然而教育政策没有实现预期的目标。另一方面,现代教育规划用于引发可控的变化。同时,人们期望赋予教育政策制定过程更多的客观性,来提高他们的效益"。

贝雷(Bray,1984)在《教育规划的危机是什么? 一个从巴比亚到新几内亚的视角》一文中,也对教育规划的地位进行了反思。与雷库姆和其他持"教育处于危机中"论调的政策研究者相反,贝雷认为,除非政策制定者自己设置了不现实的目标,否则,教育规划并没有实质的危机,这一结论是从对一个发展中国家的案例分析中得出的。

在分析教育政策目标与产出之间的差异时,萨卡洛普洛斯(Psacharopoulos,1989)认为,改革失败的原因在于"预期的政策没有被执行"以及政策是建立在"美好的愿望"而不是"研究证实了的因果关系"的基础上,"绝大多数的教育政策没有被执行的原因是模糊的政策阐述和财政困难……为了避免过去的错误,在规划教育政策时必须要满足下列条件。就目标而言,政策陈述应该是清楚的可行的"。

教育和政策结果

教育政策的优先考虑对象在 1955 年到 1979 年这一阶段的主要特征是增长、权力下放以及校本创新。在审视社会变革、教育和政策时,一些作者认为,有必要将注意力从狭窄的增长战略转移到更加全面和更具弹性的教育战略上来,这种战略是建立在国际合作、"高速增长的学习需要"和"增长的财政压力"上的(Coombs,1982)。教育和政策的新的关注点有必要放在教育不公平这个棘手的问题上。

在官方政策领域中,一个关键点是基础教育的普及化。贝雷(Bray,1983)对巴基斯坦 20 世纪 70 年代关于基础教育普及化的国家教育政策结果进行了评论,总结道,因为入学率较低,巴基斯坦不可能在 20 世纪末实现普及基础教育政策预期的目标:"巴基斯坦在 20 世纪末实现普及教育的目标似乎是完全不可能的。当然这并不是说政策制定者不应该制定这些目标并希望实现它们……"

教育和政策中的结构性变化:改革和创新

界定和引导教育和政策领域的结构性变化的关键问题是义务教育、入学公平、教育机会平等以及家庭背景对学业成绩的影响(Husen,1979)。如果 20 世纪 50 和 60 年代西欧的教育政策的中心问题是给 15 至 16 岁年龄段的所有儿童提供义务教育的话,那么,发展中国家的中心问题则是普及初等教育。

普及基础教育的政策（Universal Primary Education Policy）

普及免费义务教育的概念第一次是由联合国教科文组织于 1951 年在日内瓦首先提出。随后，在 1960 年的卡拉奇计划中普及基础教育的提法被采纳："这次会议制定了 20 年工作计划，为了使亚洲国家到 1980 年能够至少实现 7 年的普及免费义务教育"（Rahman 1962）。

第一篇关于印度的现代初等教育的文章是卡比尔（Kabir）在 1955 年写的关于普及基础教育的文章："印度宪法的一个指导性原则是自颁布之日起 10 年内给所有 6—14 岁的儿童提供普及的免费义务教育。当我们回忆起独立前夕甚至只有不到 25％的学生可以接受教育时，就应该承认这个指导性原则是一种革命性的'引入'。"在乌干达，农村地区有许多小学。学校所在的位置和低下的教学质量是两个导致初等义务教育很难实现的主要原因："……现行的政策是'确保那些希望上学而家离学校在步行距离以内的学生至少四年的教育'。然而这个目标也还没有实现。"（Macintosh，1958）

普及基础教育是《国际教育评论》杂志第 29 卷第 2 期的主要问题。豪斯（Hawes，1983）坚信，与普及基础教育的引入相关的政治、经济和社会因素将会产生新的不公平："……存在着一种危险，普及教育期望缩小的不平等事实上将会扩大。这种情形在拉丁美洲曾经发生过，尼日利亚正在发生，并且可能出现在孟加拉和巴基斯坦。"

公平和关于公平的政策问题

教育不公平的争论的起始点之一是加尔（Gal，1957）对法国教育改革的缺陷的讨论，他认为改革没有改变这个系统的根本问题："法国儿童的真正平等只存在于小学教育阶段。从 11 岁开始，儿童的命运就由其社会经济地位所决定……所以，来自底层家庭的儿童极少数有机会获得高层次的教育（低于 3％的工人家庭的儿童；大约 4％的农民家庭的儿童）……法国儿童接受中等教育和进入高等教育的机会与儿童的社会出身有关。"由于社会、文化、经济和认识能力的因素导致的教育不公平在 20 世纪 50 年代的《国际教育评论》中进行了讨论。例如，布罗姆奎斯特（Blomqvist，1957）在《一些社会因素和学校失败》的文章中，提到了影响教育公平的相关的问题。他认为，儿童的学业表现与包含环境、家庭背景在内的经济和社会因素相关。

之后，就像我们看到的，平等和公平的话题已经变成"另一个主流的政策问题"（Husen，1979）。事实上，教育机会的平等已经变成教育和政策研究领域的关键问题。这种转变在政策上体现为，从保守主义的"人才储备"概念——使得来自底层社会的年轻人有机会接受教育，转变为给所有人平等的教育机会。激进的作者挑战了"遗传"能力的概念，他们认为这个概念反映的是资产阶级的信念，即决定生活机会的是遗传的能力而非社会阶层。

许多学者曾对与种族和民族有关的教育不公平问题感兴趣。罗斯科（Roucek，1964）着眼于美国的黑人教育问题："在美国，黑种人的问题显得突出，这个问题塑造了美国最持久的道德观念、社会和政治问题等。但是，这个问题仍然没有被解决。"到了 20 世纪 60 年代，在许多公平的研究中，财富开始取代种族作为关键问题。马克瓦（Malkova，1965）对美国高中通过使用 IQ 测试来给学生排序以致教育不平等问题持续存在，这一做法持批判态度，他认为，"智力天赋理论正在对美国学校产生重要的影响……调查显示，IQ 是与儿童所处的社会经济环境相联系的，贫穷家庭的儿童通常被归入'无能'那列……这些被归入'无能'群体的孩子接受的是'掺过水分'的课程"。

拉玛和特德斯科（Rama & Tedesco，1979）对拉丁美洲（1950—1975）的教育和发展的反思给我们提供了一个洞察教育的保守作用的视角——教育作为一种统治阶级文化模式和意识形态的再生产的机制："那个过程（教育）维持了分层社会的社会阶层结构。众所周知，在一个分层社会里，劳动力市场是一个受不平等的等级结构浸淫的场所。"

择校的政策问题和社会不平等

赫什（Hirch，1995）在《择校和寻找教育市场》这篇文章中，对与择校有关的教育特权进行了审视。通过对 OECD 六个国家的择校政策产生的影响的研究（1993，1994），作者界定了各种"学校市场运行中的不完善之处"，包括"选择标准的专制性"。在 20 世纪 90 年代期间，世界范围内的政策制定者提出，父母亲应该在孩子的择校问题上掌握更多的控制权。普兰克和斯卡斯（Plank & Sykes，1999）认为关于教育选择的政策争论很大程度上是源于"理论和意识形态而不是经验性的研究"，同时是基于将责任从国家转嫁到消费者身上的策略上。至此，从一个非理论的和保守的"市场力量"控制择校的意识形态转变为，对国家在维持社会分层中的支配角色的一种更具批判性的分析。

对教育政策的批判性评价

通过回顾 1955—2001 年间《国际教育评论》发表的文章中教育和政策领域的问题的本质、意识形态和观念的转变，我们发现教育和政策的以下变化：

（1）20 世纪 50 年代见证了人口的增长和经济扩张以及随之而来的对"教育规划"的兴趣，这些促使当权者去收集信息，准确描述不同国家的教育状态。在数据收集过程中，联合国教科文组织的角色变得非常重要。教育政策的主要关注点与"社会问题"相关。20 世纪 50 年代增加的一个教育问题是，制定的教育政策文本与现实之间日益增大的差异。

（2）在 20 世纪 60 年代初期，教育政策处于一种乐观主义的状态，它被认为是一种实现"社会变革和进步"的主要工具（Husen，1980）。在 20 世纪 60 年代，教育和政策进入"科学控制"的创新时代。教育规划作为一种"主要活动"出现了，并且被认为是一个"20 世纪 60 年代用多学科方法概念化和处理教育问题的一种突破"。教育规划变得越来越重要,关乎教育、发展以及经济和社会因素的重要性之间的经济联系:决定优先性和资源的分配。

(3) 20 世纪 70 年代早期显然是一个"改革时期"(Bowen,1980)。这是一个对教育和政策进行严肃的批判性分析的时代,它的特征是:反对资本主义,寻求更好的取代保守主义传统的方法。同时,世界范围内对更多的教育经费的需求还在继续。

(4) 20 世纪 80 年代,教育规划日益强调宏观计划和微观计划之间关系的重要性,以及"政治家和规划者之间的紧张关系"和"普及初等教育逻辑的复杂性"(Hawes,1983)。

(5) OECD 对可持续的弹性的研究(OECD,1997)指出,21 世纪新的以信息和知识为基础的经济将会显著影响工作的性质,工作本质的改变反过来将会使教育机会和教育过程被重新定义。

结论

通过检验过去 50 年中教育和政策的转变和概念化思考的路径变化,我们做如下总结。

(1) 20 世纪 70 年代早期,从实证主义(实证/定量研究)向反实证主义(非实证/定性研究)的研究范式的转换,引发了对实证研究的"价值无涉"以及实证主义的科学统治地位的质疑。在 20 世纪 80 年代,范式的转变达到了高潮,体现在许多有关教育政策的后结构主义和后现代主义的文章中。这些文章被描述为"后现代的反抗"(Mitter,1997),是对启蒙时代和现代社会的主流理论(dominating theories)的一种反抗。这种在政策层面的范式转变,直接挑战了教育政策中的"元叙事"、"真理政权"(regime of truth)、规训社会,声称要通过重申受教育者在课程中的主体地位以及多元需求来强化受教育者的权利。

(2) 20 世纪 50 年代到 60 年代,在教育规划和政策改革领域,对政策制定者和教育改革影响最大的理论范式是遵循"数量至上"原则的教育扩张的"线性模式"和人力资本理论(Gilette,1979)。如今,已经转向政策方针和政策改革的质性的(Husen,1980),全方位的(Hawes,1983),关注"全球安全"的(Williams,2000),"综合的"(Hoppers,2000)方面。

(3) 在过去的 50 年中,教育政策改革的关键问题,是对平等主义的重申——实现教育公平,即确保那些只有少数人能享有的教育机会每个人都能享有。明确地说,中心问题变成为所有儿童提供义务教育(包括在发展中国家普及初等教育意义的改变),关注公平、择校及家庭背景对学业成绩的影响(例如 Kabir,1955;Jayasuriya,1962;Naik,1979;Husen,1979;Coombs,1982;Bray,1983;Hirsch,1995)。

上述论述表明了,在最近界定的"策略挑战"和"可传达的目标"(deliverable goals)方面,批判教育问题已经从人力资本和供给决定论(基于入学人数、输入与产出、市场力量的经济规划模式)转变为政策分析的多元模型。在回应"私人行为者"的权力方面,后者对于学校和社会的政治和文化环境还是很敏感的。

大体上来说,批判教育政策的问题没有改变。早在 1953 年就谈到的"棘手的不公平问题"(Coombs,1982;Kandel,1957)仍然存在(Jennings,2000),而且预计教育中的不公平现象会进一步扩大,部分原因是学校教育市场化,以及对于"不公平和排斥的极大宽容"(OECD,2001)。1982 年设计的未来二十年的教育政策的发展方针包括:新的内部策略(更复杂、更灵活、更创新的学习模式)考虑到不断变化和增长的学习需求;克服"不可接受"的社会经济因素导致的教育的差别和不公平;改善教育质量;使"教育和文化相融合";各个国家在教育和政策上进行"国际性合作"。

总之,最近的教育政策的相关论文是要解决以下问题:通过教师资源(附加的教师)在弱势地区的分配克服学生之间的"学业成就差异"的问题;"促进学校项目",或者提高学校的效能和消除学业成就差异;非洲的基础教育危机,以及为满足当地需要的,促进非正式教育的新的基础教育政策;测量"实用性读写能力"(Jenningszz 指出在圭亚那大约是 11%)的新政策;学校和工业需要的课程之间的不匹配。

所有这些都证明了在 1979 年的主要问题(体现在《国际教育评论》第 25 卷第 2—3 期的周年纪念刊中对 1955—1979 这 25 年中教育政策的影响的回顾)以及 1982 年的政策方针(Coombs,1982)仍然在政策的议程中。

(刘水云　王晓芳　编译　周　磊　校)

大政策小世界：教育政策的国际视角[①]

斯蒂芬·J.鲍尔

作者简介

斯蒂芬·J.鲍尔(Steven J. Ball)是伦敦大学教育学院(Institute of Education，University of London)的卡尔·曼海姆教育社会学讲座教授，国际著名学者。鲍尔教授的研究方向是教育社会学、教育政策分析，他借用"政策社会学"的工具和概念，尤其是米歇尔·福柯(Michel Foucault)和皮埃尔·布迪厄(Pierre Bourdieu)的概念和方法来研究教育问题。鲍尔教授撰写了多部著作，主要包括：《政治与教育政策制定——政策社会学探索》(*Politics and Policy Making in Education：Explorations in Policy Sociology*)、《福柯、权力与教育》(*Foucault，Power and Education*)、《学校微观政治学》(*Micropolitics of the School*)、《教育改革——批判和后结构主义的视角》(*Education Reform：A Critical and Post-structural Approach*)。

选文简介、点评

全球化已经成为当代世界发展的必然的历史进程，它对各个国家的经济、政治、文化等多个方面都产生了影响。在《大政策小世界：教育政策的国际视角》一文中，鲍尔教授围绕全球化给教育政策带来的问题以及解决方案展开了讨论。

该文主要分为三部分。第一部分描述了在全球化背景下，对于教育政策制定来说，社会、政治和经济条件上的一般性"问题"。他认为全球化对于国家教育和经济发展问题的意义可归纳为规则的改变——政府管理规则、雇佣规则、财富创造规则。这些规则的转变要求教育政策发生相应的变化。日常生活更加多变，社会凝聚力开始消解；面对劳动力竞争中的"拥挤"状态，新中产阶级为维护自身利益，不再支持使教育民主化和社会政策民主化的努力。这种不确定和拥挤，对于理解教育中的"转变"和理解社会政策制定都特别重要。

在第二部分，作者讨论了对于以上问题的解决办法，即当下的市场解决方案，这种方案正在全球范围内成为新的正统。它有五个主要方面：① 通过加强

---

① Ball，S. J. Big Policies/Small World：An Introduction to International Perspectives in Education Policy[J]. Comparative Education，1998，34(2)：119-130.

学校教育、就业、生产和贸易间的联系来改善国家经济。② 提高学生的就业相关技能和能力。③ 对课程内容及评价方式进行更加直接的控制。④ 减少教育管理的费用。⑤ 通过更直接地参与学校决策和市场选择的压力增加社区教育投入。这五个方面背后的原理包括：新自由主义或者说是市场思想；新制度经济学；操演性——"运行中（可测量的）或消失"；公共选择理论；新管理主义。作者认为作为新正统逻辑的一部分，教育的社会和福利目的正被有计划地直接淡化，教育正逐渐成为商品，公平问题被掩饰。

在第三部分，作者讨论了"再情境化"，或者说国际问题及对策的本土化。他认为国家政策制定是一个复杂的重构过程，政策的理论极少以原始面貌转化成政策实践；通用的解决办法会和本土环境相互作用，政策能产生的真正社会影响，主要是通过社会争论和冲突产生的。

在文章的最后，作者提醒我们时刻记住这个问题：在全球化、知识商品化的背景下，教育政策服务于谁的利益？

该文分析了全球化对教育的影响，以及在全球化的复杂背景下教育政策的回应及其理论依据。该文实际上可以帮助我们思考全球化背景下，教育政策领域普遍性与特殊性的关系问题。阅读该文，能让我们了解全球化对教育政策制定提出的挑战，市场解决方案的理论基础和内在缺陷，以及通用的方案在各地表现不同的原因。面对全球化的浪潮，政府的管理模式该发生怎样的变化？教育中的市场解决方案是否是最佳的办法？如何保障教育公平？各种利益集团如何影响教育政策？……这些问题值得我们继续思考。"作为当代社会的知识分子，我们对全球化的批判态度并非简单地一味反对全球化，而是要通过批判性的思考提醒人们趋利避害，在全球化的进程中共同探讨教育的正确方向。"①

选文正文

摘要

本文着重讨论了当代国际教育政策的一般的和共同的要素，同时也涉及这些要素在特定国家和地方背景下的政策制定和执行中的转化和再情境化过程。文中简单描述了一套一般性"问题"，这些问题构成了当代教育和社会政策制定的社会、政治和经济条件。本文还指出了对这些问题的观念上的解决方案以及某些"神奇的"解决办法，并讨论了这些解决办法的传播手段。另外，全球市场和教育市场化间的关系也被提出并加以探讨。

引言

一对贯穿于各种政策分析之中的矛盾是，需要对当地政策制定和实施的特

---

① 项贤明在第二届世界比较教育论坛上的发言。见：刘健儿，生兆欣. 教育全球化：政府、市场与社会——第二届世界比较教育论坛综述[J]. 比较教育研究，2005(12)：88.

殊情况进行考虑的同时,也需要对跨地区的一般模式和显性的共同特征进行关注(详见 Whitty & Edwards,1998)。这对矛盾便是本文以及这期特刊的核心议题。本文着重讨论了当代国际教育政策的一般的和共同的要素,同时也涉及这些要素在特定国家和地方背景下的政策制定和执行中的转化和再情境化过程。然而,本文主要着眼于西方和北方的经济发达国家,虽然文中的很多内容与哥伦比亚、智利、葡萄牙、日本和一些东欧的前华沙条约国家有很大关联。这就直接限制了讨论的普适性。本文分为三个主要部分:第一部分描述了一般性"问题",这些问题构成了当代教育和社会政策制定的社会、政治和经济条件;第二部分讨论了观念上的解决方案和某些"神奇的"解决办法,以及这些解决办法的传播;第三部分和结尾则又回到再情境化的话题上。

后现代性与全球经济

正如布朗和兰德(Brown & Lauder,1996)所说,"全球化对于国家教育和经济发展问题的意义可归纳为规则的改变,包括适任的、雇佣的和财富创造的规则"。至于适任性,单个政府,甚至是那些表面上看起来最强大的政府,其控制或监督跨国公司(MNCs)活动和维护其经济边界完整性的能力也有所减弱。其结果导致了"凯恩斯主义能力"(执行独立的通货再膨胀政策的能力)的丧失。不过,重要的是不要夸大这种情况。另外,像韦斯(Weiss,1997)所说的,不要屈从于所谓的"无权力国家的神话"。韦斯认为在全球化进程中,"本国政府的能力各不相同"(Weiss,1997),并且"区域协定的增加表明,我们有望看到越来越多不同类型的政府在世界舞台上逐渐成形,即:一个政府在于其内部或外部的众多联盟包围之下,重构自己的力量。"(Weiss,1997;Taylor,et al.,1997)。换句话说,我们应对哈维(Harvey,1996)提出的"全球一体论"持谨慎态度。该"全球化命题"可以用来解释几乎一切现象,并且在目前的政策文件和政策分析中无处不在。

在这里,我们还应承认在许多西方国家,政府活动的方式和范围所发生的变化。承包,放松管制和私有化使国家直接干预经济的能力在实际和观念两方面都有所减弱。这并不是说,这些手段没有提供政府管制的新形式(见下文)。雇佣规则体现了政府、雇主和工人间的关系。此处,至少在西方,最关键的变化是从福特主义、福利社团主义到"市场模式"的转变。在市场模式下,"工人的收入将取决于在一个自由的全球贸易市场上,用自己的技能、知识和经营智慧交易的能力"(Brown & Lauder,1996)。另外,财富创造的新规则在于新的以知识为基础的弹性生产系统正在取代福特主义大量生产的逻辑。

对于最后一条有三个关键点要说明。第一,由于一些发展中国家"出口"的廉价劳动力和对劳动力不加管制的工作条件使得大批量生产的转移对跨国公司充满吸引力。在西方,福特主义生产系统并没有被普遍替代。而且,虽然跨国公司越来越多地占支配地位,但大量的资本活动仍保持着其"国家主义"的本质。第二，即使在发达的西欧国家内部，弹性专业化的新逻辑和实时生产系统（Swynegedouw，1986）也并不是广泛存在的，技术含量低、不稳定的工作（特别是在服务性行业）是所有这些经济体中工作岗位扩张的主要领域。这些"新"工作也导致了劳动力市场的女性化。哈维（Harvey，1989）强调"在弹性积累的条件下，似乎可供选择的劳动制度可以在同一空间中共存，资本主义企业家能够随意在它们之间做出选择"。第三，福特主义与后福特主义的两极分化（现代主义与后现代主义经济）与其说是资本与管理的另一种形式，不如说是"表现资本主义文化矛盾的一种复杂的对立"（Harvey，1989）。

接着，我要在这里提出的两个总体看法是：（1）事情已经改变，但不是绝对改变；（2）这些变化在对新技能的需求等方面已经产生了新的"第一重的"难题，但它们也产生了新的"第二重的"难题，比如对维护政治合法性和权威性的威胁。并不是每个人都与新经济秩序的成功有相同的利害关系。全球经济的中心—外围结构和国际国内劳动力市场，与在教育系统的"市场化改革"中出现的"明星"与"下沉"学校的两极分化似乎是紧密关联的。

我不可能在有限的篇幅里，面面俱到地说明全球化对教育的影响（见 Harvey，1989；Brown & Lauder，1996；Taylor，et al.，1997；Jones，1998）。而且，我的确无意全面表达全球变化的复杂性，但我却想将变化的各方面中的一些元素挑出来，以便于使我们理解教育政策方面发生的斗争。我也想挑选出两个关于全球变化的更加明确和相关的方面，它们对于理解当前教育的"转变"和社会政策的制定都特别重要。简单的说，这两个方面分别是"不确定"和"拥挤"。

哈维（1989）认为，日常生活的节奏和内容已变得更加短暂、更加易变了。商品生产越来越多地强调"即时性、一次性的价值和优势"，并越来越多地强调"符号系统，而不是商品本身"。后者和许多其他因素一起，已经促成了"代表的危机"（Harvey，1989）。所有这一切为"共识的崩溃"提供了环境（Harvey，1989）。它是被法伊尔（1988）称为"感觉的后现代结构"的一部分，并且它容忍着"出现意外事件（将所有重要意义的可能性都用尽）的恐怖"。资本主义一直以来用于认证和测量行动的核心价值体系正在消失和变化中，时间界限正在消亡，当评估起因和结果、意义或价值时，很难分辨我们究竟处于什么空间（Harvey，1989）。

换句话说"无组织的资本主义"（Lash & Urry，1987）可能在开始消解达成共识的条件和它赖以持续发展的社会凝聚力。这种新的不确定的政治有一个特别的并且非常重要的方面，即曾为战后中产阶级的大量扩张以及所谓的"新中产阶层"的产生提供基础的经济增长轨迹和就业模式发生了剧烈的变化。他们的及其后代的"想象中的未来"现在正受到来自新旧行业和管理岗位中"无管理的拥挤"的威胁（Jordon，et al.，1994）。其后果之一是，教育民主化和社会政策民主化的努力失去了新中产阶级的支持。教育正"回归到一种'寡头政治的'利益"（Jordon，et al.，1994），并且一系列传统教学方法的重新使用取代了对教育方法的进步主义实验。

"神奇的"解决办法？

如果这些多样化的全球变化的"政策景观"（Appadurai，1990）勾画出了一系列教育和社会政策所面临的"问题"和挑战，那么有哪些"解决方案"可供政策制定者从中"选择"，来作为回应的模式呢？正如我接下来要指出的，"选择"在此也不是恰当的表达。布朗和兰德（Brown & Lauder，1996）提出了两种理想的回应类型：新福特主义和后福特主义。前者"可被描述为通过减少社会管理费用，削弱工会的力量，将公共事业和福利事业私有化以及提倡竞争性个人主义，来创造更大的市场灵活性"，后者可以"被定义为在国家发展方面，通过对核心经济部门和人力资本发展进行投资，来塑造国家经济发展方向的'战略商人'"。后者与赫特（Hutton）在1995年提出的莱茵兰资本主义模式相近。在实践中，国家或政党在回应类型上的分歧似乎往往比任何其他"清澈幽蓝的水"之类的问题更值得重视。尽管新福特主义"解决方案"至少在表面上看起来似乎在教育政策的制定中更有优势，然而，后福特主义方案的各方面都非常引人注目，甚至在最崇尚新自由主义的政府的实践中也是如此。话虽如此，两种立场之间的差异并非无关紧要。

这种政策二元论的典型代表是，将教育市场中个人消费者的选择与致力于扩大国家经济利益的政策联系在一起的当代教育政策。卡特和尼尔（Carter & O'Neill，1995）在其关于教育改革的国际视野的两册书中通过辨别其所谓"新正统论"——他们认为至少在复杂的西方化的后工业化国家中，政策、政府和教育之间的关系"正在发生改变"——总结了辨别教育政策制定方式的依据。他们列举了构成这一新正统的五个重要因素：① 通过加强学校教育、就业、生产和贸易间的联系来改善国家经济；② 提高学生的就业相关技能和能力；③ 对课程内容及评价方式进行更加直接的控制；④ 减少教育管理的费用；⑤ 通过更直接地参与学校决策和市场选择的压力来增加社区教育投入。

后面我将回来讨论这个改革方案的实质内容。阿维斯等人（Avis，et al.，1996）就后义务教育、培训和他们所谓的"新共识"等提出了类似的观点。事实上，欧盟1995年的《教育培训白皮书：迈向学习型社会》就曾公布"关于教育方针的辩论已经结束"。"学习型社会"、"知识型经济"等概念是这种共识下有效的政策凝练。通过经济政策命令，这些概念服务于并符号化教育政策的不断殖民化。莱文（Levin，1998）表明，有时是这种符号的政治而不是政策的实质穿越了国界。

宣称有一个或甚至一系列关键思想或影响因素在支撑着这一揽子方案显得有些愚蠢。然而，忽视其中的联系和一致性也同样可笑。五项要点或影响因素是可以确认的。下面我将粗略地描述一下这些因素。其中一些具有解析性，而另一些则更有实质性。一个是新自由主义或者说是市场思想。它设置了自发的无计划的创新的市场形式的回应，反对党派性的低效的按规划变革的官僚体制。这在英国常被称为"撒切尔主义"的政策制定过程中特别重要(Ball, 1990)。当然,英国教育改革也提供了一个试验台,其他各国政府在考虑自己的改革时至少能吸取其经验教训(Whitty & Edwards,1998)。

第二个影响因素是新制度经济学,"其旨在依据理性行为者的选择和行为,解释社会生活及其各机构的运作,关系的建立以及个人与集体行为的协调"(Seddon,1997)。联合运用权力下放、目标和激励策略,以实现制度的重新设计。它借鉴了最新的经济理论和不同的产业实践,有时也被称为三菱主义——用目标的设定取代任务说明(见下文)。在教育中,这种观念的影响表现为世界各国各种各样的"现场管理"的新方案,和对制度再造的社会心理变迁(体现在"自我管理学校"和"学校改良"文本中)。查布和莫(Chubb & Moe,1990)也阐述了他们的理论,即"一种将学校的组织和表现与其制度性环境联系在一起的理论视角"。

第三个影响因素与上面两种密不可分,即罗塔德(Lyotard,1984)所提出的操演性——"运行中(可度量的)或消失"。"操演性是一种管理原则,它在国家与其内外部环境间建立起严格的功能性关系"(Yeatman,1994)。换句话说操演性是一种指导机制,一种间接指导或远程指导的形式,它用目标设定、问责制和比较的方式取代直接的干预和指导。此外,作为教育和学校转变以及资本权力扩张的一部分,操演性为教育消费提供一套符号系统,这一系统用一种自我参考的和具体化的形式来展现教育。而且,事实上,教育中操演性的具体技术(如全面质量管理、人力资源管理等)很多都来自于商业系统。

第四个影响因素是公共选择理论。这是美国教育改革中特别重要的一部分(Chubb & Moe,1990),但选择也是哈耶克新自由主义的关键环节(参考OECD1994年对六个国家的选择政策的回顾)。

第五,即最后一个影响因素是新管理主义,也就是将企业管理的理论与技巧以及"膜拜优秀"的理念引进公共部门。在这里,管理主义就是一个传递系统和变革的工具。这种"新"管理主义强调持续关注"品质",贴近客户的需要和重视创新价值(Newman & Clarke,1994)。在教育部门,校长是主要的"执行者"和新管理主义的体现者,并且在学校组织制度的改变中起关键作用(Grace, 1995),即用市场企业制度取代科层—专业组织制度(Clarke & Newman, 1992)。新管理还涉及"新"形式的员工参与,特别是通过培养一种"企业文化",即管理人员"试图去界定、规范和工具化人的行为,来达到其预期的目的"(Du Gay,1996)。这样的发展态势是自相矛盾的。一方面,这代表摆脱泰勒主义对雇员控制的"不信任"方式。管理责任得到下放,主动性和问题的解决得到高度重视。另一方面,实现了形式的监督和自我监督,如:评鉴系统,目标设定,成果比较(见马勒(Muller)1998年对基于能力和业绩的不同形式的自我管理)。这就是彼得斯和沃特曼(Peters & Waterman,1982)所指的"松紧结合",或者说是杜·戴(Du Day,1996)所谓的"被控制的去控制化"。

这些影响的国际传播途径至少有两种。首先,最直接的一种是通过在社会和政治网络中实现观念的流动,即"国家间的思想流通"(Popkewitz,1996)。例如,通过政策借鉴过程(Halpin & Troyna,1995)——英国和新西兰均在改革中担任了"政治实验室"的角色,以及诸如美国传统基金会、朝圣山学社和经济事务研究所等团体活动,虽然它们的影响不应被高估;毕业生运动,尤其是来自美国大学的毕业生运动,也是非常重要的(Vanegas & Ball,1996)。在某些情况下这项运动"承载"着一定的观点,并创建了一种文化上和政治上的依附,这种依附否认了或贬抑了"地方"解决方案的可行性和价值。正如马克斯·尼夫等人(Max-Neef,et al.,1991)所言:"如果我是一位拉美经济学家,我希望成为拉美发展问题的专家,那么现在我就很有必要到美国或欧洲做研究,以赢得来自南北部的同事们尊敬的目光。不言而喻,这种想法不仅危险而且荒谬。"

另外还有各种"政策企业家",团体和个人的活动,这些人在学术和政治市场上出售他们的解决方法,例如当下的"自我管理学校"、"学校效能"和"选择",这些解决方法的传播依赖于学术途径——期刊、书籍等,和有感召力的旅行学者的努力[见莱文(Levin)1998年为政策"传播"所作的流行病学报告]。

最后,还有多边机构的赞助,以及在某些方面的,多边机构对个别政策"解决方案"的执行(Jones,1998)。世界银行在这里显得尤为重要,正如琼斯(Jones,1998)所说:"该银行教育工作的先决条件只能理解为,一种沿市场路线推动世界系统一体化的思想立场。"然而,同样重要的是,要明白这些对改革的影响的传播或制度化的另一个方面,即新正统的建立,作为一种话语框架,解决方案需要在此框架下提出并受此框架限制。这里,在全球化的逻辑(作为一个自由的世界贸易体系)和社会政策思维的新形势之间,存在一种即便不是一致也是相伴的关系。琼斯再次指出,"公共产品的观念发生转变以适应对职能、监管和税收期望值的下降,这反过来又导致了对公共服务和基础设施所包含内容的期待的减少和转变"。这种相伴关系在布朗和兰德(Brown & Lauder,1996)呼吁的新福特主义中表现得最明显:"在全球打响知识战的背景下,要拯救国家就要遵循适者生存的原则,这是基于在学校、专科学院、大学的相互竞争的市场中,家长选择权的扩张。"也就是说,"教育系统已成为微观经济改革的对象,教育活动作为国家效能推动力的一部分正被转化为可销售的产品"(Taylor,et al.,1997;Welch,1998)。这种改革取决于两个截然不同的长期话题——灰色、缓慢的官僚主义、政治正确、委员会、福利国家市政厅走廊的无情,以及与之相对的快速、冒险、无忧无虑、强劲、开放、计算机化、个人化选择、自治的"企业"和突然降临的机会。

最后一点提醒我们,政策既是价值制度也是象征制度,也是代表、说明和将政治决定合法化的方式。阐明政策是为了获得实质影响,为这些影响提供支持。在此我特指出,鼓吹教育改革的市场或者商业模式以作为教育问题的"解决途径"是"政策魔法"或斯特罗纳克(Stronach,1993)所谓"巫术"的一种形式:"一种消除疑虑的方式,也是对经济问题的理性应对。"该魔法的诱人之处在于其所用的公式十分简单:"社会市场/制度上的权力下放=提高(教育绩效的)水平=提高的国际竞争力"。当放置在"不确定条件"下或多尔(Dror,1986)所提出的"逆境"中时,这种简单性具有特别的吸引力。在斯特罗纳克看来,"市场解决办法"的反复迂回性显示了"魔力的逻辑与仪式的结构"。它将个人(选择)和机构(自治与回应)的转变与世界性的拯救联系在一起:从一个平凡的市民转变为典范,从依赖主体变为积极消费者或公民,以及从沉闷的官僚主义变成创新、创业的管理(当然福利政策可以用类似的方式分析)。"仪式通常将个人与极其重要的一点联系在一起,在这点上集中了繁荣、道德与文明"(Stronach,1993)。个性和身体方面小的变化与大规模转变有关。所有这一切又在对立的冲突、防止混乱的秩序和对危机的补救中建立。运用类似的语言,休和泰(Hughes & Tight,1995)认为,像"利益相关者"和"学习型社会"这种概念就代表了对未来想象的强大神话,这种对未来的想象决定了教育政策和实践所遵循的现行原则。正如纽曼(Newman,1984)所说的,"自由论者对现代国家的反叛是对美国人的心智和情感的第一场也是最重要的一场战役"。

对政治家来说,市场的"魔力"有几种意思。一方面,它是一种"放手"的改革,一种非干预的干预,类似于对魔术师的一个基本比喻——你看得见它又看不见它!它拉开了改革者与改革成果的距离,承担的责任和承受的责备也被下放或转移出去(见下文)。然而,通过采用目标设定和操演技巧,可以实现"远程操控",这被柯克特(Kikert,1991)称为"一种公共治理的新模式"。另一方面,伴随这些政策而来的还有政治风险,因为正如前面谈到的,它们可能会使直接的控制方式失效,使政治家处于执政但没有实权的状态。

如上所述,政治进程和新正统思想形成的一个关键方面是批评。新的政策凭借嘲弄和诋毁先前的政策而壮大,并从中获得其合法性(Ball,1990)。"新"在质量的差异和对比中体现出来,并从中获得信任。特别是在教育中,新政策的一部分吸引力往往取决于对"责备"的具体配置。责备可能针对先前的政策出现的故障或隐含的异端邪说,或者在教育系统内部重新定位而且往往被个人化——体现在目前对英国的"不称职的老师"和"失败的学校"的批评中[详见斯拉普(Thrupp)1998年论责备的政治]。

更笼统地说,在热火朝天的改革中明显地存在着两个复杂地关联着的政策议程。第一个的目的是使教育与国家经济利益的联系更加紧密,而第二个的目的则是使教育脱离国家的直接控制。前者依靠国家对教育清晰的要求和主张,而后者在传达这些要求过程中至少在表面上给予教育机构更大的自主权。第一个涉及国家教育职能作为一种"公共产品"的重申,而第二个受制于市场的行为准则、商业的方法和价值,并将其作为具有竞争力的私人产品。在许多方面,教育机构正被期望呈现"快速资本主义"的品质和特点（Gee & Lankshear，1995），这不仅涉及组织行为和方法的改变，也涉及采纳新型社会关系、价值观和道德原则。

我们可以看出这两个政治议程正体现在各个国家的一般性政策群中，如家长选择和机构竞争、现场管理的自主性、管理主义、行动操控和课程原教旨主义，但是这些方式都存在地方性差异、扭曲和细微差别（复杂性）和应用程度（强度）的不同。这一套政策最单一、强度最高的版本出现在英国、新西兰和加拿大的阿尔伯塔省等地。混合及低强度的版本出现在法国、哥伦比亚和美国、澳大利亚的许多州。葡萄牙和瑞典等地则采用了混合但强度低的版本（见下面关于再情境化的讨论）。

把先前的管理体制界定为难以置信的是从精英的批判中获得了话语上的力量，而新闻界的评论作为在教育中建立新正统的一种机制正把目标对准公平和社会正义，将其作为对目前教育中的缺陷的诊断的一部分——也就是我在其他文章中所称的"嘲笑的话语"（Ball，1990）。世界银行将公平视为在市场化教育体系中各国政府的保留下来的关注点之一。不过，作为新正统逻辑的一部分，教育的社会和福利目的正被有计划地直接淡化（在世界银行内也一样），或者教育实际上越来越需要变换价值标准。这就是说，教育不是简单模仿资本的方法和价值，而是其自身要成为商品形式。在这个过程中，公平问题并没有完全消失，而是"被改造和再改造"了；"在新政策中，竞争性话语被'联系在一起'"（Taylor，1995）。公平的含义被以新的方式扭曲、改编和实现，这种方式"掩饰了主要参与者的不同观点"（Taylor，1995）。

实际上，在教育和社会政策上，新正统，即市场解决方案，大体上成了一种新的主导性的话语，一种本质上具有裂痕的但又包含了"经济学的真正本质，因此也包含了政策自身的可能的范畴"的基本话语（Cerny，1990）。这种话语构成了这个话题，并且如同其他话语一样，它出现在一系列文本、行为规范上，并且随时都可以在不同的场合看到。话语事件"指代同一事件……有一个常规的模式……不变的概念……和策略，还有一个共同的制度的、管理的或是政治的定位和模式"（Cousins & Hussain，1984）。这种话语被认为是有作用的，正如罗斯（1990）对20世纪80年代好莱坞的"男性狂躁"式的影片的描述："里根时期，孤注一掷地去重建国家英雄主义制度的尝试，往往通过白人男性狂暴歹徒的角色来体现，软弱的州法律执行的自由解决方法对他是无效的。"同样，这在英国的学术研究商品化中，在众多的教育市场化政策文本中出现的父母选择成功的英雄模式中，在经过修整的、用户至上的竞争性学校中，在学校教育质量方面的权威顾问和出售速效政策的商人身上，在报道美国学校状况的一套电视节目以及日本高中贴有设计师标签的校服上，在早期教育游戏商店和利基市场（Niche Marketing）中，在温室教育以及托儿所中，这种话语都是可见的。教育民主在教育市场上被重新定义为消费者民主。购买教育替代了获得教育（Kenway,et al.,1993)。不仅公立学校系统正被导向准市场实践,而且它提供的教育正以不同的形式,在许多方面以不同的方式被导向市场认知体系——一种不统一的、多样的、复杂的领域,在这个领域中实现了关系、主观性、价值、目标、操作和概念的分散。

地方主义和再情境化

虽然辨明政策之下的一系列原则或理论模型是可能的——如新自由主义、新制度经济学、公共选择理论等等——但是它们极少(如果有的话)直接或者说以原始的形态转化为政策文本或实践。国家政策的制定必然是一个使用手头现成工具摆弄修理的过程:借用、复制来自其他地方的零零碎碎的观点,改良在当地尝试验证过的方法,拆卸理论、研究成果以及主流思想,并且不断地折腾它们以期发现一些看上去似乎有用的东西。大多数政策是破旧的、折中的、混乱的观点通过复杂的过程——影响,文本制定,宣传,以及最终在实践中的重构——被改编、修补、扭曲(Ball,1994)。

政策的思想在拥有不同的政治结构(Cerny,1990)、国家行政机构(Hall,1986)和国家意识形态[一个国家的意识形态是"一系列价值观和信念,它们框住了一定时期内一个民族国家主要公共机构中的代理人的实践思维和行动"(van Zanten,1997)],以及不同的商业文化(Hampden-Turner & Trompenaars,1994)的国家中被以不同的方式接受和解读。汉普登-特纳和查姆皮纳纳(Hampden-Turner & Trompenaars)对七个不同国家的15000个商业经理作了研究,发现他们在思想形式、意识形态上有着显著的差异。不幸的是,从这方面对政策的形成、接受、解读的比较教育研究寥寥无几[见戴尔和奥斯格(Dale & Ozga)关于英国和新西兰的新权利的研究,还有凡·赞坦(Van Zantan,1997)对法国移民教育的研究]。

在我们努力地带着比较和全球性的眼光来理解教育政策时,思想、思想的传播和思想的再情境化之间的复杂关系仍然是我们的中心任务。正如伯恩斯坦(Bernstein,1996)所说,"每当一种话语启动起来时,就有意识形态表演的余地。"再情境化发生在官方领域和教学领域之内和它们之间,前者由国家创造和主导,而后者由在学校、大学的教师,教育部门,专业记者,还有私立研究基金会组成。在不同的社会里,这些领域的构成不同。教育政策的新正统被移植到非常不同的国家、文化背景下,在那儿被执行,也被其背景所影响、改变。比如,在泰勒等人在巴布亚新几内亚、马来西亚和澳大利亚做的案例研究中,他们总结到对于全球化给工作带来压力的方式在本质上是不确定的,因为对于各种各样的全球化压力,存在着反抗的地方和相反的运动(Taylor,et al.,1997;Colclough & Lewin,1993)。

正如马勒(Muller,1998)所说,再情境化的领域是拥有不同社会权力的各种社会部门竞争的领域,它们支持着不同的教学体制。之前勾画的五个通用的政策是多维的。它们以一种复杂的方式被转化为相互作用的和持续的实践。它们与其他运行中的政策以及长期存在的本土的政策传统相互影响或造成干扰和冲突。他们进入而不是简单地改变现存的权力关系和文化习俗。我们能从奥弗(Offe,1984)的评论中做出归纳:"……一条法律或是一项制度的服务所产生的真正的社会影响,不是由规章或法律的用词来决定的,而主要是在社会争论和冲突中产生的,对此,国家政策只是确立了争论的地点和时间,主题以及'游戏规则'。"

这样的争论和冲突发生在各个层次上——国家、地方和机构。政策分析要求对此有一种理解,这种理解不是基于普遍的或地方的,宏观的或微观的限制或代理机构,而是基于它们之间不断变化的关系以及它们的相互渗透。

结论

这篇论文旨在严肃地讨论几件事,并且把它们联系在一起。(1)认识构建和产生了当下教育问题的全球化问题。(2)确认一套对这些问题的通用的解决办法,并认识到它们在教育改革和重组中的作用。(3)同时,要指出这些解决办法也有一种神奇的形式和仪式的功能。(4)它们成为一种不可避免的恢复信心的方式;它们话语性地束缚了回应的可能性,并且通过各种各样的社会接触,政治和文化的归顺,以及超国家机构的要求来借用、执行、采纳。(5)最后,尽管如此,还是要记住当地政治、文化、传统的重要性,以及将这些通用的解决办法转化为实际政策和制度实践过程中解释和斗争的重要性。

我想回到关于教育政策的一般方面而不是它的特殊方面以及奥弗曼的"真正社会作用"来结束本文。我的观点是,对各地的差异、例外和复杂性的仔细调查不应该转移了对一般模式的实践的和观念的、第一位和第二位效应——之前所述的影响和政策机制的整体效应——的注意力。也就是说,即使政策被以不同的方式实现,上述整体效应也改变了教育的组织和传递的方式,改变了教育的含义,以及受教育和学习的意思。这里意义重构的一个关键方面是知识的逐渐商品化(这与知识在经济中的角色的变化是并行的)。教育供给自身越来越容易受到利润的影响,教育过程也在企业文化的创造和事业主体的培养中发挥作用(Kenway,et al., 1993)。教育决策制定的基础——机会的框架,动机的词汇表,合法化的基础(包括价值观和道德)都在话语上被改造了。但至关重要的是,这些机制和影响也并不仅仅涉及新的组织形式或者"对工人的激励"或者重新表述的职业道德;它们还涉及教育机会在种族、阶层、性别和体质等方面的获取和分配。在各种各样的教育市场中的教育的多样化和重新分层,与中产阶级中的存在的一种关注吻合——即关注在面对国内和国际劳动力市场的拥挤时,保持自己的社会优势。因此,我们需要一直追问这样一个问题:"为了谁的利益?"这与教育政策的集中模式以及政策的再情境化都有关系。

(刘水云 林祖鈆 周 磊 编译 刘水云 校)

教育研究与教育决策①

托尔斯顿·胡森

作者简介

托尔斯顿·胡森(Torsten Husén,1916—2009),瑞典人,世界著名教育学家。1944 年获隆德大学博士,后任教于斯德哥尔摩大学(1947—1955,1971—1981)、斯德哥尔摩教育学院(1956—1971)。他先后担任国际教育成就评价协会(IEA)主席,国际教育规划研究所(IIEP)董事会主席,1972 年当选瑞典皇家科学院院士。胡森的主要著作有:《国际数学成绩研究:十二国比较》(*International Study of Achievement in Mathematics: a Comparison of Twelve Countries*,1967)、《天资,机会与就业》(*Talent, Opportunity and Career*,1969)、《学习型社会》(*The Learning Society*,1974)、《教育大百科全书》(*International Encyclopedia of Education: Research and Studies*,1985)、《学习型社会的再认识》(*The Learning Society Revisited*,1986)、《教育与全球关注》(*Education and the Global Concern*,1990)。

选文简介、点评

该文的作者托尔斯顿·胡森是当今世界著名的教育学家,其主编的《教育大百科全书》在世界范围内产生了深远的影响。该文是教育政策研究历史上首次系统讨论教育研究与教育政策关系的经典性文章,"教育研究与教育政策关系"问题是教育政策研究的一个核心问题,它关系到政策学者的研究成果能否以及怎样对教育政策实践产生影响,对政策制定者和政策研究者改进工作具有重大意义。这一问题是迄今国内和国外教育政策研究均未能很好解决的问题。

该文探讨了教育研究者与教育决策者的不同之处及其矛盾,讨论了二者之间产生矛盾的原因,介绍了社会科学成果的七种应用模式,以及促进决策者与研究者相互沟通的方式。

文章开篇即把与研究有关的人员分为三大类——研究者、决策者和中间人,并指出中间人实际上从属于决策者。接着介绍了研究者与决策者的不同点:首先,二者具有不平等的地位;其次,二者看问题的角度不同,决策者致力于

---

① 华东师范大学教育科学资料中心.当代国外教育研究[M].上海:华东师范大学出版社,1986:61-81.

得出解决问题的即时办法,而研究者专注于深入探讨某个专业问题;第三,二者对学术的看法不同。导致二者之间的矛盾与分裂的原因在于:首先,研究工作并不适合特殊形势的需要;其次,研究成果并不具备完全的说服力;第三,研究成果难以直接推广;最后,研究的结果与决策机构所要实施的政策相矛盾。

上述的种种矛盾与分裂,集中到一点就是:"怎样更好地运用社会科学的研究成果改进实践?"基于这一观念,胡森教授介绍了卡罗尔·韦斯教授对社会科学研究成果的划分,分为七种模式:线性模式、问题解决模式、相互作用模式、政治模式、战术性模式、启蒙模式、"作为社会学术事业的一部分来研究"的模式。胡森将上述七类模式合并为"渗透模式"以及"政治模式"两大模式,并着重介绍了渗透模式。

接下来的部分初步探讨了促进决策者与研究者相融合的方式,即采用詹姆斯·科尔曼的"机构的分离"和"方法的多元"的办法促进政策性研究制度化:首先,可以委派两个或两个以上的相互独立的机构来进行研究;其次,由不同的机构对研究成果给予各自的评价。此后的一部分探讨了各国决策者与研究者关系的特点,比较了瑞典、英国、德国和美国的情况,着重分析了美国的成功及其原因。在此之后,胡森强调了信息交流在沟通研究与决策关系中的重要意义。

在最后一部分中,胡森提出了今后的研究需要着力探讨的三个问题:第一,决策者和研究者如何进行联系;第二,如何改进二者的关系并促进其交往;第三,如何提高政策性研究的完整性、合理性和可靠性,使得这种研究得以制度化。

该文写作于1984年,正处于政策科学发展的"政策分析运动"阶段。这个时期教育政策研究的特征是"研究微观领域、实践领域的政策问题,强调政策研究的应用性",而本文探讨了决策者与研究者之间的关系,很好地体现了这一阶段教育政策研究的特征。

在文章中,胡森提出了科研成果转化中"研究者/决策者(包括中间人)"的分析视角,并分析了研究者与决策者之间矛盾的表现及原因以及解决方式,构建了系统的分析框架。自该文发表之后,教育政策学者开始关注政策研究中三类主体的特性及其融合方式,国内的学者也不例外,例如,袁振国教授主编的《教育政策学》以及刘复兴教授的《教育政策的价值分析》等书中都引用了胡森的观点。

该文还提出了"研究的渗透"的概念,用以取代已有的"研究的推广"的概念。由于政策研究从理论成果到实践的转化是一个逐步"渗透"的过程,需要依赖"非正式网络系统"的作用,因此这一过程并非线性的过程。以往人们所认为的"研究成果一经推广便能够在实践中产生影响力"的观点是不准确的。

胡森还特别强调了信息交流对于构建研究与决策之间良好关系的重要意义,指明"信息传播是使研究者和决策者互通有无的唯一办法",引导决策者和研究者关注信息交流的重要性。

在阅读本文的过程中,读者可以有意识地思考以下几个问题:"中间人"是否可以放入"决策者"中?决策者与研究者的不同点是什么?如何促进二者间的信息交流?在研究成果的"渗透"中,"非正式网络系统"是如何发挥作用的?

选文正文

本研究的背景、对象国和实施

研究的背景

我的一大半研究生涯与瑞典学校改革有关。20 世纪 40 年代,以一系列"能力储备"(reserve talent)的研究为契机,我就开始从事政策性研究。我参加了对全国二十岁服兵役青年的测试和谈话工作,接触到他们在正规教育中的考试成绩和其他有关资料。上述的"能力储备"研究正是这一工作的副产品。通过把考试成绩和各级教育联系起来,以及研究各级教育中的学生成绩分布的重叠状况,我能大致估计出有多少人具备了必要能力而未能接受高中和高等教育。20 世纪 50 年代初期至 60 年代中期,我在瑞典一些政府委员会工作时,尤其是 1957 年在学校委员会的工作实践中,获得了第二种经验。这几年中,我有机会接触到国外的一些研究成果。国际教育成就评价协会的一些研究——十二国数学调查、六门主要科目的调查——使得这种政策性研究日益国际化。经济合作与发展组织曾对各国教育政策进行过评价,我的第三种经验与此有关。我参加过分别对法国、德国、英国和美国的评价工作。我之所以提及上述的经验,因为正是它们构成我对教育研究者与教育决策者之间的关系进行比较研究的背景。

研究的对象国

1980 年,我对教育研究者与决策者之间关系的研究工作,得到了"瑞典三百年基金银行"的资助。我之所以选择瑞典、德国、英国和美国作为研究的对象国,乃是因为从 20 世纪 50 年代以来,我一直注意着这四个国家的教育研究在决策中的作用。这四个国家的教育管理体制颇不一致,但我认为,在不同的行政管理体制的背景中,对社会科学家与教育决策者之间的关系进行比较研究,是很有意义的。

研究的实施

在我打算要对研究者与决策者的关系进行比较研究时,我几乎没有从概念上来考虑。我希望通过这种比较研究,能够识别出影响决策者与研究者之间关系的主要因素。

研究伊始，我确实是在摸索。我与决策和研究权威人士进行过会谈，同时发送了大量问卷调查表，这就是我搜集研究者和决策者如何看待彼此间关系的主要途径。例如，我曾与美国教育委员会成员弗朗西斯·凯佩尔、《教育政策》的作者莫里斯·科根等权威人士进行过会谈。1980年初，我通过书信往来与德国、英国和美国同行取得联系，要求他们回答调查表上的一些问题。我也发送同样的调查表给瑞典大学或学院中教授一级的同事们。

　　1981年，我作为访问教授去斯坦福大学，继续研究决策者和研究者如何进行信息交流的问题。在斯坦福和伯克利我发现许多同行正在就这一问题进行研究，如作为斯坦福大学访问学者的柏林弗里大学克劳斯·胡弗纳教授。他正在研究"教育研究在教育政策的形成和计划中的作用"。这使我意识到，这个我原想几年后才集中研究的课题，已被提到当今世界教育科学研究的议事日程上来了。

"两种不同的文化"——研究者和决策者

　　莫里斯·科根对研究者与决策者之间的相互关系进行了研究。他把与研究工作有关的人员分为三类：(1)研究者；(2)决策者；(3)中间人。所谓中间人就是在政府机构中任职的专家。他们在决策者与研究者之间起着上下沟通的作用。由于他们的政治观点接近于政府部门中的决策者，我们有理由把他们归入决策者这一类。这样，我们就得到了两大类：研究者和决策者。

不平等的地位

　　在政府授意或委托下从事研究时，研究者的地位就像商人，而决策者好似顾客，研究成果就如商品。可是，他们之间的"买卖"并不公平。由于钱掌握在决策者手中，他们有权决定资助哪一项研究。研究者即使对决策者处理研究成果的方式不满意，他也没有把成果"出售"给他人的自由。可见，决策者事实上对研究成果的处理拥有某种垄断权。因此，研究者应把帮助政府这个顾客了解其实际需要作为自己的一项工作。有时，为了使某些问题得以研究，研究者就不得不帮助决策者重新理解这些问题。

看问题的不同角度

　　决策者与研究者之间的紧张关系往往是由于他们各自所处的不同地位以及看问题的不同角度引起的。

　　首先，决策者认为，研究工作应针对那些在他们议事日程上的亟待解决的问题。然而哪类问题才算是重要的亟待解决的问题呢？各届政府往往看法不同。政治家通常用自己所代表的政党的利益来衡量研究的价值。其次，决策者一般用政治家的眼光来看问题。他们制定教育政策，通常是为了解决更大社会背景下的一些基本问题，美国的"补偿教育计划"就是一个例子。再次，决策者一般对教育科学研究和社会科学研究的工作不熟悉，对研究者使用的专业术语较陌生。因此,这就要求研究者尽量用"大众化"的语言来叙述他们的成果。最后,决策者要求研究者能立刻出成果,以便能及时地为他们的决策服务。因而,对一些较费时的研究项目,他们往往不加考虑。

那么,研究者的立场、观点又是怎样的呢?第一,研究者一般在大学里从事研究工作。他们喜欢按常规办事,重视同行的意见,在他们看来,同行对其研究成果的评价,比政府的评价更重要,更有价值。第二,研究者从事的是高级的专业化研究。这意味着他们往往孤立地研究问题的某一个方面,而所研究的这个问题,可能比那些更复杂的普遍性问题更易解决。第三,研究者在考虑研究课题和使用批评性措辞方面,并没有像决策者那样拘谨。在科研实践的支配上,他们认为不应受到限制。

对学术的不同看法

看来有必要对研究者的学术态度和与之截然相反的决策者的官僚态度加以阐述。

以大学为基地的学术研究是在那种"傲慢、权威和独立"的传统中成长起来的,那种重基础研究轻应用研究的风气还有相当的市场。对研究者来说,什么问题都可以研究,而对别人如何利用他们的成果,以及这些成果的应用会带来怎样的严重后果,一概不问。他们也不愿对此承担任何责任。而决策者往往把研究工作看做是制定政策的工具,对"学术自由"的要求不能予以理解,常把它看做是研究者的自负。他们觉得研究工作的重点应放在当前的政治领域。

可见,研究者的需要与决策者的需要有着本质的不同。他们看问题的角度不同,时间的概念不同,对研究成果的衡量标准也不同。而这种种不同所产生的影响,贯穿于决策者与研究者联系的始终——从研究工作的开始到研究成果的解释,乃至推广。这就是为什么决策者常感到研究成果不符合政策的议题。

引起分裂的原因

决策者与研究者之间的紧张关系和意见分歧会引起他们的分裂(disjunction)。决策者常由于研究者的实际工作背离他们原来的期望而感到不满。

美国的一个教育评价委员会曾指出,很难论证学生的学习和行为的明显改善是由于研究者努力工作的结果。他们为此提出了三点理由:(1)这是由于社会科学的复杂性决定了它比自然科学更难预测研究的结果。(2)了解人类学习、行为的产生原因以及把握其变化规律,要比研究工业技术上的类似问题复杂得多。(3)由于教育改革的必要性越来越明显,所以人们对教育研究和开发工作的期望往往过大,而超过研究工作的实际可能。这就说明了研究工作至多只提供了一种进步的信息交流系统。研究的结果还得与来自其他渠道的有关政策的信息相整合,这样才能有效。

了解了上面的背景,我们或许能弄清"分裂"的原因。第一,研究工作并不"适合"特殊的形势需要。研究计划中所选的课题并不是政治问题的一部分或与其直接相关。此外,原来以为研究的是亟待解决的问题,可是待研究结果出来,却发现又与决策过程脱节了。第二,研究成果一旦出来,研究者和决策者的一方或者双方都觉得这些成果没有说服力。第三,研究成果的推广工作缺乏效率,某些成果并没有能"渗透"到政策制定者和政策执行者之中。渴望得到学术界同行承认的研究者,很重视那些能提高他们学术威望的报道,而对那些来自"大众"的评价持怀疑态度。这使得"中间人"的作用格外重要。他们把那些涉及决策者所面临问题的研究结果向决策者介绍。澳大利亚教育部部长卡里克曾把这种"中间人"称为"科研的经纪人"。然而,研究成果的推广工作缺乏效率往往是由于科研报道的语言过分专业化所致。事实上,对研究者来说,在不降低专业价值的前提下,用通俗语言报道他们的成果是可能的。第四,研究的结果与决策机构想要施行的政策相矛盾,这常常导致"分裂"情况的发生。决策者想利用研究成果来巩固自己的地位,却常常发现这些成果不但是不支持他的,反而为他们的政治对手提供武器。

说到底,社会科学研究的作用不仅仅是为了帮助专家,同样也是为了帮助大众来创造现实社会的模式。这种模式的实现要靠来自多方面的不同信息,而社会科学研究所提供的仅仅是众多信息中的一部分。

社会科学研究成果的应用模式

决策者不外是这几种人:(1)政治家、较大选区的候选人、议员;(2)政府机构中的高层执政者;(3)在全国各种协会中的头面人物,他们代表着各种不同利益的团体,例如工会;(4)为前三类人服务并在这些机构中任职的学术界专家。

研究者大约有下列几类:(1)公立大学和私立大学;(2)从属于政府某个部门的研究机构;(3)私立研究机构。

在对教育研究者如何与决策者发生联系的探索研究中,我们碰到了两个问题:(1)社会科学家的研究成果在决策过程中是如何被应用的?这种应用现在达到了何种程度?(2)研究结果是通过何种方式向决策者介绍的?

对这些问题,卡罗尔·韦斯女士曾进行过全面的研究。她把社会科学研究成果的应用分为七个不同类型的"模式",现简述如下。

第一,传统的"线性"模式(the linear model)。它的程序是:基础研究—应用研究—发展—应用。这种模式广泛应用于自然科学,但在社会科学中极少见。

第二,"问题解决"模式(the problem-solving model)。它的程序是:鉴别哪些是目前尚还缺乏的知识——通过利用现有的知识结构,或通过上级部门委托的研究,来获取社会科学的研究成果——在决策选择的背景中去解释研究成果——选定政策。

人们普遍认为,社会科学研究成果的应用,就是把某个特定的社会科学研究结果直接用来解决某项重大决策问题。决策者期望社会科学家能提供以经验为基础的证据或研究成果，以便解决既定的政策问题。我认为这些都是古典柏拉图式"哲学王"的观念，过高地估计了社会科学家的作用。我赞同卡罗尔·韦斯的这种看法。当各团体间目标不一致时，期望研究者仅仅通过提供"事实"就能解决问题，这简直是盲目乐观。

第三，"相互作用"模式（the interactive model）。这个模式假定，从研究到应用，其程序并不是"线性"的，而是前后之间没有秩序的。它还假定，研究者和决策者之间的对话并非一定要面对面，也可以通过"中间人"来进行。

第四，"政治"模式（the political model）。在生活中，我们可以常常看到这样一种情况。一个有关社会问题的论点，经过相当长一个时期的争论后站住了脚，新发现的证据也不能动摇它的坚固地位。而这时的研究成果往往会被反对派所利用，因为他们觉得研究结论与他们的立场是一致的。还有这样一种情况屡有发生：决策者已经作出了决策，然后再授意进行研究，希望研究的结果能支持他们的立场。因此，社会科学家常为其研究成果被用于政治斗争但自己又不能解释成果的"真正"意义而感到沮丧。其实他们不必这么苦恼，因为在进行政策辩论时，他们的研究结论可被所有的党派利用。所以，研究者可在使问题尖锐化，或者在重新阐述问题等方面有所作为。

第五，"战术性"模式（the tactical model）。这是指这样一种情况：决策者为了替自己拖延或不愿意立刻采取行动的行为打掩护，有时常把研究中的争论性问题"隐瞒"下来。

第六，"启蒙"模式（the enlightenment model）。这是指社会科学研究成果渗透到政策制定过程之中的方式。这种渗透不是通过特定的研究成果或者特定的研究计划，而是通过知识界和舆论界，使研究成果普及化、倾向化，以此来间接地影响人们考虑社会问题的方式方法。

这种与任何特定证据无关的研究，往往能使决策者对新问题发生敏感，并能帮助他们把原以为不是问题的"问题"当做政策性的问题加以考虑。

第七，"作为社会学术事业的一部分来研究"的模式（research—as—part—of—the—intellectual—enterprise—of—society model）。在这种模式中，社会科学研究被看做是一种从属的变量。例如：政策的利益表现在哪个领域，哪个领域中的研究工作就会受到刺激，并且它能使科研基金得到保证。这样，研究者就可以在扩大对某个问题的一般辩论的范围以及重新阐述这类问题方面作出贡献。

我们可以把上述七个模式合并成两大类：（1）"启蒙"模式或"渗透"模式；（2）"政治"模式。我们很容易把"相互作用"模式并入"启蒙"模式，把"战术性"模式并入"政治"模式。但是，由于假设的方法在社会科学研究中很少运用。所以"线性模式"（从"纯"研究到应用）与"问题解决"模式，在分析决策者与研究者之间相互关系时,并不显得特别有效。

下面我从决策者和研究者相互之间信息交流这个角度,对以上两个合并了的模式分别进行评论。

美国斯坦福大学教授迈克尔·柯尔斯特指出:教育研究如何与教育决策相联系的问题,已被研究者自己"误解"和"过分结构化"。他们沉浸在一些理性的、"以知识为动力"的模式之中。虽然这些模式在技术和医学领域很成功,但事实上它们对社会实践并不适用。

柯尔斯特举了一个"启蒙"模式的典型例子。20世纪60年代末期,美国关于学校财政平等的问题首先在加州提出,进而引起全国性的大争论。在这过程中,研究工作发挥了重要的作用。它使某些事实和观点通过教育系统向外"渗透"使民众,特别是那些决策者,重新考虑这个问题,并使他们对这个问题有了一个新的正确看法。研究者在衡量教育财政平等方面所做的努力,在影响大众的看法上,其重要性是十分重大的。

但是,整个"渗透"的过程是非常微妙的。决策者与研究者之间的直接联系,无论是面对面的还是通过阅读学术报告,所起的作用似乎很小。这就需要对"中间人"的作用进行仔细的研究。这看来是个重点,中间人的一些"非正式网络系统",如报纸、科普杂志、政治家的好友等等,在信息渗透方面起着重要的作用。某些推销研究成果的私人机构,在传播信息方面也起了重要的作用。

柯尔斯特还认为,社会科学家不必对自己未能按时完成规定的研究任务而过多地表示遗憾,因为研究工作的影响是深远的。从长远来看,研究工作具有强大的影响力。但这种影响的结果,并非像在教室里试用新编制的教材那样一目了然。研究工作的重要成果有助于教育改革,有助于系统地阐述那些与教育政策有关的压倒一切的重大问题。

卡罗尔·韦斯曾经指出:现在有必要对如何应用研究成果以及如何进行决策的问题,重新系统地加以阐述。研究者和决策者都常喜欢这样想:既然研究工作是对真理的追求,那么它就应该成为决策过程中一个完整的组成部分。一群权威人士坐下来,考虑解决问题的各种可能性,联系有关的事实,反复权衡各种选择的利弊,最终作出最佳的政策选择。韦斯认为,制定政策的过程并非如此。事实上,政策的制定过程要比这松散得多。"决策生长"(decision accretion)也许最能表示该决策过程的特征。

尽管人们担忧研究成果会丧失其使用价值、对决策和现实生活毫无贡献,但事实上,研究成果还是悄悄地进入决策的领域。这是因为研究成果所产生的影响似乎很微妙,不易被人察觉。韦斯曾就这个问题作过调查研究,结果表明:在她采访调查的155个在美国联邦政府心理保健机构任职的高级人员中,57%的人回答说他们在工作中使用了社会科学研究的成果,但只有7%的人能较明确地解释他们是如何具体地应用那些成果的。

了解了决策者应用研究成果的方式后,我们就能分清什么是"一般性的有意识应用",什么是"主动寻求研究的客观结论"。

现在,引用科学研究的客观结论已成为一种时髦,研究成果常常变成推行某项政策的装饰品。社会科学研究只是为已经提出的动议提供"证据"而已。

在研究社会科学家在决策中的作用时,我的兴趣由探家社会科学研究成果在决策中应用的程度,转向研究教育研究者与决策者之间的关系。目前,有关应用的理论性与实验性工作做了很多,成果也不少。我认为,韦斯对社会科学研究应用的分类是很有实用价值的。她把实验性研究工作的范围限于弄清决策者对社会科学研究成果应用的看法。这个研究方向很重要,可往往容易被人忽视。

无论是研究者还是决策者,他们把社会科学研究的应用一直都看得很简单,认为应用的模式是"线性"的,即从知识到行动。因而决策者倾向于把自然科学的"研究与发展"的模式应用于社会科学领域。这种简单的看法,直到现在才开始有所转变。韦斯的研究结果表明:在研究与决策之间,没有明显的界限。现在看来推广"研究的渗透"比谈论"研究的人"更恰当。由此得出这样一个结论:决策与研究之间的关系那么紧密、集中,要明确区分两者之间的关系并不容易。

研究工作有助于对某一问题达成一致的意见。政治决策也可以在一种调和的背景下产生。进行决策可以作这样一种努力:试图通过调节影响决策过程的各方所代表的个人或团体的利益,从而找到一种最佳的解决问题的方法。

我一直赞同这种看法:在"黄金时代",人们对教育研究的期望往往过高。这种期望事实上是极不现实的。在 20 世纪 70 年代中期,我曾同德国前教育部部长在马德里与波恩之间旅行。这位曾当过采矿工程师的部长谈到,他期望教育研究能像冶金学那样直接改善生产过程。这事就促使我仔细考虑社会科学研究成果的应用与自然科学应用的区别。

矛盾及方法

如果用"研究成果"来叙述社会科学研究的一般关系和决策者与研究者之间的特殊关系,相对来说,这种关系并不被认为存在什么问题,这是因为决策者、政策制定者和执行者仅仅是"应用"了"研究"的成果。然而,他们的联系又被看做是两种价值体系之间的冲突,是学术活动的实质和对真理不懈追求的东西,同暂时的政治需要和实用主义之间的冲突。如果依此来分析,就会认为上述的一般关系和特殊关系存在着问题,研究者经常责怪决策者没有应用其提供的研究成果,而决策者则指责研究者提供了不相关的东西或进行着与其希望相悖的研究。

和我交谈过的一些人论述过理论研究同应用研究的关系,即基础研究同政策性研究的关系。基础研究在多数情况下虽未特别注意到应用,但它"生产"的副"产品"是极为重要的。如本杰明·布会姆通过对约翰·卡罗尔的学校学习模式(mode of school learning)①的改进,从而提出了自己的优势学习概念(mastery learning concept)②,这种理论对教学理论和课堂实践都产生了重大的影响。

德国教育委员会的弗里德里克·埃丁把决策者描述成"我们可敬的敌人",尽管"我们需要他们,但我仍然必须维护研究的自主权"。决策者的工作实质决定了他们要服从政治权力,而研究者则首先倾向于服从学术界。

在沟通国家(即联邦)级的决策者同大学学者之间的直接联系方面,德国教育委员会做出了榜样,该委员会之所以成立,就是为了从长远目标的角度来规划德国的公立学校制度。勃兰特政府于 1970 年颁发的"教育委员会报告书",在很大程度上体现了教育委员会审时度势的结果。报告书特列一章论述教育研究。该章一开头就写道:"只有通过科学研究,才能识别并分析当前教育制度失败的种种原因,以及新结构和新内容的种种结果。"因此,教育研究就成为进行教育改革的重要的先决条件。

关于研究工作要直接为决策服务的问题,研究者之间的看法不同。有的人感到改革非常必要,他们乐意扮演"传教士"的角色并为改革提供知识武器;而另外一些人感到,上面委交的任务干扰了他们的研究,即干扰了实质上更基础的带有结论性的研究。

瑞典 1957 年委员会曾为 1962 年的瑞典综合教育改革绘制过蓝图。我在与该委员会合作之际,也碰到过相同的问题。虽然我从不隶属于任何政治派别,但我关于能力分组的观点却被认为是彻头彻尾的社会民主党的政治立场,英国也有人把我看做是社会主义教育政策的代表人物。但是,依据不偏不倚的优良传统,我认为教育机会均等是学校改革的重要方面。这一问题在今天比以往任何时候都更为明显和重要。我在 20 世纪 40 年代后期进行过"能力储备"的研究。由此我深深地感到,不同社会阶层在享受高等教育上——从高中到大学——存在着不均等的现象。因此我认为自己应该深入研究"教育机会均等"这一问题。

要进行"独立的学术探究",就需要建立一个"小天地",这种观点在学者中与日俱增。当然在多数情况下,大学就是这样的小天地。这种情况会使过分强调政策性研究的趋势趋于平衡,但政府机构(有时还有议会)也看到了同研究者

---

① 这个模式的要点是:(1)任一学生只要有充分的学习时间,就能完成任何学习课题;(2)在现实中出现学习完成度的差异,是由该生所需要的学习时间与实际耗费的学习时间量的差异决定。——译者注

② 优势学习是以保证接受课堂教育的所有学生都取得必要的学习成绩、研究课堂教学系列化和管理结构的理论。——译者注

和科学顾问在其组织内进行接触的价值。这些学者和顾问能对长远的问题进行研究并寻得不同的解决方法,对他们服务的政府机构所实施的政策以及采取的行动,他们甚至还会提出直接的批评。

詹姆斯·科尔曼提出过应该如何使政策性研究制度化这一重要问题。现存的机构怎样才能使这种研究制度化呢?科尔曼认为,让执行规划的机构来评价自己的工作是不适宜的,除去自我评价以外,还有一种来自于外来机构的评价。因此,科尔曼提出了"机构分离"(seperation)和"方法的多元"的观点。为了达到这种多元化,他考虑了一些能相互补充的方法。首先,可以委派两个或两个以上的相互独立的机构来进行研究;其次,由不同的机构对研究成果给予各自的评价。为了尽可能公正无私地来评价科研成果,我们还可以考虑建立"科学法庭",方法问题和技术问题可以由有能力、有兴趣的派别在"科学法庭"予以处理。最后还应该考虑研究成果的传递的多元化。

各国研究的特点

对研究者同决策者如何进行联系的研究表明,上述四国均有自己独特的,尤其是机构上的安排。

在研究规模上,各国之间很难进行比较。如瑞典在 20 世纪 50 年代进行教育政策问题研究的教育学教授只有六个人,即使在 70 年代初期,人员也只有三十人左右,而美国的人数达几千人。

就国家而言,美国不论在研究的规模和享有的财政援助的数量方面都独占鳌头。在使教育研究与重要问题联系起来的方面,美国的私人基金会,如卡内基财团和福特基金会,起了重要的促进作用。这些基金会不仅通过对有希望的研究项目和革新提供初期补助金,使研究者有机会解决被人忽视的问题,还通过影响社会舆论来确保对教育改革的支持。另一特征是私立研究团体在起作用,如斯坦福研究所和艾布特研究所。在"征询建议的要求"(Requests For Proposals)宣布时,这类研究所就想赶在大学之前获得研究项目。因为作为专业研究机构,它们可以集中精力进行研究工作,而不像大学要受到教学任务的牵制和约束。"征询建议的要求"是美国研究中的特征,这在其他三国是少见的。美国教育研究之所以成功的另一特征,是一些大学在 20 世纪 50 至 60 年代利用了整个社会科学领域所提供的资源。这种方式从本质上有助于提高教育研究的质量和威望。

在多数情况下,英国和瑞典的教育研究者同决策者之间的联系是以所谓的皇家专门调查委员会为媒介的。我的同事克杰尔·哈科维斯特曾为瑞典的 1957 年学校委员会服务过。他在回答我的问题时指出:"我在那里(即委员会)发现自己一直起着两种作用,一是作为与会外研究者的联系人,再就是与机构内部的研究者一起工作。"但据他所知,委员会并不十分明确自己在所支持的研究项目上的作用,因此,研究的主动权一直掌握在研究者手中。

瑞典教育大臣罗德赫女士曾就决策者了解信息的情况指出："内阁级的决策者很少有大量的时间来阅读有关材料和独立地思考问题。他们倾向于依赖工作人员和顾问所能提供给他们的新颖的、建设性的东西。如果他们任职期间有一个良好的由朋友和同事组成的网络系统，那他们就幸运无比，因为这些朋友和同事一直可以向他们提供一些针对其在政治活动中遇到的问题的评论、提要和文章。"

波斯尔思维特曾论述过如何在研究过程中加强决策者与研究者之间的联系，以便让掌权者明白什么是"事实"。他提出要建立咨询小组或国家研究委员会，这一建议有助于如何使具有政策意义的研究制度化。他还指出，计划者和决策者通常对教育研究所使用的语言和基本方法极为陌生。同样，民族中心主义也是一种抵制教育改革的势力。

信息传播

一些与我谈话的人都认为，信息的交流是建立研究与决策之间良好关系的关键问题。许多事例证明，"现成"的研究成果对社会辩论和决策过程有强烈的影响。这一事实说明了信息传播的重要性。贝克列举过埃里奇·罗思和其他人就"能力和学习"问题给教育委员会写的长篇报告。这份报告的销售近二十万份，这对德国的学术气氛产生了不可估量的影响。正是在这种气氛中，德国开始了关于学校综合化的辩论。

迈克尔·科尔斯特及其合作者也相信，信息传播是使研究者和决策者互通有无的唯一办法。科尔斯特指出，大多数人对研究的利用有错误的看法，他们倾向于寻找研究在教育政策中直接的应用，而忽视其中许多影响政策形成的不同方式。

三个重要的问题

根据我同他人联系的记录和人们对问题的回答，我可以把出现的任务和问题归结为三大类：① 研究者和决策者如何联系的研究；② 改善二者的关系并促进其交往的步骤；③ 为了提高政策性研究的完整性、合理性和可靠性，使这种研究制度化的方法和途径。

（1）决策者和研究者各自代表了具有不同价值观和不同学术精神的两种不同的"文化"，是否可以证明这一说法？显而易见，决策者服从于政治权力，或至少必须十分关注政治权力；而学者们则喜爱把自己看成是受追求真理这一精神指引的个人。

（2）倘若研究者和决策者有活动的条件，"两种文化"之间必然会存在某种紧张状况。如果我们赞同这一观点，那么我们应该采取哪些措施以便使二者能更好地"对话"或"联系"？能做些什么安排来促进双方的良好交流？已经从高级顾问团、议会听证会、从参与政府委员会的活动中获得了哪些经验？为了达到上述目标，是否有另外可以考虑的途径？

（3）那些既受到社会支持又使政策性研究制度化的方法，在很大程度上决定了研究成果的合理性和研究者的可信性。当前，教育中的政策性研究在三种不同的机构进行，它们是：① 大学，它们就研究问题同政府机构或研究会签订合同。一旦得到经费补助，它们就有权自己决定如何使用它；② 研究单位，它们是政府机构的组成部分，从事那些能为政策的制定、施行和评价提供知识基础的研究；③ 盈利或非盈利的私人研究机构，它们希望签订研究合同。

这里，重要的问题是大学研究和非大学研究之间的平衡，实际上也就是基础研究或结论性研究同应用研究或决策性研究之间适当平衡的问题。另一问题涉及研究者与各种不同的授权机构之间的独立性程度。在达到公正无私和提高研究成果的可靠性方面，"科学法庭"能否成为一种可行的工具？

研究者同决策者之间出现紧张关系和交流发生困难是在所难免的。研究者总是把那些向他们提供存在手段的人看做是"可敬的敌人"，而决策者认为研究者总是自行其是而不愿帮助解决种种亟待解决的问题的人。

（赵中建　石伟平　顾建民　译　刘水云　余　晖　校）

以证据为基础的教育政策：
教育实践和研究的转型^①

罗伯特·斯莱文

作者简介

　　罗伯特·斯莱文(Robert E. Slavin)，美国著名的教育心理学家，"让所有人都成功"基金会(Success For All Foundation)主席，约克大学有效教育研究所(IEE)所长，约翰·霍普金斯大学教育研究与改革中心(CRRE)主任以及高危学生教育研究中心的副主任。罗伯特·斯莱文主要研究领域为综合学校改革、合作学习、学校和班级组织以及以证据为基础的政策研究等，并撰写了关于合作学习、能力分组、学校和班级组织、废除种族歧视、纳入主流以及相关研究的评论方面的文章 200 余篇，著作 20 本，其中包括：《教育心理学：理论与实践》(*Educational Psychology：Theory and Practice*)、《合作学习：理论、研究与实践》(*Cooperative Learning：Theory，Research and Practice*)、《学校和班级组织》(*School and Classroom Organization*)、《针对高危学生的有效方案》(*Effective Programs for Students at Risk*)、《预防早期的学业失败》(*Preventing Early School Failure*)、《每个儿童、每所学校：让所有人都成功》(*One Million Children：Success for All*)。

选文简介、点评

　　罗伯特·斯莱文的《以证据为基础的教育政策：教育实践和研究的转型》一文写作于 21 世纪初，正是政策分析运动在教育研究中深入进行的时期。在这一时期，国外教育政策研究的范式和方法发生了转型，改变了以往过于注重构建理论体系的研究范式，转向注重实证调研、量化研究的研究路径，该文所论述的"以证据为基础的教育政策"就是在这样的背景下提出并蓬勃发展的，代表了教育政策研究范式转型的一个方向。该文主要探讨了实验研究在教育政策与实践中的应用。与访谈、问卷、观察等旨在客观展现研究对象的某些行为或状

---

　　① ［美］罗伯特·斯莱文(Robert E. Slavin)在美国教育研究协会年度会议上的演讲，新奥尔良，2002 年 4 月 2 日；Robert E. Slavln. Evidence-based Education Policies：Transforming Educational Practice and Research[J]. Educational Researcher，2002，31(7)：15-21.

态的研究方法相比,在实验研究中,研究者能够主动地控制一系列变量去改变研究对象的某些行为或状态。因而,实验研究能够揭示出一些其他研究方法所不能揭示的问题,对于教育政策制定具有重要的参考价值。

该文基于当时"教育研究领域对这种实证类型的研究不予重视"、教育领域"鲜有研究可以为政策和实践提供有力的论证基础",以及由此带来的教育政策研究趋向于螺旋式下降恶性循环模式的现状,一方面提出、论述了"以证据为基础的教育政策",另一方面论证了以证据为基础的教育政策会引起教育实践和教育研究的转型,会促使教育不断进步,并且"教育领域处于科学革命的边缘,极有可能在政治、实践和研究方面发生深刻的改革",所以,以证据为基础的教育政策研究和实践势在必行,具有重大的理论与实践意义。尽管该文主要讨论的是实验研究的方法,但作者的"以证据为基础的教育政策"之理念的提出却具有重大意义。

《以证据为基础的教育政策:教育实践和研究的转型》正文部分一共分为十个小标题:"欢迎进入20世纪"、"教育领域的实验"、"转变政策观点"、"研究设计"、"严谨评估与基于科学研究的项目和实践"、"研究综合"、"问责制时代的证据"、"教育研究会带来突破吗?"、"以证据为基础的政策对教育研究的潜在影响",以及"总结"部分。作者从教育领域研究发展实况出发,提出并论述了"以证据为基础的教育政策",认为"20世纪的医学、农业和其他领域已经取得重大进步,而最重要的原因可以归结于实践者愿意接受以证据作为实践的基础。而在教育领域,鲜有研究可以为政策和实践提供有力的论证基础,教育研究领域对这种类型的研究不予重视"。这是处于科学革命边缘的教育研究所处的现状困境,也是作者即将论述和尝试批判的命题。基于20世纪末21世纪初的政策案例"经证实的综合改革模型"项目、"不让一个孩子掉队"法案、"对早期儿童项目进行随机评估"项目等,作者指出转变后的联邦教育政策将从根本上扭转教育政策研究和实践螺旋式下降趋势。"如果进入研究领域的新资助基金可以取得显著的成绩,我们将得到一种螺旋上升的模式。"同时,该文论述了政策研究在进行广泛地大规模地使用之前,这些政策创新、项目创新必须通过严格的创新标准进行评估,"每一个领域的项目都有助于形成一个开发—评估—传播的模型",强调了基于实践的政策创新和评估的重要性。作者认为:事实上如果研究开始着重于那些对教育政策和教学具有重大意义的可推广的项目和实践,并且如果研究开始应用符合最高精确标准的研究方法,教育领域经历的科学革命将会产生众所期望的效果。最后,作者就"教育研究会带来突破吗?"以及"以证据为基础的政策对教育研究的潜在影响"两大主题,给出自己的答案:"如果以证据为基础的政策一旦确立,将会对教育研究带来极大的好处,不仅仅限于随机化或匹配实验研究。以证据为基础的政策极有可能会引起教育实践以及教育研究方面的改革。以证据为基础的政策最终将会促使教育不断进步。"

如今，证据为本的政策研究已经得到政策研究领域的普遍认可和推崇，只有有证据支持的信息才是有效的，正如经济合作与发展组织（OECD）教育指标与分析部主任、国际学生评估项目（PISA）秘书长安德鲁斯·施莱克尔（Andrews Schleicher）所说："没有数据的支撑，你只不过是一个持有观点的普通人。"①因此，罗伯特·斯莱文《以证据为基础的教育政策：教育实践和研究的转型》引领了教育政策研究证据为本的新导向；是基于证据、对教育政策学科自身发展的一次具有创新性、探究性的研究和发现。正如罗伯特·斯莱文自己所言，"以证据为基础的教育政策在任何时候都非常重要，尤其今天，由于问责制的兴起，它们显得更为重要"。需要注意的是，在实验研究中，实验设计上的失误在所难免，而教育研究的对象是学生和教师，因此，在教育研究中需要审慎把握实验研究中"试错法"的边界。

选文正文

在 21 世纪来临之际，教育研究才最终步入它的 20 世纪。曾经在 20 世纪促使医药、农业和技术领域发生改革的随机化实验，现在也逐渐开始影响到教育政策。本文讨论了教育政策和教育实践中随机化实验和严格配对实验的利与弊。并得出如下结论：更多地关注于严谨实验，对可重复项目和实践进行评估，这是非常有必要的，有助于树立政策制定者和教育家们对教育研究的信心。然而，这些实验需要新的资金投入。另外，在教育领域还需要进行一些相关性的、描述性的和其他性质的调查研究。通过我们提供的最严谨的实证基础，我们的孩子将享受最好的教育项目。

教育正与科学革命紧密相联，极有可能在政策、实践和研究方面发生深刻的改革。这涉及以下方面。

1998 年，国会通过"经证实的综合改革模型"（proven, comprehensive reform models），每年划拨 1 亿 5 千万美元专款为学校提供基金资助（美国教育部，1999）。这一史无前例的法规，由国会议员大卫·奥贝（David Obey）和约翰·波特（John Porter）提出，该法案将"经证实的"界定为"通过控制实验对标准化措施进行比较"。据我所知这是历史上联邦教育基金第一次直接与有效性证据挂钩（Slavin，1997）。2001 年，综合学校改革（Comprehensive School Reform，简称 CSR）基金逐渐上升至每年 3 亿 1 千万美元并且先后向 2600 多所学校提供基金资助，其中大部分都是极贫困的学校（西南教育研究实验室，2002）。

肯特·麦古尼（Kent McGuire），克林顿政府教育研究和发展办公室（OERI）主任，说服国会通过 CSR 基金计划大幅增加对教育研究和发展领域的投入。在他的领导下，启动了一系列的能力建构、项目开发和考核力度。上述

---

① 国际教师工会.推动以证据为本的教育政策研究[J].上海教育科研，2009(12).

举措是为了在数千所更多的学校（尤其是那些招收了大量处境不利儿童的学校）中开展一些项目，这些项目的有效性已得到严谨证据的证实。

布什政府的第一个国内行动计划，中小学教育法（Elementary and Secondary Education Act，简称 ESEA）重授法案，也被称为"不让一个孩子掉队"项目，将以科学为基础的实践思想上升到一个更高的层次。"不让一个孩子掉队"曾 110 次提及"有科学依据的研究"。它将"有科学依据的研究"定义为"以严谨、系统和客观的措施（最好是进行了随机分配）获得可靠的知识"，其中包括"通过实验或准实验设计评估"研究。以科学为基础的研究目的在于为标题 I 项目（Title I Programs）、小学三年级阅读优先项目、学前班早期阅读优先项目、CSR 以及其他项目提供基础。ESEA 基金整体提高了 18%，是历史上提高最多的一次。

格罗弗·维特赫斯特（Grover Whitehurst），布什政府 OERI 主任，不遗余力地支持随机化实验（Whitehurst，2002）。在一份具有革命性意义提议的请求下，OERI 提出对早期儿童项目进行随机评估，在评估内由第三方评估员收集数据（美国教育部，2002a）。其他领域内的类似提议请求也将获得批准。直至 20 世纪 70 年代的跟进计划变化研究（Follow Through Planned Variation Studies）（Rhine，1981）提出之后，具有共同措施的严谨实验设计才开始应用于经大规模采纳的规划之中。

由于在 2002 年重获授权，毫无疑问，OERI 也将进行重组，致力于通过随机化和严格配对实验，分析研究对广大儿童教育至关重要的项目和政策。美国教育部 2002—2007 战略规划预计将于 2004 年促使由 OERI 资助的因果性研究中的 70% 使用随机化分配设计（最近，该研究仅代表 OERI 资助的因果性研究的 5%）。其直接影响是，国会可能大大增加用于教育研究的基金数额。

值得注意的是，所有这些政策的提出至今还没有产生我所预期的效果。CSR 资助计划，如果不考虑那些已被证实的项目，至今为止还将其大部分基金提供给那些不具备严谨有效性证据的项目，包括那些以获得基金为目的而被草率地拼凑在一起的"项目"。美国研究院（AIR）于 1999 年针对 24 个综合改革模型进行的综述研究（Herman，1999）对这些项目进行了分类：具备强有力的有效性证据的；有希望的，边缘的，混合的，疲软的或无作用的；或未被研究的。在 1998 年至 2002 年间进行的 2665 次 CSR 拨款中（西南教育研究实验室，2002），仅有 20.8% 的拨款属于那些被 AIR 评定为具有强有力有效性证据的项目，16.0% 属于那些被评定为有希望的或边缘的项目。大部分拨款（63.2%）被划分给被评定为混合的或未被研究的项目，或那些 AIR 未曾考虑到的国家或本土模式。ESEA 最近的重新授权进一步强化了"被证实"和"综合性"两个概念的定义，更加注重那些经科学有效性论证的项目（美国教育部，2002c），但审核 CSR 提议的州政府官员仍然具有自行决定权，可以继续轻视或忽视它们所资助项目背后的研究基础。"由于'不让一个孩子掉队'或其他强调严谨研究的方案是最近才出台,因此尚未对实践或拨款产生任何影响。然而,就上述研究和其他研究进展而言,它们具有引起深远变革的潜质(即使这种潜质尚未被证实)。上述政策变革将会推动涉及各地儿童的项目、实践的研究与发展。"这一过程随着时间的推移将会逐渐引起系统性的改进,这也是整个 20 世纪经济社会取得成功的标志,主要涉及领域包括医药、农业、交通和技术。在这些领域,开发、严谨的评估和宣传的过程创造了在历史上前所未有的创新和改进速度(Shavelson & Towne,2002)。这些创新改变了整个世界。然而教育却未能接受这一变化,结果,教育发展方向漂浮不定。教育实践随着时间推移确实经历了一些变化,但是这一变化过程仅类似于在艺术或潮流领域发生的钟摆式变化而并不具有科学技术领域的逐步改善之特性(Slavin,1989)。

欢迎进入 20 世纪

在 21 世纪来临之际,教育费了九牛二虎之劲才被拖入 20 世纪。曾经在 20 世纪早期促使医药、农业、交通和技术等领域发生翻天覆地变化的科学革命与教育领域擦肩而过。如果里普·万·温克尔(Rip Van Winkle)是医生、农民或是工程师,如果他在今天才醒来,他将会找不到工作。如果他在 19 世纪曾经是一名优秀的小学教师的话,今天他仍可能是一名优秀的小学教师。这并不是因为自里普·万·温克尔的时代以来,我们没有取得任何进步。这是因为在教育研究领域所取得的成果之应用仍然很盲目,只有极少情况下人们才会注重证据,并只有碰巧与当前的教育或政治趋势相符合时才会如此。

在 20 世纪早期,医疗实践也遇到过类似的情形。例如,研究结果早就证实了细菌在疾病中的重要性。并且 1865 年约瑟夫·利斯特(Joseph Lister)证明了无菌手术的有效性。在 19 世纪 90 年代,约翰霍普金斯大学(Johns Hopkins University)威廉·霍尔斯特德(William Halsted)推出橡皮手套、口罩和蒸汽消毒等手术工具并证明了这些工具的有效性。然而仍然用了三十年的时间才使得那些受传统观念束缚的医生们开始相信无菌手术。如果他当时放下了他的手术刀,生活在 1910 年的医生也不可能使得无菌手术传播和应用得如此之迅速。

今天,当然,因为医学研究和实践之间的联系非常紧密,所以没有医生愿意去忽视他们的研究发现。由于医学实践紧紧地依赖于医学研究,所以针对医学研究的基金数额也是巨大的,医学也以惊人的速度发展进步。我父亲的心脏病科医师建议他等待一些时间再做心脏瓣膜手术,因为他确定在很短的一段时间之内,研究的进步将证明等待是值得的。事实证明他是正确的。

医学、农业和其他领域之所以取得重大进步最重要的原因是实践者愿意接受以证据作为实践的基础。另外,应该是随机临床试验——而非具体某项医学突破——促进了医学方面的变革(Doll,1998)。在随机临床试验中,病人将随机指定接受某种治疗,例如药物或安慰剂。由于是随机指定,可以假设由于实验对象数量充足,在治疗效果方面的差异都是由于治疗引起的,而不是其他外在因素。类似的重复实验可以排除任何合理的怀疑,并确定具有特定用途的治疗手段的有效性(或无效性)(Boruch,1997)。

教育领域的实验

在教育领域,实验屡见不鲜,但这些实验往往是针对某种理论而非某种实验兴趣而进行的比较简单的仿真实验,经常涉及那些不幸的大二学生。更为罕见的实验是:在某个完整学年期间针对就某种实验兴趣而展开的教学方式进行评估。例如,每年单是针对各种记忆法教学策略效果这一课题就会发表许多优秀而又简短的实验报告。这些实验为记忆方法的有效性提供了强有力的证据,并且对最好的记忆状态进行了详细地描述(Levin & Levin,1990)。然而,我从未见过任何实验评估,例如,一门长达一学年的课程,广泛地应用记忆机制。记忆策略研究的作用对教师们来说是直接的,可以鼓励他们的教学,"当两个元音在一起,读第一个元音",或通过特殊的场景记忆去记住太阳以外的行星的顺序或三角函数等。然而很难让人去想象通过这种方法在教学和学习领域取得重大的进步,因为教师只是偶尔使用某种记忆机制。我编过一本教育心理学方面的教科书(Slavin,2003),里面全是这种类型的研究发现,这些发现在推进理论方面非常有价值,还可能有利于帮助教师理解他们的教学方法。然而,那些为我的教材或其他教育心理学教材提供信息来源的简单实验、相关研究和描述性研究还不足以引发学校改革。他们建议如何思考一些日常的教学问题,而不是触发那些教育学家或政策制定者必须进行回答的更严肃的问题。想象一下如果心脏病学研究只描述心脏的功能并进行一些小规模的实验室研究,但从不研究或试验人造心脏瓣膜,结果会怎样? 如果真是这样的话,我将成为孤儿。想象一下如果农业研究只研究植物生长和疾病但从不研究或试验新型抗疾病作物,结果会怎样? 在教育研究领域针对实践的基本原则出现了许多严谨而有意义的研究,但鲜有研究可以为政策和实践提供有力的论证基础。教育研究领域对这种类型的研究不予重视。正是因为这一点,政策制定者很少能明白研究与他们制定的政策之间的关系,所以他们只为研究提供最低限度的资金。这会引发一个螺旋式下降的趋势,由于对研究的投入不足,这将导致被政策制定者们认可其价值的大规模、权威性研究走入死胡同! 这又会促使这些政策制定者们不乐意再对这些研究有所投入。

转变政策观点

前面提及的联邦教育政策所发生的巨大变化从根本上扭转了这种螺旋式下降趋势。如果进入研究领域的新资助基金可以取得显著的成绩,我们将得到一种螺旋上升的模式:证明了可重复项目对于重要学业成就的积极影响的严谨研究将会得到更多的资金。进而将拥有更多的基金投入。更重要的是,上百万的学生将从中受益。一旦我们为开发、严谨评估、模仿和宣传建立了一个可模仿的范式,这些机制可以应用于教育性干预或政策领域。可以设想,每时每刻都会有一些项目被用来开发、评价和宣传每一门科目、每一个年级的新项目以及关于以下主题的项目,如:从学生到职员的身份转换、特殊教育、天才儿童、预防辍学、英语学习者、种族关系、毒品预防、校园暴力预防等等。每一个领域的项目都有助于形成一个开发—评估—传播的模型,或者更甚。随着时间的推移,每个领域都将经历医学和农业已经历的按部就班的、不可逆的特色发展进程,因为在进行广泛地大规模地使用之前,这些创新必须通过严格的创新标准进行评估。

研究设计

事实上如果研究开始着重于那些对教育政策和教学具有重大意义的可推广的项目和实践,并且如果研究开始应用符合最高精确标准的研究方法,教育领域经历的科学革命将会产生众所期望的效果。这里避开了一个重要的问题:什么样的研究才可以产生具有严密性的发现从而证实所得结论的意义?

最近,OERI 主任,格罗弗·维特赫斯特(Grover Whitehurst,2002)和其他教育研究人员(例如 Mosteller & C. Boruch,2002)一直在讨论只有随机化实验才能为教育性干预和政策提供评估。这种对随机化实验的过于强调是受欢迎的,但也是很讽刺的。多年来相关政策一直对各类实验视而不见,然而 OERI 却越过严格配对实验,直接对随机化实验提出要求。

随机化和配对实验价值偏差主要与选择性偏差问题相关。配对实验所观察到的区别很可能不是由教学方式引起的,事实上,一组学校或教师愿意按给定的教学方式进行而另外一组不愿意,或者是一组给定的学生自我选择或者是被选择要求接受给定的教学方式,然而另外一组没有。

如果在学生层次上可能会引起选择性偏差,采用随机分配的话就不会有这种现象,因为不可测的实验前差异很可能是研究发现的另一种解释。例如,关于课后或暑期学习项目的研究。如果研究人员只是简单地将参与该项目的学生与不参与该项目的学生进行对比(前测成绩或人数因子类似),很可能那些未测因子,例如学生动机、父母对教育的支持或其他间接因子,可以解释所观察到的结果,因为动机更高的学生可能会有更好的表现。同样,被认为是在有天分的学生或特殊教育项目的学生和获得相同前测成绩的学生之间的对比研究很可能会忽视一些选择性因子,这些因子对于分配这些学生的教师来说是显而易见的,但是测试人员却并不清楚。如果一个孩子的 IQ 是 130,被分配到有天分的学生组,另外一个具有同样 IQ 的学生却没有分配到这一组,很可能是他们在动机、责任心或其他方面的表现有所不同。在这种情况下,有必要在一定的选择范围内使用随机化分配方式。

相反,还有这样的情况,针对教师或学校采取特别措施,但是在学生之间不会产生任何选择性偏差。例如,研究人员可能想要对比使用合作学习或使用综合改革模式的班级学生和控制组学生各自取得的学习效果,两者的前测成绩相同,两个班的人数也相差不大。在这种情况下,在教师或学校表现积极的情况下,进行随机选择远比配对实验要好,因为配对实验留下了一个悬念:自愿教师或工作人员比非自愿教师或工作人员更好。然而,可能存在的偏差远比教学自主选择产生的偏差要小。例如,一个学校的综合前测成绩可以表明现有的教师职工目前的工作效率,所以在当前学校或班级的配对实验中,前测控制将会进一步控制积极教师产生的潜在影响。对于外在效度,至关重要的是,在自愿和非自愿之间进行的配对实验研究得到的发现只适用于自愿的学校或教师,并且产生偏差的可能性是很小的(在控制前测和人数因素之后)。

关于这一点的讨论,我们要注意真正适用于整个教室的干预性随机实验是很难实现的,成本太高,有时根本不可能实施。我和我在约翰霍普金斯大学的同事与第三方评估人员,芝加哥国家民意调查研究中心,使用了这一方法,针对"成就每位学生"(Success for All)项目——一个综合性改革模式——进行随机评价。为这项研究寻求合作学校是极其困难的一件事,虽然我们可以为愿意随机指定实验组或控制组的学校提供大量的经济报酬。我们刚开始为那些愿意加入的每一所学校提供 3 万美元,所以单是激励性的开支就总共需要 180 万美元。然而,这些还不够,我们最后还得主动地无偿将这一项目成果提供给学校(但是事实上为了这项研究,我们为每所学校花费了 7 万美元)。这项随机化研究花费的成本可以保证我们(和其他人)完成两次或三次相同规模的配对研究。至少可以说,重复性的匹配研究,由不同的研究人员在不同的地点进行的,比一次限定的随机化研究可以产生更加有效的、更加有意义的结果。

虽然充分认识到了随机化实验难度之高,然而我仍然认为它们在政策相关的项目评估领域还是可以开展的。只要可以进行,就应该使用。其他领域的研究综述表明配对研究产生的成果一般来说比随机研究更有说服力,尽管二者的研究结论较为相近(例如 Friedlander & Robins, 1995; Fraker & Maynard, 1987; Ioannidis, et al., 2001)。我们在约翰霍普金斯大学和"成就每位学生"基地计划进行的四次随机实验显示了它的潜力和不足之处。正如前面已经提到过的,其中之一包括随机指定 60 个学校加入"成就每位学生"或控制组进行为期三年的实验。刚开始我们为每一所学校提供 3 万美元,但是几乎没有参加者。学校或者不愿意冒险被指定为控制组或者他们不能承担超出 3 万美元以外的项目成本。2002 年春,我们改变了报酬金额。参与学校将被随机指定为"成就每位学生",年级为幼儿园至小学 2 年级,或小学 3 至 5 年级,不承担费用。招募工作的开展仍然存在困难,但在这一安排下,与我们签订协议的学校数量已达到了我们的要求。

对于我的同事贝蒂·钱伯斯(Bette Chambers)提出的另一项研究(但没有基金资助),招募学校进行"好奇心困境学前模式"研究。我们在 2002—2003 或 2003—2004 期间免费为学校提供项目(在这两个日期之间随机开始)。2003—2004 小组在 2002—2003 年期间作为控制组。这种免费的延期处理控制组设计对学校来说是比较容易接受的,我们也没有碰到任何招募困难。

在我的同事托克斯·法什拉(Toks Fashola)主持的一项课外辅导项目中,经父母同意后加入的一年级学生被随机分配于 2002 年春或秋接受辅导。另外,2002 年秋接受辅导的小组在 2002 年春被作为控制组。最后,我的同事吉夫·博尔曼(Geoff Borman)对暑期学校项目进行随机评价,在项目中,学生被随机分配为现在或将来参加(Borman, et al., 2001)。在些案例中,招募足够数量的志愿者是没有任何困难的。

各种研究问题实例表明无论如何,使用随机分配进行教育项目评估的可能性都是存在的。随机分布没有固定的公式,但是在资源充分并且与政策制定相一致的前提下,随机分配还是可能实现的。

除了可以降低选择偏差这一优点之外,历史上人们之所以偏向选择随机化而非匹配研究还有一个非常重要的政治原因。由于华盛顿的政治发展,我们获得了一个千载难逢的好机会来改变教育研究在政策制定者心目中的"可怕的名声"。(Kaestle, 1993;Lagemann, 2002)这是这样一个时期,将资源和能量都集中于一系列的无可挑剔并具有重要政治意义的随机化实验上,以证明这种研究可以实行,这样做是明智的。从长远来看,我相信将教育干预评估随机化和严格配对实验结合起来比单纯的随机化实验更有意义,然而当下,我们应该尽可能建立最高的实证研究标准(与其他领域的标准一样),从而得以展示教育研究所达到的水平。

在配对研究这一点上,还必须提前进行计划,严谨细致地进行设计,从而使选择偏差达到最小。科学的特点在于需要进行有组织的有条理的调查,全面考虑零假设。例如,在经过事实研究和前后测实验后很少能够满足这一标准,但这在项目评估中太常见了。

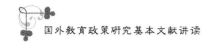

非实验性研究

需要指出的是,不采用实验(无论是随机实验还是配对实验)形成的研究同样可以取得很高的价值。相关性与描述性研究在理论建构与指明实验所需变量方面是必要的,例如,我们的项目"成就每位学生",很大程度上要归功于 20世纪 70 年代和 80 年代进行的"过程—成果"相关性和描述性研究(Slavin & Madden,2001)。作为实验的一部分,相关性和描述性研究在探索总体规划影响范围之外的变量时也是必不可少的。在某些政策环境下,实验有时是不可能实现的,所以可能需要进行设计良好的相关性或描述性研究。

然而,实验是探寻因果结论时进行研究设计的最佳选择,特别是针对教育创新的评估研究。教育家和政策制定者可能会问"如果我们进行项目 X 而非项目 Y 或我们现有的项目,学生们的结果可能又是什么?"对于解答这样一类的问题,很少有其他方法能取代精心设计的实验。

严谨评估与基于科学研究的项目和实践

如果教育领域科学革命的目的在于改革教育政策和实践,必须将重点放在真正具有高质量的研究上,这些研究可以合时宜地启发教育家和政策制定者,当他们面对做决策的情境时。

当前人们热衷于基于科学的实践,在这一背景下很容易会令人忽视一个非常重要的区别。这是以科学为基础或要求进行严谨评估的研究项目和实践之间的区别。在"不让一个孩子掉队"这一法案中,曾经被提及 110 次的表述就是"以科学为基础的研究"。在这一点上,困难是双重的。首先,任何一个项目都可以找到一些研究以支持其所包含的准则。"不让一个孩子掉队"和"阅读优先"项目规定和详细阐述了部分阅读研究的具体成果,期望在联邦基金帮助下进行开展,但也可能会出现更多的项目声称其也是以基于科学的研究为基础的。

更重要的是,项目以科学研究为基础这一事实并不意味着项目是有效的。例如,可以想象一个教学项目,其教学材料完全以科学研究为基础,但在实践中由于教师的能力不足而难以实行或者是因为材料太枯燥所以学生不感兴趣,或者只能提供狭隘的专业发展,而教师们并没有更改他们的教学实践,结果会如何? 在莱特(Wright)兄弟之前,许多发明家也同样以莱特兄弟在基蒂·霍克(Kitty Hawk)使用的基于科学的航空研究为基础,但是绝没有任何别的飞机曾经飞离过地面。

考虑到可模仿项目在教育领域的研究现状,我们难以要求将联邦基金局限于经严谨评估的项目范围之内,因为这种项目数量太少。然而,具备严谨的有效性证据的项目比仅仅以有效原则为基础的项目更重要。在各个领域都需要对可模仿项目研究和评估进行资助,所以最后,这些规定不仅要侧重于那些以科学为基础的研究项目,还应通过严谨的实验进行评估。

研究综合

以证据为基础的政策运动不是一定能取得成功。教育领域一直以来都不重视甚至是攻击严谨的调查研究。研究者们,甚至是认可严谨调查研究的基本方法和原则的研究者们,也会公开质疑这些研究的成果。反对基于证据的改革的观念的个人也会利用这些分歧。这些其实是科学过程中必不可少的一部分,甚至是专家们对这一观点也持有异议。

出于各种原因,应组建可以代表各种观点的独立复审委员会对研究进行复审,以所有教育家们都能理解的语言在工作内容方面达成一致意见,这一点是至关重要的。在阅读领域,国家阅读委员会(Snow, Burns & Griffin, 1998)和国家阅读专门小组(1999)报告的政治影响不容忽视,其在实证状态方面达成了显著的共识。在专业人士的细致帮助下,这类有共识的专家组应当继续关注广泛的政策问题。由此,实践者和政策制定者能够越过那些相互矛盾的观点和孤立的研究结论从而获得全景式的研究发现。这些发现能得到使用精巧研究方法的研究者们公平全面的证据支持。

问责制时代的证据

以证据为基础的教育政策在任何时候都非常重要,并且在今天,由于问责制的兴起,它们显得更为重要。州政府和国家政府都声称对当地教育的控制能力进一步加强,主要通过将学校的发展与其在州内评价中的得失进行挂钩。问责制运动并不新鲜,自 20 世纪早期就成为教育领域的主要政策聚集点。问责体系变得更加成熟,对教育实践的研究更为深入,但问责制对于学校改革来说仍然是必要不充分策略。更明显的是,教师和管理人员需要专业发展,有效的材料以及其他与国家标准相一致的支持手段可以帮助他们实现目标。

然而以测试成绩为基准的奖励和惩罚在促进良好的行为方面是极其不严格的。一个学校内部的年间变化是衡量学校质量的不可靠指标(Linn & Haug, 2002)。测试成绩每年都会因各种原因而发生波动,这些原因很可能与项目的有效性并没有任何关联。这些包括:人数的变化、学生的流动性、特殊教育或双语政策变化、测试准备和提拔政策变化以及随机因素。另外,报告测试成绩的时间拖得太久,那时学校可能已经进入下个学年,所以在他们发现之前仍然在继续着错误的行为。

由于各种原因,学校不但应该注重在项目中以实证为本,还应重视在特定的学校取得的具体成果。医院可能需要对在各种条件下所取得的成功率负责,但他们无论如何也想不到去违背严谨的、被广泛接受的研究而采取具体措施。

同样,学校也应该使用已被广泛认可的有效方法,以确保这些方法在特定学校实施的质量以确保状态评估的进程。

教育研究会带来突破吗?

在教育周刊最近的一份专栏上,詹姆斯·哥拉赫(James Gallagher,2002)提出以证据为基础的政策会给政策制定者造成错误的期望。他强调说不像医学研究,教育研究不可能会带来突破,也许在这一点上他是对的;教育改革并不容易立即产生效应,就像沙克疫苗可以预防小儿麻痹症一样。然而,以证据为基础的政策的价值并不取决于是否能带来突破,寄希望于研究和发展的领域经常会产生循序渐进的改进。和老式的福特 T 型车一样,现代汽车使用内燃机,但是现代汽车更加经济高效。在世纪交接之际,医生们可以移除破裂的阑尾,但是这些手术在如今已经不具有任何风险性。在这些成百上千的案例中,正是一个个小小的成功的积累而非某些特定的突破引起了实践行为在本质上的改善和提高。这是以证据为基础的政策将改善教育现状的方式。一旦在教育实践的各个方面,我们进行了成百上千的随机化或经严谨匹配的实验之后,我们将开始在各方面逐步取得进步。在那之前,我们仅仅是停留在教育潮流的钟摆上。

以证据为基础的政策对教育研究的潜在影响

到现在为止,我所谈论的主要是关于以证据为基础的政策对教育政策和实践的潜在影响。现在我想思考一下其对教育研究的潜在影响。我相信如果以证据为基础的政策一旦确立,将会对教育研究带来极大的好处,不仅仅限于随机化或配对实验研究。首先,我相信当政策制定者认识到,建立在严谨实验基础上的教育研究和发展事实上能够提供促进学生更好发展的项目时,他们将会在一个更高的层次上为研究提供基金。这不应该是一个零和游戏,在此,新的实验基金将从一个非常有限的基金中提出,用于教育研究(Shavelson & Towne,2002)。我宁愿相信,研究与政策制定者之间的关联对他们来说非常重要,将使得他们更加乐意投资于教育领域中各种形式的调查,可以是相关的、描述性的、民族志学的或其他形式的。医学研究的普及完全取决于它能够治疗或预防疾病,但是由于随机化实验一般来说可以识别有效的治疗方法(并且可以保护我们不会接受无效治疗),所以在医学领域会有大量的基金投入基础研究,包括流行病学的、相关和描述性的研究。研究者和开发者可以有说服力地证明:基础研究对于区分哪种教育项目更具有评估价值是必不可少的。

为基于证据的改革营造一个良好的环境,专注于教学和学习领域基础问题的研究者将会受到鼓励和资助,来将他们在实验室或小规模实验中的发现——或从观察中或采访中——应用于开发和评估教育措施。教育是一个应用领域,教育领域的研究最终应该要提高学生的产出。

总结

以证据为基础的政策极有可能会引起教育实践以及教育研究方面的改革。以证据为基础的政策最终将会促使教育不断进步，正如一个世纪前我们的经济和社会所经历的一样。在学校项目和实践背后是牢固的以有效性证据为基础的研究和发展事业以及政府政策，我们能够看到的将会是真正的、一代代人的进步，而不是像钟摆一样，在潮流之间徘徊。

这对教育研究和改革来说是一个令人兴奋的时刻。所有人都毫无异议地重视和支持高质量的研究，这对我们来说是一个前所未有的历史契机。不论他们的方法论或政治倾向如何，教育研究者们应该支持以证据为基础的政策运动，然后致力于发现证据，从而为孩子们打造优质学校。

（周　磊　刘　惠　编译　余　晖　校）

专题拓展阅读文献

1.《教育政策研究：概述》
[瑞典]托尔斯顿·胡森,[德]T. N. 波斯尔斯韦特.教育大百科全书(第一卷)[M].张斌贤,等译.重庆：西南师范大学出版社;海口：海南出版社,2006：420-427.

2.《教育政策的分析框架》
[以色列]丹·英博,等.教育政策基础[M].史明洁,等译.北京：教育科学出版社,2003：95-113.

3.《美国教育政策：回顾与展望》
[美]弗朗西斯·C.福勒.教育政策学导论[M].第二版.许庆豫,译.袁振国,审校.南京：江苏教育出版社,2007：300-316.

4.《政策分析在教育规划活动中的应用：四项个案》
[以色列]丹·英博,等.教育政策基础[M].史明洁,等译.北京：教育科学出版社,2003：114-137.

5.《教育政策的合法性》
[瑞典]托尔斯顿·胡森,[德]T. N. 波斯尔斯韦特.教育大百科全书(第一卷)[M].张斌贤,等译.重庆：西南师范大学出版社;海口：海南出版社,2007：519-520.

6.《教育研究与教育政策是什么关系？问题与背景》
华东师范大学教育科学资料中心.当代国外教育研究[M].上海：华东师范大学出版社,1986.

7.《直接决策者》
[美]查尔斯·E.林德布洛姆.决策过程[M].竺乾威,胡君芳,译.上海：上海译文出版社,1988：115-132.

8.《直接决策者之间有组织的合作》
[美]查尔斯·E.林德布洛姆.决策过程[M].竺乾威,胡君芳,译.上海：上海译文出版社,1988：133-149.

9. Power,C. Educational Research, Policy and Practice in an Era of Globalization[J]. Educational Research for Policy and Practice, 2007, 6(2)：87-100.

10. Phillips,D. & Kimberly, O. Process of Policy Borrowing in Education：Some Explanatory and Analytical Devices[J]. Comparative Education, 2003, 39(4)：451-462.

11.《教育政策：团体的竞争》
[美]托马斯·R.戴伊.理解公共政策[M].第十二版.谢明,译.北京：中国人民大学出版社,2011：109-133.

第二编
教育政策过程

政府由少数的巨头利益集团所操纵，这些巨头利益集团是在为自己谋利益和捞好处。

——《两种政策制定模式——自上而下和自下而上》

教育政策和实践总是处在困境之中，这是困扰政策制定者和实践者的问题。

——《政策和实践的困境（下）》

专题导论

　　本专题选文的主题是"教育政策过程"，共选入六篇文章。主要目的是通过所选文章让读者尽可能全面了解国外（主要是欧美国家）学者关于教育政策活动过程的各个主要环节——如政策决策、实施与评估以及政策环境方面——的研究概况和基本理论观点，以帮助读者了解教育政策活动过程的基本阶段和其中影响教育政策活动的一些基本因素。

　　决策过程就是制定政策的过程，也是国外学者在政策研究中特别重视的一个研究领域。国外学者关于教育政策的研究中，对于决策环节的高水平研究较多。正如人们对于一个事物的认识会千差万别一样，国外学者对于政策和决策活动本质与特点的认识也是多种多样的。本专题选编了三篇文献，从不同的视角，依据不同的理论，利用不同的分析工具，对政策制定和决策活动的本质与特点作出不同的解释。其中，鲍尔的《政策是关键》一文结合英国的教育改革政策，提出分析教育政策制定的三个视角——政治的、经济的和意识形态的视角，尤其是对意识形态视角的分析和对话语分析的重视，为教育政策制定的研究提供了一个新的视野，是用政策社会学理论解释教育政策制定的一个典型案例。戴伊的《两种政策制定模式——自上而下和自下而上》则是以美国为例，提出了公共政策的制定是自上而下由精英阶层操纵和控制的过程这样一个精辟的见解。托马斯的《公民参与的初始步骤》选自公民参与实践领域的经典之作《公共决策中的公民参与：公共管理者的新技能与新策略》，该文主要讨论了公民参与的有效决策模型在决策初始阶段的使用问题，是《公共决策中的公民参与：公共管理者的新技能与新策略》一书中的核心内容。另外，戴伊的《政治模型：为思考公共政策提供帮助》一文介绍了八种基本的政策分析的理论模型，不同的理论模型实际上是人们从某个特定的视角对于政策制定和决策过程本质的一种解释。戴伊在文中的一个重要贡献就是认为决策活动并不是仅仅只能用一种特定的模型来解释，大多数政策活动是多种因素共同作用的产物。由于篇幅所限，这篇文献被列入专题拓展阅读篇目。

　　政策实施又称为政策执行，是政策活动过程中非常重要的一个环节。从某种意义上说，政策实施比政策制定和政策评估更容易对政策效果产生直接的影响。但不幸的是，相对于政策制定而言，政策实施进入政策研究者的视野相对比较晚，而且目前国内外教育政策研究领域中对政策实施的研究都是比较薄弱的。关于政策实施，本专题选入三篇文献。麦克劳林的《在经验中学习：政策执行的经验教训》一文，描述了政策实施进入政策研究领域的历史脉络,区分了第一代、第二代和第三代政策执行研究者进行执行分析的特点。他提出了一个经典的观点,即第三代政策执行人员必须协调政策制定者的宏观思维和政策实施者的微观行为并在二者之间寻求统一。科恩等人的《政策和实践的困境》(上、下)也可以看做是两篇不同的文献,因为它们的内容并不完全相同。《政策和实践的困境(上)》描述了教育政策与实践之间经常存在的困境。该文描述了这种困境的表现,分析了解决困境的办法,提出要在冲突的基础上促进教育政策和实践的融合,以提高政策执行的有效性。《政策和实践的困境(下)》提出了政策制定者和实践者的能力是解决政策与实践困境的最重要的因素,并重点分析了政策制定者和实践者的能力的来源和表现形式,以及它们在解决教育政策与实践的困境时发挥作用的机制。

　　无论是国内还是国外,人们往往把政策评估[①]作为政策活动的一个独立环节来看待。实际上,政策评估并不是一个线性政策活动过程的一个独立的阶段,它贯穿于整个政策活动的过程中。政策制定中有评估活动,政策实施中有评估活动,也有专门针对政策结果和政策终结的评估。目前来看,国内外关于政策评估的研究是比较薄弱的。那格尔的《政策评价方法》是一篇系统讨论政策评估方法的经典文献。不同于一般意义上对政策评估的理解,该文主要涉及政策方案的最优选择和政策资源的最优配置等问题。在对政策评估进行理论分析的基础上,说明了政策评估所要遵循的原则,重点分析了政策评估的五种一般方法,总结了政策评估方法发展的九个主要趋势。由于篇幅所限,我们未把这篇文献放入正文中,请读者在拓展阅读中重点学习这篇文献。

---

　　① "政策评估"与"政策评价"的内涵基本是一致的。"评估"一词的含义是"评价+估量",其范围大于单纯的"评价"。"评估"中的"估量"包含了预测的功能,这是"评价"所不具备的。正是由于这种预测的功能,使得"评估"的含义更加广泛,能够贯穿于整个政策过程之中,从预测政策需求、备选方案,到政策执行过程中的调试,到政策执行效果的评价。所以,本文在解释有关文献的时候使用"政策评估"这个概念,等同于许多文献中所使用的"政策评价"概念。

政策是关键[①]

斯蒂芬·J.鲍尔

作者简介

斯蒂芬·J.鲍尔(Steven J. Ball)是伦敦大学教育学院(Institute of Education，University of London)的卡尔·曼海姆教育社会学讲座教授，国际著名学者。鲍尔教授的研究方向是教育社会学、教育政策分析，他借用"政策社会学"的工具和概念，尤其是米歇尔·福柯(Michel Foucault)和皮埃尔·布迪厄(Pierre Bourdieu)的概念和方法来研究教育问题。鲍尔教授撰写了多部著作，主要包括：《政治与教育政策制定——政策社会学探索》(*Politics and Policy Making in Education：Explorations in Policy Sociology*)、《福柯、权力与教育》(*Foucault，Power and Education*)、《学校微观政治学》(*Micropolitics of the School*)、《教育改革——批判和后结构主义的视角》(*Education Reform：A Critical and Post-structural Approach*)。

选文简介、点评

《政治与教育政策制定——政策社会学探索》是斯蒂芬·J.鲍尔对英国1988年的《教育改革法》的起源、目的与效果等作的一个政策社会学分析。该书集中反映了在教育决策过程中各种政治力量冲突、博弈的过程。正如他自己所说，"本研究的定位是批判性的和解构性的"。该书以批判性的分析视角，对政治力量在教育政策制定过程中所起的作用进行了深刻剖析，并从学校课程政策的变迁中，挖掘出各个政治派别在利益与意识形态等方面的冲突和妥协。同时，该书采用的"人种学"政策研究方法也值得关注。作为社会学与人类学的典型研究方法，人种学研究方法有利于再现教育决策的具体过程。总之，《政治与教育政策制定——政策社会学探索》是"政策社会学"研究的一个尝试探索，同时也是一个成功的范例。

该书第一章"政策是关键"是整本书的基础。该文的重要理论贡献在于，对教育政策的本质采用了新的分析视角，从文本和话语的层面对教育政策的本质进行了深挖。首先，鲍尔指出，政策是对价值观进行权威性的分配，而教育政策

---

① ［英］斯蒂芬·J.鲍尔. 政治与教育政策制定——政策社会学探索[M].王玉秋，孙益，译.上海：华东师范大学出版社，2003：1-19.

则是对一个"复杂的、异类的、多种成分组成的组合体"作出的一种反应。因此，我们必须关注教育政策概念中的权力与意识形态的斗争。

鲍尔还批判性地评析了以往对教育政策制定过程的研究，并认为，随着教育实践的发展，以往将教育政策制定过程描述成"代理人"制度的做法已经不合时宜，"三角张力"(教师联合会、地方教育当局游说团与教科部)已经崩解。鲍尔认为，"描述教育政策的基础已经发生了显著的变化，建立起来的概念范畴似乎很生硬并且不相关联"。因此，迫切需要建立一套新的分析框架来对教育政策制定过程进行新的分析。

由此，鲍尔提出了分析教育政策制定过程的三个维度或三个层次：政治、经济和意识形态。鲍尔称这种分析模式为教育政策的"动力学分析"。其中，政治的分析维度是指，用现实主义的分析策略，对教育政策在维护社会与政治秩序中发挥的作用进行分析。经济的分析维度是指，探讨教育政策与经济的关系，并对教育对经济与生产力发展的贡献率进行分析。意识形态的分析维度则是指，借用社会学家福柯提出的"权力与话语"的分析视角，对教育政策制定过程中蕴含的权力斗争进行分析。此外，作者还指出，三个分析维度或层次是不同的层次，又是相对自主的。并且，其中的政治与意识形态维度是分析教育政策最重要的视角。

提出教育政策制定的基本分析框架后，鲍尔为他的研究提出了三个基本假设：首先，从政策制定中利益群体与参与政策制定过程的政党之间的斗争来考虑教育政策的变迁过程；其次，教育与经济有某种一致性的联系，比如财政危机对教育政策的影响；最后，重视话语的作用，并考察话语背后的权力关系，应该将关于教育政策的争论与教育实践的变化区别开来。

在该文的最后，鲍尔提出了"教育政府"的概念。他把政府看成是负责日常事务的、具有公共机构特征的实体。他认为，教育政府是"与教育系统制度有关的办事处和组织机构的集合"。教育政府自身内部存在一个"中心—外围"的关系，是官方组织、非官方组织与半商业机构的混合体。此外，教育政府并不是中立的、机械式的，教育政府的内部机构对于教育政策的各个方面存在很明显的政治斗争。教育政府就是教育政策形成的竞技场。

选文正文

政策明显是一件对"价值观进行权威性配置"的事情；政策是对价值观的可操作性表述，是"对法定意图的表述"(Kogan,1975)。但是价值观不是游离于社会背景之外的，我需要问一下在政策制定中谁的价值观是有效的，谁的是无效的。因此，"价值观的权威性配置把我们的注意力集中到了政策概念中权力和控制的中心上"(Prunty,1985)。政策突出对理想社会的构想(教育政策突出教育的真正含义)，我这里试图使当代教育政策撒切尔主义所设想的社会理想相适应（就社会及经济政策而言，我将撒切尔主义视为一种明确的、稳定的思想体系）。那么，从逻辑上讲，政策与利益、冲突、专制或公正是分不开的。所有这些政策分析的方方面面都被纳入此项研究中。但是我不想将教育政策仅仅描述成撒切尔主义的一种必然延伸。

中断、妥协、忽略及排外也很重要。有时它们是最重要的。在英国这样一个现代的、复杂的多元社会，政策制定也是难以处理的、复杂的。不管政策制定者如何反对，政策制定经常是非科学、非理性的。特别是 1988 年的《教育改革法》包含大量的主观臆测，政策没有根据。教育政策不只是对上层利益做出直接的反应（见下文关于教育政府的讨论），而最好被理解为"不是反映某一个社会阶层的利益（主要是企业中产阶级），而是对一个复杂的、异类的、多种成分的组合体做出反应（包括残留的或新兴的，也包括当今占主流的意识形态）"（Svizzera Shapiro，1980）。

以上这些使我这项研究的整个分析过程有了一个思想主题。在教育意识形态这个层面上，我发现雷蒙德·威廉姆斯（Raymond Williams，1962）关于立场概念化的见解是有用的，与本研究有关。威廉姆斯确认了 19 世纪凸现出来的三类群体和意识形态流派"对教育的确切含义有影响"。将这三类区别开的分界线是"全民教育的观念和通识教育的定义"。前者又进一步被区分为相对应的两派观点，一派以"民主的增长"为论据，另一派则以"工业的繁荣"为经济论据。威廉姆斯认为后者导致 19 世纪国家基础教育新体系的出现，这使教育的定义考虑到未来成年人的劳动，相应地，教育也培养适应社会所需的性格——规则、自律、服从以及勤劳的习惯。然而，这种由威廉姆斯所称的"工业训练者"宣传的观点受到来自被威廉姆斯称作"旧人文主义"的改革派，以及被他称为"公共教育者"的民主派的攻击。旧人文主义者通常指"极力反对民主的那些人"，他们争论说："人的精神健康依赖于一种教育，这种教育不仅仅是培养专门的职业技能。"公共教育者主张"受教育是天赋人权，任何好的社会都取决于其政府将恪守其法则视为自身的义务。威廉姆斯承认公共教育者必定引用旧人文主义教育的捍卫者的论据作为一种手段。避免全民教育体制走进前工业教育体制的死胡同。"

在 20 世纪描写从 19 世纪继承下来的争论时，威廉姆斯评论说："从理论上看，公共教育者所提倡的原则已经被接受……在实践中，这种体系依然深受其他原则的影响。"特别是在教育的中心，在课程方面，旧人文主义者的影响仍然很大。

教育课程，正如我们在过去各时期反复看到的，表现了新旧观念之间的一种调和。在历史的转折时期，表现了新旧观很长时间，并且通常很模糊。我们现行的课程实际上基本是根据 18 世纪的模型创立的，其中心附近还保留了中世纪课程的成分。

我仍然认为,威廉姆斯基本的定义分类是与理解当代围绕学校教育特别是课程的含义和目的所进行的争论有关的。我后面将讨论在 20 世纪 80 年代,公共教育者处于思想混乱状态,教育政策制定领域笼罩着旧人文主义者和工业训练者的阴影。前者的典型代表一部分在保守派新右翼中,另一部分更谨慎地隐藏在教科部中。后者是由变化的、界限不太分明的,由商业及金融代表、政治家和课程开发者组成的联盟(例如,教科部内设的继续教育分部),他们有贸工部(贸易和工业部)作强大的后盾。

然而,这项研究使用的意识形态及意识形态类型的分类学和术语学是对威廉姆斯的三重分类法的诠释。在各种意识形态及其影响之间进行比较精确的匹配分析,对理解近期教育政策制定的复杂性是必要的。索尔特和塔伯(Salter & Tapper,1981)已经在这种分类学中加上了一种新的概念——"教育官僚"——尽管这种新的、强大的利益集团在意识形态中的作用还没弄清楚。正如我们后面将要看到的,在教科部的讨论中,索尔特和塔伯认为这些官僚主要关心的是控制及制度的有效性问题。这毫无疑问是适宜的,它不考虑教育事务及其影响,也不考虑对其自身的影响。由于对关于学校知识定义的控制权和讨论权都集中在教科部的教育官僚手中,他们很可能并且有能力直接影响教育的定义。下面我要提到作为旧人文主义改革家,并且与课程和教育学问题有关的一些官僚的立场。劳顿(Lawfon,1986)进一步将教科部的权力细分为政治的、官僚的和专职的三种类型。他将潜在的、冲突的各派及其意识形态与各自权力的诸方面进行匹配分析(见图1)。

	信仰	价值观	取向
政治家	市场力量	选择的自由	独立学校
官僚 (教科部)	良好的行政机构 管理体制 维持	效率	中央控制 考试/测试
专职人员 (皇家督学)	专业主义 经验和实践	质量	凭印象评价

图 1　教育中的意识形态

资料来源:劳顿,1986,p.35

这一分类显然过于简单,它还需要考虑来自外界的其他有影响的人物和利益团体对这些制定政策的关键人物所起的作用。"工业训练者"就属这类影响。另一类,正如已经指出的,是顽固的新右翼人文主义者,我将他们称为文化复兴主义者。这种影响的效果对政治家最明显(新右翼意识形态和公务员之间的许多敌意在这里也将表现出来)。文化复兴主义与旧人文主义改革家之间的分歧看起来有一系列特点,事实的确如此。但无论如何,它们是重要的区分点。约翰逊(Johnson)1989年提出的教育中的撒切尔主义就是一个很好的代表,它与贝克主义相对立。约翰逊提出这样的问题:"那是一场现代化的改革运动,'伟大的整育改革'吗?或者它是否回到了传统的教育'标准',即贝克所谓的教育复兴。"

最后,公共教育者观点的某些方面在当代教育政策制定过程中,通过"新进步主义者"——那些支持者,怯弱地表现出来,特别是在数学和科学领域中所表现出来的教学方法与评估方面的改革,诸如运用调查法和"应用数学","重过程和水平评估"等。在数学方面,科科洛夫特(Cockcroft)的报告(1982)对此清楚地加以说明并提供了权威性的论据。

这些表达优美的对进步主义观点的赞赏受到各级教育者以及其他广泛权威人士的热情欢迎。这个报告有足够的权威性,批评数学教学以及成绩等级偏离了回归基础的要求。(欧尼斯特,1989)

正如我们在第五章和第七章将要看到的,科克罗夫特报告是保守派极端右翼文化复兴主义者竭力批评的目标,但是从产业训练游说团那里得到了支持。正如威廉姆斯对19世纪的描述,公共教育者被夹在了其他有影响的意识形态之间。教科部以及皇家督学也处在两大游说团中间的不明显空间中。关于这个以及类似的问题,教科部总体上代表那种威廉姆斯所指的"在新旧之间持折中态度"那一类。然而,皇家督学对实践和质量的重视明显地受到"新进步主义"的影响,这是他们经常提到和倡导的。这个意识形态领域及其对教科部周围人员的影响在图2中表现出来。

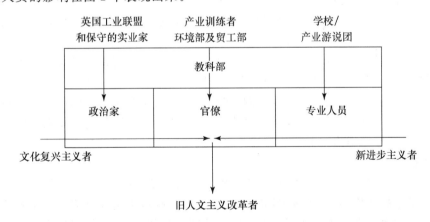

图2　教育政策制定过程中的影响和意识形态

过去十年,教育政策制定过程的变化很大程度上超出了相关分析和概念化的发展。就经典的政策分析而言,到20世纪70年代中期教育政策制定可以被描述成一种"代理人"(clientist)制度(Ashford,1981),教师联合会和地方教育当局游说团具有相当大的影响力。这些"代理人"团体与教科部一起构成了所谓的"三角张力"(Briault,1976)。来自教科部的政策推动力至少可以说是微弱的："教科部自身产生了动力和惰性"。(Salfer & Tapper,1986)国务部分明是一潭政治死水,或者是一个新的或未来政治家的客栈。政策带有"杂乱的渐进主义"倾向。

然而,从1976年起,这种舒适的、控制松散的多元体制逐渐瓦解了。"三角张力"崩解了。建立在渐变论基础上的进步主义观点不堪一击。学校及地方教育当局的自主权被冲突、竞争及要求加强中央集权的主张所取代。另外,要求在教育和产业之间建立更直接的关系的主张引起了整个职业和职前政策提案权的变化。撒切尔主义的教育政策对教育政治学意识形态范畴进行了全面修改。现在的教育政策方向对准了教育消费者——父母和企业家,产业游说者几乎全被排除在外。现任和前任国务大臣们在政策实施方面都很积极,基斯·约瑟夫和肯尼斯·贝克(Keith Joseph & Kenneth Baker)扩大了他们办事处的直接权限。政策现在带有更明显的政治性,新右翼有影响的组织网对保守党考虑教育问题冲击很大(还有社会福利的其他方面),而且证明他们自己特别讲求实用,并能适应游移的中间分子和平民支持党的利益。即使这样,也不应该过高地估计政府和有关教育政策制定政党之间的一致性。保守党教育联合会及其他一些保守的团体继续反对新右翼的过度行为。尽管保守党占多数,教育和科学特别委员会继续在一个代理人框架内工作,这种做法如果无效,人们将对教育中的政府管理保持独立的和批评的态度。新右翼自身的两翼——新自由党和新保守党在教育政策方向上存在着明显的分歧,特别是政府的应有地位问题(Belsey,1986)。个别部及其部长(如教科部和贸工部)在政策方面也存在着明显分歧。

描述教育政策的基础已经发生了显著的变化,建立起来的概念范畴似乎很生硬并且不相关联,需要设立一套新的关键词和概念。

这里的目标不是对政策制定的组织加以说明,正如报告中伯纳德·克里克(Bernard Crick)所说的,"过多地强调政治机构就像性教育过多地强调解剖学一样"。我宁愿努力追寻一些与教育政策制定有关的专门的教育争论、冲突、压力和影响。

然后,需要做的一项基础性工作就是勾画出政策中不同意识形态、经济和政治参数的变化,并且将意识形态、政治、经济与政策争论和政策动力学及政策表达式联系起来。主要的问题在于使这些因素之间建立联系,同时将它们与政策制定联系起来。

我非常希望把这些固定联系建立起来,并且通过一条非常直接的途径找到政策的动因。对教育政策制定领域中关键人物的访谈是我解释教育政策主要的但不是唯一的基础。政策分析领域的主导方法是解释和评论,而不是研究。抽象的论述倾向于纯粹的理论,并且经常不能控制混乱的现实——制定政策过程中的影响力、压力、教条、急功近利、冲突、妥协、刚愎自用、抵抗、错误、反对以及实用主义等。简单化、条理化、表面化和粉饰这个难以应付的现实是容易的，难的是承认这些混乱和复杂的现实，并且具有敏锐的洞察力。但很明显，这种研究策略的选择需要一种理论上的保证。我信赖机构和个体的意识形态分类。在下面要谈的部分内容中，我试图通过个人和团体在其能左右的活动领域中实际做的和说的来解释政策的制定。我尽可能引用访谈中精选的内容。访谈要求人们对其所参与的政策制定过程进行解释和评论，并且说出他们对政策的忧虑。从分析的角度看，我对此可能比较满意，但事实上我不满意或者不很满意。我想在理论上可以更大胆一些，我想将教育政策的制定建立在运用大量不同的理论策略分析的基础上。这些选择的理论基础如下。

我这里将从教育政策制定的三种层次或三种维度去分析，每一种都通过适当的理论透析加以描述和报道。所运用的三维方法起源于阿尔蒂塞（Althusser，1969）的著作及他对整个社会体系复杂性的分析。同样的分析也适用于这类教育和教育政策的任何子系统。这些复杂的、多层次的因素既可以看做是相互联系的，又可以看做是彼此独立的。

每一层次是不同的层次，又是相对自主的（只是相对的，由于各层次必定受来自其他各层次的特殊影响，它们只能存在于一个统一体中，在这种情况下，完全的自主显然是不可能的）（桑德斯，1981）。

这样一种构想导致对教育政策的一种动力学分析，它考虑到教育政策中的政治、意识形态以及经济因素（见图3）。

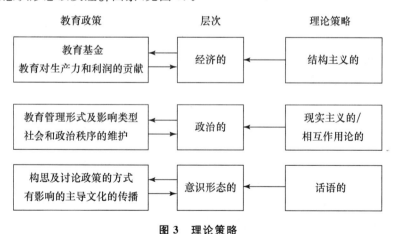

图3 理论策略

如图3所示，我们应该用自己的术语来考察各层次，也要揭示各层次之间的矛盾，在第四章中将探讨占优势的或决定性的经济层次问题。另外，在每个层次上适用于分析的理论策略也将不同：与经济的相对应的是结构主义的；与政治的相对应的是现实主义的或相互作用主义的；与意识形态的相对应的是话语的。对经济的考察导致对教育基金与教育为生产力所作贡献的关注,就是对教育与资本的关系进行定位。对政治的考察导致对教育主权形式的思考——教育政治学——以及教育政府内部对政策制定过程有影响的团体和选民的角色和性质的变化,对意识形态的考察导致对教育政策构思和讨论方式的思考——可能的极限——以及对教育在传播有影响的主流文化中角色的检验(Williams,1973)。

每一层次为教育政策制定提供了一种资源和信息,即每一层次各自都对政策的性质和潜在价值有影响。在各层次内部和相互之间的矛盾将引起变化。每一层次也为参与政策斗争的人提供词汇和话语,如:在经济领域,许多国家在20世纪80年代经历的所谓的"资本主义危机"对教育政策制定有着明显的影响,特别是导致对教育与生产之间关系的重新定位。同时,英国政府明显地面临着一种合法性危机,它通过社会的、产业的和政治方面的无序表现出来,这激发人们试图重新考虑学校课程和师生关系,更加强调学生的社会性和道德发展,并且强化了主要的社会和国家的价值观,与此同时,它也使学校课程非政治化。与这些危机有关,一种"教育危机"明显地被设计进了由所谓的新右翼发起的评论媒介中。特定的传统价值观及其教育意义岌岌可危,如标准、识字和继承遗产这类概念被教育中的"主义"所取代,如进步主义、人文主义、平等主义、多文化主义、多元主义、相对主义。

回顾教育政策分析领域已确立的关键词和分析报告,我们发现,在试图使战后教育政策概念化时,有两种奇怪的、棘手的欠缺需要考虑。一是社会政策文化主流中的教育政策参考资料几乎是零,社会政策在其他方面的"大浪费者"到处都是,医保、社会服务占了大量空间。就业和住房全包括了进去,但教育看起来不是社会政策分析家所关心的主题;二是缺乏明晰的有关教育政策理论的文字资料,除了最近一些作品中提到的那些,如,戴尔(1988),索尔特和塔伯(1986),哈格里夫斯(Hargreaves)和雷诺兹(Reynolds,1989)以及麦克弗森(McPherson)和拉布(Raab,1988)。解释两种欠缺的一种方法是考查教育政策制定本身的性质和它的概念的特殊性。

正如上面表明的,在经典的政策分析术语中,到20世纪70年代中期,教育政策制定被描述成"代理人"制度(Ashford,1981)。在教科部中,政策制定大部分局限于与财政有关的决策策划或目标设定,对课程或地方条款组织的直接影响却考虑得非常少。"英国体制的一个传统特征是将决定学校课程的责任交给地方教育当局和教师,而不是交给中央部门。"(Pile,1979)一些评论员指出,这样做的结果是,在整个20世纪60年代或70年代早期,教科部因雄心受挫而愤怒(Salter & Tapper,1986)。

据丹尼森(Dennison,1984)说,多元论方案实施的办法是:"当需要时,一个中立的政府在政策制定参与者之间依法判决。"他继续说:"是由地方教育当局资助的专业人员及考试董事会在宪法层面上代表主要立场：就全国范围看，地方当局联合会、教师联合会及教科部（作用有限）占主导。"丹尼森还指出，在多元论时期，政策制定基本上是错误的，它被固定在基于持续经济增长预期的供应扩张的框架内。政策的出台往往是对各类观点进行综合而做出的反应。

那些政策参与者及他们所代表的利益群体（家长、教师、顾问等等）为进一步增加教育投入发起一次游说，从实践上看，这里（所举的）特定的教育压力只是众多压力中的一种，包括一些父母要求更新校舍或增加教师，以及全国范围内的运动，这些通常是前奏，紧接着必定出台重要的教育报告——普洛登（Plowden）关于小学教育的报告，罗宾斯（Bobbins）关于高等教育的报告等。（丹尼森，1984）

但是，丹尼森总结说，到20世纪80年代早期，多元论已不存在了。这一时期前后，从概念上说，我们进入了一场全新的球赛。从20世纪70年代后期的理论看，特别是"政府"的概念，开始在教育家关于教育政策制定的撰文中频繁出现。这种暴热使先前的欠缺变得更加错综复杂[也许政府比较晚地涉足教育政策领域的一个原因是，有关政府理论的观点相对粗糙，国家机器概念的外延比较狭窄（和具体化了），这在以前是可行的]。

尽管问题是能否在概念化语言和理论假设方面做一些调整——从多元论到新马克思主义——但它仅仅反映了政策制定本身性质的变化或者是一种独立的理论突变和空想成分。如果后者是事实，这使我们看到了多元论概念的不恰当性，那么多元论就降到了一种分析小说的地位。我们需要对战后教育政策史进行修正，这能提供一种更合适的理论说明。

然而，有办法可以解决（但不是消解）在多元论和那些新马克思理论之间存在的分歧，即政府扮演中心角色。为了使这个解决办法有进展，我们必须逐渐转向那些长期的、棘手的争论，它们栖身于下层，在政府理论的滋养下茁壮生长（或许表明要么是它们自身概念的丰富，要么是"养料"的充分供应），包括意志自由和宿命论的观点、经济的作用、阶级力量和阶级斗争、政府缩编、政治力量的平衡以及历史特殊性问题。在这里我不再重复这些，而是大胆地指出，在所有的现代马克思主义和新马克思主义政府理论中，有一个基本的概念清晰可见：即相对自由，就是说"政治"、"意识形态"相对独立于"经济"。相对自由是一个臭名昭著的、不可捉摸的概念，但是哈格里夫斯（Haargreaves，1983）借用赖特（Wright，1979）和威廉姆斯（1978）的观点，将自由的概念与有限性联系起来，与决定性相对立。正如赖特指出的，认为结构的可能性是有限的，这与坚持这些结构的可能性是预先规定好的观点之间有一个重要的区别。

结构极限……对理解经济结构"最终"决定政治和意识形态结构这个论点是非常重要的。经济结构限制政治和意识形态结构的可能形式，并且使其中的一些形式比其他的更合理，但是它们不是对任何政治和意识形态关系的既定形式用一种机械的方式强硬地作出决定(赖特,1979)。

在最近的很多教育理论分析中,教育的相对独立的确受到了强调。

正确解释英国教育的类型,不能参照一些由英国工业联盟制定的关于白兰地和香烟的重要的计划,也不能参照肃反政治家的做法,他们急于在自己的社会工程规划中,运用教育制度作为主要的机床。教育制度在整个世纪不断扩张,很少直接反映委托人、顾客或消费者对教育的要求(戴尔,1979)。

问题的关键不是对教育形式、过程和内容没有约束(有许多),而是教育不能迅速、直接地从这些约束中产生。然而,在过去的几年里,这些约束的性质和影响可能已经改变了。这个主张是此项研究考虑的主要观点之一。

如果这样的概念分析是严肃的,它试图凭经验确定在政策制定中那些可能和实际发生的情况的性质,以及这种可能性的限度(因此,实际上是那些不可能性)。(它从某种程度上说是错误的,总是从不可能性开始)20世纪80年代教育中政策制定的研究使这两者(可能性和有限性)结合得很成功。因此相对自主如同"神秘的祷文"无济于事(Hargveaves,1983),它必须增加一些分析的成分和经验的可靠性。

哈格里夫斯进一步找到另一个重要因素,用以分析这种可能与不可能的关系。根据威廉姆斯的分析,他一方面强调"机构"角色的重要性,这是"我们创造历史"的方式;另一方面,确定的、客观的"条件"(经济的)和"假设"(意识形态的),从"性质"上说,这又是对"机构"进行限制(政治的)。这样,"政治的"就占据了突出位置,"经济的"作为一个大的背景提供条件或制约,即有一系列限制。"意识形态的"是一种舞台灯光,焦点对准明星,而幕后的活动都处在黑暗的阴影下,所以,要将我们的信念保持在情节的真实性上,并且将中心集中到主要活动上。我将尽力集中在关键处——"政治的",但也要探寻它与意识形态、教育话语的关系,并且我还要涉足经济。因此,我不想毫无顾忌地去回避、忽略或讽刺"经济的"角色,它在我将讲的内容中扮演重要的角色。

一旦人们将自治、划界和机构的观念提上议事日程,那么由较粗糙的政府理论模式提供的许多教条就必定会被丢掉。我们必须接受由哈格里夫斯(Hargreaves,1983)提出的"多重因果关系、多元冲突、管理的复杂性以及历史的惯性"。在理解实际的政策制定过程中,理论和概念有相关性,资本主义生产方式的逻辑和发展也有相关性。教育冲突和斗争可能基于或形成于各种非经济的考虑,如,种族、性别、宗教和职业身份。

然而,如果我们采纳了一个简单的结构限定模式,那么还存在一些关键问题,即,我们实际上怎样解释变化?限定本身对实践有何影响?怎样将新的实践带到现实中?在某些情况下,利用内部出现的革新作为变革的源头可能是有效的,但几乎不能对从社会民主派到撒切尔主义的教育的模式、价值观和结构进行解释,除非我们对纯粹的政治原因感到满意。结构限定的观念只提供了一种无力的变化模式,它似乎不能告诉我们教育变革起源于哪里,什么是合适的而不是可能的,这种观念是怎样确立下来的。

根据上面我构思的基本框架,我在这项研究中要考虑三种可能性。

第一,变化的观点可以从政策制定中规范的政治的、管理的过程,以及利益群体与参与政策制定过程的政党之间的斗争和竞争去考虑。也就是说,教育政策变化可以追溯到意识形态的变化和保守党内部影响类型的变化、教科部制度上的雄心以及国务大臣及其部长们的影响和奉献。

第二,在教育和经济之间有一些"一致性"的观念,即,"在一个既定的时期内,在一个清晰的价值生产形式和一个清晰的制度形式之间,存在一个相对稳定的表达形式"(Bonefeld,1987)。这依据最近德国关于政府理论的论著,特别是赫什(Hirsh)的著作。论点是:一个联合体包含一种特殊的资本积累策略、一种特殊的社会形式和阶级关系的匹配、一种特殊的霸权计划。这个联合是由增多的社会"分层结构"实现的(或试图达到)。社会再生产越来越政治化了。教育因此将受制于或部分受制于有着特定制度模式的机构以及特定的霸权计划。但是很明显,尽管这种观念强化了我对政治的关注(政府被看做为再生产职能中心)。对我来说,存在一个危险,这里的语言和概念自身具有一个关于社会再生产规律的基本假设:"过程没有主题"。尽管术语计划和策略让位于机构,主观地进行决策以及主观地采取行动,但还是强调结构的一致性(斗争和策略强调过程和不相容性)。剩下的就是策略和斗争(至少它们在那)。就像接受结构主义者关于社会繁殖的基本观点的多数理由一样,教育与积累之间的关系被认为是相当直接的。但教育与积累之间的关系到底密切到什么程度? 从一般意义上看,教育的含义是什么? 当然,我们必须设想并推论一下不同关系中教育含义的变化。这些关系或直接一些,或间接一些,或处于调和状态,或多或少地影响着不同的教育范畴。承认不同的教育范畴具有一定的战略意义。任何教育联合体,就其特定的制度模式来看都是不和谐的。(就必要性来看,这项研究内容中的教育采访是有限的:这里不能全面分析所有的关系类型)如果我们为与主导性制度模式有关的霸权计划及积累策略留有足够的空间,后者就不存在概念上的问题了。方案和策略不能混为一谈。这与桑德斯(1981)提出的观点巧合,当时桑德斯把政府描写成一个机构系统,它受经济的影响是普遍的(制度的主导模式)、多种多样的,而不是个别的、一致的。在某些方面,这又使传统的多元论者、教育政策学的程序模式及改革了的结构主义有了用场。例如,科根(1982)这样描述教育变化:

在官僚、经济和社会内部或相互之间需求冲突中进行协商,在一个愈加复杂的社会,团体的观念和支持这些观念的意识形态主要被用于建立有着自身发展逻辑的高度官僚化的制度。但变化不会自动产生。有时当情感、意识形态和权力的搭配一致时,变化会意外地发生。

撒切尔主义的霸权计划也许就代表了这样一种搭配。但是变化所带来的后果还没有消失。因此我这里在努力奋斗，既不想"牺牲"唯物主义，也不想接受既定的、受法律支配的、规范的社会和教育变化模式。为了避免根据理论去创造历史的诱惑，以及分析现实中"异端邪说"的需要(Bonefeld,1987)，我们迫切需要找到社会再生不一致的原因，以及存在于撒切尔主义阵营中的"分歧、断裂和矛盾"。财政危机的现实、改变了的积累策略以及生产方式、相应的管理方式和政府角色的变化都不在考虑之中，但是它们对教育领域的影响不能没有（正如许多作者想做的）。

第三，话语的作用。权力影响话语，话语也影响权力，交谈能建立、维系或结束某种权力关系。"教育的重建暗含着政府如何通过'真理'和'知识'这类的教育产品去运用或强硬行使其权力。"(Donald,1979)唐纳德建议有必要将关于教育的争论与政策及学校中的变化区别开来。"关于教育的争论经常被建构得远离预期描述的样子。然而，争论通过政策对教育制度自身产生真正的影响。"

这里提出的话语概念来自米歇尔·福柯(Michel Foucault)的著作。"话语"是福柯关于权力和知识之间关系理论的关键概念。它指明了权力和知识之间的联系。福柯提出这样的观点：知识和权力是不可分的，权力类型深受知识的影响；知识类型又渗透着权力关系。

如果没有交流、记录、积累和替代系统，任何知识体系都无法形成。这个系统自身渗透着一种权力类型，并且这个系统的存在与功能也与其他权力类型有关。反之，如果没有对知识的精选、引用、传播和保存，权力也不能发挥作用。从这个角度看，不可能一边是知识，另一边是社会；或者，一边是政府，另一边是科学，而只存在知识/权力的基本类型……（福柯,1971）

权力和知识是同一过程的两个方面。知识不反映权力关系而是蕴含在权力之中。因此话语是与能说出来和想出来的东西有关，也是与谁能说、什么时候说、在哪里说以及权威性的依据是什么有关。话语包括含义和社会关系，构成主观意义及权力关系。话语是"有条理地建构所谈论的客体的活动……话语不是关于客体的东西；话语并不认证客体是什么，而是建构客体并且在建构的实践过程中不加任何主观臆造"(Foucault,1977)。因此，含义、定义的潜在价值是通过社会和特定身份预先赋予的，话语由此而产生。词汇和命题的意义将根据具体的运用及运用者的身份而变化。知识是指人在自由交谈中能谈到的东西。因此，意义不是来源于语言而是来源于习惯用法、权力关系、社会地位。词和概念在不同的语言范畴内运用，其意义和效果是不同的。这是重要的，正如后面将看到的，像"自由"、"选择"这类术语是新右翼用的。即使在一种通用语言中也有话语冲突。

因此，话语建构着思维活动某些潜在价值。话语采用特殊方式对单词进行排列组合并排除或替换其他的搭配。不是我们说话语，而是话语说我们。然而，话语是由排除的和保留的、能不说的和能说的内容构成的，就此而言，它们与其他话语、其他潜在意义、其他要求、权利和地位保持着对抗关系。这就是福柯所谓的语言的"非一致律"。我们必须考虑到话语复杂的、不稳定的过程，就此而言，话语既是一种工具，也是一种权力的影响，但也是一个障碍、一个反驳的焦点以及对抗策略的起始点（Foucault，1981）。根据佩舍（Pecheux，1982）的观点，话语是通过斗争建立起来的，"意义在斗争中或获得或丧失，在斗争的紧要关头，所获得的往往比词和话语本身的意义要多得多"（Macdanell，1986）。当我们审视一下新右翼在 20 世纪 70 年代出现的教育话语以及由此建构的强有力的"嘲讽话语"，上面提到的又是重要的。正是通过这样的"自由过程"（佩舍这样称呼），特定的词有了特定的含义。另外，这种自由的话语不仅澄清并替换了一些特殊的词及意义，如，进步主义和综合主义，而且也替换了使用这些词的人，那些"专家"、"高手"、"专业人员"，即"教育方面的权威"。这些特权发言人被挤走了，他们对意义的控制权丧失了，他们的职业爱好被抽象的机械主义、技术主义的"真理"、"理性"所取代，如，父母自主选择、市场、效率管理。一个新的松散的政权建立了，并且有它的新的权威形式。福柯说"话语看起来很少值得考虑，但是它所服从的禁律不久就显示出它与愿望和权力的关系"。

分析的领域变得更复杂。但我们现在可以有一套工具用来尝试解释事物（多元论者看起来只能描述事物）；解释不容易，它们不会很简单或直截了当，我们的回答的确可以回避其他问题。

回到开始说的那点上，它可能是始于 20 世纪 70 年代晚期或 80 年代早期的一种新型的球赛，为了方便起见，我们就说是 1974 年吧。这种球赛帮助我们使教育政府的角色更加明显，并且使政府、教育系统和经济之间的关系更加真实（但复杂性并没降低）。社会民主时代所具有的社会改革特征清楚地、明确地结束了。现在谈论教育用的术语非常不同。它将更加规范（加强了国家的干预和控制，中央集权加强），并且更加高效（资金重新配置，削减开支）。结果，由资本造成的教育需求之间的地区性紧张、教育对保证资本的进一步积累的技术贡献、教育在维护资本积累环境方面所起的作用、教育在意识形态领域的贡献也变得更加明显（这在第四章会更全面地探讨）。或许更确切地说，资本是工商业的代表，现在能够在教育政策制定领域起直接的影响作用，但那种影响不只是预先决定的或者是公认的。政策界可能从根本上更换，但这个领域无论如何也还会开放。从某种意义上讲，社会民主多元论被精英多元论所取代。旧的、保守的（旧保守党）与新的、拥有金融资本的产业资本意见不一致，财政部与贸工部、新自由党与新保守党、温和派与冷酷派、伊丽莎白大厦与唐宁街 10 号、教科部自身内部、中央保守党与中部各郡之间意见不一致。

球赛可能是新的，球队也可能与从前不同，但是球队的数量可能一样多，或许更多。当我坐在拥挤的露天看台上，躲避着飞过来的球以及向人群中恶意的击球,这就是我要提供的球赛报道现场。我要看看各队过去的比赛、细察队员的体形、画出教练的轮廓并且对动作和比赛进行分析。

教育政府

我把政府看成是负责日常事务的、具有公共机构特征的实体,也是一个具有一组功能的实体。它通过某些特定机构和某些方面的个体可以识别出来。我将类似系统制度这类问题看成是通过有目的的研讨和个体行为的思考就可以解释的。政府不能有主观意图,除非这些意图是用社会机械论的术语来表达的。它是一种机器,它多少与自己的命运有关;它又是管理主义的(Saunders,1979)和官僚主义的,它极大地专注于短期的"危机管理"。但这并不意味着有一个中立政府。当它与阶级关系脱离时,局部的利益明显地反映在它的政策中,或者由于直接代表的作用,或者是对政府有影响的举措的作用。尽管政府不是自主或独立的,它的独立性是受多种因素制约的,特别是它对私营经济和资本积累的信赖以及与它们之间的关系。如前所述,它是相对自主的。

教育政府是指与教育系统制度有关的办事处和组织机构的集合。但是:

如果教育政府被理解成不是单一的联合体,而是一套"有着自己的规章和财力并且经常有多种目标的办事机构、部门、科层和同僚",那么,它不仅可以避免别有用心的解释,而且可以找到不同历史时期政府行为的动因。政府是权力和支配的中心,但其表达方式及调和机构,随着社会政治的发展变化而变化(格雷斯,1987)。

教育政府的这些办事处和组织机构包含并代表教育政策形成和争论中的竞争立场。格雷斯(Grace)进一步指出,政府的指示及部长的意见总是面临着能源和技术难题,还要面临进入政府机构特权阶层、官僚政治的公务员的立场。中央政府经常发现自己与地方政府的规定存在冲突。通过教师联合会、雇员、地方当局和其他方面制定的进入政府与政府机构的政策很少能取得一致。贸工部、职业部、人力服务委员会、内政部的教育政策及其重点可能与教科部的非常不同。在教科部内部,部长和官员与皇家督学之间有时也存在分歧。继续教育部与国务大臣发生过几次公开冲突。下面我们将要看到教科部和学校委员会、学校课程开发委员会之间的关系非常紧张。教育中的一些系统制度和系统管理实际上是由半官方的机构、指派的机构、中间机构,甚至在考试情况下,由半商业机构在执行。因此我们需要意识到在教育政府自身内部存在一个中心—外围关系。正如麦克伦南(McLennan)、赫尔律(Held)、霍尔(Hall)所指出的:

关于政府的抽象论述通常是这种联合体的简称,并且必定与其动力学研究相一致,为了理解政府的关系、组建过程及在内部社会中的地位,我们必须掌握政府被纳入特定社会—经济体系中的途径……还有它作为政治商谈及冲突场所的性质。

因此，在整个研究中，我都强调在政府内部以及在组成政府的各类办事机构中普遍表现出来的冲突和混乱。这些冲突以广泛的和局部的辩论及斗争方式出现，这些争论和斗争是为控制教育的意义和概念所进行的。我这里要特别强调一下关于教育学、课程和评估（课程的三种型号系统）的争论，以及由此在新右翼成员、某些大的工商业改革派代表与教科部和皇家督学之间引起的关于受教育含义的争论。

（王玉秋　孙　益　译　王晓芳　校）

两种政策制定模式
——自上而下和自下而上^①

托马斯·R.戴伊

作者简介

托马斯·R.戴伊(Thomas R. Dye,1935—),美国著名公共政策学家,世界政策科学研究领域享有盛名的学者。他是佛罗里达州立大学政治学名誉教授,南方政策科学协会 (Southern Political Science Association) 主席,政策研究学会(Policy Studies Organization)主席,林肯公共服务中心主席,还曾是美国政府麦肯锡(McKenzie)教授。

托马斯·R.戴伊的主要研究领域是美国政府内部权力结构运作、美国政治组织理论的冲突(精英理论 VS 多元主义)、大型竞争性参与者、基金会、智囊团、利益集团,以及媒体在政策形成中的角色和作用等。其主要著作有:《理解公共政策》(*Understanding Public Policy*)、《州和社区的政治学》(*Politics in States and Communities*)、《美国政治学》(*Politics in America*)、《自上而下的政策制定》(*Top Down Policymaking*)、《权力与社会》(*Power and Society*)、《民主的嘲讽》(*The Irony of Democracy*)、《谁掌管美国?》(*Who's Running America?*)。

选文简介、点评

该文选自托马斯·R.戴伊所著的《自上而下的政策制定》一书。该书主要研究公共政策的制定模式和方法,它以美国为例,从政策制定过程、选举领导人过程、利益集团的活动过程、民意制造过程、政策制定的合法化过程、政策的执行、评估过程等方面,全面分析了国家精英集团的价值观念、兴趣爱好如何影响公共政策的过程。该书是公共政策制定方面的一部力作,书中所论述的公共政策制定的模式和方法新颖独特。作者在本书中将前沿理论和生动案例紧密结合,观点独到,论证翔实。对公共政策制定的独特定位和全方位、多视角的内容透视,使之成为公共政策领域最具代表性的著作之一。尤其是作者在该书中,

---

① [美]托马斯·R.戴伊.自上而下的政策制定[M].鞠方安,吴忧,译.北京:中国人民大学出版社,2002:5-17.

将公共政策的制定界定为自上而下由精英阶层操纵和控制的过程,见解独到,发人深思,是读者更深入地理解政策制定过程不可多得的读物。

在该文中,戴伊分析了美国的财富和权力如何通过基金会、智囊团、政治捐助者、特殊利益代表集团、院外活动者、律师事务所和公共媒体等各种机构或形式对公共政策的制定产生影响。通过描述精英集团如何运用自己的财富、权力将自己的观点、利益传达到公共政策系统的运作过程,戴伊论证了这样一个观点:即使在民主政体下,公共政策也是自上而下制定,而不是自下而上制定的。为了更好地论述这一观点,戴伊提出了国家政策制定的两种模式:自上而下的模式和自下而上的模式,并对这两种模式的运作机制进行了对比。戴伊指出,为美国政治学所广泛推崇的政策制定模式,亦即通常所指的传统的政策制定模式——自下而上的政策制定模式——强调一种公众广泛推动的、自下而上的政策制定过程,在这种模式中,政策制定过程被视为一系列的线性活动过程,即问题的界定、议事日程的设定、政策的制定、政策的立法、政策的执行以及政策的评估。而所有这些活动均发生在政府之内,由公众推动,并体现公众的价值观和偏好。而自上而下的政策制定模式则与之不同,这种模式下的政策制定过程是国家的精英集团通过几个相互独立的路径,即政策的形成过程、利益代表集团的运作过程、候选人选举过程、民意的制造过程、政府使政策合法化的过程和政策执行的过程、政策结果的评估过程,将他们自己的价值观念和兴趣喜好转化为公共政策。在这种模式中,国家精英而不是大众的价值观和偏好影响着政策制定,政策制定过程也不再被视为一系列线性的活动过程,而是通过各自独立但又相互纵横交织的几种路径而实现的过程。在这两种模式中,后者,亦即自上而下的政策制定模式才是美国社会所真正在遵循着的政策制定模式。戴伊的这一观点,可以使读者们更清晰地认识在美国这种三权分立的民主政体下政策制定活动的真实面目。

此外,从写作风格上看,在这篇文章中戴伊没有采用晦涩难懂的语言来向我们解释什么是"自上而下的政策制定"。相反地,他采用了相对平易的语言风格来分析政策制定的过程,并通过"特写"部分,运用一些案例、数据、调查问卷等的实证分析,探讨了公共政策制定的模式和方法,使理论的表达更加明晰和有说服力,可读性强。[①]

在这篇文章中,戴伊建构了一个分析美国政策制定活动的模式,该模式不仅对我们理解美国的政策制定活动有很大帮助,而且有助于加深我们对公共政策本质的认识,"自上而下"的政策制定模式也成为政策制定研究领域一个经典的分析框架。这篇选文对于我们了解自上而下的政策制定模式进而了解公共政策的制定过程具有很大的帮助。此外,作为公共政策制定方面最具代表性的

---

① 郭炜佳.《自上而下的政策制定》评析[J].法制与社会,2010(8).

著作之一,戴伊的这本书虽然是以 20 世纪 90 年代的美国为背景,但是对现在的我国也有着很大的借鉴意义,对我们思考中国特色社会主义民主政治的发展方向、建设有中国特色的社会主义民主、完善政策制定模式具有一定的参考价值。

选文正文

1.3　自上而下的政策制定模式

自上而下政策制定模式描述的是,国家的精英集团通过什么样的过程将他们自己的价值观念和兴趣喜好转化为公共政策。为便于分析,我们可以将这些过程想象为彼此独立的路径,通过这些路径,政策自上而下地贯通(见图1)。但是我们不能忘记,这些过程虽有各自的独立性,而且每一个过程都包含一些主要组织机构的专业功能差别,但所有的过程都趋向于纵横交织在一起。这样,通过每一个过程的运作,精英集团的政策取舍也就得到同步传达沟通。

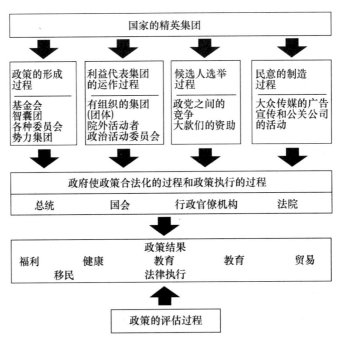

图 1　自上而下的政策制定模式

政策的制定过程

政策的制定过程始于决定什么事情需要做出决策。确定或者界定社会问题,即设定议事日程,是自上而下政策制定过程的第一阶段,也是最重要的阶段。那些不被界定为问题的社会状况永远不会成为政策问题,永远不会成为新闻,永远不会引起政府官员的关注。确定问题是什么比认定解决问题的答案是什么甚至更为重要。

议事日程的设定始于银行家和企业家的会议室里,始于律师事务所和投资公司的起居室里,始于媒体大王的编辑部会议室里,始于基金会和智囊团代理人的聚会里。先确定问题然后讨论不同的解决方案。强有力的人物开始琢磨社会问题,如果他们认为有,便接着考虑如何对付它。精英集团大量的公司社团之间的来往、大量的职业交往、大量的社会接触,都促使精英集团就什么社会状况值得国家关注达成一致。

精英集团的所思所想被传达到各种基金会、智囊团以及政策策划组织之后,政策制定的过程便拉开了序幕。精英人物们可以直接施加影响或者控制各种基金会的董事会,是这些基金会为政策的研究提供所需资金的来源,例如福特基金会(Ford)、洛克菲勒基金会(Rockefeller)、卡耐基公司(Carnegie)、斯隆(Sloan)、斯凯夫基金会(Scaife)、梅隆(Mellon)、布拉德利基金会(Bradley)、里利捐助基金会(Lilly),以及奥林基金会(Olin Foundations)。上述基金会和公司为智囊团和政策策划组织提供资金支持,智囊团和政策策划组织则负责研究政策问题并设计出解决的方案,例如,外交关系委员会(the Council on Foreign Relations)、布鲁金斯学会(Brookings Institution)、遗产基金会(Heritage Foundation)、美国企业研究所(American Enterprise Institute)、胡佛研究院(Hoover Institute),以及其他一些组织。这些基金会和政策策划组织的任务和目标就是确定哪些是政策问题,并收集有关的情报信息,设计多种供选择的政策方案。他们偶尔还会将顶尖的精英人物召集在一起,让他们就应当采取何种政策达成协议。

选举领导人的过程

金钱驱动着美国的政治选举。如果没有钱——没有很多的钱,那么就不要想入非非地去竞争国会或者椭圆形办公室的一席之地。每一个竞选周期的竞选成本都会急剧攀升。两年一届的众议院议员竞选的一般费用,现在必须准备并花费近 100 万美元。而美国参议院每六年一次竞选参议员席位的费用必须筹集到 500 万美元、1000 万美元或者 2500 万美元。在 2000 年竞选年度,每位国会议员竞选人和每位总统竞选人的竞选费用都在 100 万美元以上。

那么,所有这些钱从何而来?实际上羊毛出在羊身上。这些钱正来自组成美国国家精英集团的那些人(包括那些富翁们),是这些人开办并掌握着美国的企业、银行、保险公司、律师事务所和投资公司,以及传媒联合体。通过一系列复杂的政党组织、政治行动委员会、独立的团体组织以及竞选人的金库,大笔大笔的金钱分流出去(参见本书第 4 章)。

深谋远虑的政治家们在决定参加竞选之前,总是与腰缠万贯的富翁、精英人物进行联系和磋商。这些政治家们会竭力向那些潜在的捐助者们保证,他们彼此目标一致、志趣相投。一旦自己竞选获胜,会洗耳恭听他们的所思所想,会在自己的职位上效犬马之劳以满足捐助者的爱好和要求。同时,这些政治家们还希望,通过他们的被证明了的忠诚,能够引发对自己下一步竞选的源源不断的金钱支持。在这种信誓旦旦的保证下,如果大款精英人物们对竞选捐助的回应不冷不热、不置可否,那么,这就是一个很明确的信号,即你这个竞选候选者还是赶快另觅他途为妙。

利益代表集团的运作过程

利益代表集团的运作过程为精英集团的利益喜好直接提供政策支持。利益代表集团是那些致力于对政府政策影响的组织,它们为主人谋求各种特殊的利益、各种补贴补助、各种特权以及各种保护。国家精英集团所在的企业公司、金融机构、法律机构、媒体组织以及其他民众组织等为利益代表集团提供资金支持,利益代表集团因此也只对他们负责。

华盛顿是一个各种特殊利益组织的迷宫——商业组织、各种职业组织、贸易协会、律师和律师事务所、大型公司企业的代言人、各种说客和顾问们、研究民间和政府关系的各种公司,以及政治活动委员会等。院外活动的内容五花八门,就连院外活动者们本人也无法想象其内容有多么丰富。"开门运动"是为了建立良好的私人关系;与名人交往,举行各种晚会,有意无意地与政府官员闲谈扯皮都是醉翁之意不在酒,而在于谋求与准备猎取的对象搭上一句话的机会。院外活动的绝好途径和方式,是在国会举行听证会时提供证据,与政府官员保持接触、不断掌握各种议案和法案的进行情况,不断了解立法过程的内幕和公开的运作。院外活动还包括针对竞选资助者和投票人的深入到家庭内部的动员活动,以及目的在于建立、形成和保持一种全国性有利的竞选氛围的各种公关活动。

然而最紧要的是,特殊利益代表集团的运作过程还包括向赢得竞选的官员分配支付竞选捐助资金。来自利益代表集团的竞选捐助绝大部分都流向了那些官位持有者们。贿买选票自然属非法行为,因而,那些老到的院外活动者们、说客们不会赤裸裸地以竞选捐助为条件直接去交换某种好处。但是,那些精明的立法者们却知道如何使竞选捐助源源不断地滚滚而来。

民意的制造过程

在自上而下的政策制定过程中,国家的媒体精英们扮演着双重角色。就是说,一方面,大众传媒的领导者们本身就是国家精英集团的主要组成部分之一,他们的权力和能量与在顶尖企业公司、金融保险业、投资公司和政府中的精英是平起平坐、不分彼此的;同时,媒体精英还发挥着另一方面的关键作用,他们要把精英集团的观点传达给政府里的政策决策者以及美国民众。媒体能量的主要来源在于其沟通传达政策议事日程表——即告知当选的官员们,他们必须解决哪些问题,同时要告诉受众哪些问题与他们息息相关。大众传媒在告诉受众应当如何思考方面未必总是成功的,但在引导人们思考什么方面却做得惊人地出色。

媒体的权力和能量高度集中在主要的电视网络集团(ABC,NBC,CBS,CNN)之中和全国著名的报业巨头之手(如《纽约时报》《华盛顿邮报》《华尔街日报》《新闻周刊》《时代》《美国新闻和世界报道》)。一个媒体帝国正在崛起(Viacom,Walt Disney,Time-Warner,et al.),正把其控制力从电视网络、报纸和杂志扩展到动画片、音乐录制、体育和娱乐业。

政府的政策合法化过程

使政策合法化是政府的政策制定者们——国会、总统和法院——的任务。这些部门是最直接的政策制定者。在自上而下政策制定的最后阶段——就是说,当政策制定的日程表已经设定,当政策的导向和方针已经确定,当领导人已经选出,当利益代表集团已经活跃起来,当大众传媒已经把所有的问题提交上来——这时他们才粉墨登场。

政策的合法化过程是政策制定的最直接过程,是一个公开的、公共的过程。它会吸引大部分学者、评论家和政治学家的关注。由于这一阶段的政策制定过程中,利益代表集团之间会发生大量的讨价还价、损人利己、游说劝说、妥协让步、你争我夺的行为,当选的官员之间也会发生彼此的人事协调和政治分肥行为,因而许多学者认为这些活动最典型地体现了整个政策制定过程的特点。很自然地,在国会和总统之间、在民主和共和两党之间、在自由主义者和保守主义者之间,会发生分歧、争执和讨价还价。同样理所当然地,政府政策制定过程中所出现的一切细节的取舍,都要在国会委员会里,在国会山的办公室和大厅走廊里,在利益代表集团巨头们的讨论里,在国会议员和他们的工作人员那里,在总裁经理和代理人那里,以及在白宫那里,来最后商讨决定。在所有的上述过程走过之后,那些政策制定的最后决策者们当然要无一例外地有向全体选民解释说明的义务,虽然这些官员们根本就不怎么相信选民们的判断力(参见特写:《精英集团对于公民政策制定的态度》)。

但是,在最直接的政策制定者热火朝天地忙于政策制定过程之前,有关政策制定主要内容的日程表早就已经设定了,政策变革的大局方向也早就决定了。而且,大众传媒也早就做好了舆论造势,使公众和他们的代表对政策变革有充分的思想准备。然而,通过正式的官方司法程序所做出的决定并非无足轻重:它决定了谁将得到政治荣誉,哪些机构控制哪些项目,以及将花费金钱的准确数目。但是,上述最直接的政策制定者们所做出的决定看重的是过程手段,而不是公共政策的意义和目的。

行政机构的政策执行

国会通过表决将政策变成法律,由总统签署生效后,并不意味着政策过程的结束。实际是,政策的制定过程进入到政策的执行过程——即进入政府执行部门的各个专门的部或者机构里,由它们负责将政策贯彻执行。行政官员自己也会制定政策(参见本书第 8 章)。政策制定过程的大部分内容酝酿发生在管理部门和预算部门的办公室里,发生在联邦储备委员会(the Federal Reserve Board)里,发生在环境保护署(the Environmental Protection Agency)里,发生在平等就业机会委员会(the Equal Employment Opportunity Commission)里,发生在国内贸易局(the Internal Revenue Service)里,以及其他数以百计的行政权力部门里。

特写:精英集团对于公民政策制定的态度

两百多年前,在作为立法者的角色和自己在布里斯托尔(Bristol,英国一港口城市)的选民们对于政策喜好取舍的关系问题上,英国国会议员爱德蒙得·伯克(Edmend Burke)道出了自己的心声:

当然,先生们,能够生活在最严肃认真的工会,能够与选民们保持最亲密的往来,能够与他的选民们进行最开诚布公的交流,这应当是一名选民代表的幸福和荣光……然而,他的不偏不倚的意见,他的成熟的判断,他的开明的良知,都不能奉献给你们,也不能奉献给任何人,或者说任何一类活着的人……你们的代表不仅应当用勤奋,而且应当用他的判断来感谢你们。如果他为此而服从了你们的意见,那么他就是背叛了你们,而不是在为你们服务。(参见 A Speech to his constituency in Bristol, England, by the Rt. Hon. Edmond Burke, M. P. ,1774。)

在我们自己的国家,关于精英人物到底如何对待一般民众的判断和意见,亚历山大·汉密尔顿可能是最后一位坦诚明言的国家领导人:

一切社会都将其公民分为两类:少数人和多数人。第一类是富人和生来就富贵的人,第二类是普通的广大民众。无论人们怎样经常地宣称什么民众的声音就是上帝的声音,但事实并非如此。民众永远是犯上作乱和变化不定的,他们的意见和判断很少是正确的。(参见 Alexander Hamilton, as recorded by James Madison, Records of the Federal Convention of 1787。)

在美国的政治文化中,民主的观念根深蒂固。因而,今天的国家领导人经常本能地引用某些关于民主的词句。但人们若想知道他们对于"民众的智慧"的真实想法是什么,则难乎其难。下面是一份专门对华盛顿精英们进行调查时得到的结果,请参考。(参见 Pew Research Center, as reported in The Polling Report, 4 May 1998。)

调查的问题是:对于您所面临的要解决的问题,您是否认为美国民众有足够的智慧来提供明智的意见和解决办法?

调查结果见表 1。

表1

	国会议员	总统手下的工作人员	高级总裁经理
是	31人	13人	14人
否	47人	77人	81人
也许	17人	7人	3人
不知道	5人	3人	2人

请注意,根据上面的调查结果我们可以看到,不到三分之一的国会议员相信美国民众有足够的智慧对公共问题提出明智的意见和建议;而那些非当选人的精英们——白宫的工作人员和高级总裁经理们,则对于民众的智慧更不信任。他们中四分之三以上的人不相信美国民众能够对公共事务提出理智聪明的意见和建议。

从宪法的角度讲,行政机构并没有被赋予制定政策的权力,然而在政策的执行过程中行政机构又具有此种权力。事实是,随着社会规模的日益扩大和复杂化,行政机构的权力也随之膨胀。无论国会还是总统,现在都再也不能实际独立地驾驭管理整个社会,虽然以前他们还可能做得到。行政机构不得不将其部分的责任义务分流到现存的组织机构中,或者为此创设新的机构,同时将法律变化为可操作的规则、规定和章程等,还要招聘雇用工作人员,起草合同协议,并担负治理国家的任务。所有这些活动都涉及并包含了行政官员的决策行为——决定(制约)政策的决策行为。

但是,行政机构总是不断地受到有组织的利益代表集团的监控和操纵。这些利益代表集团孜孜以求的是,要保证国家精英集团的政策在执行过程中不发生严重的偏离。同时,国会自己也花费大量的时间来监督行政机构——尽力保证使法律的真实意思反映在行政官员的行政行为中。

政策的评估过程

就政府政策执行的效果如何,精英集团会沿着我们在自上而下政策制定模式过程图中(见图1)所描绘的路径,得到反馈。如果公共政策产生了任何效果,那么发现这些效果的过程就是政策的评估过程,就是判定这些效果是否为预定的目标结果,以及它们是否与政策的成本相符合的过程。有些时候政府自身也进行政策评估。但是,精英集团自己会直接收到来自他们自己所控制的团体组织的信息,并对这些信息进行政策性的分析评估,这种过程就是自上而下的政策评估。关于政府政策执行的效果,精英集团还可以从利益代表集团、智囊团,以及他们所主办的基金会那里得到情况报告,这时精英集团的评估也是自上而下的政策评估;或者当大众媒体报道政策的效果,更多情况下是报道政策的失败或失误,或者是政策的腐败时,精英集团对此的评估也是自上而下的(参见本书第9章)。

1.4　自下而上的政策制定模式

自上而下的政策制定模式与传统对政策制定模式的描述相比较,有着自己鲜明的特色。在美国的政治学中,普遍流行推崇的政策制定模式是由公众广泛推动的、自下而上的政策制定过程。这种"民主—多样化"政策制定模式的理论前提是,在一个诸如像我们这样的开放的社会里,任何问题都可以为个人或者群体所认识和认同,并能够被提交到政治过程来讨论、辩论和找到解决的办法;公民能够确定、界定自己的利益,可以自我组织起来,说服他人支持他们的事业,能够接近或者成为政府官员,影响政策制定,同时监督政府政策和工程项目的执行。

据说,很多民主组织都在支持和促进这种公民影响力自下而上的流动。各种利益代表集团、各种政党、追求当选的候选人们,以及所有的大众传媒都被描绘成积极热烈响应民众呼声的形象(见图2)。

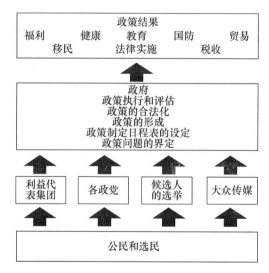

图 2　自下而上的政策制定模式

大多数美国人对于这种自下而上的政策制定模式将信将疑。他们根本不相信政府会对他们的政策观点给予多大程度的关注,也不相信政府会多么明了他们的问题和疾苦。他们相信"政府由少数的巨头利益集团所操纵,这些巨头利益集团是在为自己谋利益和捞好处"。他们还认为国会议员们应当多关注民意测验的结果(参见特写:《民众对于精英政策制定的态度》)。但是不管怎样,我们还是愿意将自下而上的政策制定模式进行概括的描述,以便与自上而下的模式进行一些比较。

据认为,在自下而上的政策制定过程中,利益代表集团充当了个人与他们的政府之间重要中介人的角色。从理论上讲,通过给个人提供直接影响政府政策的途径和方式,利益代表集团更新和修补着选举体制和制度。在游说、院外活动、出席见证国会举行的听证会、接洽政府官员、监督立法程序以及行政部门的执法,以及帮助校正督导竞选捐助资金向参加竞选官员的分配诸事务方面,有组织的利益代表集团都代表公众个人在行事。

在组织大多数普通民众行使对政府的控制方面,据说政党的作用必不可少。从理论上讲,"负责任"的政党会首先设置一个平台,从这里提出并阐明理论原则和政策基础;召集那些认同这些原则和政策并准备参加竞选公众职位的候选人;向选民通报公共问题并对他们进行引导教育;根据原则和问题组织、指导竞选活动;接着,在赢得竞选并进入政府之后,此政党便会组织立法机构,以保证它的政策得到贯彻执行。当然,在实际操作中,人们普遍认为政党很少以这种"负责任"的方式行事。政党最根本的追求是赢得公共职位,而不是把选民搞得围着游戏规则或者各种政策团团转。也有人认为,政党如果要达到这种目的,那么他们就要去发现并表达大多数人的意见。这样,政党便提供了另外一种途径,通过它,公众的意见可以被转化为公共政策。

民主过程的核心内容在于公开竞选。但是,通过竞选将公民的要求转化为公共政策需要几个条件:第一,候选人必须向选民清楚地阐明自己的政策选择;第二,选民必须根据自己的政策取向进行投票;第三,选举结果必须反映出一种主流政策倾向;第四,赢得竞选者必须努力兑现自己竞选时所承诺的政策。虽然大多数人都承认这些条件很少得到完全的满足,但选民们确实青睐那些所表示的政策观点与自己的政策观点相一致的候选人。

大众传媒本身支持传统的自下而上的政策制定模式。他们坚持认为,在他们自己的报道中,只是仅仅提供了反映社会的一面镜子。就是说,在政策制定过程中——例如,就美国民众所关心的问题进行调查和报道方面,媒体承认自己发挥着重要然而被动的角色。媒体精英一般都否认他们在政策制定的日程表设定中有主动作用,即他们只是选择决定哪些问题会吸引公众的关注。他们更愿意把他们的报道描绘成一面镜子,这面镜子反映的是公众普遍关心的问题。

特写:民众对于精英政策制定的态度

精英人物们是否应该按照自己的判断,以他们认为对美国发展最有利的方式来制定政策?或者,在政策制定过程中是否应以大多数公民的观点意见为取舍?这是一个关于政策制定的老生常谈的问题。而在近十年来,随着美国民众对他们国家领导人不信任和失去信心程度的急剧加强,这一问题的重要性更加凸显出来(本书第7章以大量的事实细节探讨了美国民众对其领导人信心和信任程度的下降)。

最近的全国性民意调查显示了如下结果：

大多数美国人认为，在公共政策问题上，政府很少关注他们的观点和意见；同时他们认为，政府官员们很少了解和理解普通民众的心声。

此次民意调查所提的问题之一是：这些年来，当政府决定做某件事时，你认为它在多大程度上关注和考虑了民众的意见？很多？一些？不多？

具体调查结果如下：

很多	7％
一些	36％
不多	54％
不知道	3％

此次民意调查所提的问题之二是：总的来说，你认为政府里的人对于像你这样的人的想法能够很好地理解吗？还是较好地理解？还是一般地理解？还是根本不理解？（提问了一半的调查对象）

具体调查结果如下：

很好	2％
较好	27％
一般	33％
不理解	35％
不知道	3％

压倒多数的美国人相信，他们的政府是由"少数仅仅追求自己利益的巨头利益代表集团所操纵"，而不是"在为所有的民众谋福利"。

此次民意调查所提的问题之三是：你认为政府是由少数仅仅追求自己利益的巨头利益代表集团所操纵，还是政府在为所有的广大民众谋福利？

具体调查结果如下：

为少数的巨头利益代表集团	75％
为所有的民众	18％
不知道	7％

压倒多数的美国人认为，如果国家的公共政策能够更多地顺应并按照公民的意志行事，那么国家将会变得更好。

此次民意调查所提的问题之四是：如果国家领导人更加顺应公众的意见要求，你认为国家会变得更好，还是会变得比目前更坏？（提问了一半的调查对象）

具体调查结果如下：

更好	80％
更坏	10％
不知道	10％

虽然精英集团对公共政策方面的民意调查经常是不屑一顾,但大多数美国人认为公共政策制定者应当更加关注多数人的意见。

此次民意调查所提的问题之五是:我将给你阅读代表两种观点的两份文件。请告诉我,你最赞同哪一种?

(1)当国会议员们考虑就某一问题如何投票时,他们应当认真阅读领会这一问题的民意调查结果,以便于他们领会公众对此问题的观点。

(2)当国会议员们考虑就某一问题如何投票时,他们不应当阅读领会民意调查的结果,因为那将使他们的投票偏离他们自己所认为的正确选择。

具体调查结果如下:

阅读民意调查结果以便了解公众观点	67%
不要阅读民意调查结果,随你所欲	26%
不知道	7%

总之,虽然大多数美国人拥护主张自下而上的政策制定,但他们相信实际操作中政策是自上而下制定的。

资料来源:《聚焦公众对政策的态度》,载于《民意调查》,1999-02-15。

传统的自下而上的政策制定模式持这样的观点,即最重要的政策制定活动应当发生在政府内部,由政府本身去执行。在政策制定过程中,政府的各个组成部分,总统、白宫的工作人员、国会议员及其工作人员、行政执行部门及其代理机构、法院,都承受着来自下列方面的压力而顺应其要求:有组织的利益代表集团、政党领导人、选举中的政治、媒体的报道。

通常,政府的政策制定过程反映在以下一系列活动中:

● 应对来自要求政府采取行动措施的要求,界定哪些是政策问题。

● 议事日程的设定。或者说,使大众传媒和政府官员的注意力集中在具体的公共问题上,探讨决定哪些问题需要决策。

● 政策策划组织、利益代表集团、政府行政机构工作人员、总统和国会形成并提出政策建议后,制定政策。

● 通过政党、利益代表集团、总统和国会的政治行为,将政策合法化(即将政策进行立法)。

● 通过有组织的行政机构人员、公共支出,以及行政代理机构的行为,执行公共政策。

● 通过政府机构本身、政府之外的顾问、媒体和公众,对政策进行评估。

概括来说,传统的观点模式将政策制定过程视为一系列的活动过程——问题的界定、议事日程的设定、政策的制定、政策的立法、政策的执行,以及政策的评估——所有这些活动的主要内容都应发生在政府之内。

(鞠方安 吴 忱 译 王晶晶 校)

公民参与的初始步骤[①]

约翰·克莱顿·托马斯

作者简介

约翰·克莱顿·托马斯(John Clayton Thomas),美国佐治亚州立大学公共行政与城市研究学院教授、院长。托马斯曾在美国部分城市事务管理和公共行政研究组织中担任领导职务,包括 1990 年至 1992 年担任城市事务协会主席,1994 年担任美国行政学会下设国家会议的项目联合主席。托马斯的主要著作有:《在市民与城市之间:辛辛那提街道组织与城市政治》(*Between Citizen and City:Neighborhood Organizations and Urban Politics in Cincinnati*,1986)、《转变中的大城市政治》(*Big City Politics in Transition*,1991)和《公共决策中的公众参与:公共管理者的新技能与新策略》(*Public Participation in Public Decisions:New Skills and Strategies for Public Managers*,1995)。

选文简介、点评

20 世纪 70 年代以后,随着信息技术的发展及公民社会的兴起,公民参与运动在世界范围内兴起,"强势民主"、"公民治理"的理念不断深入人心,公民开始越来越多地参与到公共政策制定、执行及社区公共事务的管理过程,公民参与成为信息时代政治生活不可或缺的部分。然而,在促进公民参与成为公共管理者必须履行的一个责任的同时,如何克服公众参与的难题,维持公民参与的代表性与政府管理活动效率之间的平衡成为公共管理者们必须考虑的问题。约翰·克莱顿·托马斯所著的《公共决策中的公民参与:公共管理者的新技能与新策略》一书就围绕公共决策过程中公民参与的有效途径这一核心问题,从理论和实践两个层面探讨了政府决策中公民参与的有效途径。全书为读者提供了一个明确的公民参与操作指南,勾勒出在政府决策过程中发展公民参与的策略途径,为公共管理者在推进公民对各项社会事务的参与的同时维持公共管理的效率和效益提供了理论指导。

在托马斯看来,公民参与虽然具有可以提高公民对公共管理和政府改革的理解和认知程度等优点,但也有其固有的难题,如:公民参与行动是否总是有

---

① [美]约翰·克莱顿·托马斯.公共决策中的公民参与:公共管理者的新技能与新策略[M].孙柏瑛,等译.北京:中国人民大学出版社,2005:31-48.

效？是否在任何时候公民参与都是越多越好、范围越大越好、涉入越深越好？公共管理者在多大程度上与公民分享权力？哪些公众可以参与决策过程？为解决这些难题，托马斯提出了一种"公民参与的有效决策模型"（Effective Decision Model of Public Involvement），全书围绕这一模型，针对公民参与有效途径进行了详细设计。全书共十章，鉴于篇幅有限，下文节选第三章"公民参与的初始步骤"供读者研读。

该书第三章主要围绕"公民参与的有效模型"的第一步——公共决策是否需要公民的参与这一问题展开讨论。作者在本章中提出了决策的两个基本要求——政策质量要求及公众的可接受性要求，界定某项决策是否需要公民参与以及需要公民参与的程度，必须首先结合政策问题的特点，分析该决策对于政策质量及公众可接受性的要求分别如何；进而管理者才能决定应该采用自主式管理方法单独作出决策还是采用改良式的自主管理方法，引入有限的公民参与。为了让读者更清晰地了解如何判断一项决策是否应该引入或在多大程度上引入公民参与，作者还使用了三个案例进行说明，生动、直观、引人思考。

不同于其他"公民参与"的研究者，在《公共决策中的公民参与：公共管理者的新技能与新策略》一书中，托马斯不再将公民参与的研究停留在一般性地阐述公民参与的必然性和重要性上，而是进一步理性地分析公民参与的优点和内在缺陷，并论证了公民参与有效性的评判标准，为公共管理者决定在不同的公共政策制定、执行中选择不同范围和不同程度的公民参与形式提供了实用和可操作的指南。该书是公民参与实践领域不可多得的一本经典之作。

教育政策的民主化与科学化是教育政策研究领域亘古不变的话题。托马斯敏锐地察觉"民主化"与"科学化"两者的张力，提出"公民参与的限度"。这对于我国教育政策民主化与科学化的理论研究和实践活动均有重要借鉴作用。

选文正文

公民参与的初始步骤

在任何公民参与过程中，公共管理者的首要任务就是决定公民参与的程度，即究竟需不需要公民参与？如果需要，应该如何确定公众参与的广泛程度？应该与公众分享多少决策权力？

对上述问题的正确回答将随政策问题的不同而有所变化，因为，政策问题不同，公民参与的收益和成本之间的权衡也不同。我们很难笼统地说公民参与是适宜或是不适宜的，公民参与更适合于某些政策问题，但对另外一些政策问题却不那么合适。因此，公共管理者的任务就是当政策问题出现时，确定公民参与的适宜范围，然后采取恰当的形式吸引公民参与决策。本章和接下来的两章将主要探讨公共管理者如何做出这些决定。

公共管理者可以运用公民参与的有效决策模型对公民参与需要做出判定。该模型建立在一种理论基础之上,这种理论来自于有关小型团体决策模式的探讨(Vroom & Yetton,1973;Vroom & Jago, 1988),并经过了公民参与政策问题的实证检验。有效决策模型包含了一些指导性原则,设计这些指导原则的目的是用来帮助管理者在作出特定的决策时确定应在何种程度上吸纳公民参与。本章将对有效决策模型进行阐释,同时展示此模型在只需要有限的公民参与或者根本不需要参与等情境中的适用性。第 4 章和第 5 章则检验了有效决策模型适用于更广泛的公民参与的前景。

3.1 核心理论

界定公民参与的适宜度主要取决于最终决策中政策质量要求(Quality)和政策可接受性要求(Acceptability)之间的相互限制。一些公共政策问题更多地需要满足决策质量要求,也就是说,需要维持决策的专业化标准、立法命令、预算限制等要求。而其他一些公共政策问题则对公众的可接受性有较大的需求,即更看重公众对政策的可接受性或遵守程度。于是,对政策质量期望越高的公共问题,对公民参与的需求程度就越小。另一方面,对政策接受性期望越高的公共问题,对吸纳公民参与的需求程度和分享决策权力的需求程度就越大。如果两种需要都很重要时,那么,就会存在要求增强公民参与或要求限制公民参与等不同观点间的争议和平衡。

一部深度探讨管理者应如何吸纳下属参与决策的论著认为,参与适宜度的确定也是取决于决策质量和可接受性两个需求之间的竞争(Field,1979)。在总结这部著作思想的基础上,弗鲁姆和耶顿(Vroom & Yetton, 1973)提出了一个旨在帮助管理者决定在何种程度上吸纳下属参与决策的理论,而后,弗鲁姆和杰戈(Vroom & Jago, 1988)又进一步发展了这一理论。这种理论模型有望解释在什么时候采用不同程度的公民参与是适宜的。这个期望来自以下因素。第一,该理论的首要变量选择同样也是公民参与问题的核心概念,即是"决策效能和组织效能"(Field,1979),也就是说,将决策效能和组织效能视为组织决策的重要结果。公共管理者在决定是否吸纳公民参与时也力图追求同样的效能。为了解释公民参与对决策效能的影响,这一理论试图化解在有关公民参与的论战中占据主导地位的决策质量需求和决策可接受性需求之间的紧张关系(Cleveland,1975;Cupps, 1977;Nelkin, 1984)。此外,透过对政策可接受性的关注,这一理论还触及了回应性和合法性问题,这些问题对于公共政策和公共事务管理是相当重要的。

第二,现有证据表明,这一理论在它发端的私营部门领域内运作良好(Vroom & Yetton, 1973;Vroom, 1976;Vroom & Jago, 1978)。即使是一位早期批评这一理论的学者最终都认为,"不断积累的证据表明,管理者应当了解弗鲁姆和耶顿提出的这一规范理论模型以及它在决策制定中的潜在作用"（Field，1982）。在有充分证据表明这一理论在私营部门内运转有效的情况下，我们有理由相信，它也能经得起公共部门的检验。

弗鲁姆和耶顿（Vroom & Yetton，1973）二人也暗示道，像该理论在下属中发挥的作用一样，相信它在公众中的运作也会有效。他们认为，这个理论的相关"团体"是"那些受到决策潜在影响的人们或他们的代表组成的集合体"，这样的界定既适合于公众，也适合于下属。

为了能够适应公共部门和公民参与问题的特殊性质，弗鲁姆和耶顿的理论模型的确需要修正。公民参与问题在某些方面更加复杂，表现在管理者必须花更多的时间来界定相关的公众，因为，与组织相关的下属相比，公共问题的相关公众数量更多，分布也更零散（参见第4章）。然而，在其他方面，公共部门的情况却并不那么复杂，它允许对有效决策模型进行一定程度的简化。我们将在本章的后面部分和第5章中对此进行解释。

公共管理者运用有效决策模型可以改进最终决策的效能。这一模型具有预测性功能，这一点我们从40个有关公民不同程度地参与政府决策的案例分析中得到了印证（对这种方法论和调查结果的解释，参见附录A）。实践检验与该理论模型准则的内在一致性说明，有效决策模型能够极好地预测政府决策效能（Thomas，1990，1993）。

3.2 一个决策的模型

为了运用有效决策模型，公共管理者必须首先能够识别制定公共政策、项目实施方案或者服务供给所处的情境，下面的描述至少包含了可以运用此模型来评估公民参与适宜度的一些情境。

（1）公共管理者必须对民选官员或者上一层级政府提出的新政策项目管理进行规划。

（2）公共管理者或其上级民选官员发现问题时，增加了现有项目或新开发项目变更的可能性。

（3）如果一部分公众要求政府对被察觉的问题采取行动，那么，公共管理者就会被要求对可能采取的行动给予支持，或者做出选择。

为了做出有效的决策，管理者应做的第一步就是对上述任何一种可能出现的情况保持警觉，然后随时准备采取主动的行动。有关案例的再分析清晰地表明，由管理者来发起行动，将产生更多有效的决策，即管理者和公众都认为比较有效的决策。一般来说，由其他方面发起的政策问题，比如由管理者的上级民选官员或者上一层级政府发起的政策问题，决策效能往往会比较低；而对发端于外部环境的政策问题来说，比如由公民团体发起的问题，决策效能是最低的。公共管理者主动提出问题可能会使他们更有能力引导问题的发展，而且，在这个过程中,公共管理机构的优先考虑权(agency priority)也得到了增强。但如果管理者的问题是由别人强加的,那么,这样的政策问题很可能已经被界定了,而这种界定则可能威胁到公共管理机构的优先考虑权。

在上述大多数情况下,管理者对如何吸纳公众进行参与具有起码的选择权。上级民选官员发布的法规或命令基本上没有明确规定如何让公民参与公共决策。例如,在几乎所有案例的再分析中,公共管理者或政策制定者都能够对如何吸纳公众参与决策施加影响。在50%的案例中,他们对决策行使独一无二的权力,而在另外43%的案例中,他们则通常能够与民选官员分享这种权力。有时,管理者需要抉择是否应该引入公民参与;不过,更为常见的情况是,公民参与是必需的,但是应以何种方式,在什么时间,以及在何种程度上引入公民参与却由管理者说了算。

在运用有效决策模型时,管理者可以在三种一般选项中进行选择:① 独裁或自主式决策,没有公民参与或者公众的影响力;② 协商式决策,公众在其中发挥有限却十分重要的作用;③ 公众决策,决策由管理者和公众共同制定,公民对决策拥有广泛的影响力。依据公民参与及影响力的程度不同,上述选择中的两项可以进一步扩展为下列五种决策参与途径:

(1)自主式管理决策(Autonomous Managerial Decision)。管理者在没有公民参与的情况下独自解决问题或者制定决策。

(2)改良的自主管理决策(Modified Autonomous Managerial Decision)。管理者从不同的公众群体中搜寻信息,然后独自决策,公民群体的要求可能会也可能不会得到反映。

(3)分散式的公众协商(Segmented Public Consultation)。管理者分别与不同的公众团体探讨问题,听取其观点和建议,然后制定反映这些团体要求的决策。

(4)整体式的公众协商(Unitary Public Consultation)。管理者与作为一个单一集合体的公众探讨问题,听取其观点和建议,然后制定反映公民团体要求的决策。这种方法只要求所有的公众成员都有参与的机会,比如获得参与组织良好的公众听证会的机会,但并不要求每个人都实际参与。

(5)公共决策(Public Decision)。管理者同整合起来的公众探讨问题,而且,管理者和公众试图在问题解决方案上取得共识。

一如上述有限选择提示的那样,对于公共管理者来说,有些选择并不是那么有效。首先,与一些公共官员现实的实践活动相反,公民参与并不包括那些在决策制定后才向公众征询建议的做法。在政策制定之后,管理者才与公众进行讨论并不构成真正的公民参与,公众只是被告知情况而不是参与了决策制定过程。仅仅让公众知晓一项决策可能是完全适当的,但是如果把它伪装成一种公民参与的形式来表明其影响力,那就是不恰当的。

其次,支撑上述这些选项的假设是,公民参与的程度与公共影响力的程度成正比。也就是说,公民参与越广泛,公众对决策的影响力就越大。然而,这个方程式从逻辑上讲并不是必然的,因为公众会——并且已经——广泛地参与到他们极少或者根本没有分享影响力的决策中去,但是在实践中,这却是必要的。在引导或奖励公民参与的直接报酬稀缺的情况下,其他的激励手段是必不可少的,而且对影响力的预期应该是一个最小值。因此,管理者要想获得某种特定水平的公民参与,必须提供与之相当的影响权力作为激励方式。只有"改良式自主决策"这种有限参与的途径——例如,在这种途径中,可以使用电话调查方法,只向公众提一些问题——可以在对公民影响力完全没有的预期情况下被管理者采用。

管理者如果忽视了公众的影响力需要,特别是当他们过分重视参与,而不太看重决策影响力的分享时,公民参与过程就会面临失败的危险。公众要么会因感到缺乏激励机制而不愿参与,要么会按管理者所愿积极参与,但不久就会因为自身的影响作用太有限而变得非常沮丧,并对参与不再抱什么幻想。以后,这些参与者将会对是否回应管理者发出的公民参与号召进行审慎的考虑。

上述五项有限的选择途径可能要优于其他一些著作提出的数量较多的参与方式选项。比如,阿恩斯坦(Arnstein,1969)著名的"公民参与阶梯"提出了八个"阶梯",但是,有几个(例如,"支配")"阶梯"是没有公众影响力的公民参与的。另外,正像本书第 6 章和第 7 章中进一步解释的那样,这五种参与途径能够被进一步扩展,使得公共管理者对特定的公民参与机制拥有更多的选择空间。

3.3 政策问题的特点

为了能够在上述五种参与途径中做出恰当的选择,公共管理者必须对拟处理的政策问题的特点提出七个重要问题:

(1)在任何决策中,管理者都明确决策的质量要求是什么吗?

(2)我有充分的信息做出高质量的决策吗?

(3)政策问题是否被结构化了,以致不再需要人们重新界定其他替代方案?

(4)公众对决策的接受程度是否对决策的有效执行至关重要? 如果是这样的话,管理者单独制定决策,他有相当的把握来认定公民会接受政策吗?

(5)谁是相关的公众? 公众是一个有组织的团体,多个有组织的团体,无组织的公众,还是这三种形式的混合体呢?

(6)在解决决策问题时,相关的公众能分享公共管理机构欲达成的决策目标吗?

(7)在选择优先解决问题的方案时,公众内部可能会产生争议吗?

设计这些问题的目的是为了在采取任何行动之前,先行界定决策质量要求和公众接受度要求,并鼓励管理者应当在任何有可能引入公民参与的情境下提出并思考这些问题。把所有这些问题的答案结合起来,将会说明公众是否应该参与,以及公众应该怎样参与。本章将对前四个问题进行解释。

政策质量约束

前三个问题的回答涉及最终决策方案的质量约束(Quality Constraints)条件。

1. 在任何决策中,管理者都明确决策的质量要求是什么吗?

"质量要求"(Quality Requirements)是指任何与最终决策本质相关的政策或管理上的约束(Vroom & Yetton,1973)。比如,(1)技术约束:用以限定应该考虑哪些政策解决方案(因为有时经验表明,某种特定的解决方案并不能有效地运作)。(2)规章约束:即任何决策过程都必须涉及的法定因素。(3)预算约束:即某种问题解决方案可以花费多少钱。质量要求的例子包括:

● 联邦食品和药品管理局(Food and Drug Administration,FDA)在药品管制中要考虑安全和效能约束(Friedman,1978)。

● 在设计、建设一条运输延长线的规划中,既要考虑方案能否促进主干线的充分利用,又要考虑能否将"交通拥挤的负面影响"降低到最低程度(McCarty & Howitt,1984)。

所有这些要求都包含着正当的理由来保护决策的质量,并限制公民参与。

公共管理者回应的政策问题总会附带质量要求,从最低度的预算限制到最高度的各种规章制度限制。在高度控制和规制的公共部门中,约束就是一种生活方式。由于害怕官员胡作非为和违法乱纪而引起公众不满,政策制定者把管理者的自由裁量权限制在"一系列的法律、程序和规范的范围内,力图密切控制他们的行为"(Whorton & Worthley,1983)。因此,在考虑公民参与事务时,管理者的第一项任务就是识别某个政策问题的质量要求。

这是一件困难的事情。一些政策问题的质量要求可能已经被使用好长一段时间了,所以管理者往往不再有意识地注意它们的重要性。只有在公民参与过程中提出这样或那样的挑战时,管理者才可能意识到这些要求的意义,而且,在这个时候,如果管理者再对公民参与权附加新的限制,将会激怒参与者。此外,管理者要把真正的质量要求同单纯的个人偏好区分开来也是比较困难的。管理者可能很想搞明白,这种质量要求真是必要的吗? 或者这只是他个人的偏好呢? 可是,公共管理者在公民参与之前准确地识别质量要求并不标志着问题界定到此结束。在决策过程中,如果政府通过了新的法规或者发生了意想不到的预算危机,那么,决策的质量要求也会随之发生变化;还有,公民也可能对一些特定政策质量要求的必要性产生质疑,他们会认为公共官员们用所谓的质量要求外衣,掩盖了他们个人的真实偏好(Petersen,1984)。

如果在决策开始时管理者没有思考和回答有关政策质量要求的问题,那么,管理者因此遇到的困难可能要比上述提到的困难更大。作为一个管理者,如果他在没有预先考虑质量要求的情况下就引入公民参与,他会由于没有事先明确应重视的质量要求而危害到政策质量要求的合法性。尽管管理者会在以后的时间里说明政策质量要求,但是,这种滞后会使得公民变得疏远,而这些公民恰恰已经认为他们的影响权力早已被扩展了。当然,公共管理者提前对质量要求做出说明,既不能保证政策质量要求受到保护,又不能保证公民参与者的满意,但是,它却使这两种结果获得的可能性大大增加了。

管理者对政策质量约束必须提出的第二个问题是,制定决策过程中管理者需要怎样的信息?

2. 我有充分的信息做出高质量的决策吗?

管理者要求更多的信息以促进政策质量,这通常需要依赖更多的公民参与,而不是更少的参与。如果管理者对上面第二个问题的回答是否定的,那么,他们就应该转向公民,把他们作为信息的来源(Vroom & Yetton,1973)。

对于高品质的政策而言,有几种信息可能是必需的。第一,管理者需要有关决策在其作用范围内运转状况的信息。一项有关社区邻里的法律实施项目决策可能从下列信息中受益匪浅,这些信息诸如居民在何时、何地察觉到了最严重的法律执行问题。第二,管理者需要有关公众偏好的信息。在一个项目决策中,有关项目潜在消费者偏爱哪种类型解决方案的信息可能是必需的。这种信息可以防止管理者提供不必要或者是公民不接受的公共服务。第三,管理者可能需要关于某个问题或者其解决方案的技术信息。只有在最后这种情况中,管理者对信息的需求往往不需要更多的公民参与,尽管公众有时在这方面也很有帮助。

问题结构代表了第三种可能的政策质量约束。根据弗鲁姆和耶顿(Vroom & Yetton,1973)的观点,在私营部门,问题结构意味着管理者了解政策的各种替代方案,并且懂得如何评估它们。与此相对应的是,在公共部门,问题结构通常只意味着如何切入问题,并将选择的余地减小到有限的方案范围之内,这些问题结构独立于解决方案的评估信息之外。在政治环境中,关于问题结构的充分信息并不是必要的前提条件。管理者需要提出的问题是:

3. 政策问题是否被结构化了,以致不再需要人们重新界定其他替代方案?

公共领域的很多政策问题最终不得不在两个或者多个可替代的方案中进行选择。

问题结构为限制公民参与的范围提供了理由。要保护这种既定的结构,管理者要么需完全避免公民参与,要么把公众的影响力限定在可替代方案的选择上。在后面一种情况中,有关公民参与的讨论,首先需要解释问题结构化如何限制了决策自由。

即使已经做出预先解释,但对于管理者来说,在结构化问题存在各种争议的状况下引入公民参与,也是比较困难的,而且还有可能威胁到决策的效能。一种极端情况是,公民们可能会认为,他们没有理由和必要花费时间对已经界定好的可选择方案再进行有限的选择,因此他们会拒绝参与决策。另一种极端情况是,公民们可能会断然抛弃已经界定的问题结构,并否决政府采取的任何行动。例如,当管理者要求公众帮助选择"LULUs"[地方不期望的土地开发和使用决策(Locally Undesirable Land Uses)]"非此即彼"的地点时,居民经常直截了当地回答"不",或者"机智地"大叫"不要在我的后院"。

为了防止出现这些危险,管理者应在将问题结构化之前仔细斟酌。管理者应该仔细考虑是否能够放弃一些比较明显的结构化,以此扩大公众对决策方案的选择范围。更可取的做法是,管理者应该在问题被结构化之前引入公民参与。许多政策问题在它们被结构化之前可以通过公民参与被提出来,如果在公民参与之前问题就已经被结构化成"是—不是"或者"所有的—没有一个"的选择,那么,以后在这个问题上就不易斡旋妥协了。

即使公共管理者试图在引入公民参与之前就回答这些问题,他们也同样需要经常将这些问题作为公民参与的结果不断重新进行思考。正像案例 3-1 美国联邦森林服务局近年来的实践表明的那样,公民的观点往往能够使管理者的思考更加清晰(Marring,1993)。

案例 3-1

在界定政策质量约束中引入公民参与:与联邦森林服务局进行协商

联邦森林服务局从 20 世纪 80 年代初开始尝试用非传统的方法让公众参与环境争议问题的解决。受到自己努力成功的鼓舞,在尚未解决的争议问题数量不断增加的情况下,森林服务局于 1988 年修改了其有关工作程序,在解决森林计划投诉中采用了公民协商方法(Manning,1993)。从对森林服务局雇员的深度访谈结果看,这种协商方法被证明是一种普遍而积极的变化,它的好处表现在重新界定政策质量要求和获取信息时,管理者会得到意想不到的帮助。

开始的时候,来自公众代表的质疑经常迫使森林服务局官员重新考虑原有的政策质量要求以及问题结构化是否确实有必要。一些服务局的官员坦陈,他们把"传统的管理实践"与以科学为基础的政策质量要求或问题结构相互混淆了。传统的实践通常建立在科学的基础上,但传统管理却并不是与科学相一致的唯一可能的途径。彻底砍伐方法(Clear-cutting)的实施经历就是一个明证。

长期以来,彻底砍伐方法一直是木材采伐采用的主要方法,所以,在许多公共管理机构官员的眼里,这种方法与科学的资源管理方式是一致的。用我们熟悉的传统眼光来看,公共管理机构的官员可能会认为他们的决策空间非常狭小,几乎没有变革的余地。其结果是,在协商过程中,对管理实践提出改良的建议可能被认为是一种威胁。例如,当有关环境问题的投诉者要求森林服务局采纳彻底砍伐法以外的木材采伐方法时,拘泥于传统的公共管理机构官员经常会认为,这无异于要他们跨出以往可接受的决策空间的边界。事实上,从任何卓越的科学原理看,彻底砍伐法都是不可取的。协商使得森林服务局官员在不危害政策科学性基础的前提下认识到上述事实："尽管环境问题投诉者已经向森林服务局的官员施压,要求他们改变传统的管理方式,但在协商过程中,这些决策的科学基础仍没有发生任何变化。"

来自公众的质疑迫使森林服务局官员为原以为有科学基础的政策质量要求和问题结构提供进一步的论证。本案例中的公众包括许多知识性团体："国内的几个环境保护利益集团,如野生植物协会(Wilderness Society),山脊俱乐部(Sierra Club)和奥杜本协会(Audubon Society),这些组织都以彻底、详尽地分析国家森林计划而闻名于世。工业团体则包括木材采伐和森林产品行业的代表,他们也仔细审查了森林计划,以了解它们的自身利益将会受到怎样的影响。"正如森林服务局一位参加协商的人士所说的,为了与这些团体协商,"你最好弄明白你们正在谈论的东西,否则,你将会陷入窘境"。

公众团体参与这些协商也改善了决策制定的信息基础。除了提供消费者的偏好信息之外,这些团体也提供了有用的科学信息。的确,为了能与这些公民团体并驾齐驱,森林服务局的"官员们不得不在他们的研究和分析中加入最新的信息"。结果,森林服务局的官员们"发现,通过扩大决策制定的知识基础,协商过程也增强了决策的科学基础"。

公民参与经常迫使管理者重新界定政策质量要求、问题结构和信息需求。可是,管理者不应该仅仅把这种重新界定推延到公民参与过程中。就像森林服务局案例提示的那样,比较好的策略应该是让公众先进行初步的界定,然后,管理者再重新考虑这种界定,因为公民参与提供的建议是十分必要的。

政策可接受性的需要

一旦对政策质量的核心需要被界定清楚,政策可接受性问题就变得突出了。让公众参与决策过程的主要目的是为了增强公众对决策的可接受程度,尤其是当决策执行过程特别依赖公民接受政策的情况下,吸收公民参与决策制定就显得非常重要了。"参与"增加了公众对决策接受的可能性,也通过培养公民的决策"所有权"意识,增强了决策执行成功的可能性。

在公共部门中,政策成功地执行并不仅仅意味着管理者完成了实体任务或项目运作就万事大吉了。在高度政治化的政府环境中,激烈的公民反对声音仍然显得十分突出,并且可能威胁到决策过程甚至是决策制定者。例如,在一个社区中成功地开设一个吸毒者戒毒治疗中心对于达到让吸毒者重返社会的目的而言,这可能是远远不够的。如果社区居民持续反对治疗中心的存在,上述决策便无法有效执行。在公共部门中,成功的决策执行不仅需要实体任务的完成,也需要政策执行后公众的反对声音不断减少。

并非在所有需要公民接受政策执行的情况下都需要公民参与。公民有时认为某项决策的预期结果是符合自己意愿的,因此,他们在不参与的情况下也会接受这项决策。例如,向衰退城市的公民承诺提供新的工作机会的决策,完全可能会在没有公民参与的情况下被公民接受,因为公民十分渴望经济的增长。所以,就政策的可接受需要而言,管理者必须将一个问题分为两部分提问:

4. 公众对决策的接受程度是否对决策的有效执行至关重要? 如果是这样的话,管理者单独制定决策,他有相当的把握来认定公民会接受政策吗?

对这个问题的第一部分给予否定回答,或者问题的第二部分给予肯定回答,都会减少或者排除对公民参与的需要。如果政策可接受度并不重要,或者已经得到了确保,那么,不必要的公民参与会使事情变得复杂化。另一方面,管理者应该对那些认为没有公民参与公众也会接受政策的想法采取小心谨慎的态度。即使是经济衰退城市的居民,有时也会拒绝经济发展政策,尽管此政策向居民承诺提供新的工作机会(Fox, 1985)。

3.4 有效决策模型的初始应用

在讨论了前四个问题之后,借助于有效决策模型决策树第一部分中提供的答案,管理者就可以对公民参与的必要性做出初步的判断。图1即展示了这种有效决策模型的决策树。对许多政策问题来说,这里给出的答案已经说明,管理者应该采用自主式管理的方法,单独作决策;或者在单独作决策的同时,也采用改良式的自主管理方法,引入有限的公民参与。

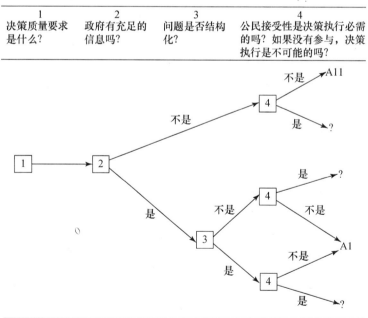

图1 公民参与的有效决策模型:初始步骤

注:AI＝自主式管理决策

AII＝改良式自主管理决策

运用自主式管理方法

对前四个问题的回答表明：公众不应该参与，因为政策质量问题处于支配地位。也就是说，决策必须重视质量约束，或许还由于问题的结构化，管理者既不需要从公众中获取信息也不需要使得公众接受政策。如果公众既不能对参与有什么贡献，又不能从参与中得到什么好处，管理者又有许多要保护的东西，那么，决策或许应该在行政机构内部制定，与公众参与无关。

在这些问题上寻求公民参与既危险也是不必要的。这样的危险就在联邦环境保护总局(Environmental Protection Agency，EPA)推动得克萨斯州的两个社区进行水质规划的实践中变成了现实，我们将在案例 3-2(Plumlee，Starling & Kramer，1985)中对此情况进行描述。

案例 3-2

公众参与水质规划

20 世纪 70 年代晚期，联邦环境保护总局(以下简称"环保总局")为履行其改进水质的职责，在全国许多社区开展了水质规划工作。得克萨斯的两个社区被列在该计划项目之中。

法律规定鼓励居民参与这项规划，在这样的背景下，环保总局官员把从两个社区中选择和组建公民咨询委员会作为公民参与过程的一项核心工作。每个公民委员会大约由 50 人组成，这些人都是被任命的。精选出来的委员会成员"是一个涉及相关公众，具有广泛性的样本"，他们包括"公共官员，有经济利益的人，一般的公众和'公共利益'的代表"。委员会的运作程序也经过了仔细的规划，以确保"较高程度的公民参与"(Plumlee，Starling & Kramer，1985)。

但是，这样一个复杂的参与过程真的合乎规划需要吗？经过对规划关键问题进行的一次严密分析，人们发现情况并非如此。从一开始，政策质量要求就很高，"这一政策过程中的诸种约束，使得任何偏离其经济或技术可行性的思路都是不可能的"。规划范围也被严格地限制了，因为，与国会的期望一致，环保总局要求各地方自身的规划应尽可能"不与那些非源头性的水质来源问题联系起来"。这样，社区实际上就没有余地来重新界定问题了，从而无法将得克萨斯州自身最大的利害关系包含在政策问题中，这些问题包括：在一个地方，水源污染恰恰与一个地方的支流状况相关，而在另一个地方，水源污染则是由于水源短缺产生的水量问题导致的。

在本案例中，对政策信息的需要或对政策接受度的需要，抑或对二者的同时需要，都不能成为公民广泛参与的正当理由。环保总局的兴趣在于以此发挥对公民的"教育功能"，使公众意识到进行水质规划的必要性。但它所表示的对公民信息的需要——"旨在测验公众对技术性很强的政策建议的反应和理解"，看起来只不过是对它的真实兴趣的一种口头掩饰。没有证据表明，新的信息获取会使该项目规划发生怎样的改变,技术和经济上的限制已经把这些规划固定住了。把公民参与作为一种有利于规划执行的手段,在这里显然没有太大的需要。要么规划的执行不需要公众接受,要么即使获得公民的接受是必要的,但决策问题大概早已被界定了,纵然没有公民参与,决策也会被公众接受。

公共管理者可能会遇到这样的情况——一个项目规划受到严格的法律限制,也缺乏获取外部影响的空间,以至于任何公民参与都毫无意义。在这种情况下,管理者应当通过自主管理的途径自己来解决有关决策问题。环保总局的项目规划者曾经尝试着通过建立公民咨询委员会的方式进行广泛的协商,但如预测的那样,结果并不令人满意。对环保总局官员来说,决策制定过程被不必要地复杂化了,导致得克萨斯地区的水质规划过程被"漫长地拖延"。许多公民参与者对参与状况日益灰心和愤怒,因为,对参与的公民来说,由于他们在参与中不能发挥任何重要的作用,因此,他们对参与过程感到沮丧,并且不再抱任何幻想。对环保总局官员和公民两者而言,规划过程似乎并不值得让他们付出如此努力:"每一位参与者都以这种或那种方式表明,这个'208'规划过程是无效的"。

运用改良式的自主管理方法

环保总局的案例说明,公共管理者有时会面对这样的情形:法律要求决策过程要接纳公共参与,但有效决策模型却建议在这种情况下无需公民参与(也就是说,在这种情况下,既没有对公众信息明显的需要,也没有对公众可接受性明显的需要)。那时最好的选择就是,在允许的范围内寻求最低程度的公民参与,这既能防止由于引入不合理或不需要的参与而错误地提高公众的期望,又能达到满足法定要求的目的。如果环保总局在得克萨斯案例中遵循这样的建议,它本可以采用公众听证会的方式,而不必建立一个复杂的咨询委员会组织。在采取行动的时候,管理者选择改良式的自主管理方法要优于选用完全自主式的管理方法。也就是说,管理者从公众各群体中寻求决策信息,但他需要单独做出决策。

当管理者需要从公众中获取信息,而不必获取公众接受时,有效决策模型也建议使用这种改良式的自主管理方法。在这种情况下,公众接受与否对决策执行不起关键性的作用;即使公众接受度是十分关键性的因素,但管理者在单独做出决策时,已经对公众接受度非常有把握了。在只要获取公众信息的情况下,管理者既不需要广泛的公民参与,也不需要与公众分享很多的影响力。在佛蒙特州建立一座核电厂的决策制定过程中,管理者即在这种情况下运用了改良式自主管理方法,我们将在案例3-3(Ebbin & Kasper,1974)中进行详尽阐述。

案例 3-3

建造佛蒙特州核电站

1966 年 11 月 30 日，佛蒙特州核能公司向原子能委员会提出申请，希望原子能委员会允许该公司在佛蒙特州的弗农附近一个高度不发达的乡村地区建造一座核电厂。是否批准这一请求是原子能委员会的基本职责。

同环保总局的案例一样，原子能委员会不得不极其重视该项决策中十分重要的质量要求或约束，其中包括核电站运行中是否会对公众的健康和安全产生过分的危险等（Ebbin & Kasper，1974）。可是，与环保总局的案例类似，这项决策也被问题结构（应该还是不应该建核电厂）所限制。

由于该问题存在着其他两个显著的特点，所以，公民参与是十分必要的。首先，需要更多有关公众偏好的信息；其次，公民参与是法定的要求："原子能委员会要求针对核电厂建造审批事项举行听证会，并允许感兴趣的各方参与这些听证会"。

可是，即使在没有公民参与的情况下，公众接受度也可以被认定。尽管相同的决策问题可能会在几年后引发广泛的公众反对，但 1967 年并没有发生有组织的公民抗议。相反，这个地方的居民把这项规划看做是本地区的一项"进步"。

偶尔也存在着这样一种情况，即一个问题受到多方面的限制，不需要获得公众接受，但是它却需要从公众那里获取信息，而且公民参与是一项法定要求。这种情况就比较适合运用改良式的自主管理方法，这样的选择比较理想。

原子能委员会运用这种改良式的自主管理方法，举行了四场公众听证会。这些公众听证会只向公众发出了邀请，但并没有使劲鼓励他们参加。最后，总体来讲，参与的结果比较积极——至少从短期看——因为核电厂圆满建成之后，很少有哪个团体宣称对该项决策过程不满。

改良式的自主管理方法作为公民参与过程的第一步是有益的，尽管此过程最终还需要其他若干步骤。管理者通过这种方法获取的信息有助于消除公众接受需要上的不确定性，因为公众的接受需要往往受到公众参与的影响。如果公众的接受需要变得明朗起来，管理者还必须回答其他一些问题，我们将在第 4 章和第 5 章中讨论这些问题。

在决策过程中，公共管理者不论是采用自主式决策方法，还是采用改良式自主决策方法，都应该小心谨慎。即使不是绝大多数决策问题都需要公民接受，但是，许多决策要想得到成功的执行，就需要获得公众的接受。例如，至少有 91％ 的再分析案例证实了这样的需要。尽管此项分析可能夸大了需要得到公众接受的公共决策的实际比例，但是这个数字却表明，管理者应该运用比改良式自主管理方法蕴涵更丰富的公民参与的参与方式，来解决当前很多公共管理决策问题。在思考解决这些决策问题之前，管理者必须考虑公众的性质，这就是我们下一章要讨论的主题。

（孙柏瑛 等译 王晶晶 校）

在经验中学习：政策执行的经验教训^①

梅伯瑞·沃琳·麦克劳林

作者简介

梅伯瑞·沃琳·麦克劳林(Milbrey Wallin McLaughlin)，美国斯坦福大学教育和公共政策学教授(荣誉退休)，现任致力于青少年研究的约翰·W.加德纳中心(The John W. Gardner Center for Youth and Their Communities)和教学背景研究中心(Center for Research on the Context of Teaching)的主任。麦克劳林的主要研究兴趣是美国K-12教育政策和如何通过社区—学校合作来支持青少年发展。她的研究关注学校教学如何受到"背景因素"的影响，例如组织政策，学校的社会文化背景，所在的地区和社区，等等。她也关注社区与学校之间的联系，致力于探究社区组织机构，家长、教会等在帮助青少年发展方面的潜力和一些新的策略。

选文简介、点评

麦克劳林的这篇论文是为美国教育部资助的"教育政策研究中心"而作。该文基于历史的角度，对"政策执行"问题的历史发展做了较为详细的描述，区分了第一代、第二代、第三代政策执行分析人员及其历史使命。

在该文中，通过翔实的历史分析，麦克劳林发现，20世纪60年代中期和70年代初期，政策执行问题包括在政府行动和组织行为学的理论之中，其独立存在的必要性一度遭到了忽略。

该文指出，作为第一代政策执行分析人员，普瑞斯曼和迈尔达斯凯(Pressman & Wildavsky,1984)提出了对"理性人"和政策执行不变性神话的质疑。他们提出执行决定结果，即使是设计周全、支持有效、预期颇佳的政策行动，其最终执行结果也取决于政策系统中个人对政策的理解和行动。他们还揭示了地方因素，诸如地方大小、组织关系、承诺责任、实施能力和制度复杂性对于政策回应的影响，并构建了一个更为广泛而重要的地方影响变量。这一批最早的政策分析人员确立了"政策执行的观点"，并为第二代政策执行分析人员提供了研究的基础。第一代研究分析者发现了问题所在，并描画了研究参数。

---

① Mclaughlin, M. W. Learning from Experience：Lessons from Policy Implementation[J]. Educational Evaluation and Policy Analysis，1987,9(2)：171-178.

第二代研究分析者开始解密政策执行过程，并重新审视政策本身和执行实际之间的关系，较系统地讨论了政策执行过程中的经验教训。他们指出政策的成功取决于两大因素：地方的能力和自身意愿。意愿和动机反应了政策执行者对政策价值和实施策略可行性的评估。当目标模糊或资源不足时，组织对明确政策行动的遵从，则主要通过个人价值观来体现。成功的政策执行通常都需要政策压力和政策支持的结合。经验证明在政策压力和政策之间寻求平衡至关重要。压力可以帮助执行人员集中精力于改革目标；支持则有助于确保政策执行可行。

对于政策执行过程进行细致分析的相关政策经验还表明，执行过程的每一个小点上，政策被转换为个人的理解和反应。因此，政策结果最终取决于执行链条上的个人行为和教育系统中的底层官员（Weatherley & Lipsky，1977），使政策研究者的注意力从制度和制度设计目标转移到了个人和个人的激励、意愿和能力上（Sabatier & Mazmanian，1980）。

政策执行是动态的过程，执行问题永远无法全部解决，而是一个多层次、不断反复的过程（Majone & Wildavsky，1977）。最初有效的政策支持很可能随着资金的撤出举步维艰，或者新的要求不断袭来让人应接不暇。这些政策执行过程中的结果增量才是最有益的。政策执行的模型由最初的政策信息传达或者激励与权威问题，转变成了执行过程中的讨价还价和不断变革的问题。

政策执行过程这一观点重点突出了个人而非制度本身的重要作用，强调执行者个人的激励、意愿和能力。处于政策执行系统中不同层级的人要参与到政策的协调沟通中来，作出积极反应、表达合理诉求。政策分析还必须反应执行过程中多层级的发展特点。为此，政策分析人员必须熟悉政策执行过程的不同阶段，并且熟知各阶段的不同问题。

麦克劳林指出，在政策执行的经验中学习，需要我们从一个实证模型转向社会学习和政策分析，强调经验借鉴和对未来政策制定的帮助。麦克劳林认为，以往政策执行的经验教训，无论是在理念上还是技法上都向第三代政策执行分析人员提出了挑战，即如何协调政策制定者的宏观思维与政策执行者的微观行为，将现实世界中的底层官僚权力与政策制定者所在的系统模式相结合，将政策意向与集体行动，以及可预见的制度影响全盘考虑。

而且，麦克劳林并没有将政策制定和执行割裂开，而是主张政策执行是一个动态循环的过程。同时，麦克劳林敏锐地发现基层官员在政策执行中发挥了政策"再制定"的作用。

毫无疑问，麦克劳林的观点对于我们重新理解教育政策执行和基层官员的作用有重要意义。

选文正文

内容摘要：

第一代政策执行分析的研究者揭示了政策执行中存在的问题，即政策本身与执行项目关系的不确定性，并勾勒出了更为广泛的政策参数。第二代研究人员开始解密政策执行过程，并重新审视政策本身与实践的关系，这些努力成为研究政策、实践进展和进行分析的宝贵经验。比如：在地方层面，政策并不总能达到预期效果；个人的激励和信念成为地方政策执行成败的关键；有效的政策执行需要在外界压力和支持因素间求得策略性平衡；政策导向的变化最终只是问题的最小单元。这些经验教训，无论是在理念上还是在技法上都向第三代政策执行分析人员提出了挑战，即如何协调政策制定者的宏观思维与政策执行者的微观行为，并在二者之间寻得统一。

早在 20 世纪 70 年代，"政策执行"这个词汇就进入了政策分析研究人员的视野，当时野心勃勃和包罗万象的联邦政府改革正致力于解决"政策执行问题"。"伟大社会"（the Great Society）的理念对广泛的政府间行动提出了全新的解释，政策执行不再是一个简单的管理学问题，也不再局限于老板与下属之间，更不会囿于某一单一的情况。"大社会"理念下的社会政策中的政策执行涉及政府的各个层面，从华盛顿总部到州政府再到地方社区，横亘了立法、行政和管理在内的各种政府部门。随着联邦政府、州政府和地方官员对新社会政策做出回应，政策执行上的诸多问题也不断地展现了它的复杂性、棘手性和不可抗拒性。

政策执行问题的发现对于政策规划者和分析者都是个意外。在 20 世纪 60 年代中期和 70 年代初期，早先关于政府行动和组织行为学的主流的理论就包括了政策执行问题，或者说是忽略了它独立存在的必要。经济学家作为"伟大社会"理念的主要设计者，强调的是市场、激励和产出的功能。而社会学家则沉湎于科学管理理论，倾心于韦伯的科层制和官僚制度。当经济学家们认为令人失望的项目实施结果源于"市场失灵"，并在激励措施中寻求出路时，社会学家和组织理论者看到的却是组织控制的不足，倾向于寻求新的惩戒措施和增加监督管理。[①]

经验会最终证明，联邦政府支持改革的行动往往令人失望，而以上的分析结论又是多么的孱弱无力。经济学理论中的"理性人"是分析人员想到的政策执行中的罪魁祸首。我们发现，政策执行人员并不总是照章办事（如社会管理学的反对者所言），当然也不会最大限度地执行政策的意愿目标（如许多经济学家分析的那样）。与此相反，在政策执行系统中的不同责任层级，即使不是彻头

[①] 作为例证，罗森布鲁姆（Rosenbaum）对"湿地法案"的分析，勾勒出了政策执行结果的两大法定特征，即政策的特异性和可执行性。他分析指出："法案的可执行性必须基于一种平衡，即在所需的行为改变和机制紧缩之间保持平衡，以确保层级间的合作及激励公众对政策法案的遵从。"

彻尾地反对，其反应往往也具有令人沮丧的不可预测性。政策执行的结果不仅与预期相差甚远，而且在全国范围内的实施会衍生出诸多变量，变数无穷。

1973 年，普瑞斯曼和迈尔达斯凯（Pressman & Wildavsky，1984）提出了对"理性人"和政策执行不变性神话的质疑。作为第一代政策执行分析人员的首创者，他们提出执行决定结果，即使是设计周全、支持有效、预期颇佳的政策行动，其最终执行结果也取决于政策系统中个人对政策的理解和行动（Bardach，1977；Berman & McLaughlin，1978；Elmore，1977；Van Meter & Van Horn，1975）。这一时期的研究还揭示了地方因素，诸如地方大小、组织关系、承诺责任、实施能力和制度复杂性对于政策回应的影响。

为了应对更为复杂的现实问题，政策分析人员还构建了一个更为广泛而重要的地方影响变量。比如，纽约市波多黎各双语教学问题与洛杉矶市墨西哥裔青少年的教育问题有着本质的区别；城区教育的家长参与和乡村学校父母参与教育的问题是截然不同的；纽约市和密西西比州的教师认证在策略上和本质上都难以相提并论的。政策问题无论在定义上，还是在严肃性和处理难度上都不可同日而语。

这一批最早的政策分析人员确立了"政策执行的观点"，并为第二代政策执行分析人员提供了研究的基础。尽管第一代研究分析者发现了问题所在，并描画了研究参数，但是第二代研究分析者开始解密政策执行过程，并重新审视政策本身和执行实际之间的关系。这篇论文就搜集了大量基于政策执行过程研究的经验教训。

实践经验

或许，实证研究的总体结论是：在政策执行中发生预期的改变绝非易事，尤其是在政府和机构的不同层级之间。这不仅源于社会问题的棘手性，而且在于政策制定者无法决定最重要的因素。众所周知，政策的成功取决于两大因素：地方的能力和意愿。能力本身是个难题，但政策可以干预，可以提供政策培训和资金支持，选派顾问到地方进行咨询建议。而意愿本身，或者说是态度、动机、信念，这些政策执行人员对政策目标和策略的反应，却是政策难以干预的。

部分意义上说，意愿和动机反应了政策执行者对政策价值和实施策略可行性的评估。例如，对于政策目标模糊、政策资源稀少的"肯定性行动计划"，组织对政策的服从，几乎完全由关键人物的价值观来解释（Milward, et al.，1983）。如上所述，田纳西河流域管理局（Tennessee Valley Authority）治理行动的成功就在于州政府与联邦政府对项目目标的高度一致性认同。与此相反，1965 年联邦政府有关中小学教育法案中鼓励父母参与的项目就没有得到很好地执行。很多地区都没有就此作出积极的反应，就是因为教师和管理者都不认为家长参与其中有多少益处（McLaughlin & Shields，1986）。然而，并不是所有时候大家都对政策持反对态度,有时人们的价值观也会与行动一致(Fullan,1986)。例如,校长要求教师与低收入家庭的父母多沟通,帮助检查孩子的家庭作业就收到了意想不到的效果,让教师们认识到家长在学生学业进步上扮演的重要角色(Epstein,1984)。

但是,政策执行者的动机和意愿往往受到政策之外诸多因素的影响。政策环境的持续性、竞争中的权力中心和社会政治环境的诸多压力都会深深影响政策执行的意愿(Yin,1981)。例如,加利福尼亚州学校改进项目在该州最大的一个地区没有被采纳,主要是由于当地的教师罢工导致资源不足、关注不够。简而言之,政策最好能够促成结果达成,但是最终的政策分析是不可控的。

如此强调个人动机和机构内部条件对于政策执行结果的影响,说明在越低层级的机构里,政策外界特征的影响越是微乎其微。另一个值得学习借鉴的地方是,成功的政策执行通常都需要政策压力和政策支持的结合(Elmore & Mc-Laughlin,1982;Fullan,1986;McLaughlin & Pfeifer,in press;Montjoy & O'Toole,1979;Zald & Jacobs,1978)。当政策目标中包含了明确的执行方向,比如每小时55英里的限速,来自自身的压力就足够了。如果政策执行不需要额外的资源或者规范的改变,压力也就足够了。但是仅仅是压力并不足以影响态度、意愿、价值观或惯例的改变,达到改革政策的预期。在教育政策执行中,结构松散的教育系统和多层级的学校会出现象征性应付和不服从现象。此外,即使是大批的督察官员,也不能强迫人们服从法律的精神,这一点从长远来看是十分关键的。例如,地方官员可以被迫建立学校的家长参与机制,但是这并不必然让他们欢迎家长的到来,并提供有效参与的帮助。

因为在政策执行系统中对优先权和需求的争夺,执行系统中的政策支持作用也非常有限。尤其是不明晰的命令和指导方针给政策执行的主要对象提供了政策选择和权利争夺的机会。例如,有些地区就把联邦政府对创新项目的政策支持拿去资助灵活性较差的对象或是项目(如特殊教育中的个性化服务)(Kimbrough & Hill,1981)。

经验证明在政策压力和政策之间寻求平衡至关重要。压力可以帮助执行人员集中精力于改革目标;支持则有助于确保政策执行可行。由于大多数的机构和个人对于变革非常敏感,从这个意义上说,压力可以促使他们自觉自愿进行改革。还有当对于政策存在不统一的意见时,或者政策执行的获益者处于相对弱势时,压力可以为项目官员提供必要的合法性。1965年教育法案作为联邦支持力度最大的教育法案,要求联邦管理政策在大多数居民为少数族裔的社区提供必要的政策保护和法定政策补偿措施。但是当时人们希望这部分专门的政策补偿资金能够用于联邦政府拖欠的日常开支。

对于政策执行过程进行细致分析的相关政策经验还表明,变化最终取决于执行中的最小单位。在执行过程的每一个小点上,政策被转换为个人的理解和反应。政策结果最终取决于执行链条上的个人行为和教育系统中的底层官员(Weatherley & Lipsky, 1977)。

这样的观点就让政策研究者的注意力从制度和制度设计目标转移到了个人和个人的激励、意愿和能力上。并不是组织者去创新或执行政策以发生改变,而是每一个个人完成这个过程。个人并不总是从制度激励出发,而是从专业和个人动机上去执行政策(Sabatier & Mazmanian, 1980)。对于个体无法执行政策的解读往往是愤世嫉俗的,比如,教师通常是反对改革的,他们并不情愿进行课程创新。然而,第二代政策执行的分析人员却认为,教师这样的反应恰恰表现了他们对于本职工作的投入和对班上学生的保护。他们在新教育改革中的不配合只说明他们对于政策评估结果本身的不确定。我们所看到的有动力进行改革的专业人士都会竭尽全力做好本职工作,所以许多早期的政策分析人员称"正确"的政策需要有明确的目标。但是,很讽刺的是这些政策的结果往往与预期相差甚远,当政府付诸实践时,改革者不是去获取他们想要的结果,而是他们需要的结果(Johnson & O'Connor, 1979)。

我们还意识到了环境对于个人和机构的重要性。因为政策执行是动态的过程,执行问题永远无法全部解决,而是一个多层次、不断反复的过程。政策执行行动本身就会不断改变政策问题、政策资源和政策目标(Majone & Wildavsky, 1977)。新的问题、新的需求和新的考虑会随着政策执行过程的展开不断展现。例如,执行的最初挑战在于学习游戏规则。需要进行哪些努力呢?项目执行所需的法律支持是什么?明确的目标、确定的规则和有效的权威是政策执行起始阶段重要的外界变量。总体说来,只有当这些都被政策执行者理解,才能确保政策的推进和执行的质量。接下来,外界的影响因素就退居二线,而诸如政策认同、执行动机和能力意愿等内部因素开始占主导地位。

政策演变的过程绝非线性的或是可以预测的。最初有效的政策支持很可能随着资金的撤出举步维艰,或者新的要求不断袭来让人应接不暇。例如,联邦政府提到的"风险资金",随着地方教育部门紧缩财政,从支持教师试验转而用于购置教学设备。管理者对于地方校本教育改革的促进措施往往在州政府课程中发生偏转。个人兴趣、动机和参与度会随着权威、政治和服务目标的变化而变化。这使得项目人员处于困境之中。来自行政、政治和服务的目标多元化,往往会使个人的兴趣、动机发生变化。尽管理性人和政策制定者会先勾勒出政策目标和预期,但是官僚政治会将这些考虑因素蒙蔽掉。比如,除非管理者致力于实现政策目标,否则针对教师评估的项目计划很可能被搁置直到学校被迫关门(McLaughlin & Pfeifer, in press)。

因为政策执行过程会不断出现新的现实问题并且改变执行系统,经常会遇到意想不到的问题或者反周期的结果。例如,分析人员目前就在关注学校改革中追求卓越成绩后的教育公平问题。毕业要求的提升,使职业课程设置对于学

习不佳的学生越来越不利。

最终，我们意识到几乎不存在一蹴而就的政策。政策结果通常都是不直接的，在现存情况下不断发生变化。因此，政策也在不断变化，以适应环境变化。州政府和联邦政府对于政策执行结果的结果很可能截然不同，而且，在不同的环境中，"有效执行"的含义也会不同。

但是我们也意识到这些政策执行过程中的结果增量，这些地方执行中的变化才是最有益的。如前所述，地方政策执行者不会给政策制定者拱手送上他们想要的结果，但往往却是他们真正需要的结果。妄图一下达成的结果只会威胁政策执行的核心价值，打乱计划和现实。这样一蹴而就的结果虽然是政策制定者的初衷，但是却很可能导致政策的不稳定，成为一时风光的结果。这些边缘化的、意外发生的变量是政策执行者的自然反应，虽然花费时间较多，一旦发生改革效果就最终固定下来。同样的道理，外界促成的变化往往与当地的惯例、习俗格格不入，"蒙混过关"不仅是地方对于政策的最初反应，长远来看对政策执行也是有益的。

综上所述，这些经验使政策执行的模型由最初的政策信息传达或者激励与权威问题，转变成了执行过程中的讨价还价和不断变革的问题（Ingram，1977；Majone & Wildavsky，1977；Ripley & Franklin，1982）。政策执行过程这一观点重点突出了个人而非制度本身的重要作用，强调执行者个人的激励、意愿和能力。处于政策执行系统中不同层级的人要参与到政策的协调沟通中来，作出积极反应、表达合理诉求。进一步说，这些沟通交流和讨价还价是一个不间断的过程，其本身也是政策的资源、问题和目标不断演变的过程，而非人们预想的是自动自发的。这也意味着讨论本身会随情况发生变化，甚至很有可能与政策系统背道而驰。

政策评估与分析的意义

如果把政策执行的过程看做是讨价还价的过程，将使政策影响实践变得困难，也使政策研究者对影响的分析举步维艰。政策结果往往复杂多变，有时还隐晦难辨，难以预测也难以参与其中。即使是显而易见的结果，也不免昙花一现。在经验中学习，需要我们从一个实证模型转向社会学习和政策分析，强调经验借鉴和对未来政策制定的帮助。对于分析者和评估者，这里有大量更为广泛的指导方针要学习。

政策执行的一个重要分析框架不是分散的项目，而是一个执行系统。诸多因素可以解释这样一个宽阔视野的重要性。政策支持、激励措施和限制执行者能力，以及动机的因素都存在于这个广阔的系统之中。将政策执行者的行为限制在关注范围之内，意味着个人的选择和行动很可能被误读。比如，在特殊救助项目中，教师的兴趣匮乏和表现乏力，很可能是由于教师缺乏有关项目学生的信息,无从下手。同样地,在政策系统中,对项目结果的解读可能会完全不同。例如,"艺术磁石项目"(art magnet program)在独立的项目评估中很可能是成功的,但是在更广泛的系统评估中则不尽然,因为它的成功是以牺牲其他地区资源为代价的,这样的做法怎么可以被评价为"成功"呢?

将政策执行系统作为分析的框架也有利于弄清政策结果之因,因为这一结果在执行过程中被个体不断地重新解读和选择。比如,一个不成功的政策是由于缺乏足够的培训,还是因为执行者选择了无效的培训方式?那么与此相反,一个成功的项目执行是由于策略得当还是地方在执行目标上的部署得力呢?执行项目和政策结果的评估,如果脱离了制度系统就会忽视许多执行过程的基本因素。

政策分析还必须反映执行过程中多层级的发展特点。研究依据的着力点不同,"结果"也会大相径庭。在政策执行的初始阶段,总结性的措施通常是不合时宜的。较为合适的做法是去分析在多大程度上,支持项目的所需资源是可利用的,是否有足够证据证明执行者在努力学习新规则,或者是有迹象表明人们愿意并支持执行系统的策略和目标。分析人员和评估者需要对执行过程进行多角度的、中间措施的测量评估,以追踪政策执行过程的活力。为此,政策分析人员必须熟悉政策执行过程的不同阶段,并且熟知一个政策问题的本质。尤其是执行过程中不同结点上的具体政策问题是什么?政策成功执行的证据何在?危险因素的征兆是什么?

评估和分析的相关经验源于政策执行发生的动态变化的制度环境。克伦巴赫(Cronbach)讽刺地称之为"概括的衰变"(generalizations decay)(1982)。如今,项目执行结果常常受制于不断变化的现实——执行人员岗位的变换,不同的项目客户,变化中的可用资源,时间和关注度的竞争。总结性的分析往往成为暂时的和受条件限制的。因此,在系统中理解把握不同项目和结果就显得至关重要。对于分析者来说,"为什么"和"怎么样"与"是什么"和"有多少"一样重要。

另外,这种地方层面的变化,以及宏观政策制定者的困扰提供了许多重要的学习机会。这种变化不仅在社会政策中在所难免,而且是必不可少的。地方对政策的反应产生了一个自然实验环境,为处理各种实际情况的排列组合提出了干预和解决方案,恰恰是分析者要开发研究的。

讨价还价的政策执行模式让分析人员的工作更为复杂化,因为它不断地给过程中的诸多执行者以不同的信息。不同的人需要不同的信息,关注于不同激励措施、政策目标和限制条件。除了这些形形色色的信息需求,这一观点还指出了知识与实践的关系,或者说是知识与政策的关系,是迫切的,而非长期的。分析和评估中生成的知识在必要时就会发挥作用。例如,20世纪60年代中期,发展心理学家对于在华盛顿起草的儿童早期教育计划的"政策相关性"大为吃惊。只有少数的政策系统需要是可预见的,比如立法预算周期。而大多数对信息的需求和分析是随着政策系统发展波动而意外产生的,诸如预算危机,教师罢工,触犯法律。尽管如此,这些对于信息的急性需求同样需要持久的信息搜集和分析作为基础,作为过程监控和评估的持续策略,需要对政策系统不同阶段的相关活动进行分析。

最后,为了进行有效分析的大量信息需求就产生了让所有人伤透脑筋的问题,也对第三代政策执行分析人员提出了重大挑战:将宏观与微观分析巧妙结合。政策系统的不同层级支持不同的话语群体、信息应用和分析模式(Lerner,1986)。宏观政策分析者在政策系统层面进行分析,他们强调过程的规律性和组织结构的稳定性,勾勒出政策过程中个体行动在网络中的具体位置。与此相反,微观政策分析者在个人层面进行分析,他们认为组织行为问题丛生、变幻莫测,是由个人利益驱动的。对于那些对政策结果(无论是积极的还是消极的结果)、评价可选择的方案、评估政策内部需求、为政策在现实中的执行创建模式等内容感兴趣的政策制定者和实践者而言,宏观政策分析者提供的指导是极为匮乏的。比如,一个郡委员会(County board)可能基于非常积极地总结性评价扩大药物治疗方案,却意想不到的失败了。正因为在扩大项目中,一些成功背后的因素被消除了:如医护人员的投入工作、小范围病患者和个人与病者的直接接触(Edwards,1980)。相反地,微观政策分析者会忽略系统因素和意想不到的结果,而将其作为一个整体,提供给政策制定者有限的指导。

对于政策分析者来说,问题在于将现实世界中的底层官僚权力与政策制定者所在的系统模式相结合,将政策意向与集体行动,以及可预见的制度影响全盘考虑。个人对政策的有效反应决定着政策执行的质量;而组织中政策变化的性质和水平或者目标群体的地位一定程度上决定着政策所要解决的宏观问题。二者之间的互补性是显而易见的,但是在系统内部,在多大程度上能够采取一个单一分析模式进行有效分析?揭示个体层面如何影响政策结果的分析框架是否对于进行结构和资源配置的政策制定者有效呢?

第三代政策执行分析人员面临的概念和技术上的难题在于,融合这两个不同的话语群体,兼容不同层级、不同人员的复杂系统。第二代分析人员警告说一个单一的模式很可能在分析宏观和微观现实中失败。但是,对于政策和实践两者关系的近二十年的研究表明,富有成效的做法是创设一个产生问题的执行过程。分析和评估这一执行过程的策略在于自觉自愿、多阶段分析、发展性和更迭性,主要的研究问题和分析方法都在过程中不断变化,不断去考虑决策者的需求,去创建不同层级反馈的规范化系统。政策分析和评估由此成为一个持续的、系统化过程,不断地去寻求理解和规范。

(周　琳　编译　王晓芳　校)

政策和实践的困境（上）[①]

大卫·K.科恩　等

作者简介

　　大卫·K.科恩（David K.Cohen）是美国约翰·杜威（John Dewey Collegiate）教育学教授、美国密歇根大学杰拉尔德·R.福特公共政策学院教授、美国高度贫困小学教与学促进方法研究中心副主任。其研究领域集中于教育政策、教育实验评估、大规模干预性实验研究、学校教育的作用、教学改革及其影响，以及探究提高教学质量的路径。其主要著作包括《可用知识：社会科学和社会问题解决》(*Usable Knowledge：Social Science and Social Problem Solving*，与Charles E. Lindblom合作，1979)、《像超级市场一样的美国高中》(*The Shopping Mall High School*，与Arthur G. Powell及Eleanor Farrar合作，1985)、《学习政策——当国家教育改革有效时》(*Learning Policy：When State Education Reform Works*，与Heather Hill合作，2001)、《公平的考验：联邦制度能够改变学校吗?》(*The Ordeal of Equality：Can Federal Regulation Fix the Schools?* 与Susan L. Moffitt合作，2009)。

　　苏珊·L.莫菲特（Susan L. Moffitt）是美国布朗大学政治科学学院的助理教授，曾在哈佛大学美国政治研究中心和密歇根大学福特公共政策学院做过研究员。她的研究兴趣主要是在教育信息化管理和政策机制上，特别关注K-12教育政策和药物管理。

　　西蒙娜·戈尔丁（Simona Goldin），美国密歇根大学教育学院的讲师。她的主要研究兴趣是政策与实践之间的关系，城市学校中提高教学质量的努力，学生的课堂活动，等等。

选文简介、点评

　　政策实施又称政策执行，是政策活动过程中非常重要的一环，其有效性不仅仅受到前期政策制定、同时期及后期政策评估的影响，还直接受到政策执行过程中环境（政治大环境、舆论环境等）、执行人员意愿、能力（尤其是理解力和执行力度、策略）、决策者与实践者的信任关系等等因素的影响。同时，政策执

---

　　① ［美］大卫·K.科恩，苏珊·L.莫菲特，西蒙娜·戈尔丁.政策和实践的困境（上）[J]. 周娟，陈寅，张俊华，译. 华东师范大学学报：教育科学版，2010,28(3)：1-12.

行也直接作用于最终的政策效果,甚至,从某种意义上说,政策执行比政策制定和政策评估更容易对政策效果产生直接的影响。但不幸的是,相对于政策制定而言,政策实施进入政策研究者的视野相对比较晚,尤其是对影响政策有效性因素的研究,更是在政策实施研究中才慢慢深入和完善的。直至目前,国内外教育政策研究领域中对政策实施的研究都比较薄弱,教育政策和实践总是处于困境之中。大卫·科恩等著的《政策和实践的困境(上)》梳理了教育领域政策执行进入政策研究视野的历史全过程,以及阐述了政策研究人员如何将政策有效性研究的焦点从传统教育政策的经典因素——经费和规范等转为关注实践(实践中的环境、合法性、冲突与合作等),进而促进教育政策与实践的融合,提高政策执行的有效性。过去,我们对政策有效性问题的研究主要集中于讨论"失真"问题——目标是否在执行中得到完美的实现,而该文另辟蹊径,关注实践效应,在冲突的基础上促进政策与实践的融合,从而确保并提高政策有效性,为政策执行研究提供了新视角。

20世纪50年代,美国教育政策与教学实践之间的关系并没有得到研究者的重视,研究者的关注点集中于政府通过政策给学校下拨的资金量、设定的规范准则等,而不是实践的效用。但是,随着教育试验、教育政策越来越多,对政策效用影响因素的怀疑和探讨也越来越激烈和拓展开来。传统教育政策的经典因素——经费和规范,并不是像想象的那样会带来一致的效用,政策执行的有效性,更主要取决于资源在实践中的利用状况,资源只有在很好的使用下才是有效的。于是,一些学者对影响教育政策有效性的因素的研究发生了转向——从研究常见资源的影响,如:资金、教师的学历和能力转向研究教育实践、组织安排以及教师的知识和技能,更加关注教学实践者技能,以及教学实践过程本身。屡次的教育试验、教育政策并没有达到预期的效果,使研究者意识到政策如何作用取决于实践,并且使这种转向于关注实践效用的政策执行研究渐渐深入到以下问题:研究者认为政策应该被"由下至上"地理解,而州和联邦政府却在"由上至下"的执行之间的矛盾和冲突;实践中政策理解、政策信任对政策执行有效性的影响;言语、沟通、信任关系在帮助政策理解中的作用等等。政策需要更有效地被执行,那么政策的制定者们就必须更多地接触实践者、考虑实践因素和实践效用。至此,大卫·科恩用政策执行研究中的典型和关键事例,回顾梳理了政策执行研究进入研究者视野并逐渐深入、拓展的过程。大卫·科恩认为考虑到这一特殊的历史,提出如何理解实践和政策之间的关系这一关键命题,并在该文中给出了答案。由于政策与实践关系理解、处理不当,导致教育政策与实践一直处于困境之中,大卫·科恩考量了这种困境的生成,并提出了处理困境的影响因素,尤其是强调了政策目标和政策工具对于政策合法性、政策执行有效性的影响。

该文在内容上最大的亮点在于关注政策执行研究,提出要在冲突的基础上促进教育政策和实践的融合，以提高政策执行的有效性。在行文风格上，该文将美国教育领域经典教育试验和政策串联，理顺教育政策执行研究中政策有效性取决于实践效用这一命题一步一步的发展脉络。从历史的角度，将教育政策执行研究关注实践效用这一过程呈现出来，政策事例与理论推进紧密结合。

选文正文

摘　要　教育政策和实践总是处在困境之中，这是困扰政策制定者和实践者的问题。本文着力从教育政策和实践所面临的困境、如何处理困境的角度，重新审视政策和实践两者的关系，并从政策目标、政策工具和实践中的能力三方面对其展开论述，以期在冲突的基础上促进教育政策和实践间的融合。

关键词　政策；政策目标；政策工具；困境

1950 年，美国教育政策和教学实践之间的关系并不是一个事关所有人利益的问题。尽管国家已经制定了教育政策，但是没有联邦教育政策关注这一问题。似乎没有人对此感到迷惑，至少没有发表相关的文章。国家给地方学校提供资金，但主要是关注资金量，而不是实践的效用。这一广泛存在的假设是：钱越多就可以买到更多的教育资源，更多的教育资源就可以带来优质的教育，优质的教育就可以促进更好的学习。这种看法普遍存在：尽管政策很典型的被认为可以对实践产生实质性的作用，对于这种主张的理论支撑的研究却很少。研究主要集中在需要在哪方面花多少钱，为了谁花钱。

资金不是政策的唯一重要因素。国家为教师资历和资格设立标准，规范学校安全和课程。实践效果在这一方面也是这样，被认为是普通的：设立资格标准应该能够转变成受过更多教育的教师，高学历的教师应该能够带来更好的学习。大量有关政策效能的设想符合政府情况：联邦教育机构除了收集资料几乎没有任何作为，大部分州立教育机构是相当薄弱的。如果为了影响实践，国家仅仅需要拨款和广泛的调控学校，弱势政府也能办到。

从那时起，教育政策经过了五十个繁荣的年代。但是教育政策越多，对政策效用的怀疑也越多。因此有了更多的州和联邦资金，更多的授权和激励就有了更多的政策和项目。最近的政策体现了变革实践所需的更多的富有雄心的努力。然而，政策和实践之间的关系相较于 20 世纪 50 年代，争议越来越多，并且对政策效用也有了更多的怀疑。

研究激起了怀疑和争议。在布朗诉教育局案之后的十多年时间里，研究人员表明资金带来了美国学校之间经费和资源的差异，对学校之间学习差异的影响却不一致，影响也并不明显。尽管学校之间学生平均学业水平有巨大的差异，特别是富裕家庭和贫困家庭的孩子之间的差异，但是大部分人认为有重大意义的教育资源与学校学生的平均成绩的关系不大。

这些研究发现引发了人们诸多的思考。一些学者的研究发生了转向。从研究常见资源的影响,如:资金,教师的学历和能力转而研究教育实践,组织安排,以及教师的知识和技能。这些研究表明扎根于实践的知识和行动影响学习。教师和学生的知识学术实践和师生活动的形式,一方面对传统资源间进行调和,一方面进行学习。

这些调查开始澄清学校是怎么变得与众不同的,并且表明了一种新的观点:资源的效用取决于资源的使用情况。不同的学校和教师在相同的资源条件下,会采取不同的行动,从而带来不同的学习效果。这似乎表明传统教育政策的经典因素——经费和规范,并不是像想象的那样会带来一致的效用。在 20世纪 70 年代早期,宣传的是资源相对薄弱,且对实践产生不一致的影响,这一切对权力与政策影响力的观点的延续产生了很大的冲击,并有助于形成新的观念。这些新思路可被政策采用,影响实践。

更根本的原因是:如果资源分配和规章的效果依赖于实践者的使用,那么政策则依据实践而定,这点没有被强调。对于学生和教师来说,如果他们没有书本或实验室,他们就无法使用,所以提供资源是至关重要的,但书籍和教材并不会自动地呈现在学生的头脑中。资源的提供创造了使用的机会,但资源只有在很好的使用下才是有效的(Hanushek,1996)。如果是这样的话,它遵循的是,使用质量会受到实践者理解的影响,而环境会影响理解。这可以合理地推断,如果他们对实践者的政策使用能力进行培养,政策更可能会影响到实践;如果只分配和监管资源,政策就不太可能影响他们的实践。

教育的实施研究始于对林登约翰逊的"大社会"的回应。一些研究似乎假设功效存在于政策中:精心设计的政策将包含资源、奖励、监督,以此来形成对实践的保证,因此早期大多数研究的重点是遵守。这类研究往往从政策的优点来看事情——因此称为"自上而下",其中的主要问题在于关注如何控制,遵守并控制政策结果的影响(Bardach,1977;Mazmanian & Sabatier,1989)。这些作者认识到,有些决定或调整是不可避免的,但并不认为它们能给政策增加价值;实践者的自行决定会削弱政策。如果政策能推动实践,实践的研究将没有必要:资源分配和调控的迹象就可以做到。

这个理念的质疑源于有证据表明教育政策并没有达到预期的效果。一个例子是刚才提到的全国有色人种协进会法律辩护和教育基金会(NAACP Legal Defense and Education Fund)报告中表明,国家和地方滥用条款 I 基金。将法令规定应该花费在贫困儿童身上的钱,花在一些地方的乐队制服和其他方面,以及其他被普遍禁止的事情上(Martin & McClure,1969)。另一个例子是通用电器对关于条款 I 的研究表明,条款 I 对学习没有普遍影响(Mosbaek,et al.,1968)。研究人员发现,一些学校虽然在读书上也花了条款 I 的钱,但其他的花在音乐器材或实地考察,他们得出结论,由于实践者使用这些项目用于各种非教学用途,所以这难以提高成绩。

这两个例子表明,政策如何作用取决于实践。根据这样的研究,理查德·埃尔摩把关于政策效用的前期观点命为"高贵的谎言",并认为政策应该是根据实践的"反向映射"而制定,为实践者的需要设计政策。梅布里·麦克劳克林和保罗·伯曼对兰德变革动因研究(Rand Change Agent Study)持相似的看法。他们将教师的动机描绘成政策执行的关键因素。"项目最初有着广泛支持,不仅仅更加容易彼此适应,加以实施,并且还更可能持续稳定进行。"实施者取向是不可避免的,这一说法意味着政策不能决定实践,麦克劳克林写到"政策无法强制执行什么"。政策制定者要为实践制定政策,但是实践太过于复杂,而政策的制定又太过于偏远。

有一种很好的方法,被人们通俗地称为"由下而上":实践者的意愿是他们自己的,再怎么至关重要的政策也无法达到。从实践者的观点来看,关键问题不是控制和服从,而是关心执行者是怎样工作和在什么条件下工作,这都影响他们对政策的响应。实践者知道决策者不能运用知识来修改政策。麦克劳克林和其他的研究人员把教师对政策的采纳视作对政策是否具有效力的专业判断。关于这种街头水平的决策和专业人员优先享受客服权的一个讽刺结果是,变革者通常得到的并不是自己想要的,而是得到政策转变为实践时必然产生的结果。其他的研究也详述了这些观点,最有影响力的米歇尔·利普斯基的街头决策体制表明,政策实际上出自于实践。在不到十年的时间里,对政策效用的猜测逐渐被实践效用的想法所颠覆,这种实践效用观点诞生于对政策执行的研究。

政策和实践,这两类不同的工作常常被描述成对立的或相反的,因为政策制定者试图确保政策执行者的服从,他们的反馈来自情境的参与,他们忽视、规避甚至尝试使自己不受政策的约束。在很多情况下,争论点触及民主准则:一些分析家将政策视为代表政府的权威表述,而另一些人将政策看做是强加给人们的,是强加于一些与之有着密切关系的人们,他们切实从事社会服务。"理解"在争论中也是一个关键要素,但它分离了政策和实践。街道工作人员被视为对自己的工作很了解,知道自己的服务对象以及自身所处的环境,而这些都描述成了解政治目标、政治手段以及政策制定过程,这些对政策形成至关重要,却是执行者不太可能知道的。

鲜有证据表明政策制定者注意到了这点。当很多研究者论证到政策应该被"由下至上"地理解时,州和联邦政府却在"由上至下",不断加强用政策指导实践的尝试。20世纪70年代,很多州要求进行基本技能教学和弱化竞争性测试。随后在美国历史上第一次把成果和激励结合起来来规范学习和教学。政府开始转向通过努力分配和规定资源及对成果的要求来限定时间。国家政策引发复杂的观点:研究者频繁描述自己为"去技能化"教师而努力,但是有证据显示,实践的反应是20世纪70年代中期到80年代中期在非裔美国人以及西班牙学生的 NAEP 分数有所提升。但是无法得出明显的因果联系,而其他原因很可能只是部分有效,但是提高了的 NAEP 分数是国家政策大体上的追求。

政策制定者在 20 世纪 80 年代中期迈出了更大胆的一步,采取了基于标准的改革。政府内外的批评抱怨道:学术标准普遍薄弱,学生没有学会为复杂的生活做准备,以及如何在"信息时代"工作。更多对教育的学术要求都蓄势待发,教育学者应被要求为学校成果负责。基于标准的改革始于 20 世纪 80 年代的中后期的加利福尼亚州和肯塔基州。这些政策试图通过围绕学校建立新的框架来指导实践。这一框架的关键因素是标准内容,回归标准的测试,以及鼓励学校提高测试分数的责任。至 1993 年更多的州采用了这一政策版本,同意了克林顿总统推行的美国学校改进法案和布什总统的《不让一个孩子掉队》法案。

研究者对州和国家致力于实践的努力看法不一。有的学者怀疑一些以结果为导向的政策的有效性,并对其进行了批判。奥黛丽阿姆雷因和大卫柏林(2002)在一次多国研究中提出过这种观点,沃尔特哈尼(2000)在其几份报告中都体现出对德国政策的怀疑。也有一些研究者对这种建设性的效果进行了报道,马丁卡诺和苏珊娜勒布对国家问责制度的研究发现,国家系统性能越严格,在全国教育进展评估中,学生的成绩就越高,表现就越好(2002),但他们之后的报告中没有提及这一点(2005)。大卫格里斯默尔和他的同事(2000)的研究报告指出,当把拥有强有力的问责制度的得克萨斯州的学生成绩与问责制度相对薄弱的加利福尼亚州的学生的成绩进行比较的时候,就会发现这种政策所起的作用。如此的辩论还在持续,但研究者们更有可能发现这些政策体现在学生的州考试中的作用,这种州考试是被用于鉴别州问责制度,而不是体现在全国教育进展评估中,因为全国教育进展评估是国家性的,更困难,并且迄今还没有整合任何国家责任制度。

近年来,基于标准的改革已经席卷了全国,同时,也形成了一股关于新学校的想法,这种想法主要是对关注政策与实践之间的关系的认知。如果像我们以上所写,资源的作用取决于其使用状况,而且,如果实践者是资源的使用者,那么资源的作用就部分取决于实践者的知识、技能以及其所处的环境。一些研究人员阐述了这一想法。我们中的一人发表了一篇文章,主要是关注 20 世纪 80 年代后期,一位教师在执行加利福尼亚州雄心勃勃的新数学政策中其知识所起的作用(科恩,1990)。几年后,作者同样认为,实践者的知识调和了政策与实践之间的关系,进一步的教育政策是从传统的实践出发的,如果政策需要更有效地被执行,那么政策的制定者们就必须更多地接触实践者。执行被描绘成一个物种的学习,而政策则类似于一种指令(科恩和巴勒斯,1993a;科恩和巴勒斯,1993a b)。

在其后几年的一些研究中,人们提出了相关的观点,可能是由于以标准为基础的改革对教师的知识量要求很高,以及在认知为特征的社会中兴趣的复苏。这些研究者将实践者的知识和理解力作为他们对政策作出应对的关键,其中有一些要求关注调整政策和实践之间关系的认知链(施皮伦,汤普森,1997;施皮伦,泽乌利,1999;科恩,希尔,2001)。其他人关注沟通在塑造实践者理解力中的作用,以及他们由此而形成的对政策的理解、领悟和应对(科伯恩,斯坦,2006)。另外的研究关注语言在帮助理解政策中的作用,以及通过语言而体现出的实践者的应对(希尔,2006)。

詹姆斯·施皮伦和他的同事抓住了这一系列工作中的主线,他们写道,"改革是复杂的想法"以及"用于传播这些改革的艺术编码代表了一系列的改革的思想……执行(因此)包括认知……要求广泛和丰富地使用这些艺术品"。(施皮伦,et al.,2006)。政策与实践之间的关系在这里将转化成想法和思想,而影响执行的主要因素则是所形成的想法和思想。在这些研究中,不会过多地去说到思想的首要地位,而去取代政治立场的首要地位。当政策对实践者们的知识和技能提出前所未有的要求时,这似乎是一个恰当的实践。

重新考虑两者的关系

考虑到这一特殊的历史,我们应该如何理解实践和政策之间的关系呢?在1941年卡尔·J.弗里德里克写道:"公共政策,要断然推行,需要一个持续不断的过程。公共政策的形成和执行是不可分割。公共政策在其被执行的过程中被形成,如同被形成的过程中被执行。"大约三十年之后,詹多梅尼科·梅琼和亚伦·韦达夫斯基关于政策的观点是:"形成执行通过定义过程发生的场景,主要人物的角色和身份,用于行动的批准工具的范围,当然包括支持资源。基础理论不仅仅提供数据、信息,和对后续讨论和行动反应的假设,同时最重要的是政策问题的概念化。"这些观点表明政策和实践彼此形塑,持续相互作用,而且它们彼此相互依存。政策和项目无法详细说明实践,但是依赖实践使得政策和项目本身得以在多样的环境中得以实现,同时实践依靠政策来规范行动和提供资源。

困境

我们的讨论始于以上观念,以及对地位首要性的疑虑,这一问题自20世纪60年代末就吸引学者探讨。但是同时另外一些研究者把地位首要性视作关键,这一困境就是:政府和民间机构明确问题,提供解决方案,无论是为了福利、药物使用或者薄弱学校,主要的问题解决者都是这些有攻击性的、穷困的或者是被损害的机构和人民。政府能够策划教育,用奖励、办法、金钱、领导、条例还有其他很多方式来鼓励实践。政府通常拥有比社会政策实施对象多得多的权力。这些事情也许会有所帮助,但是当那些被认为是有问题的人参与并很好的采纳时,其余的人才可能给予帮助。这一困境可能会很难解决,甚至在一些看似简单的情况下,比如当教师试图去帮助学生提高作文水平,教师可能把学生看做问题,而学生是问题的关键解决者。教师能够提供例题,布置练习,哄哄学生,给出建议,但是这些都取决于学生是否采纳建议和使用例题去写出更好的作文。教师有很多的知识、权力和权威,但是学生的意愿和能力是自己的。像其他上位者一样,教师依靠有问题的人自己去解决问题,尽管两者在权力和权威上并不平衡。如果学生不像教师说的那样去做,教师必须设立学生愿意做的事情。

政策制定者,明确问题并设定解决方案,他们极少是最终的问题解决者。他们依赖这些有问题或者就是有问题的人和组织去解决问题。与此同时,那些有问题的人或者问题本身依靠政策制定者与其他某些资源——办法,激励,金钱之类——这些可能会解决问题。安·琳认为,激励调和政策和时间,意味着政策是"联合项目"(Lin,2000)。这一构想要求关注官方权威和人力机构,这可能是冲突的源泉;政策制定和实践之间的关系中,双方依存的可能性可能是合作的源泉。

冲突和合作在政策和实践的关系之间扮演着关键因素。这一影响因素在两者的关系之间是有一定风险,因为政策会因为带来实践中的竞争力而缺失。一方面,立法委员和执行委员设定政策和项目,他们试图领导社会民众,解决社会问题,维持政界席位,加强政策和机构的合法性。政策和项目设置汇合了政治的、专业的和技术方面的内容。当政策制定者明确问题和解决方案时,他们自己也会被意识形态、地方和地区的利益,以及期望提升自己的政治利益,使自己的行为合法化等因素所左右。然而,另一方面,他们出台的政策和项目改变服务方式,常常就意味着实践中的改变,包括提供服务的方式,顾客正在享用的服务,或者使用的方式,或者合并一些服务。政策对常规实践的分离要求得越厉害,对实践者和接受者的需要的变动就会越根本,以至于实践失败的风险也就越多。很多有着勃勃野心的政策要求实践者获得新的技能,忘却当前的能力;这样的政策甚至会在实践中以失败告终。实践者的不胜任已经被暗示为政策的新目标(Bardach,1977)。越多造成不胜任政策的产生,动用资源就越困难,因为资源意味着彼此依赖以及促进合作。越多困难的产生,就越可能产生冲突。

政策由于各种各样的原因制造了实践失误现象。政策制定者或许是忽略了现实,或者他们相信最根本的目标是激发实践者去行动。抑或他们希望制定一个使实践者达不到的目标。同时,政策制定者的动机是限制他们在实践中制造的不胜任现象。因为,如果实践者没有欣然要求新的能力,他们也不可能将之形成于政策。越少的实践者知道做什么,实施中越多失败的危险、服务传递中的分解或有更多的来自实践者和客户的阻抗,或者是这几方面的联合,这些都能够削弱实践中的信任,因为这些问题能够被追踪到政策上,这种蔓延也可能威胁到政策或项目的合法性,甚至制定者的政治利益。这些事情以不同的方式发生,常常在这些事件形成公众意见之前可以预测到行动、反应并进行调整。但是不管他们怎样发生,导致实践失败的政策越多,也就越能摧毁其合法性和实践者以及政策制定者的政治利益。

政治家并不总是致力于制定完美的政策。在 20 世纪 60 年代初联邦政府的法律制定者不赞成学校援助的时候,政治家开始担心这会威胁到当地政府的控制权,以及联邦政府会干预美国南部黑人的利益。在讨论法律草案的时候,他们尽力地限制联邦政府的影响力,最终的结果会通过学校的改进这样一种方式强烈地限制中央政府。这也限制了希望获得一些权力的支持者,但是保守派关心遏制联邦政府的影响力要比关心如何改进现状多一些。政策的制定反映了政治的利益,政策的结果既包括政治也包括现状。

然而,某种程度上政策制定者确实希望政策获得成功,他们依靠实践完成。实践者,相反依靠政策制定者和环境中的其他人帮助他们的工作,提供资源,包括政策的实施。实践者打算执行政策,因为政策制定者的权威和有影响力的资源。政策制定者常常打算改变实践者的能力,因为实践中的失败会影响政策制定者的利益,甚至他们集团的合法性。政策和实践有着彼此合作和冲突的可能性。尽管彼此依赖,正如马约内和瓦尔德夫斯基(Majone & Wildavsky)所表明的,政策和实践之间的关系有一种稳固的特征,并不会无情地要求合作。政策和实践能够带来或是冲突,或是信任,共同掌权,合作和交流。这些能够带来更有效的政策落实,这依赖于好的方面,即政策从实践中带来的距离,还有依赖部署的资源,或者跨越那个距离,不依赖部署资源。

《不让一个孩子掉队》法案是一个很好的例子。十几年来,该法案致力于消除种族和社会阶级间学生成绩的差距。这将意味着在实践中会有巨大的变化,同时也会增大政策与实践之间冲突的可能性。但这种冲突的发生概率取决于其他的一些因素,包括政策是否能够制定出引起实践发生变化的文本,哪些资源在环境中是可用的以及实践者的能力。这些政策文本内容越丰富,资源越充裕,实践者的能力越高,政策和实践就越能够相互依存,也更有可能合作。然而,在目前的情况下,很少有证据表明大多数实践者能够对自己进行一系列改革,很少有证据表明,该法案能够提供实现这种变革的政策手段。但有充分证据表明其在环境中的资源是适度的。规划的目标比实际能够实现目标的现有资源更加雄心勃勃,这种情况更有可能引发冲突。和许多其他的法案一样,在这个法案中,知识可以发挥重要的作用。如果政策制定者们对于实践和如何去改进它有更多的了解,政策就可能会有不同的设计方式;如果实践者技能更加娴熟,更加有学识,他们对政策的回应可能会更有力。而在这两方面知识的匮乏加剧了华盛顿、州和地方之间的持续冲突。

定位分析往往忽略了政策和实践之间相互依存的关系,政策目标与实践者的能力存在的差距、不胜任所导致的政策和实践方面的风险,以及有利于缩小差距并能促进合作的资源存在与否,这都将会刺激冲突的出现。此外,作为一个经验型问题来谈,"高层"和"底层"是一种相对的区分。例如,1965 年《初等和中等教育法》的第一章是一个联邦项目,因此可以设想,从高层开始的政策实施将开始于华盛顿,也将结束于此。但这一计划将决策的广泛权力交给各州,他们拨付资金,审核各种申请,支持地方的政策执行并对它们进行评估。联邦政府是州的最高管理机构,同时他们是联邦政府政策的底层执行机构。但是那些在奥尔巴尼和萨克拉门托的机构也是地方教育局的高层。正如在学校中,在地方教育局中校长的高层是中央办公室,而教师的高层是校长。在现代社会中,政治组织已经越来越多,越来越复杂,一个机构的高层越来越可能是另一个机构的底层。

因此,与高层政策制定一样,那些被研究人员定位于基层的组织和个人同样也面临着控制和遵从的问题,州负责实施第一章项目的机构与地方教育局中央办公室之间所面临的控制与遵从的问题,十分类似于地方教育局中央办公室与各学校之间的控制与遵从的问题,地方教育局中央办公室的工作人员实施第一章项目需要处理好与校长、教师和学生之间所面临的控制和遵从问题,同时作为"街道一级"的行政人员在面临中央和州级机构时,也必须处理好自己的工作。在这种情况下,许多政府管理者既是中央的管理者又是"街道一级"的行政人员,他们试图去影响那些政策制定者,同时试图去与为他们制定政策的人进行协商。在这种情况下"决策"和"实践者"的角色集于一体。我们认为的困境在一些地方出现,许多个人和机构同时在两个方面有所经历。他们制定和实施一项复杂政策的不同部分,这体现了完成任务所需要的相互依存的要素和专业知识。

也有一些限制的情况:显然中央政府依靠很多机构,中央政府是国内最高的政府机构。尽管他们可以对管理他们的教师和学校管理者有巨大的影响力,但是与其他任何享有服务的人来比,学生没有任何的地位和权力。但是所有那些认为政策和实践有联系的人都不是极端的:他们试图去影响那些依赖他们去获取资源和接受指导的人,与此同时,他们也尝试去回应那些通过向他们提供指导和资源从而影响他们的人。在这些情况下,政策和实践之间关系的关键不是职位层次,而是相互依存,以及由此产生的合作或冲突。无论是合作还是冲突,其很少取决于职位权力,而更多是依赖于政策与实践之间的距离,以及帮助缩小或增加其距离的行动和资源。

处理困境

我们将行动和资源归为四个因素。第一个因素是政策设定的目标:有些是温和的,而另一些是雄心勃勃的;有些是相对简单的,另一些则是模棱两可的。

越是宏大的目标就越是偏离了传统的做法,在实践中就越需要一些资源。目标越模糊,决策者就越难做适当的部署,也很难为实践者想出该做些什么。

资源的三种类别与政策和实践之间的关系有关。政策制定者和管理者为支持实践中的变革而需要的手段,这是我们的第二个因素。它使政策制定者与实践的关系更加密切,手段包括金钱,行动的任务,实施动机,提供适合当地条件的弹性制度并且提供指导思想,或告知政策制定者对政策的理解和行动,包含关于政策实施和其效果的系统的证据,以及其他种种。这些和其他手段是在社会上创造的工具。他们的目的是激励批准的政策,或在实践中帮助其实现目标,或者两者兼而有之。但其实施缺乏科学性,关于如何更好地实现一个既定目标,或者是否值得实现方面,往往存在很大的分歧,因此,为了满足立法派别和利益集团的利益和想法,用的手段越来越多,以增加实施的有效性(Cholz,1991)。

另一组资源通常被称为"一般能力",虽然我们更喜欢"能力品质"。这是我们的第三个因素,它是实践者和其他人在实施政策时所用到的。这些资源包括兴趣、思想(知识、价值观和技能)、个人资源如意志力,其他的比如金钱。这部分能力反映了塑造政策工具能力的一部分,这不是偶然的巧合,因为在一定程度上,政策手段之所以有效,是因为它们能够带动实践者或者组织者发挥解决问题的能力。

最后一种资源存在于政策和实践的环境中,这种环境是我们的第四个因素。环境发挥了多种作用,如政策依据环境而制定,政策手段和能力通过环境而形成并运作,实践者在环境中工作等。环境主要指向两个方面,第一个方面是学校和教育政策所依存的宏观大环境。例如,美国教育环境的第一个突出特点是学校在社会政策中所发挥的中心作用。在一些欧洲国家,国家直接解决卫生保健、教育、收入和税收政策等方面的不公平现象,美国政府仍然保持对社会福利、医疗、失业保险和养老金等方面的社会政策的温和态度(Katznel Son & Weir,1985)。公立学校被认为是机会均等的保证,并且能减少对其他干预的需求(Katznel Son & Weir,1985;Weir,et al. ,1988)。教育环境的第二个关键特征是认为经济自由主义和政府怀疑论使学校和政府变得软弱。国家授权一些像测试指导、课程制定和文本写作等中心职能给私营企业,有效地把其他大多数学校自己需要具备的技术和专业能力外包出去。教育环境的第三个特点是国家和地方共同控制因不断出现的种族和阶级隔离而产生的地方和国家教育系统间的巨大的经济和社会不公平。

其结果是,一方面学校教育对社会政策是很重要的,但另一方面,弱势的州政府和联邦政府能提供的学校教育很有限并且不平等。以学校教育为核心的思想已经影响到了美国的社会政策,但是在实现这些理念的过程中能力发挥受到限制。它在美国的社会政策中是似是而非的,在原则、民间信仰和公共政策方面很强势,但是在实践中相对薄弱。能否进入学校被看做是机遇的关键,美国比其他大多数国家更早地开放了这种机会。然而,学校发展有所限制并且得不到公平对待。进入学校的机会并不是显而易见的,因为学校促进机会均衡的能力是不一致的,并且与形式丰富的政策和民间信仰是不相称的。

环境这个词指向的第二个方面是具体政策和方案所依存的情形。在这个意义上,环境是现存社会组织、政治结构、经济布局、财政实践和文化等方面的一个易变的组成部分。任何特定组成部分和环境的边界是由正在审议中的行动所决定。例如,教师教育是美国教育大环境中的一部分,但它不是能突出改变第一章拨款政策的环境的组成部分。

这些环境因素既会促进也会限制政策。如果我们考虑环境的第一种作用,可以说是环境以各种各样的方式影响政策和实践。例如,通过教师教育,它可以影响教育的能力:大多数美国小学教师很少学习他们所教的课程,因为高等教育部和联邦政府只提供非常有限的专业教育课程。这将限制教师恢复对学术课程和学术标准雄心壮志追求的热情,并且限制了这种行为付诸实践。环境也能形塑政策制定者和实践者在沟通和理解他们之间成败的关键是什么的能力,这主要通过增强彼此对工作的熟悉来实现。中心系统可减少美国特有的解体和分歧,并增加了政策制定者和实践者之间了解的机会。地方的大小也很重要,在罗得岛州政策制定者和实践者之间的沟通要比加州容易得多。规模和分散程度将增加沟通的成本,然而连贯性和紧凑性却减少了他们的沟通成本。决策者和实践者缺乏沟通将减少他们彼此了解对方工作的机会,从而也降低了彼此发现共同兴趣和相互依存的机会,这将必然增加冲突的可能性。

如果我们考虑它的第二个含义,环境能很有规律地影响政策设计、政策内容和政策执行。《改进美国学校》政策和美国2000年教育目标都是在与重点州的学校领导和教育组织充分协商而制定的。其结果之一是有关法例已经得到这些群体的广泛支持,但另一个结果是,该法案把政策执行的关键决策权授予国家和地方教育机构。教育团体的支持可能是法案成功的关键因素,但是获得这种支持的保障是一项他们认为可以接受的政策。私人机构可以促进或限制政策与实践之间的关系,或者在政策执行过程中他们影响政策的形成,并继续质疑政策的目的和政策手段。

当他们按照政策目标、政策手段和政策要求行动的时候,这两类环境都能影响政策和实践。因此,我们接下来讨论它们与这些交互作用的关系。

政策目标:激进还是中庸

在其他条件都相等的情况下,人们在政策实践中寻求变革的雄心越大,越是难以处理困境。由于他们只追求中庸的渐进式改革,许多政策没有深远的目标:比如他们将制定政策的时间从每天十分钟延长至十五分钟,他们将一个新的湿地划入已有的海岸线保护范围,提高能获得医补资格的人员的收入门槛。因为他们只提倡"适度"的改革导致他们面对现实似乎可以胜任。而其他政策改革也并未触及实质,比如,他们转变学校时间表,或要求病人多与护士交流而不仅是医生。他们会面临的困难因变革偏离现行的做法或者遭遇抵抗的程度而各不相同。还有一些政策对实践有更加雄心勃勃的目标,比如用概念数学取代原有的简单运算,或增加新的环保规定。因为这些政策与现行做法差别甚大,这种类型的政策使他们在现实中愈加显露出他们的无法胜任,因为对实施提出不断修正需要更强的能力,这也使得推行这种激进式的改革愈发困难(Spillane,2000)。

由于政策本身相对清晰或模糊,使得实施激进政策的困难或缓解或加剧。一项培养数学思维活动的政策,可以通过简要说明目标,对比简单的计算,并就国家对科学家和工程师的需求来调整变革。另外,这种政策可以通过清楚地解释数学知识以及举例说明来减少模糊不清。这样的政策尽管也难以实现,但困难不能归咎于含糊不清的目标。

在某些情况下,有些政策之所以模棱两可是因为执行机构是各有不同的,这样非常具体的目标是行不通的。由于执行这类政策所需的能力来源于实践,总目标与当地情况往往是联系在一起的。另外一些政策是因为他们设想的非常好,却没有具体规定执行细节等方面,所以也是模棱两可的。其实施只依靠想象,执行政策的能力是不存在的。

在许多情况下,目标模糊是由于联盟使用含糊的措辞来掩盖差异。马约内和瓦尔德夫斯基写道,"在大部分涉及利益的政策,目标是明显模糊……(因为这是我们同意政策实施的方式,而不需要明确做什么)"(1979)。为了在联邦范围内管理国家和地方的可变性和差异性,联邦教育政策往往被模糊化。然而,这种含糊不清影响实践,因为"想法越普遍,越能迎合一些状况,就越有可能以一些形式出现,但是它很少可能在预期的实践中出现"(Majone & Wildavsky,1979)。这种吸引了决策者的含糊不清的目标,使实践者难以了解对他们的预期是什么(Brodkin,1990)。尽管模糊不清使政策成为可能,但是如果它们要回应的方式与政策目标相一致,那它就会阻碍了实践者们实施政策的能力。

这种类型的含糊不清代表着 20 世纪 60 年代以来联邦政府的教育政策。改革者寻求能够解决教育和社会问题的政策,而保守派和许多教育工作者抵制变革。1965 年《初等和中等教育法》的目标是很模糊的,它既可以被看成激进的变革,又可以被看成温和的倡议。在激进的一面,其目的是为贫困儿童改进学校,这似乎意味着需要对州和学校实施更多的影响。联邦官员尝试鼓励学校改进,对州和地方提供意见,并评估其进展情况。然而,如何去改进学校,由于对教学和学习理解的不够深刻,每个人对此都知之甚少。同时,州和联邦政府的干预也是极少的。在联邦系统中各级执行者都要以较低能力迎接更加艰巨的任务。

这些问题被第一章的结构所强化。配套的专项援助已经接近现有的一般性援助，因为它的目的是通过抑制联邦中央的权力来调和与联邦学校资助对手的关系。联邦政府需要决定花多少钱，如何分摊它，并将钱拨付给地方政府，而地方只需将资金"专款专用"，并将其效果展示出来，做这些事情要比改善学校简单得多。国会知道如何拨付资金，教育工作者知道如何进行学校预算。对教育办公室来说，资金分配是需要学习的，但它是常见的联邦工作。它需要每个人都有点特殊的技能和知识，但这不至于非常难于实现。

在目标的模糊性管理方面，第一条款的落实是一种实践。三十年来，为改善学校所作出的细致入微的努力近似一般援助，其中有些方面已略见成效。而且克林顿和布什总统将第一条款作为联邦努力的核心，并基于标准的改革重新对州政府和当地政府的实践进行改制。第一条款的目标发生了改变：针对贫困儿童的关于学校改进的模棱两可的声明被看起来更具体的对学生的学业进步的要求所取代。以提高学校成绩为主的《改进美国学校》和《不让一个孩子掉队》法案更注重清除模糊不清的联邦教育政策。

然而，不确定性仍然存在。一个原因与第一条款的缘起相类似：许多关于新目标的现行内容的重要决定已经下放给州和地方。虽然《改进美国学校》和《不让一个孩子掉队》法案确实有增强联邦影响力的设计，但州和地方仍然是运行机构，并有很大的政治和教育的影响力。国家在公众教育方面拥有众多的政治权威，在1965年第一章中已经显现出来，因为法案的目的在于以激发学校为中心并为州及地方控制提供支持。前者表现为以立法和资金作为目标，而后者则表现在执政当局明显将权力下放给各州和地方。在1994年和2001年，中央持续授权并交由各州作出许多重要的决定以激励学校改进，这样融合了更加雄心勃勃的目标的模糊不清显现了出来，例如，用来判断学校是否运行良好的标准因州而异，因为立法允许各州自主进行测试，并自行设置评价标准。在新的第一条款中史无前例的清晰的目标，因为州政府的决定而模糊不清（Saulny，2005；Olson，2002）。

具有讽刺意味的是，新的第一条款不确定性的第二个来源是表面上更加精确的目标。有政策督促相关政策进一步付诸实践，但其不确定性却增加，因为改进学习非常复杂并且难于理解。现今，这种不确定性的一些来源与1965年是有些不同的：众所周知，当时用于测验学生成绩的测试的效度具有不确定性，但是对政策来讲并不是主要的，因为在新的第一条款中，测试并没有明确的目标或者用它们来解释说明问题。在法案中关于使用测试的质疑只是间歇性地出现，因为每五年一次的评估要对法案的效果进行评价，并且需要国会讨论其程序。然而到2003年，测验被提上了议程，因为他们已成为判断法案核心目标实现与否的方式。数十年来为研究者们所熟知的所有的不明确之处都成了政策中突出的部分，并引发了公众讨论。随着对测验是否能够测验学生学习有效性并由此判断学生的能力和学校的进步的争端的出现,对政策和实践不构成影响的对知识的测验和使用,突然之间变成了要解决的核心问题,新的第一条款中不确定性的其他来源更加新奇。在大环境和大量学生并存的情况下确定最有效的教授和学习乘法和作文教学方式,这对教学、学习及学校改进是难于把握的。许多研究人员和教育工作者都熟悉这种不确定性,但他们并没有提出好的方案,因为没有人能够明确陈述出如何改进教学和学习,并且没有政策能够表明其是推动学校成功的关键。当基于标准的改革迅猛的进入理解不深刻和充满争议的教学及其成果的领域,它揭示了该领域的模糊性,这些都是与如何提高教学和学习,以及如何改进薄弱学校有关的。恰恰是因为对于如何提高教学、改进学习和改进薄弱学校了解甚少,这些看起来有更加精确目标的政策下掩藏着更大的不确定性和模糊性。政策目标模糊与否,至少取决于对政策目标得以实现的认识与他们所清晰陈述的目标相一致。

如果提高考试成绩和改进学校的压力变得适中,扩张的模糊性就不是什么问题了。但基于标准的改革将模糊的目标与不断增加的实现目标的压力结合起来,这使得对教学、学习和学校改进认识的缺乏变成了政策和实践中的一个主要问题。正如西蒙和他的同事在半个世纪前发现的那样,"如果受管束的人不知道什么是他们应该做的,那么他们不能够这样做"(西蒙,et al.,1950)。

政策目标偏离常规做法越远,困境就会越多,这样的目标就会弱化实践者的才能,增加实践失败的风险。其关键问题是能力不足和无法胜任是由雄心勃勃的目标所造成的。模糊的目标也会影响困境,因为目标模糊使得实践者很难明白政策倡导的是什么,或者怎么去做。近年来,第一条款的变革将激进与中庸结合起来。模糊性在政策形成中是必要的,但它也会削弱实践。

不管政策目标是什么样的,实现目标的手段是多方面的:在实践者的能力方面,在政策的部署方面,以及政策和实践的环境支撑方面。

手段:政策实施的办法

政策和实际情况是有差距的,虽然有时差距小,但政策的实施必须缩小这些差距。一定程度上,也取决于政策实施的方式。他们提供资金、要求或禁止行动,创造实施动机,提供适合当地条件的弹性制度并且提供指导思想保证政策实施。这些与其他手段都为社会创造工具。因为政策的产生与执行是一种政治行为,所以能够反映出政策制定者的观点及利益。尽管可以通过精心设计政策实施手段来达到与政策目标的一致,并且配置了许多资源来改变实践,但是政策手段为了限制或削弱政策而被修改。

政策实施手段因强度、对实践的影响、显著程度而变化,或者为实现政策目标与实践中发生的事情的密切程度而不同。由于只告诉实践者去做事,而不告诉去干什么怎么干,导致强而不显著的手段的效果不明显。达成目标动机强烈而超出大部分从业者能力，便是其中一例。当然，突出实践的较低的手段往往也是无效的，因为他们虽然为推动实践而提供帮助，但是由于他们在运用手段上给予很少或不给予鼓励，所以影响力有限。政策实施者没有动机去创造能够产生实效性的技术援助，这是一个恰当的例子（Fuhrman & Elmore,1992；Fuhrman & Elmore,1995）。强而显著的手段是很可能奏效的，但是一定程度上很难把控。因为要求实施者同时具备政策设定和用人的知识。政策距离传统实践方式越远，此问题越突出。

政策工具的强度和有效性并不是固定不变的，而是随着制定者的目标及目标明确程度、能力的广度以及环境中的可用资源而变化的。强而显著的政策工具偏离传统实践的程度较小，弱而不显著的政策工具偏离传统实践的程度更大。那是因为偏离传统实践越远的政策，会带来越大的不适宜，从而对实践者的能力要求也越高。举例说明，探讨四个联邦纲要部署的手段。"政府补助金"帮助联邦机构所设立以服务家庭为主的学校全体学生，需要三个必要手段：资金、资金使用方案及不定时的审计监督。政府会对不可避免的负担进行补偿，但不会寻求在行为方式方面的改变及引起不必要的麻烦。适应性是基本的、无可争议的及切实可行的，并且地方当局需要更多有效使用工具的知识。

适应性对实践者来说代表着责任，或者是由于某些利益集团想要削弱政策，政策制定者在制定政策时要避免冲突；或者是因为环境要求政策做适当的调整。原则上讲，适应性要求鼓励政策制定者作出适当的调整并动员大家支持政策。这种情况就是说明政策有效执行所需要的知识是局部的及可更改的，并且在政策制定中心不能被动摇；因此，适应性在一定程度上成为积累实践所必需知识的手段。灵活解决这种两难困境需要做到两点，一是建立政策执行办事处，二是在价值观、利益和知识相似的情况下邀请执行者参与政策。

然而，与其他手段一样，适应性的效果还取决于执行者怎么用它，也取决于其他政策工具和执行者的能力与政策目标的关系。1994年的第一条款（IASA）的修订中设立了一个有雄心的新目标，它包含提高困难学生的学业成绩。它要求政府修订并使用严格的学术标准及严格根据标准制定的测试，并且要求学校对学生的成绩负责。与此同时，立法机关给了州政府相当大的弹性去修正标准及测试，以及制定学生成绩的标准来作为评估的依据。但是弹性制度没有与政策很好的契合：一些州政府继续着他们正在进行的改革；但是大部分只是在表面实施第一条款。州政府和地方政府当地修正标准及完善指导的能力与IASA的远大目标相差甚远。并且，适应性与其他手段不吻合，比如帮助提高执行者的能力，或激励去设定强而有用的标准等。当时克林顿政府面对来自众议院及许多州的反对，许多高官认为他们不能逼迫州政府采取更多的激进方式。他们认为如果他们加强施压将会导致政治及立法等其他方面的损失。与弱势手段、低效和政治冲突相结合的变通性改善了在政策实践中收效甚微的状况。

　　政策手段的显著性及执行力的变化不仅与其他的手段和能力有关,还和政策的目标和环境有关。1964年,人权法案的第五条款力求通过限制以种族歧视发放基金来改变行为方式来处理美国最大的社会问题。这是很显著的,因为钱对学校的运作是不可缺少的;它也相当强势,因为自第一条款开始,联邦基金是学校预算的一部分:工作及运转都依靠联邦基金。但是联邦官员对于使用第五条款很小心,因为他们"很快意识到限制联邦基金是把双刃剑,反对的州受到了惩罚,但是由于得不到当地有效的支持,政党供给以及其他项目成功运行所需要的合作关系普遍破裂,联邦项目也受到了破坏"(Orfield,1969)。基金缺少的威胁是显著的,由于联邦政府依赖政策实践者的政治支持,因此这只是暂时性的。这就限制了联邦官员可以推动实践多远,这很快被反对的南方官员意识到并发挥他们的优势。实践中显示人权及立法辩论的政治斗争将继续。

　　政策手段的卓越性及执行力的变化与政策目标规定的行动有关。第五条款对否定非裔美国人进白人学校相当有效,但对被隔离的学生及教师对学生态度收效甚微。后者与教师的信仰和态度有很大关系,同样的,有时与没有种族歧视和能力分组有关。联邦基金缺少对教师信仰及态度的影响不像对系统预算的影响那么大。另外,限制联邦基金是生硬的:在处理整个司法系统的问题上是相对有力的,某种程度上,因为运用所需的知识并对其进行回应既不复杂也不难获得。相同的手法对处理类似教室内种族不平衡的复杂问题效果并不显著,主要是因为运用所需的知识并对政策手段进行回应是复杂并且难以获得的。一种手段对于一种情况很实用,但对表面上看起来相似的另一种情况却不适用。在一定程度上是因为处理这两种状态所需的知识是很不同的。

　　　　　　　　（周　娟　陈　寅　张俊华　译　刘　惠　校）

政策和实践的困境（下）[①]

大卫·K.科恩　等

作者简介

大卫·K.科恩（David K. Cohen）是美国约翰·杜威（John Dewey Collegiate）教育学教授、美国密歇根大学杰拉尔德·R.福特公共政策学院教授、美国高度贫困小学教与学促进方法研究中心副主任。其研究领域集中于教育政策、教育实验评估、大规模干预性实验研究、学校教育的作用、教学改革及其影响，以及探究提高教学质量的路径。其主要著作包括《可用知识：社会科学和社会问题解决》(*Usable Knowledge：Social Science and Social Problem Solving*，与Charles E. Lindblom合作，1979)、《像超级市场一样的美国高中》(*The Shopping Mall High School*，与Arthur G. Powell及Eleanor Farrar合作，1985)、《学习政策——当国家教育改革有效时》(*Learning Policy：When State Education Reform Works*，与Heather Hill合作，2001)、《公平的考验：联邦制度能够改变学校吗?》(*The Ordeal of Equality：Can Federal Regulation Fix the Schools*? 与Susan L. Moffitt合作，2009)。

苏珊·L.莫菲特（Susan L. Moffitt）是美国布朗大学政治科学学院的助理教授，曾在哈佛大学美国政治研究中心和密歇根大学福特公共政策学院做过研究员。她的研究兴趣主要是在教育信息化管理和政策机制上，特别关注K-12教育政策和药物管理。

西蒙娜·戈尔丁（Simona Goldin），美国密歇根大学教育学院的讲师。她的主要研究兴趣是政策与实践之间的关系，城市学校中提高教学质量的努力，学生的课堂活动，等等。

选文简介、点评

针对教育政策和实践总是处于困境之中这个问题，大卫·科恩等著的《政策和实践的困境（下）》以上一篇文献《政策和实践的困境（上）》为基础，具体提出了政策制定者和实践者的能力是解决政策与实践困境的最重要的因素，并重点分析了政策制定者和实践者的能力的来源和表现形式，以及他们在解决教育

---

①　[美]大卫·K.科恩，苏珊·L.莫菲特，西蒙娜·戈尔丁. 政策和实践的困境（下）[J]. 周娟，张俊华，译. 华东师范大学学报：教育科学版，2010，28(4)：4.

政策与实践的困境时发挥作用的机制,从更加细腻的角度指明了如何在冲突的基础上促进教育政策与实践的融合,提高政策执行的有效性。

为了提高政策执行的有效性,需要对决策者和实践者提出知识和能力上的要求。知识是至关重要的,但很多教学实践中,教师却缺乏设计有效性教学的知识。作者认为:设计有效的教育活动需要一些知识,而这些往往是政策制定者和实践者在政策创新中可能缺失的。这也是政策制定受掣肘的困境之一。在该文中大卫·科恩关于政策制定者和实践者的能力是解决政策与实践困境的最重要的因素的论述,是选文的主体部分。大卫·科恩认为:将政策和实践结合起来,是政策手段的一种能力,并进而在文中重点分析了政策制定者和实践者的能力的来源和表现形式。最后,作者认为冲突和困境是一直存在的,政策资源的限制、目标模糊而导致的制定政策的冲突、政策手段的无力以及知识的缺失、困境本身就暗含着政策和实践之间的基本的紧张关系,这些困境引发的冲突是难以避免的。

从论述风格上来说,该文实现了理论分析与教育案例的紧密结合,有理有据。就内容而言,该文主要论述了教育政策和实践总是处在困境之中,指出了政策制定者和实践者的能力是解决政策与实践困境的最重要的因素。继《政策和实践的困境(上)》重点强调了政策目标、政策工具对政策执行的影响之后,该文中大卫·科恩重点分析了政策制定者与实践者的能力对于政策执行的影响。讨论了政策目标、政策工具以及实践的能力之间的关系。他认为政策目标会影响到政策工具的设计,而政策工具与手段则取绝于实践者的能力水平。这就抓住了政策执行中最为关键的一条线索和关键的问题。对于理解政策执行的本质与有效性至关重要。该文中还有一个重要的特点就是分析了政策制定者、实践者能力的来源和表现形式,特别是强调了知识和能力在政策执行中的重要性。这两个要素在政策执行中具有决定性作用。

选文正文

摘　要　教育政策和实践总是处在困境之中,这是困扰政策制定者和实践者的问题。本文着力从教育政策和实践所面临的困境、如何处理困境的角度,重新审视政策和实践两者的关系,并从政策目标、政策工具和实践中的能力三方面对其展开论述,以期在冲突的基础上促进教育政策和实践间的融合。

关键词　政策;政策目标;政策工具;困境

政策目标越是雄心勃勃或模棱两可,就越难以设计出显著和有力的工具。20 世纪 50 年代末和 60 年代初的课程改革催促雄心勃勃的变革,但在实践中,除了有限的暑期专题研讨会外,对实践层面基本没有益处。部分教师可以申请并抓住机会,但对于需要帮助的教师来说,仅有一小部分人有这种机会。大多数教师都不能了解学生如何对资料做出反应,不清楚教师如何学习去使用它们,以及不明白他们该如何任教。如果其中一个原因是缺乏许多专题研讨会,另一个则是缺乏推动教师学习的适当手段。例如,没有建构基于学生课程的教师课程,以帮助教师了解如何使用好学生课程。如果有这类课程的话,可能还包括学生学习的例子,涉及的思想分析,以及优秀的教师是如何使用材料和学生的作业来改善实践的。创造这样一种工具是很难的,因为在教学和学习中大量的专业知识是必需的,为了取得支持和鼓励而需要利用的专业的和政治的影响力也是需要的。没有政府部门或私人机构试图做这样的工作,构建学生课程的人也不知道该做些什么;他们写出的材料,让教师来处理,要求他们去创造远远超出现实实践的成就,却很少提供帮助和奖励,这使得实践者的困境变得艰难。

此外,知识是至关重要的,但在这种情况下,却缺乏设计有效工具的知识。要做到这一点,政策制定者需要了解实践的知识和实践者的可能需求,以及需要明白哪些工具是有效的知识。我们前面提到过,西蒙和他的同事们写道:"如果受约束的人们不知道他们应该做什么,他们不能这样做。"在这种情况下"机构必须参与大量的公共教育活动"(Simon,et al.,1950)。这是没错的,但设计有效的教育活动需要一些知识,而这些往往是政策制定者和实践者在政策创新中可能缺失的。

政策手段的特点和显著性是相对的,因为它们取决于实践者的能力水平,取决于政策目标以及政策和实践所处的环境。因此,这些方面相结合直接施加于政策手段可能的效力上。然而,这种结合是很难实现的,《改进美国学校》和《不让一个孩子掉队》法案使用的手段看起来很有力度,从历史上看,明确的学术标准,与标准一致的测验,学校对学生表现的问责,在这些方面都远远超出1965年或1985年第一条款。1965年的主要政策手段是钱,它主要针对特殊学校的贫困儿童教育。在当时这是很冒进的,但联邦立法机构的保守派的政治影响意味着把完成国家任务的合同交由非营利单位履行是一种虚拟的赠予,一旦该方案形成书面文件并且拨付了资金,州和地方援助就这样确定下来了。国家和地方教育机构必须提交议案并做出保证,但他们不是靠提案的优点而是靠贫困发生率和几乎所有的地区都应该得到资助的立法意愿。很少有奖励措施和补救措施去改变实践,因为该补助金是与提供的类似于一般援助的立法意愿相一致的,其意图不是来改进学校。由于资源的效用取决于其使用情况,所以援助本身不大可能有显著的效果。

《不让一个孩子掉队》法案的标准、测试和问责似乎比1965年第一条款的手段要强劲得多,但是它们的效用仍然取决于实践者的执行情况。这对《不让一个孩子掉队》法案来说是一个难题,因为它的政策手段对他们所针对的实践来说是不显著的。如果条款一要成功,教学与学习必须改变,但《不让一个孩子掉队》法案的政策手段并没有很好地促进实践。学术标准可以作为实践的一个有效框架,但很少有教师把它们转化成推动学习的课程。它们可以诠释政策目标,但不注重细节,或对教学没有显著影响,这都将使大多数教师和学生不能有效地使用它们,这使得矛盾更加尖锐,并减少了管理者和实践者以有教育价值的方式作出回应的可能性。为了创造相对容易的至少能够使其在表面成功的措施,许多州通过了基本技能测试。在这些情况下,测验可以被当做课程的一种方式使用,但这很可能使学生变得思路狭窄和知识肤浅。

激励也是学习中必不可少的,但前提是对教学有益才可能会更有效。然而,基于标准的变革中重视问责的激励并没有在教学中发挥作用;它们对州起作用,并通过它们对区、对学校以及对教师产生作用。但是没有针对教师的直接的激励措施,同样没有针对学生的,尽管他们同教师一样对结果非常重要。这些问责激励机制的目标不是提高教学质量,而是提升学生的考试成绩,因此激励往往在教学之外展开。它们会通过多级政府部门来影响教师;如果它们能对学生发挥作用,教师和学校就会加以实施。这些特征减少了奖励对教学的效能,并大大降低了改善教学的概率。在这种多层次的问责中,针对特定教学设计进行绩效激励是不可能的,除非设计是问责制度本身的一部分。从教育上说,这可能更有意义,但它在政策上是不可能的,技术上也是相当困难的,至少按照严格的日程安排是不可能的。这种倡议的一些困难在学校和系统的问责制和特殊教学设计结合在一起的"阅读第一计划"中已经显示出来了。

《不让一个孩子掉队》法案的强劲但不显著的政策手段加重了困境,并有可能导致不利于改善教学的回应。教师们可能会通过提高学习结果但不改善教学质量,为学生的测验做准备,帮助他们作弊,涂改分数,或通过忽略低效学生夸大学生平均成绩这些方式来降低失败的风险。如果政策有了不可置信的目标,或者虽然设定了合理的目标,但未能部署强劲、显著、足以支持他们实现成就的政策手段,或者如果手段强劲,但不显著,或者手段强劲显著但由没有能力的实践者实施,这些回应是预料之中的。在这种情况下,教师希望减少风险,而不是提高成就,因为他们缺乏提高成就所需的知识,并且也没有相应的政策手段。如果政策将结果和实践结合起来,人们应该期望实践者行动基本合理,那么实践者将试图通过顺从而不是改善实践来降低风险。考虑到任何目的和政策工具,要求一个人去做他根本做不到的事情,尤其是因为改革失败而可能受到惩罚,那么减少风险是理性的。

将政策和实践结合起来,这是政策手段的一种能力,它们在强度上,在对实践的影响力上,在显著程度上,或者为了实现政策目标,这些政策手段与在实践中必须发生的事情是多么紧密地联系在一起等方面有所不同。这些目标偏离常规做法越远,矛盾就越尖锐,就越需要能促使实践者做出积极回应的强劲显著的政策手段。在这类政策手段中,知识是关键因素。一方面,政策手段往往是直接或间接地传递知识,以使实践者自己获取知识。另一方面,政策制定者为了设计出能够使实践者积极回应的政策手段,他们同样需要这些知识。

然而,实践者能够做什么和不能够做什么,并不是政策目标和政策手段的简单函数,这也取决于他们的能力。

能力:实践带给政策的资源

执行能力对于政策落实是必不可少的,因为它包含了实践者给政策带来的各种资源。然而,能力是相对的:对一个稍稍偏离传统实践的政策来说是足够的,而对一个严重偏离传统实践的政策来说往往是不可能的。能力不仅因政策目标而不同,也因政策手段、政策环境和现有做法而不同。

能力有个人根源和社会根源。个体实践者因其价值观、利益、性格、知识和技能的不同会导致政策冲突。价值观对能力有影响,因为政策的目的或手段往往吸引或触及实践者的价值标准,或者外界的行动者。教学变革深深冒犯了一些教育工作者、家长、政治家,这些人都认为他们提出了不正确的或有弊病的想法,而不是教学变革深深侵犯了认同科学的人。这类价值观通过加强或弱化政策落实的意愿来影响能力,或妨碍或提高技能的获得和政策落实所需要的知识。价值标准随环境而变化。对变革的抵抗可能在美国南方,而国际大都市更可能支持变革。同样,降低最高车速的政策在城市化地区要比美国西部更容易接受,因为在美国西部,那是侵犯基本自由的表现。即使方案看起来没有突出的价值内容,它们仍可以发挥作用。增加十分钟的日常写作可能会减少休息或者娱乐,这就要求实践者将其放在有价值的日常工作上,而不是放在原则上。这种冲突会减少实践者按照政策去执行的意愿。

利益是能力的另一个源泉。一项要求公司停止往河流倾倒多氯联苯的政策可能会加大他们的成本或者损耗市场占有率,同样,要求教育者们对学生进行测试并追踪他们的进步,代价也是昂贵的。即使制造商或者教育者们认同这项政策,在执行中可能也会因利润减少、产品削减或工作转变而损害他们的利益。那样会降低他们执行政策的意愿,就像增加实践者的利益能够增强政策执行的意愿一样。奖励采取排污实践等方式保护环境的企业,旨在通过提高实践者的利益,增强其推动政策的意愿。就如同出资让教师去了解相关学科的更多知识能够增强其改善教学的意愿一样。这种利益随环境而变化。正遭受污染的小河中远离污染源头的下游城镇要比坐落于源头的城镇在补救措施的制定和执行方面更有兴趣,因为坐落于源头的城镇的居民依赖于污染物质获得工作,城镇依靠污染物质获得税收和经济发展。

知识和技能是个人能力的第三个来源。城镇驾驶员使用其驾驶技能和超速罚款的知识来处理限速问题;法官用联邦和各州的量刑指导方针以及权衡证据方面的技巧,来判决刑事案件。当政策催促在实践中发生变化,他们往往因为要求实践者去做他们不知道怎么去做的事情而造成失职(Bardach,1977),一些政策通过为实践者提供教育来应对所造成的失职。

性格是能力的第四个来源。有着相似的价值观、兴趣和知识的教师处理工作时往往大相径庭：有的积极热情并渴望参与工作，而另一些却缺乏自信。同样，一些管理者在追求目标中是积极进取的，也有些人是谨慎小心的。这种差异通过影响工作的意愿、学习的动机和实践参与而对能力有一定影响。

能力的社会来源存在于组织和环境中。在某些情况下，突出的是经济因素。富足地区的学校通常聘请更多优秀的教师，这些教师与贫穷地区的同事相比有更多的资源并且能够有效利用。更加胜任的学校领导往往出现在富裕的社区，这些人能够更好地发挥教师的作用以及使用其他资源。与之相比，在不太富裕的社区，员工的流失率是比较多的，这在一定程度上妨碍了实践者之间知识平衡性的发展，从而降低了其能力。由于政策在环境中运作，这样的经济差异是存在的。条款一是对州和地方政策运作的适度的联邦补充条款：现在整个联邦分配少于地方税收总额的10%。因此，条款一在实践中的影响，很大程度上取决于当地学校组织施加什么样的影响，然而由于在金融和收入方面存在很大的差异，国家和地方学校系统有非常不均等的能力。最需要条款一的各州和地方在执行中运用一些能力，使得该计划的运作和效果是由致力于改善不平等而发展起来的。

能力的一些社会来源具有文化性和教育性。条款一对实践的影响既依赖于当地学校组织对其施加的影响，也依赖于家庭和社区对孩子的学校教育施加的影响。然而，各州和当地学校系统有很不均衡的能力，部分原因是由于家长受教育程度和社区资源的差异性。另外，对社区和家庭来说，条款对他们的影响是微弱的；计划的运作和产生的效果也是由致力于改善不平等而发展起来的。组织和环境通过形塑实践和利益，价值观和知识之间的转换来影响能力。例如，服务传递组织的规模和复杂性通过影响知识之间的转换而影响实践；组织的规模越大越复杂，知识之间的转换就越困难。在其他条件都相等的情况下，在纽约一个中等规模的地区去执行一项学校改善计划要比在整个城市简单得多，因为对整个城市来说，交流、学习和监督将更加困难（Elmore & Burney，1997；Cohen & Spillane，1992）。

组织可以建构自我从而提升或限制其能力。一些学校利用督导来评估和改进教学：教师的终身发展和晋升到学校领导职位取决于督导对候选人在实践中展示品质的判断，这能够帮助维持或者提高个人的表现。关键的一点是，如果他们为维持或改善实践而将知识、技能和性格制度化，那么督导处可以起到智囊团的功能。在这样的学校体系中，督导部门可以建立和维持社会资源。组织也可以抑制能力的发展：在美国，在教学方面优秀的教师不要求去继续教学或者做行政职位，也没有督导部门。在一定程度上，它是存在的，教学专长集中于班级的教师。教室外这种能力的缺乏使得更难以改善他们的成绩。

我们的讨论意味着能力是针对各种各样的任务的；这似乎很少有类能力。当政策倡导改变他们造成的不胜任的做法。但是，"当然，特征是显而易见的，尽管基本是武断的，但是它是以某种标准给予任务或活动之间关系的描述的"（Bardach,1977）。一些政策为实践者设定了相对窄化的任务：联邦的政府补助金要求实践者只需接收资金并将资金用于教育活动。在这种情况下，讨论中的能力集中于解释，对于教学和学习几乎没有。然而另外一些政策为实践者设置了宽泛的任务：克林顿总统和布什总统为了给教育者设置新的雄心勃勃的任务而修订了条款一，因为他们要求消灭因种族、阶级和基于性别而造成的学生表现的不平等。在这种情况下，处于争议中的能力横跨教学、学习、学校管理、学校改进、评估和在实践中科学知识的运用，政府补助金和以标准为基础的改革聚焦于教育，但是他们要求实践者有相当不同的能力。

此外，实践者的能力不单单来自于单一特质——技能和知识经常被误认为是全部——而是来自个体知识、价值观、兴趣、性格和社会能力的结合。当政策对他们的兴趣、利益产生负面影响，或者他们不愿意去参与实践时，实践者会发现获得或者运用知识是特别困难的。价值观也可以帮助创造利益，因为特许学校的游说降服了立法，形成了包括教会赞助商、教育工作者和家长在内的网络化群体，他们在州政治和支持教会上变得更有力。能力存在于这种交互作用中，由此得到维持、提高或者退化。

组织可以通过授权和使实践、利益、价值观和知识交流以及指导实践的知识制度化来提高能力。他们还可以抑制这种交流来限制能力。如果组织授权并且使集体实践制度化，这种能力就是社会资本形成的一种形式（Bryk & Schneider,2002）。

最后，由于能力的要素互动，政策制定者可能会有很大的影响力。政策试图通过提供对结果的奖励和让实践者去加以运用或者获得必需的能力，试图将知识和技能间接地衔接起来，如果实践者有能力或者能够轻松地获得能力，政策就可以发挥作用。但是如果不能轻易地了解到他们需要知道的是什么，仅仅提供奖励措施的政策是几乎不能发挥作用的，近来的州政策要求学校对学生的成绩负责，并因此作出奖励或者惩罚。大多数州设置了适度的目标，但是也有部分州设置的目标更加严格。在这些州，教师在学生成绩方面都能产生兴趣，但是目标不那么严格的州的教师们仅仅需要在知识和技能方面的适度提升。随着政策进一步背离现有的实践，兴趣本身不能促使知识、技能或者实践的提升，因为更严格的要求就往往引起更多的不胜任，意味着需要更多的能力，而教师凭他们自己是很少能够构建起来的。要求缺乏能力的实践者去创造成绩而加剧了困境，同时增加了实践者尝试去顺从而不影响既定结果的机会。

就像我们所讨论的其他资源一样，能力是有相关性的。它在与政策目标、使用的政策手段、政策和实践所在的环境的相互作用中上演兴衰成败。只有当人们用相关术语阐述的时候才能够将能力表达清楚,只有在资源的相互作用中,人们才能形塑能力。

结论

政策和实践中的困境:很多政策寻求纠正社会和教育服务的界定或联系方面的问题,然而,问题关键的解决目标是失败的教育,福利客户,或者吸毒成瘾者这类政策认定有问题的群体。政策的成功取决于有缺陷的客户,实践者和政策将会调整的组织。政策和实践的主要困惑是如何去促使这些个人和组织按政策提倡的去做。政策会提供奖励、观念、资金以及其他更多东西,然而只有当他们被那些认为是有问题的人较好的利用时,他们才能发挥作用。

我们的讨论突出显示了政策和实践之间合作和冲突作用的发挥。一方面政策制定者依赖于实践者获得成功,实践者依靠政策制定者获得资源和引导,这都包含对合作的激励。政策制定者的合法性和政治利益部分依赖于政策在实践中的归宿,因此政策制定者有理由去接纳实践者的关注点和能力。实践者有动机去执行政策,因为它出现在合法的权利中,它可以提供有价值的资源,而失败会削减利益和降低实践的合法性。但是这些促进合作的激励措施经常伴随着冲突存在。最普遍的是,冲突置身于政策为实践设定任务之间的关系中,资源可以完成这些任务。政策偏离现有的实践越远,政策手段、能力和环境对融合的作用越小,政策制定者和实践者之间的冲突就会越明显。这些关系上的不一致源于一些因素,包括资源的限制、目标模糊而导致的制定政策的冲突、政策手段的无力以及知识的缺失。

然而,困境本身就暗含着政策和实践之间的基本的紧张关系,这些困境经常引发冲突。举例来说:最近的教育政策认为国家和地方学校系统对贫困儿童的服务很差,因此制定了很多强有力的措施来解决这个问题。从这个角度来看,《不让一个孩子掉队》法案使用强硬的手段来调动教育工作者改善服务质量的意愿,找出无能的专业人士并刺激业绩提升,这些是有意义的。然而,如果教育者想要去改进薄弱学校,政府提供帮助、鼓励以及对他们要做的事情充分的信任也是有价值的。第一种观点的支持者往往将第二种观点的支持者视为导致孩子失败的辩护者,并且想要通过允许表现疲弱而击垮政策,就像《不让一个孩子掉队》法案一样。第二种观点的支持者倾向于将第一种观点的支持者看成是通过让实践者机械的服从来实现学校改进的顽固的强制实施者。差异成为勾勒政策和实践之间关系的困境的组成部分,《不让一个孩子掉队》法案在实施中、在政府应该多么积极和有益的冲突中表现出来。在继续进行的辩论和冲突中,以及对此感兴趣并参与实施中表现出来,而且在未来几年条款一的重新修订的争辩中表现出来。

这种冲突是难以避免的,因为每个视角都有存在价值。人们往往将社会破坏与有问题的个人和组织联系在一块,从这个角度出发,人们不相信他们能做正确的事情;对他们持有怀疑态度是可以理解的,但同时还要让他们做出解释。然而因为他们是改善现有状况的主要人员,给予他们帮助和相信他们能够改善是有意义的。在一个合理的世界中,政策制定者和实践者都会存在,由于缺少新的服务供应系统,如果将两者联合起来,政策将更有可能改进实践。一个例子是与工具相结合的政策,它需要与提高实践者的能力相吻合的工具来实现业绩。但是即使政策选择了这两者,制定出完全认同困境所体现出来的真理和公平的相反观点的政策也是极不可能的。

这里的关键因素不是等级定位,而是困境所凸显出来的政策与实践之间的紧张局势。但如果冲突是社会政策和实践之间的关系的组成部分,那么通过对政策目标、政策手段、能力和环境之间的关系这些方面的处理,政策冲突可以得到缓解或变得糟糕。政策和实践之间紧张关系的持续的根源在于知识的匮乏;改进的知识能够处理冲突。如果在政策运行和效能中有系统地收集成功或失败的原因的证据,那么生成的知识就能有助于改善工具和改进能力。教育进程和学校的改进的系统调查有类似的效果。

这一点对为基于标准的改革特别重要,因为知识在这些政策中承担着这样关键的角色。他们建议提高学校效能,但前提是只有当学校提升学习力才能获得成功。这大大扩展了教育者的需要和认知,因为如果学校成员缺乏有效实践的知识,那么他们不可能有效地改善教学,如果实践失败了,它就会使基于标准的变革的政策变成一个政治责任,因为如果失败是广泛存在的,它就会使得学校和政策失去合法性。要求学校和学校系统更加有效,这些政策在教学、学习和学校管理中的创造性和有效知识的使用方面将会优先考虑。

然而,《改善美国学校》法案和其他州法案没有在促使知识生产和使用方面呈现出巨大的飞跃,也几乎没有形成持续的生成性研究。而且,尽管《不让一个孩子掉队》法案将资金更多地聚焦于教育科学协会的学校教育和学校改进,该机构还是拥有庞大的日常工作议程和预算。此外,在《不让一个孩子掉队》法案中的严格的日程安排意味着,即使资金的使用很充裕,而且对它做了很多研究,大多数结论也要在关键决定做出后才能得出。这种情况鼓励实践者调整他们的政策解释以便更接近于常规的做法。虽然《不让一个孩子掉队》法案在文本中认识到知识的重要性,但是在执行法案时,知识既没有得到重视,政策实施框架也没有得到有效使用。

几十年以前,马兹马利恩和萨巴蒂尔(Mazmanian & Sabatier,1989)写道,"(如果)将目标群体行为和政策目标联系在一起的有效的因果理论是无效的或明显是有问题的……那么法例的支持者必须有意识地将学习过程纳入其中。这些学习过程通过尽可能不同的输入方式,包括实验项目、广泛的研究和开发、评价研究以及开放决策过程来实现"。

这是一个有价值的报告,而且比以往任何时候都贴切,但似乎很少有政策制定者意识到这点。如果处罚是一项政策的目标,创造知识以解决问题是无关紧要的,但是,惩罚本身不能发挥作用。基于标准的改革创造了一个教育政策的新框架,其中实践者和政策制定者对于教学、学习和学校管理方面的更多更好的知识有着前所未有的需求。没有这些知识,就不可能去兑现政策承诺,而这些政策既不能显著提高创造这种知识的能力,也不能设计实践者和政策制定者可能会用到的工具。

（周　娟　张俊华　译　刘　惠　校）

专题拓展阅读文献

1. 《政治模型：为思考公共政策提供帮助》

   [美]托马斯·R.戴伊.理解公共政策[M].第十二版.谢明,译.北京：中国人民大学出版社,2011：10-26.

2. 《逆境中改进政策制定的系统方法》

   [以色列]叶海卡·德罗尔.逆境中的政策制定[M].王满传,等译.上海：上海远东出版社,1996：251-281.

3. 《"渐进调试"的科学》

   [美]杰伊·M.沙夫里茨,艾伯特·C.海德.公共行政学经典（英文）[M].北京：中国人民大学出版社,2004：198-208.

4. [美]查尔斯·E.林德布洛姆.政策制定过程[M].朱国斌,译.北京：华夏出版社,1988.

5. Odden,A.R.Education Policy Implementation[M].New York：State University of New York Press,1991.

6. Sykes,G. et al. Handbook of Education Policy Research[M].New York：Routledge；Washington,D.C.；American Educational Research Association,2009：221-402.

7. Bell, L. & Stevenson, H. Education Policy：Process, Themes and Impact[M].UK：Routledge, 2006.

8. 《教育政策和教育决策：比较数据》

   [瑞典]托尔斯顿·胡森,[德]T.N.波斯尔斯韦特.教育大百科全书（第六卷）[M].张斌贤,等译.重庆：西南师范大学出版社；海口：海南出版社,2006.

9. [美]安德鲁·里奇（Andrew Rich）.智库、公共政策和专家治策的政治学[M].潘羽辉,等译.上海：上海社会科学院出版社,2010.

10. [美]詹姆斯·E.安德森（James E. Anderson）.公共政策制定[M].谢明,等译.北京：中国人民大学出版社,2009.

11. [日]五十岚雅郎,等.智囊团与政策研究[M].肖阳,译.北京：科学技术文献出版社,1986.

12. Dror,Y.Public Policymaking Reexamined[M].Bedfordshire：Leonard Hill Books,1973：154-162.

13. 《政策评价方法》

    [美]斯图亚特·S.那格尔.政策研究百科全书[M].林明,等译.上海：科学技术文献出版社,1990：54-71.

14. 《教育项目的管理与评估》

    [以色列]丹·英博,等.教育政策基础[M].史明洁,等译.北京：教育科学出版社,2003：235-252.

第三编
教育政策研究的理论基础与方法论

公共（public）与政府（government）在词义上是不同的。政府意味着国家，而"公共"则是一个前政府的概念，人们常用它来描述发生于私人生活之外、区别于市场或者追求利润行为的一系列集体活动。

——《公共行政的首要原理》

专题导论

本专题选文的主题是"教育政策研究的理论基础与方法论",共选入五篇文章,主要目的是通过所选文章让读者从一些侧面了解国外(主要是欧美国家)学者关于教育政策研究的理论基础和关于教育政策研究方法、方法论的研究概况和基本观点。从广义上说,这个领域的文献最为广泛和复杂,政治学、经济学、社会学、管理学、人类学甚至历史与数学等都可以作为公共政策(包括教育政策)研究的理论基础,自然科学、社会科学、管理科学与系统科学的方法、方法论都可以作为公共政策(包括教育政策)的方法和方法论。由于受到全书篇幅的限制,这里只是选编了其中的一些比较典型、比较有代表性的篇目,以期读者能够对这个研究领域有一个大致的了解。

政策科学从其诞生之日起就是一个跨学科的研究领域。政策科学研究的主要是社会公共事务领域的理论与实践问题,往往具有综合性和跨学科性质,需要用多学科的视角和理论进行研究,需要使用多学科的方法开展研究。社会科学、自然科学、管理科学和系统科学都为政策科学的发展提供了丰富的理论基础与方法论基础。

在教育政策研究的理论基础方面,本专题选编了两篇文献,一篇是关于教育政策多学科理论基础与方法基础的综合研究。另一篇是关于政策研究行政学理论基础的文献。盖莫蓝的《教育政策研究的学科基础》一文,对当代美国教育政策研究的多学科理论基础和社会科学对于政策研究的方法贡献作了一个综合的、比较系统的概括与总结。弗雷德里克森的《公共行政的首要原理》是新公共行政学的一个代表作,提出了公共行政不等于政府行政的重要观点和公共行政的八条原理,对公共行政的内涵与范围作了创造性的阐释。另外,社会学、经济学、管理学领域还有许多经典文献,对教育政策研究具有重要的理论指导意义。如科尔曼的《社会学和社会行动在新型社会结构中的关系》和哈贝马斯的《市民社会行动者、公共舆论和交往权力》从社会学视角为政策研究提供了理论基础。《社会学和社会行动在新型社会结构中的关系》论述了社会理论研究的重心和范式转向社会政策研究的状况,强调社会政策研究的重要性,并开创性地运用社会行动理论来解释社会政策研究。《市民社会行动者、公共舆论和交往权力》提出了公共领域与市民社会的概念,区分了公共领域、市民社会和私人领域,为政策研究提供了一个独特的社会结构分析框架。阿罗的《社会福利函数》和奥斯特罗姆的《分析制度选择的框架》则是从经济学视角为政策研究提供理论基础的经典文献。《社会福利函数》提出并论证了"不可能性定理",揭示了公共政策活动中价值冲突的必然性,为政策研究提供一个全新的视角。《分析制度选择的框架》从对公共资源进行非政府、非市场自主治理的角度论述了集体行动理论,为政策研究提供了一个制度主义的分析工具。西蒙的《管理行为中的理性》则是从管理学视角讨论决策有效性问题的经典文献,界定了管理行为中的理性的概念,提出并论述了"手段—目的链"的重要观点,建立了有限理性决策模型的理论基础。由于篇幅所限,这些文献列入拓展篇目中,读者朋友可有重点地进行拓展阅读。

正如政策研究的理论基础是纷繁复杂的一样,政策研究的方法同样是纷繁复杂的。从某种意义上说,迄今为止人们在人文学科、社会科学、自然科学和系统科学中关于研究方法和方法论的探索,都具有政策研究的价值与意义。在教育政策研究的方法论基础方面,本专题选编了三篇文章,重点选择了部分涉及系统分析、文本分析、制度分析的典型文献。克朗的《系统分析的研究方法论》是比较系统地论述政策研究方法、方法论的经典文献,它讨论了系统分析政策研究的方法,强调政策分析的系统性,提出了以行为研究、价值研究、规范研究三个相互关联的基本范畴为核心的政策分析方法论。阿普尔的《文化政治学与文本》从批判社会学和文化政治学的视角探讨了"文本"的本质,提出了"批判性阅读、赋权性阅读与政治性阅读"的重要概念,从而为分析和研究政策文本提供了一种理论与方法上的路径选择。迈尔和罗万的《制度分析与教育研究》则是一篇讨论教育研究中制度分析问题的文献,为教育政策研究提供了一个作为新制度主义派别之一的社会学制度主义的研究视角。除此之外,斯通的《政治理性》则是在西方文献中少有的讨论价值分析的代表性作品,强调了作为公共政策本质属性的政策悖论(价值冲突)在政策研究中的重要意义。弗里曼的《战略管理:利益相关者方法》是最早的系统讨论"利益相关者"问题和利益分析方法的经典文献之一,其所提供的理论框架成为后来学者们分析利益相关者问题的基本框架。由于篇幅所限,我们把价值和利益分析的相关内容列入拓展文献中,请读者朋友重点进行拓展阅读。

教育政策研究的学科基础^①

亚当·盖莫蓝

作者简介

亚当·盖莫蓝(Adam Gamoran),美国威斯康星大学麦迪逊分校社会学部前主席。1984年取得芝加哥大学教育学博士学位。他是"美国教育研究院"(the National Academy of Education)的民选委员,曾被奥巴马总统任命为"国家教育科学委员会"(the National Board for Education Sciences)委员。他还为"美国国家研究委员会的科学教育委员会"(the National Research Council's Board on Science Education)工作,主持了美国教育部的对全国职业和技术教育评估的独立咨询小组。其研究兴趣包括:学校组织,教育中的分层和不平等,学校系统中的资源分配。

选文简介、点评

《教育政策研究的学科基础》一文是《教育政策研究手册》(*Handbook of Education Policy Research*,2009)第一部分的第二篇评论。教育政策一直是人们关注的焦点。教育政策不仅仅需要研究教育的问题,还要讨论经济增长、国家竞争力的问题,例如对人力资源和高素质劳动力的重要性的普遍关注。对教育政策研究的理论界限和方法论研究途径的界定,是《教育政策研究手册》一书的两大主题。该书分为七个部分:(1)教育政策的学科基础;(2)方法论视角;(3)政策过程;(4)资源、管理和组织;(5)教与学的政策;(6)行动者和制度;(7)教育机会及其差异。每个部分包括由该领域重要学者撰写的两篇评论,分别涉及该主题领域中政策制定和政策研究的现状。

作者在《教育政策研究的学科基础》一文中提出,关于政策研究的学科基础的章节中有四个共同的主题:理论的贡献、方法论的贡献、调查的缺陷、合作的不足。第一,社会科学为教育政策研究提供了指导该研究的理论与概念,例如经济学的激励市场竞争的理论原则、政治学的政策反馈概念、社会学家们提出的松散耦合的理论。第二,社会科学为政策研究提供了许多方法,比如经济学中的生产函数的方法。第三,尽管半个多世纪以来的研究已取得一些成果,但

---

① G. Sykes, B. L. Schneider & P. N. Plank. Handbook of Education Policy Research [M]. New York:Routledge,2009:106-112.

是与现有的巨大不足相比,知识的数量不值一提。第四,尽管各学科的研究兴趣存在重叠,大部分的研究都局限于其学科界限内,这限制了基于学科研究的政策价值。

该文的主要结论是:一方面,社会科学的各学科通过提出能指导研究和指向非正式机制的理论,以及发展各种有助于政策研究的研究技巧来促进政策研究;另一方面,尽管在该研究上我们取得了显著的成就,在与政策相关的知识上仍有很多不足之处,而且各学科界限也容易限制社会科学对政策分析产生的作用。实践人员和政策制定者们可以根据他们自己的环境、能力和资源来权衡现有调查结果提供的想法与见解,即使这些并不能为他们进行明确的决策提供清晰的指导。文章的最后,作者指出,政策分析者和实践者应充分利用社会科学的贡献,与此同时,如果社会科学能够力求精确,能相互合作,能发展新的理论和概念,那么社会科学就能为政策决定提供更多依据。

《教育政策研究手册》集合了美国当代100多名学者的重大研究发现,是我们全面了解美国教育政策发展和现状的重要著作。而盖莫蓝的《教育政策研究的学科基础》一文在揭示教育政策学科特征的综合性和广泛性方面,具有不可替代的价值。该文论述了对教育进行跨学科研究的必要性、理论框架和方法论基础,为我们进行教育政策研究提供了一种多学科视角。打通学科壁垒,进行跨学科的教育政策研究,不仅仅有利于繁荣教育政策学科,促进教育政策研究,而且也提高了教育政策制定的综合性、问题解决的有效性,最终有利于系统性地解决教育问题,提高教育质量。

选文正文

社会科学各学科如何为教育政策研究提供基础? 它们在哪些方面存在不足? 本章旨在对前面几章中叙述的学科贡献做出评价,同时为学科研究提出一些新的研究手段,通过这些新方法,学科研究能有效促进教育政策分析,最终促进政策制定。此评估报告同时也提出了一些方法,通过这些方法从业人员与政策制定者们可以从教育的社会科学研究中发现其价值。

正如几位作者在本指南的引言部分所暗示的一样,要将政策研究提到学科知识的高度,这条路还很漫长[见劳恩和泰森(Lauen & Tyson)所述章节]。与此相反,社会科学家们一贯的目标是进行理论建设和检验源于学科知识的假设,而并不一定是要进行政策辩论。正如科尔曼(Coleman,1976)所言,教育研究与政策之间有着内在的关联,因此即便教育的提升和发展不是教育研究的核心任务,教育研究也具备了通过促进教育决策进而改善教育的潜力。所以,探讨社会科学是否以及如何为教育政策研究提供支持并无不合理之处。

韦墨(Weime)对政策研究与政策分析作出的区分为探讨前述章节中出现

过的主题给出了一个有用的出发点。他解释，政策研究回答的是现存的有关教育课程或实践的一些问题，而政策分析则是从影响和成本两方面，对不同政策进行对比，旨在为政策制定者们进行决策时提供参考。在这个意义上，学科与政策分析之间的相关性并不典型，但可能会对政策研究提供一些参考，这对分析者们十分有利。

在对所作的结论进行预览后，我发现，一方面，学科通过提出能指导研究和指向非正式机制的理论，发展各种有助于政策研究的研究技巧来促进政策研究；另一方面，尽管在该研究上我们取得了显著的成就，在与政策相关的知识上仍有很多不足之处，而且学科界限也容易限制社会科学对政策分析产生的作用。实践人员和政策制定者们可以根据他们自己的背景、能力和资源来权衡现有调查结果提供的想法与见解，即使这些并不能为他们进行明确的决策提供清晰的指导。

四个主题：理论的贡献、方法论的贡献、调查的缺陷、合作的不足

整体来说，关于教育政策研究的基础章节中有四个共同的主题。第一，社会科学为进行政策研究提供了一些理论上的见解与概念。第二，政策研究的工具来自社会科学学科研究的一些方法。第三，尽管半个多世纪以来的研究揭示了一些有用的知识，但是与现有的巨大不足相比，知识的数量不值一提。第四，尽管各学科的研究兴趣存在重叠，大部分的研究都局限于其学科界限内，这限制了基于学科的研究的政策价值。

应用于教育的来自社会科学的理论框架与概念

社会科学对教育政策研究作出的杰出贡献可能就是提供了指导该研究的理论与概念。这些思想会对教育课程与实践的效果和教育课程达到预期效果所运用的机制提出假说。本部分的每一章基于学科的内容都提出了用于教育研究的一些理论。例如，从经济学出发，卡诺依（Carnoy）就总结了可以用于教育学的激励市场竞争的理论原则。这些例证不仅对提升教育政策提供了支持，同时也激励了一大批并且仍在增加的围绕教育券、竞争、私立学校、精英中学和契约学校等的研究。此外，经济学理论提出了一些原理，通过运用这些原理，教育水平得到提高的机会就会增多：市场的竞争促进学校教育高效发展，而至于私立和契约学校，官僚管理限制越少，学校运行就越高效。正如卡诺依所言，关于选择和竞争的实证研究并未始终如一地捍卫理论的地位，因此为了理解实证调查的复杂性，还需做更多的实证研究工作。从这个意义上讲，教育研究为社会科学理论提供了一个有用的试验场。然而，为了对政策分析者提供有用的信息，我们还需要对理论进行完善，针对那些与理论相悖的调查结果，也需做更多的实证调查工作。

另一个有助于指导研究的理论是来自政治学的政策反馈概念（McDonnell）。持有该观点的研究者指出，除政治过程能形成方针决策之外，已制定出的政策还会产生新的政治利益，这种利益可能会影响后续政策的制定，联邦与地方政策的研究就是基于此立场而进行。如麦克唐奈所论，新的研究有助于政策研究的进行，该研究能让分析者们就基于标准的改革实施提出更佳的建议，而基于标准的改革是现有联邦教育政策的核心。

第三例——为了描述学校的组织背景，社会学家们提出了松散耦合的理论（Lauen & Tyson）。该理论提出，学校系统中一个部分的决定和动向并不一定会引起共鸣。松散耦合在几个方面对于政策相关的研究都有用处。第一，它有助于解释为什么外部规定（要求、制度、命令）通常对于实际课堂教学（教学内容、方法）鲜有实质性的影响。其次，它提出学校内部因素与学生的学业成就联系更紧密。例如，如果你希望影响教与学，你可以通过能指导和约束教师教学工作的资源配置来达到教学目标，或者通过提升教师自身素质也可影响教与学（Gamoran, Secada & Marrett, 2000）。在该概念的基础上我们进行了实证研究，这些研究为当前强调专业发展的现状提供了支撑，而专业发展是促进教与学的关键。

运用于教育研究的社会科学方法

贯穿于所有章节中的第二个主题是社会科学为政策研究提供了许多方法。在维诺夫斯基斯（Vinovskis）论述的历史和教育政策研究的章节中，他承认比起社会科学家，历史学家与教育政策的联系相对较少。不过历史学家的方法仍然对政策研究至关重要。在提出政策建议时，分析家们需要得到一些关于正在考虑中的方案实施前景的信息，而历史比较则为此提供了有用的指导。此外，其他学科，如社会学和政治学的调查者们经常会运用历史学的方法来探讨一些过去曾引起改变的模式。比起更关心案例独特之处的历史学家的研究，这些研究通常旨在得出一个更为一般的结论。

像历史学一样，每门社会学科为政策研究者的"工具箱"都提供了"工具"（这也包括心理学，在此部分并未涉及，不过它的研究方法在"方法论视角"一章中显而易见）。卡诺依对教育政策研究中常用的经济学上的研究方法进行了回顾。经济学家们的生产函数——"产出"和一系列"输入"的测量关系——既是一种理论观念，也是一种方法技术。通常生产函数都是通过普通回归分析进行估算，但是为了处理教育定量研究的最大挑战，须运用更为精确的计量经济学方法：选择性偏差。选择性偏差这个概念，确实可以反映出提出该方案和未提该方案的人或是参与了该方案和未参与该方案的人之间的区别。它涉及的计量经济学方法包括固定效应模型、工具变量和回归间断点，每种方法都力求估算未被选择性偏差影响的教育方案的效果。此外，越来越多被经济学家们使用的一种方法是随机对照试验，该方法通过随机将参与者分配至干预组和对照组来避免选择性偏差[除了此章节中卡诺依和哈努谢克（Hanushek）编写的内容，另请参见杰弗里·波曼（Geoffrey Borman）和大卫·卡普兰（David Kaplan）在"方法论视角"（Methodological Perspectives）一章中所写的内容]。

社会学家们同样也对定量方法进行了一番研究，特别是在结构方程模型、阶层线性模型和其他旨在在教学研究中使计划效果避免测量误差的方法的应用上颇费苦心。其他社会学家对依赖于人类学传统的定量方法（Lauen & Tyson）。迪克森（Dixon）、波曼（Borman）和科特纳（Cotner）所述章节表明，教育人类学将人类学的研究方法运用到教育领域。人类学方法能加深理解政策如何在生活中发挥作用，正如历史研究工作一样，也能阐明政策实施和无法预料结果的前景。例如，当前针对联邦教育政策反应的人类学研究强调对政策授权的抵制与教育系统标准化的消极反应（详情请看迪克森、波曼和科特纳所述章节）。麦克唐奈并未指出政治学家在方法论上有独特的贡献，但她表明了该学科的学者们在特别聚焦于政策体制的稳定性及其变化还有政策与政治态度和政治行为之间关系的背景下，如何运用历史学、人类学和计量经济学工具来研究教育政策的独特视角。虽然理论和方法论贡献是不可缺少的，它们被用来得出有用实证研究结果的程度限制了它们对于政策研究的价值。接下来便探讨该问题。

对于政策问题的基于学科的答案

历史学、经济学、政治学、社会学和人类学一定程度上帮助了教育政策制定者和实践者们解决问题。该现象反映了教育政策和实践的复杂性，以及亟待解决问题的广度和深度。

关于教师对学生成绩影响的调查提供了一个鲜明的例子。每一学科在该话题上都有话可说，在经济学（哈努谢克和卡诺依）和社会学领域（劳恩和泰森），研究者们都尝试提供教师影响的定量估计。有关这方面的研究，研究者们都令人信服地论证了学生成绩因教师不同而有所差异，而该差异的部分原因是随机的：从学生的角度出发，这取决于他或她遇见的是哪个教师（Carnoy, Lauen & Tyson）。这是一个意义非凡的与政策相关的研究成果：它促使决策者们将对教师的素质投入作为一个提高学生成绩的关键手段（Camoy）。然而，这种投入的形式却不甚清晰，是用金钱刺激来提高成绩，还是专业发展，或最好是职前准备？目前这些策略还有其他一些策略都正被尝试，并且成为正在进行的研究项目的主题。但目前，研究者们擅长的是确定那些老师的特点，而并不擅长表明是什么特点或实践方式让一些教师有效地提高学生的成绩。这让那些需要知道什么投入才会最大化"产出"的决策者们沮丧不已。像这种情形还包括，从经济学的角度来看，更高分数体现的学校"质量"的增加——这一现象表明了学校生产效率的提升，但是如何去提升学校质量却并不明确（Carnoy &

Hanushek);从社会学的角度来看,天主教学校的学生比公立学校的学生,特别是那些最不可能读天主教学校的学生成绩更好,但是关于天主教学校是否有一些特点可供公立学校去采纳并产生类似效果的猜测也未得到证实(Lauen & Tyson);而从政治学的角度看来,制度利益和理性评估一样,或更能造成政策变化,但去预测这些利益如何在给定背景下发挥作用又并非易事(麦克唐奈;关于文化背景的人类学的平行研究结果,请看迪克森、波曼和科特勒所述章节)。这些例子反应了与政策相关的一些调查结果,但也表明了仍有许多有待学习之处。

在某些案例里,研究者对一些具体投资可能产生的收益提供了清楚的证据。但是,在这些案例里,研究结果的效用除了受到认知技能的限制外,还受到成本知识的不足,执行和结果的限制。例如,班级规模的减小是有足够证据证明能提高考试成绩的一种政策(Carnoy,Lauen & Tyson)。此外,研究也计算了减小班级规模的成本并将计算结果与其他政策选择相比(Carnoy)。然而成本问题有时会被政策制定者忽略,例如佛罗里达州再不能负担全州减小班级规模的政策费用,或者计算成本时缺少完整的信息,例如加利福尼亚州虽然能资助减小班级规模,但是缺少足够的教师和教室空间来容纳大量的较小班级(Milesi & Gamoran,2006)。另外,较小班级提高考试成绩的机制没有被很好地理解,因此甚至这个相对有力的发现也有不确定性(Ehrenberg,Brewer,Gamoran & Willlms,2001)。执行中的问题和模棱两可的机制可能是造成全国范围内缩小班级规模的困难所在。

一对一的辅导或小组辅导是另外一个具有有力证据证明的有效的政策:接受辅导的学生展现出认知收获(Carnoy)。联邦政府的"不让一个孩子掉队"规定就包括个人辅导,将其作为帮助落后学生赶上来和帮助成绩低下学校达到州标准的方式。关于辅导的研究中有关执行的研究很少,并且不幸的是"不让一个孩子掉队"规定下的辅导执行力度很弱,没有按照规定执行,并且监督力度不够,责任感不强(这很讽刺,因为这个规定的所有要求都是有关责任感的),没有达到理想的效果(Burch,Steinberg & Donovan,2007;Farkas & Durham,2007)。这些发现与麦克唐纳的制度、兴趣和想法形成政策和政策执行的论点有共鸣,并且与迪克森、波曼和克蒙(Comer)的政策影响需要在他们的特定的社会环境下来理解的观点相呼应,但是他们也强调了即使是最清楚的研究结论,要将其转化成有效的政策决定也是困难的。

尽管成绩认知能力被证实很重要(Hanushek),经济学家和其他学科的社会科学家意识到考试不是衡量学校教育的唯一有价值的标准(Carnoy,Lauen & Tyson;Dixon,Borman & Cotner)。尽管大部分与政策相关的证据都是属于认知表现的领域,但是对其他结果的研究也在增加。例如美国教育部为有效教育课程设置和实践的实践者提供证据做出的努力——有效教育策略中心,主要报告课程设置对考试成绩的影响，但是在防止退学和性格教育的领域，非认知结果也得到了强调。这个发展很重要，因为，正如迪克森、波曼和科特纳解释的那样，促进考试成绩的政策也许在其他领域得不到预期的结果。

对教育进行跨学科研究的必要性

这些章节的第四个主题是，虽然这些学科在主要兴趣上表现出大量的重叠部分，但是以学科为基础的研究却往往分开工作，这限制了研究结果的应用。大量存在的重叠包括政治科学与历史都对制度感兴趣；经济学和社会学都以关注有价值的东西的水平和分配为中心，例如学校表现和报酬；社会学中的另一条研究线路与人类学一样对文化感兴趣，等等。但是一旦评估教育规划和实践对教育的影响——即一旦执行政策研究——研究者常常只在他们自己的学科范围内进行研究（Dixon，Borman & Cotner）。另外，从一个学科传统来考察的政策在其他学科里可能没有体现。因此，我们的政策知识是不全面的。

为了衡量证据和得出一个建议，政策分析家应至少需要以下几种信息：

从生产功能方面来估计，具体阐述将一个课程设置或实践引入现存系统的影响（经济学、社会学）；

成本最优分析，包括对执行情况的全面研究（经济学）；

对新课程设置或实践对参与者的意义和影响的解释性理解，包括可能出现的意料之外的结果（人类学、历史学、社会学）；

对将要进行的改革的政治环境的理解（政治科学、历史学）。

这种知识组合不为任何一个单独的政策而存在，正如上面提到的那样，这通常是因为，不能估计生产功能。即使可以得到看似合理的对影响的估计，但是也缺少剩下的几点。"不让一个孩子掉队"规定下的个人辅导又一次提供了一个具有启发性的例子。在个人辅导里我们可以估计影响也可以分析成本效益（Carnoy）。但是几乎没有研究是与家庭作业对个人辅导课程的影响有关的（迪克森、波曼和科特纳没有做关于这个领域的报告）。即使这样，从这个角度出发的一项研究对于理解"不让一个孩子掉队"下的个人辅导的主要缺点之一也有好处：合格的学生没有入学，而当他们入学时，他们出勤率又很低（Farkas & Murham，2007）。同样地，对在一定程度上保证了质量控制的实行扩展个人辅导规划的政治学研究还没有出现过或者还没有与现在的政策制定联系起来（Vinovskis）。如果这种联系建立起来了，政策制定者也许可以改善现在对"不让一个孩子掉队"下个人辅导的软弱无力、反复无常的执行情况，并且可以在这个规定里增加将会促进其成功前景的条款。

其他一些有影响力的政策在政策的文化意义和政治后果方面有实质性的发现，但是对于其如何影响却缺少证据支持。例如，与文化有关的教学法对少数没有代表性的团体的成员有共鸣（Dixon，Borman & Cotner）。但是对反映这种见解的课程改革和教学改革是如何影响认知和非认知结果还没有做出评估。结果,政策分析师缺乏一个共同的标准来对这个改革与其他可能的改革进行比较衡量。如果经济学家或社会学家能提供一个生产功能设计来满足这一需要(并且既考虑认知结果又考虑非认知结果),政策分析师就能得到更充分的信息。遵循相似的路径,对影响的衡量会补充完整关于学校改革(Vinovskis)的有价值的历史发现。

充分利用社会科学的贡献

考虑到社会科学的实证研究的局限性,政策分析者和实践者能发现哪些对现在有用的东西呢?尽管做出了成立有效教育策略中心这样的努力,决策者将不会发现一串简洁的有着成本估计和影响估计的可选政策和有关执行事宜。然而,如果实践者和分析家能够基于自己所在的特定的环境考虑可用的研究,他们可能会从社会科学贡献里发现更多有用的东西。

我自己对能力分组的研究经验让我能说明决策者可以怎样在证据很少的情况下利用研究结果。能力分组的研究和取得的成就证明在荣誉组或先进组的学生会得益于他们的优待地位而落后组或提高组的学生则会越来越落后(Gamoran,Nystrand,Berends & LePore,1995)。就我判断能力之所及,我认为,越来越不平等不仅仅意味着选择性偏见(即成绩好的学生被分配到高级组而成绩差的学生被分配到低等组),这种不平等的增加部分是因为教学差异。因为一些学生在受益而其他的学生却处于不利地位,这种政策含义是含糊不清的。

其他学者做的大量工作进一步证实能力分组使机会分层并且与年轻人看待他们自己与自己的前途的不同有关系(Oakes,2005)。然而其他作者却证实减少能力分组并不那么简单,并且也许不会有利于所有学生的成绩(Loveless,1999)。关于其影响和执行,有一些证据,但是主要都只是表明了这个问题很复杂,没有一个清楚的答案。实践者和决策者该如何做出回应呢?

我常常被要求对能力分组做出一个到底是好还是坏的决定。不幸的是研究证据没有提供一个简单的答案。相反,我认为研究者的责任就在于表明能力分组会产生什么并且为什么会产生这样的结果。研究者可以表明在能力分组和混合能力分组两种情况下谁会获益谁会失败,并且能够说明从一种系统过渡到另一种系统的挑战。实践者可以有立场去考虑自身所在的环境。我的学校的成绩分配是怎样的?它与学生的人口学特证有什么关系?班级的教师是怎样分配的?教师们是不是有条件教育表现不同的学生?基于以往的研究,需要怎样的资源来支持变革?这样实践者的决定就有更多的信息支持,即使我们不能对决定的结果做出自信的预测。

这样的一些深层次的思考在韦默看来还是缺少政策分析，但是比起简单地根据直觉或者跟着最近的趋势走，它可能能提供更好的决定。如果考虑到系统研究中得到的证据做出关于紧迫问题的决定，从对数学教学的负责到英语学习的负责再到其他，可能会更好地带来理想的结果和避免意料之外的结果，即使这些证据是有限的。同时，如果社会科学能力求精确（不考虑方法论范式），能相互合作，能发展新的理论和概念——这些理论和概念能响应试验发现并且指向引起政策效果的机制，社会科学就能提供更有根据的政策决定。

（周　磊　编译　刘　惠　校）

公共行政的首要原理^①

H. 乔治·弗雷德里克森

作者简介

H. 乔治·弗雷德里克森(H. George Frederickson),美国著名公共行政学家,也是新公共行政学的奠基人之一。他于 1967 年获南加州大学博士学位,曾在雪城大学(1967—1971)、印第安纳大学(1972—1974)、密苏里大学哥伦比亚分校(1974—1976)、东华盛顿大学(1977—1987)任教,自 1987 年以来一直担任堪萨斯大学特聘教授。他是美国公共行政研究院理事会成员,是《公共事务教育》(Journal of Public Affairs Education)、《公共行政研究和理论》(Journal of Public Administration Research and Theory)杂志的创始人之一,美国公共行政研究会曾以他的名字设立了"乔治·弗雷德里克森公共行政研究职业生涯贡献奖"。其代表性著作为:《新公共行政》(*New Public Administration*,1980)、《公共行政中的伦理》(*Ethics and Public Administration*,1993)、《公共行政的精神》(*The Spirit of Public Administration*,1997)、《公共管理概论》(*Public Administration Theory Primer*,2003)。

选文简介、点评

《公共行政的精神》一书是公共行政学家乔治·弗雷德里克森的代表作,也是新公共行政学派的代表性著作,书中对于公共行政学的"公共性"进行了详尽的论述。《公共行政的首要原理》是该书的最后一章,也是总括全文、画龙点睛的一章。

在该章中,弗雷德里克森将公共行政的原理提炼为八条,涉及公共行政的概念、任务、范围、对象、变革性与回应性、伦理性等问题。

第一条原理是关于公共行政的领域问题。公共行政的核心特征是其"公共性",因此该领域的研究不应当仅包括"政府行政",而应把非营利组织、第三部门、志愿者、契约、公共设施、公共事业管理部门纳入公共行政的范畴。

第二条原理是关于公共行政的任务问题,即"行政"一词的内涵。当前公共行政学关注的核心问题是组织与管理问题,以及如何高效、经济、公平地对公共部门进行管理,这里的公共部门就包括政府、准政府以及非政府的机构。

---

① [美]乔治·弗雷德里克森.公共行政的精神[M]. 张成福,等译. 北京:中国人民大学出版社,2003:195-205.

第三条原理是关于公共行政的范围问题。其范围是执行公共政策并管理公共机构，即"执行公共政策，有效地组织与管理公共机构，不带任何党派偏私地支持公共机构，为了全体公民的利益而维护政体的价值"①。值得注意的是，该原理对于公共行政中的自由裁量权扩张持谨慎的态度。

第四条原理意在强调公共行政对地方政府的关注。弗雷德里克森批判了以往公共行政学只关注联邦政府而忽视了地方政府的局限性，强调不论是学术研究还是实践工作都应当对联邦政府和地方政府给予相同的关注。

第五条原理是关于公共行政的变革性与回应性问题。他强调公共行政既应当引领未来的发展又应当回应公民的要求，并且有必要将公民吸纳到公共组织的管理活动中来。

第六条原理强调公共行政最终应向公民负责，而非仅仅向行政首长、议员、职业标准和伦理标准负责。因为只有向公民负责，公共行政才显得崇高神圣。

第七条原理探讨了公共行政应该向哪些公民负责的问题，提出公共行政应当是对平等与公平的承诺，平等、公平与效率、经济、效能有着同等重要的价值，坚持平等与公平能够回应当代公民的需求，同时也能够与未来一代的公民达成一致。

最后一条原理探讨了公共行政的道德取向，即"乐善好施"的精神。乐善好施意味着对公民的广泛、问心无愧的热爱，同时也是一种为公共利益服务、公平地照顾公民需要的承诺。缺失了乐善好施精神的公共行政只是一种政府的公务，而有了这种精神，公共行政才能够赢得人民的理解与欣赏。

该文将公共行政的价值取向提炼为八条原理，这八条原理既是对公共行政之"公共性"的概括，也是对"行政"之内涵和边界的界定，体现了新公共行政的精神实质。文中，公共行政以及公共行政学的概念和范围得到了确认，为后续的研究以及实践指明了方向：首先，弗雷德里克森将以往对"公共"的理解由"政府"拓展到整个公共领域，这是"公共"之内涵的一次革命，将公共行政学的研究对象由以往的政府组织拓展到了非营利组织、第三部门、志愿者等准政府和私人—政府合作组织；其次，在梳理了公共行政学理论发展史的基础上，弗雷德里克森将公共行政学的中心议题定位在组织与管理问题上，为公共行政的发展奠定了基本的方向；再次，弗雷德里克森将公共行政的范围限定为执行公共政策、组织管理公共机构，明确了公共行政的边界；最后，弗雷德里克森还提出要纠正已有研究只注重联邦政府而忽视地方政府的弊端，将对地方政府的研究提到了非常重要的位置上，这实际上也是对传统公共行政学范围的拓展。

---

① ［美］乔治·弗雷德里克森.公共行政的精神［M］.张成福，等译.北京：中国人民大学出版社，2003：199.

该文还专门讨论了公共行政中的伦理与道德问题。弗雷德里克森提出,伦理维度是公共行政活动以及公共行政学研究的一个重要的维度,因为公共行政活动不可能脱离伦理因素而独立存在,公共行政的根本旨趣在于向公民负责,因此,"向哪些公民负责"以及"以一种什么样的理念服务"就成为衡量公共行政活动优劣的尺度。弗雷德里克森认为,公共行政要对所有的公民负责,这既包括了本时代的公民,也包括未来一代的公民,同时公共行政应当秉承一种"乐善好施"的精神。这种对公共行政伦理维度的关照完善了公共行政的内涵,避免了已有研究将公共行政"机械化"的倾向。

该文一方面从"技术"层面探讨了公共行政的含义及范围,另一方面又讨论了公共行政的伦理维度,这就使得公共行政以及公共行政学的内涵趋于饱满,构建了新公共行政学的价值理念。

该文的论述对于教育政策研究具有重要意义:由于教育政策是教育行政的一个重要手段,因此教育行政的理念、内涵与边界决定着教育政策活动的特征与发展方向。弗雷德里克森所概括的八条公共行政原理有助于我们把握教育行政的精神实质,因此对于我们理解教育政策活动的本质、教育政策执行以及与政策相关的组织机构的管理具有重要的意义。

在阅读该文的过程中,读者可以有意识地思考以下几个问题:如何理解"公共性"? 哪些组织属于公共组织? 公共行政活动的终极目标是什么? 公共行政的实践中是否需要"乐善好施"的精神?

选文正文

我把公共行政视为一种专业,特别是,作为一个学术研究领域,它以关注追求公共利益的公共部门的行为通则而著称。如果要加以区别的话,它必须同整个政治和社会理论的内容紧密联系;公共行政的实践者仅有知识是不够的,这种理解是一种智慧——杰出的人完全可能同时是有崇高抱负的。

——普尔·H.阿普尔比(Paul H. Appleby),

《公共行政与民主》,第 346 页

本书的宗旨是探寻公共行政的灵魂与精神。因此,在本书的最后一章,我们将把蕴含于《公共行政的精神》一书中的许多思想提炼为一系列主要原理。在本章中,我们将思考这样的问题:在本书所提及的概念、观点以及结论中,哪些是最重要的?

我们要问的第一个问题即是公共行政的领域问题。在公共行政研究历史的大部分时期,我们的关注领域一直都是政府——或者说是国家。国家及各州宪法、各市的宪章及授权立法都是公共行政运转的基础。因此,尽管我们称自己的工作为公共行政(public administration),而事实上我们从事的是政府行政(government administration)。

公共行政领域中的许多学者，包括博兹曼（Bozeman，1987）、马修斯（Mathews，1994）、斯蒂尔曼（Stillman，1990）、帕特南、伦纳迪及南内提（Putnam，Leonardi & Nanetti，1993）等，均已经提醒我们，公共（public）与政府（government）在词义上是不同的。政府意味着国家，而"公共"则是一个前政府的概念，人们常用它来描述发生于私人生活之外、区别于市场或者追求利润行为的一系列集体活动。

公共行政中的"公共"又意味着什么？我们中一些人习惯于认为公共行政是以国家为基础的，是行动的法律，因此，把公共行政与政府行政相提并论。另外一些人则不同，他们认为公共行政的范围包括非营利组织、第三部门、志愿者、契约、公共设施、公共事业管理部门以及大量的政府、准政府和私人—政府合作组织的活动。

在公共行政的早期传统中，人们还以一种积极的眼光看待国家。但在当代，形势已发生逆转，人们转向关注国家的限度。这也是在公共行政领域问题上的另一派观点。

此外，治理（governance）一词的出现，表明人们对公共行政的范围又产生了不同的看法。人们假定治理涵盖了所有的公共活动——政府的、准政府的及非政府的。治理一词和治理这一概念的使用完全与下面的原理相吻合：

公共行政的前辈们明智地选择"公共行政"，而非"政府行政"一词来表明这一领域的性质。公共行政包括国家的活动，的确也根植于国家。但是，其范围更广，并且应该更广，还包括集体的公共行为的行政或执行层面的各种形式与表现。

这种对公共行政领域的描述，对我们工作中的诸多细节都是充满寓意的。许多非政府的公共管理活动是以一种非民主方式进行的，并可能游离于公民或立法的控制之外。这种情况可能会导致伦理、监督、不平等及其他类似问题。然而，这些非政府的公共组织又是由公共管理者进行管理的，他们应当了解公共行政的精神，也应该具有公共行政的精神。这种对公共行政的描述无论从经验上，还是在概念上都是比较恰当的，并且它为我们讨论这样的问题——哪些公共活动由政府、准政府组织或者非政府组织承担会更好——留下了广阔的空间。

我们要提的第二个问题是公共行政的任务问题。我们应如何界定或描述公共行政的"行政"部分？

在近代公共行政的发展初期，人们强调的重点是科学管理，并试图发展出一套行政的原则，关注的焦点是人事管理职能，特别是预算及人事层级控制与协调等组织的概念也很重要。

从20世纪50年代开始，公共行政的学术研究的焦点开始向两个方向转变：一是转向决策科学；二是转向人际关系的理论与实践。到20世纪70年代，决策科学已经改变为理性选择的理论,这一理论从经济学中借用了大量的东西。几乎与此同时,公共行政研究强调的重点也从组织与管理转向政策分析与政策制定。

在此期间,公共行政的实践依然扎根于组织及管理的概念。至19世纪70年代,尽管进步主义的改革运动已经结束,然而,抨击官僚制,倡导人员精简的改革运动已经开始。随着人们开始转向政策执行,公共行政又慢慢地回到早期对管理及组织问题的研究。到20世纪90年代中期,我们看到公共行政的研究几乎完全回到了其早期的研究焦点,只是研究者使用的语言有所不同。让我们看一下当前流行的概念与术语:

- 公共行政之新原理(Hood and Jackson,1991)
- 组织设计科学
- 领导的重要性(Dilulio,1994;Behn,1991;Doig,1983)
- 制度是关键(March and Olsen,1995)
- 企业家型管理者(Osborne and Gaebler,1992)
- 国家绩效评估(1993;Dilulio,Garvey and Kett1,1993;Kettl,1994)
- 结果导向
- 使命驱动
- 全面质量管理(Cohen and Brand,1993)

总之,组织与管理问题又重新成为公共行政领域学者关注的中心议题。这或许是福音,因为与决策理论及理性选择的理念相比,这些方面更贴近具体的实际。

同时,我们也目睹了公共行政又重新回归到效率及经济的主题,人们认识到过多的法规、管制与繁文缛节阻碍效率及经济,因此主张一种简单的"良好"管理。公平与公正问题仍然是公共行政领域存在的问题。

上述情况表明了公共行政的第二条原理:

公共行政的任务在于高效、经济及公平地组织和管理所有具有公共性质的(包括政府、准政府及非政府的)机构。

尽管这一原理听起来相当传统,似乎不言而喻,但与其他大多数事业一样,当公共行政履行了职责时,它才处于最佳状态。这一原理非常宽泛,几乎可以涵盖所有的组织理论——从等级制到矩阵组织,再到充分授权的松散的,小组制结构。该原理同样涵盖了所有的管理理论,从领导理论到人际关系理论。

我们可以大胆假定,公共机构、组织及制度的效能决定于现代公共行政的理论与实践,这便把我们引到另一个问题上,即公共行政的范围问题。

在进步主义的改革高潮时期,人们经常把公共行政视为政府的"第四部门"。如今,在经过近20年的反官僚主义、机构精简之后,这种提法就显得荒唐可笑。过去20多年的经验和教训告诉我们,在界定工作的范围时,我们应该小心谨慎。

冒着被人指责为政治—行政二分法翻版的危险,我们说,当公共行政强调政策执行、管理及公共组织的日常运作时,公共行政的作用才能得到充分的体现。当环境要求我们必须介入政策的制定工作时,我们应该成为统治的一个部分。但是,在我们这样做的时候,我们须承认,我们可能要冒脱离传统的公共行政的合法范围的风险。

让我们听听民选官员,特别是民选的行政首长的看法。他们认为是他们负责制定政策,是他们行使统治权(可能有人问,公共行政官员是不是患有"政策嫉妒症"? 答案是肯定的,不仅如此还患有"统治嫉妒症")。

在执行政策的过程中,公共管理者有责任确保该政策"高效"、"经济"及"公平"地实施。我们有责任本着乐善好施的爱国主义精神执行政策。这已经超出了政策制定者要依靠我们的专业知识制定政策这一问题的范围,因为政策的制定者要依靠我们的专业知识,所以,我们影响着政策。我们知道,我们并不是中立的,我们也不应该保持中立。为了履行行政机构的使命及确保美国政体的价值,我们应该成为有职责(良好及公平的组织和管理)的、没有党派偏见的支持者。

当前,企业家精神的政策领导模式十分盛行,这种模式当然适用于州长、市长,甚至总统。当公共管理者从事企业家精神的领导时,他们应当对民选官员及政治任命的公务员之间的角色区别特别敏感。

公共行政的第三条原理如下:

公共行政的范围是执行公共政策,有效地组织与管理公共机构,不带任何党派偏私地支持公共机构,为了全体公民的利益而维护政体的价值。

在公共行政领域,我们一直在思考自由裁量权问题。公共行政领域的一些学者,包括洛伊(Lowi, 1969)和格鲁伯(Gruber, 1987),认为官僚的自由裁量权太大。另外一些学者如奥斯本和盖布勒(Osborne & Gaebler, 1992)则用"授权"及"企业家精神"等概念,主张适当地扩大公共行政中的自由裁量权。公共行政的第三条原理对这种裁量权的扩张主义观点持谨慎态度。在实施公共政策中,我们所承担的服务相对于公民的责任是远远不够的。我们不应忘记,我们有责任信守直接选举民主政府的原则与实践,如果能够这样做,我们就要认可并支持民选官员制定法律与政策的权力。

如果把公共行政的任务与范围问题联系在一起,我们会遇到这样一个问题:最好的管理(有些人可能会说是全面质量管理)能否克服有瑕疵的公共政策问题? 尽管我们主张,在公共行政范围的界定上,我们要小心谨慎,但我们应坚持这样的观点,即单凭好的管理,我们不能解决前后矛盾和目标模糊的公共政策问题。这意味着,即使这种审慎的界定可能包含我们有责任告知、呼吁并坚持要求民选官员们勇敢地面对政策困境,而不是建议通过良好的管理使这些问题得到某种程度的改善。或许公共行政范围的一种界定应该建议我们持"大胆的审慎"的态度。(二者是否自相矛盾呢? 不要紧,我们可以二者兼顾;遇到有瑕疵的政策时,我们须大胆;而在我们工作的范围问题上,我们则应审慎。)

在时下流行的公共行政理论中,我们经常发现"错误问题的问题",它为政策问题提供管理上的解决方案。我们可以在"重塑政府运动"中发现某些"错误问题的问题"。

尽管有人会抵制我们的行为,但我们依然应当不断地向我们的政治领导者施加压力,以促使其选择好的政策。并且,我们还应当鼓励政治领导人为我们提供足够的资源,以有效地执行公共政策。这就是我们所说的"大胆审慎"的公共行政。

当我们不得不执行有瑕疵的公共政策时,我们必须努力强化政策中存在的积极的和正义的因素。同时,我们要尽力改善其弱点、其矛盾和过分的目标。我们必须努力使我们所执行的政策尽可能地公平、合理。如果政策与美国政体的价值或建国的文献相抵触,我们必须抵制、反对和拒绝执行。

在美国联邦体制下,层级问题不断出现。公共行政的实践一方面要平衡联邦政府的角色与职责,另一方面还要平衡联邦政府以下的各级政府的角色及职责。

然而,公共行政的学术研究长期以来只关注联邦政府。公共行政的研究与教育明显地偏向联邦政府。导致这种状况的部分原因在于,联邦政府如今已经介入到许多传统上属于州及地方事务的领域。当然还有另外一层原因——地位因素,人们一般认为研究联邦政府,撰写这方面的著述,为联邦政府提供咨询,或者在联邦政府任职是光荣的事。更多的学者想扬名全国,而不想在地方出名。

媒体大量报道联邦政府事务也是促使公众关注联邦政府的一个原因。结果,市民对遥远的联邦政府的了解远胜于对其身边的本地政府的了解。说点过分的话,美国人如今对联邦政府的了解越来越多,而对州政府层面(大学、高速路、健康护理)及地方政府层面(公共安全、学校、公共设施)的了解却日益减少,前者对我们的影响甚微,而后者对我们的影响更大。

公共行政,特别是在公共行政的研究领域,也是导致这一问题产生的原因之一。为了重新平衡我们的观点,这里提出公共行政的第四条原理:

公共行政,无论在学术研究方面,还是在实践领域,均应公平地把关注的焦点放在美国联邦体制下的联邦、州及地方政府层级上。

接下来,我们要涉及公共行政的变革问题。变革始终是公共管理者面临的严峻挑战。公共组织的环境是动态的。我们经常会遇到这样的悖论:组织的环境瞬息万变,难以预料,而秩序和可预测性恰恰又是组织的本质所在。我们的组织一般倾向于秩序性、稳定性和可预测性——的确,它们一般是静止的和抗拒变革的。但我们必须要有回应变革的能力。

请看如下对组织及行政变革的概括。

（1）我们知道怎样做事，如果有充足的资源，我们能把事情做得很出色（La Porte & Thomas，1995，Landau，Vim）。其他的一些工作——例如，监狱和福利——被视作"不可能做好的工作"，即使最好的管理也只能产生有限的成绩（Hargrove & Glidewell，1990）。问题不在于如何做事，而在于决定应当做什么事。

（2）在公共行政的传统中，我们假定确立可行的目标并通过制度化途径实现目标是至关重要的。然而在充满挑战的、动荡的环境下，更合逻辑的方式是投身于符合实际的行动，这样，我们便能够理解并实现符合实际的目标。

（3）公共管理者曾经以为改革的挑战主要来自于是否妥善处理问题。在意识到妥善处理的问题并不必然保证正确之后，我们才认识到真正的挑战是使变革的程序制度化。问题的关键是围绕组织效能的评价标准来寻求共识。

（4）组织机构的兴衰都是变革的表现形式。政治领导人及公共管理者所面临的挑战在于要知道这样的兴衰在何时是有意义的。

（5）人们曾经认为，回应公民（消费者、管理的对象、顾客）的要求是培育广泛的参与（合作）及收集公民偏好信息的一项重要机制。但这经常会导致目标的置换及对变革的抵制。如今，我们意识到，回应意味着增强顾客（公民）利用组织满足其需要的能力。

当然，组织的静态特征与组织的动态环境完全和谐一致的情形是不可能出现的。但当代对变革的研究表明，如果我们遵循在本章所展示的逻辑，组织回应性的前景还是有望得到改善的。

这样，我们得出了公共行政的第五条原理：

我们应当以这种方式，即以增强变革的前瞻性、回应性及公民参与的方式，管理公共组织和机构。

目前人们强调公共行政的革新与创造性，这是一件很好的事情。扩大行政裁量权的范围与公民选择的机会，建立一种鼓励创造与敢于承担风险的组织文化，以及形成一种发散性创新的制度，都是有效的行政实践所要追求的目标。

然而，在把这种革新与创造性应用到我们的行政管理任务时，我们必须避免被政治操纵的危险。在两三轮人员精简之后，即使最具创新精神的行政官员也不能增进组织的绩效。简单地讲，任何革新都有其局限性。

公共行政的最后三条原理与责任、职责以及服务有关。现在，我们要从公共行政的任务、领域及层级问题转向公共行政中的伦理与道德问题。

公共管理者应向谁负责？向民选的行政首长负责？向宪法及法律负责？向民选议员及其下属负责？还是向职业的标准和伦理准则负责？答案当然是我们须向以上所有方面负责。但是，这样的答案是因问题而定的；它是一种必要的答案，而不是充分的答案。

一种比较宽泛而且更合适的回答是,公共管理者应该向公民负责。在一个民主的社会里,我们有责任权衡宪法、法律问题与政治问题,有责任作出能使我们很好地理解政策执行的决策。我们有责任建立一种为公民承担道德责任的机关(Morgan & Kris, 1993; Wamsley, et al. ,1990)。

许多人可能会说,这种层次的责任太模糊了。它的确比较抽象,不精确,但它却是我们的最终责任。我们也许不能了解公民全部的意见、态度、需求及偏好,但我们知道最终对人民负责的重要性。

也许有人会争辩说,我们只要遵循联邦及州宪法、法律及行政首长的命令就行了。如果再越雷池一步即会是在盗窃人民主权(Thompson,1975)。然而,在一个充满模糊、矛盾的法律,强调合作管理(Gilmaur & Halley, 1994)及权力分享的时代(Kettl, 1993a),由公共管理者作出决策的空间是很大的。若没有一种对公众的广泛的责任,我们会缺乏明确的指导原则。如果我们认为自己是为人民而工作,我们是代表性的公民或者公民的代表,那么,我们在工作中将不会失去方向。这种对公共行政精神的看法会使我们的工作更显崇高。

在现代公共行政的发展初期,公共行政学的创始人都是改革家,他们把公共行政的研究同公共组织管理中的公民精神及公民资格问题联系起来。这使公共行政成为一个独特的领域——公共行政并非仅仅是一件应该完成的工作。故而,要想重新发现公共行政的精神,我们必须重新发现公共行政与公民精神和公民资格的联系。

下面是公共行政的第六条原理:

在民主政治环境下,公共管理者最终应向公民负责。正是因为这种责任,我们的工作才显得崇高神圣。

细心的读者可能会发现,这一原理会产生另外一个问题,即应该向哪些公民负责,因为公民是各种各样的,其偏好和需求也不尽相同。长期以来,公共行政的研究忽视了这一问题,假定公共组织的管理是有效率的和经济的,那么它对任何人均是有效率的和经济的。尽管我们知道事实并非如此,但它还是被某些管理符号——如效率、经济、效能、效绩等——所掩盖。

依据当代公共行政的精神,我们负有使公共行政公平、公正及平等对待的责任。努力达致这些特质是民主政府,特别是在市场资本主义环境下的一项重要目标。无论是在政府组织,还是在第三部门中,在竞争性市场中维持机会均等及提供公共安全网络,均是公共管理者的职责所在。

公平与平等问题是民主政府,特别是分权制民主政府运作的中心。但这些问题并不仅仅属于立法者及民选行政首长关注的问题;他们可能要处理一些大的分配问题和成本与收益问题,而公共管理者则要处理一些小的、涉及公平与平等的问题。这一责任为我们的工作带来了尊严和荣耀。然而,对于我们而言,如果仅依照效率、经济与效能原则,我们的言行可能会更舒服一些。依据公共行政的精神,我们还要坚持依据公平与平等的标准来管理公共事务。这无疑是我们工作伦理的一部分——我们工作的道德工具的一部分。

这样,我们就可得出公共行政的第七条原理:

无论在理论上还是实践上,公共行政对公平与平等的承诺,都应该与对效率、经济和效能的承诺同等重要。遵循公平与平等原则能够把我们时代的人民紧紧联系在一起,同时也使我们与未来一代的联系更加紧密。

最后,公共管理者的工作还要接受一种深层次的道德取向的指导。要想充分地体现公共行政的精神,我们必须真诚地关爱公民并与公民一道工作;我们必须关爱和相信我们的宪法与法律;我们既要对良好的管理充满激情,也要对正义充满激情。我们称之为"乐善好施",它意味着一种对公民的广泛的和问心无愧的热爱。同时,乐善好施也意味着一种服务于更大的公共利益、公平地照顾公民的需要的承诺。把学校的教师与其学生结合在一起,把警察与受害者结合在一起,把管制者与需要保护的公民结合在一起,这正是乐善好施的精神。

如果没有乐善好施,公共行政仅仅是一种政府的工作,如果有了乐善好施,公共行政便有了意义,远远超出了做件好事的范畴,我们所做的工作因此而显得尊贵。并非所有的乐善好施的公共行政均能得到人们的理解与欣赏,当公共行政官员处在一种对官僚制持强烈批评态度的氛围之下时,我们容易感到受排挤。在这种情况下,公共行政的精神受到削弱。然而,公共行政的乐善好施依然是构成我们领域的基石,是我们工作的支撑点。

第八条,也是最后一条原理如下:

公共行政的精神是建立在对所有公民的乐善好施的道德基础之上的。

总而言之,我们可以在下述的领域找到公共行政的精神:(1)从广义的角度界定公共行政;(2)把对公共组织与机构的高效、经济及公平的管理作为公共行政的任务;(3)把公共行政的范围局限于高效、公平地执行公共政策,不带任何党派色彩地支持公共组织的使命;(4)同等地关注联邦、州与地方政府的事务;(5)管理公共组织,强化公共组织变革的能力和回应性;(6)公平地及乐善好施地服务于公民。如果我们能够做到这些,现代公共行政就可以实现雅典护民官的抱负,我们的城市与国家将会变得更加美好。

(张成福 等译 余 晖 校)

系统分析的研究方法论[①]

罗伯特·M.克朗

作者简介

罗伯特·M.克朗（Robert M."Bob"Krone），博士，开普勒空间学院（Kepler Space Institute）主任，《空间哲学》杂志（网址：www.Keplerspaceuniversity.com）主编，南加州大学系统管理专业荣休教授。曾担任南加州大学国际系统管理系的系主任（1987—1990），拉西拉大学（La Sierra University）和南澳大学（University of South Australia）的客座教授。他编写过6本书，发表过70多篇文章，代表作是《系统分析和政策科学》（*Systems Analysis and Policy Sciences*）、《地球以外：人类在太空的未来》（*Beyond Earth：The Future of Humans in Spapce*）。从1995年至2007年，克朗作为第一导师指导过南加州大学的43位学术型博士（PhD）和工商管理学博士（DBA），他们中有许多人来自中国。

选文简介、点评

《系统分析与政策科学》原著是美国出版的系统科学丛书的一种，被用作系统科学专业的研究生使用的引论性质的参考书。书的内容分为四编。第一编《理论》，概述了系统分析和政策科学的基本理论；第二编《实践》，用不同领域中应用的实例表明基本理论的实际运用；第三编《综合》，从理论和实践相结合的角度做了总结和进一步的阐述；最后在第四编中，作者专门辑录了与本书内容有关的文献（中文版略而未译）。全书文字比较简约，概要而又比较全面地介绍了国外特别是美国20世纪80年代系统分析与政策科学的理论研究和实际应用的情况。

《系统分析与政策科学》第一编共包括8章：知识和科学，理论和模型，系统概念，系统分析，政策科学及定性方法，系统分析的研究方法论，评价和测量，系统分析的定量工具。其中第1、2章（知识和科学，理论和模型）为第3、4章所论述的系统处理和分析方法奠定了理论的基础。第5章主要讲政策科学，同时也为系统分析人员提供一些有用的定性工具。第6、7、8章是研究方法论，即有关"怎样去做"的法则和规定。鉴于《系统分析与政策科学》主要是从系统分析的角度来讨论政策科学，因此我们摘选了该书核心章节第6章"系统分析的研究方法论"。

---

① ［美］R. M.克朗.系统分析与政策科学［M］.陈东威，译.北京：商务印书馆，1985：47-59.

在第 6 章中，克朗认为，系统分析的研究方法论有三个相互关联的基本范畴：(1) 行为研究；(2) 价值研究；(3) 规范研究。行为研究是科学中发现基本事实的手段，是对事物、事件、关系和相互作用等进行描述、观察、统计和测量。行为研究要回答的是：什么、什么时候、什么程度等等问题。而价值研究所做的分析工作，偏向于确认某种目的是否值得为之争取，某种手段、程序能否被接受以及改进系统的结果是否"良好"；它回答的问题包括：因为什么、为了什么目的、为谁、许诺什么、应优先考虑什么之类。第三种研究范畴是规范研究，它企图通过确定和肯定为达到预定目的的行动和手段，来证实"应该如何"的论断和假设。

三者的不同体现在诸多方面。从方法上来说，相比演绎法，行为研究更加侧重于归纳法的使用。而严格的、理想状态的行为研究不涉及价值观念，至少将事实与价值进行严格的区分。而价值研究企图通过价值的确认和分析直接面对价值问题，它的前提假设是在人类系统中，价值观是一切行为的决定因素。规范研究主要使用演绎推理法，从抽象的普遍原则得出特定的行为、事情的结论，未来研究也是规范研究的重要组成部分。从时间上来讲，行为研究涉及的是过去和现在"发生了什么"的问题，价值研究既涉及过去和现在，也涉及将来；而规范研究则关注于对未来的期望，它具有一种天然的理想主义成份。

在整个研究过程中，这三个范畴的研究不能也不应该各自孤立地进行。复杂的人类系统中的实际情况是，个人的、组织的偏好，对现存事物的观察和对未来应该如何的规定都混合在一起，系统分析必须对所有这些方面加以综合。任何时候只要实际状态不同于所期望的状态，就会产生问题。解决问题的方案则应该由规范研究提供，该方案必须具备经济上、技术上以及政治上的可行性。经济可行性是指有可用资源的可能性。技术可行性是指达到系统的科技目标的可能性。政治可行性是指政策选择被决策者或当事人接受的可能性。尽管用以判定这三种可行性的数据来源各不相同，但它们之间并不是毫无关系的。实际上，这三者是相互支持的，并且都是必需的，其中有一个不成立，问题就得不到解决。

总之，系统分析人员面临的方法论方面的任务，可以概括为完成行为、价值、规范三个范畴之内以及相互之间的研究工作，并寻求能够具备三个方面的可行性的行动路线。最后分析人员是直接提出解决办法的建议，还是并行地提供几种不同的选择方案，将取决于分析人员和决策者之间的关系和问题的性质。有时分析人员自己同时是决策者，但在大多数情况下分析人员只能向决策者提供咨询意见。总之，方法的最后一步，是分析人员向决策者以易于理解的方式表述其研究和分析的成果。

正如我们所知，20 世纪下半叶以来，系统分析已经成为解决工程技术、经营管理、社会经济中各种问题的日趋成熟的手段。和传统的着重于分解和单个部分的研究方法不同，系统分析方法的根本特点在于通过揭示复杂事物各个组成部分之间的内在联系,自始至终地着眼于认识和影响作为一个完整系统的整体。20世纪60年代以来,人们开始将系统分析方法广泛地用于人类系统,并且在实践中逐步认识到仅有定量分析是不够的,还必须同时对众多的相互交叉影响的社会因素进行定性分析,只有这样才有可能使系统分析方法成为研究社会经济系统的强有力的工具。

《系统分析与政策科学》是一本用系统科学的概念、理论和方法讨论政策科学的基本问题的专著。第6章"系统分析的研究方法论"是其核心章节,主要讨论了系统分析的方法,强调分析的系统性,通过行为研究、价值研究、规范研究三个相互关联的基本范畴将过去、现在和未来联系到一起。另一方面,系统分析也重视定性和定量方法的应用,能够在分析量的因素的同时,也对质的因素进行较好的分析。总的来说,系统分析既是一种解释性的,又是一种规定性的方法论,它对解决人类系统中的难题有着重要的意义。

选文正文

本章和下面两章所论述的内容,组成了本书讲述的方法论的核心。讲述的系统分析的方法步骤包括:基本的研究范畴(行为、价值和规范);可行性(经济的、技术的和政治的),在人类系统中为解决问题而涉及的方法论的各个组成部分之间的关系;最后是表述分析结论的方法即对系统分析的概述,它对分析人员、决策人以及民主社会的未来发展都会产生直接的和长远的影响。

系统分析的研究方法论有三个相互关联的基本范畴:(1)行为研究;(2)价值研究;(3)规范研究。行为研究解决的是"是什么"的问题;价值研究回答"喜好什么";而规范研究要解答"应该是什么"。系统分析同时要研究经济、技术以及政治这三个方面的可行性。最后完成的系统改进和设计的质量,直接和所进行的研究的质量联系在一起。

行为研究

行为研究要回答的问题是:什么? 什么时候? 什么程度? 有多少? 等等;前提是能够了解到事物的本来面目,事实真相是能够被发现的。行为研究对事物、事件、关系和相互作用等等进行描述、观察、计数和测度。科学的主张通常都是建立在行为研究的基础之上的。行为研究既应用归纳法也应用演绎法,但是对归纳法更为倚重。纯行为研究是不涉及价值观念的,或者说至少是试图将事实与价值观念区分开来,然后再在更大的价值观念的范围之内考虑这些事实。事实上在人类系统中从来不能将事实和价值观念截然分开,但这并不能否定行为研究的用处,尽管它确实提醒我们注意到行为研究和另外两种研究范畴之间的内部关系。行为研究的有效性——对一切科学方法的实质性要求——已被反复的观察和比较所证实。行为研究的基本科学论断是:

"如果反复观察到某种事实,则一种已知的结果会以确定的概率发生。"

行为研究是科学中发现基本事实的手段。物理学是一个极好的例子,它通过实验而产生了长期有效的理论。再比如在化学里我们可以断定"如果在适宜的温度和压力条件下将两个氢原子和一个氧原子放在一起,则变成化合物水的概率将是一定的(概率值相当高)。"同样,在工程中我们可以说"如果某座桥的材料强度标准一定,则我们就会确定它以一定的概率(其值可能比前一个例子为小)发生结构性破坏之前,所能承受的张力和压力的界限。"计算出来的概率所代表的,无非是通过行为研究和随时收集的统计数字所产生的置信程度。

考虑一个教育上的例子:"如果在规定的条件下,在小学中用语音方法进行阅读以取代强迫记忆的方法,和一组作为控制对象而继续使用强记方法的学生相比较,到高中毕业时这批学生的阅读能力将以一定的概率得到改善。"注意,当我们的研究对象包含更多的人的因素时,则所得的概率值较小,把握较小,研究起来也更困难。再考虑一个更为复杂,但是仍旧属于科学范畴的论断:"如果国家甲与国家乙相比具有核优势(也可以是均势或劣势,悉听尊便),则国家甲就能以一确定的概率阻止国家乙对国家甲或其盟国的军事侵犯行动。"要证实这一点是十分困难的,甚至是有争议的,但是它是一个对具有核武器的国家或打算发展核武器的国家中负责国防和资源分配的决策者来说,具有重大现实意义的论断。

我在这里打算举的最后一个有关行为研究论断的例子是针对本书的主题的:"如果考虑到至今所讲到的各种因素完成了系统分析,则系统得到改进的概率不会很小。"尽管可能对方法的概念描述有所不同,但是系统分析的应用已经有一段时间了,因此并不必须等待应用系统分析的技巧和工具所得结果反馈回来才能证实这个论断。然而既然作为一个有用的科学论断,它就必须继续不断地得到证实,一切反常的状态都得深入地追究而进行这两方面的努力,恰好表明系统分析作为一种解决问题的基本工具的有效性是行为研究的任务。

我认为,一方面要指出行为研究的基本命题贯穿于问题的所有复杂方面,同时要在另一方面强调指出对于分析的初始目的来讲,将行为问题在概念上与其他两个范畴的价值问题和规范问题区分开来同样具有极端的重要性。解决现实问题所得出的答案和建议必须来自对"是什么"、"期望什么"、"应该是什么"的统一研究,这样做是对的。但一个常见的错误,就是在分析中过早地把这些方面搅混在一起。

在论述其他两个范畴之前,我要指出在行为研究中有三个地方——撇开其他的企图不谈——都涉及价值和价值判断。第一是系统边界条件的确定和分析人员的兴趣问题。系统的确定反映人们和集体的爱好(价值观),而当问题出现时其中固有的价值观念又和选择什么样的系统有关。其次,在事实的选择和对事物的观察过程中——其中包括选择什么样的方法来进行观察——行为研究本身就表明了它的价值观,因为每一种这样的选择,都意味着对很多其他选择的直接的或间接的否定。第三,在对自身的目标进行行为研究时,价值观与这种研究的整个前提关系极大。在人类组织系统中和在进行分析的人当中,倾向于用他们的整套价值观来确认事实的性质。

价值研究

价值是指偏好的事物或原则。第 5 章讨论政策科学和政策分析时,曾概述了价值的起源、表征、特点、价值分析的方法论以及价值分析中特别着重研究的一些特殊方面。价值研究本身构成了系统分析研究的三个相互区分的范畴之一。价值研究所做的分析工作,在于确认某种目的是否值得为之争取,采取的手段是否能被接受以及改进系统的结果是否"良好";它要回答的问题包括:"因为什么,为了什么目的,为谁,许诺什么,多大风险,应优先考虑什么"等等。价值研究通过价值的确认与分析而直接面对价值问题。它的假定前提是在人类系统中价值观是所有行动和行为的主要决定因素。价值研究所做出的基本判断有以下语句形式:

该系统的偏好是……

经过考虑的系统喜好的各种因素是……

对电视观众进行普查,能够提供收看某一特定节目的观众人数,以及每天人们用于观看电视的小时平均数,这些都属于行为研究。而通过价值研究,能确定观众所偏爱的是什么样的节目,以及人们所表现出来的对节目质量的判别标准。作为最后一个范畴的规范研究,则能提供一种分析,在其基础上能够规定人们应该收看哪一类节目,以及电视节目制作人应该给人们生产哪一类节目(当然这又取决于对电视在社会中的作用有什么样的认识)。

规范研究

规范研究寻求的是通过确定和肯定为达到预定目的而采取的行动和手段,来证实"应该如何"的论断或假设。因为规范研究工作中要表明应该如何如何,它具有一种内在的理想主义成分。它主要是应用演绎推理的方法,从抽象的普遍原则得出有关特定的行动或事情的结论。未来研究是规范研究的重要组成部分。正是在规范研究的范畴之内,才确定或创造出待选择的各种解决办法,也才产生研究和可行性相联系的问题。只有在将来通过对已实际产生的结果进行行为研究或观察社会的反应,才能证实预先规定的目的合适与否。而通过规范研究确认的为达到那些目的所采取的手段,只有在一段时间内对其表现出的可用性、可行性、合意性以及有效性进行观察,才能逐步加以证实。规范研究的基本结论是:

"如果你想得到某种结果,那么在特定的条件下采取规定的行动,就会以某种确定的概率取得成功。"

规范研究在三个方面与价值问题相联系。首先,想取得某种结果,原因就在于对它们是喜好的(即觉得"好");其次,在选择手段时要考虑其是否合意、可行、可用和有效;第三,在规范研究中要假定受到未来政策影响的人和机构,对所产生的结果不会面临价值对抗。

从时间上讲,行为研究涉及的是在过去和现在"发生了什么"的问题,价值研究既涉及过去和现在,也涉及将来;而规范研究则涉及未来的期望(见表1)。在整个研究过程中,这三个范畴的研究不能也不应该各自孤立地进行。复杂的人类系统中的实际情况是,个人的、组织的偏好,对现存事物的观察和对未来应该如何的规定都混合在一起。系统分析必须对所有这些方面加以综合,当然首先还是要把这些个别的方面理顺。在评价、判断和分析人类系统时的一个常见现象就是把现有的实际状况和倾向于应该如何的强烈愿望不加区分地纠缠在一起,而后者受到价值观的强烈影响。这里的意思并不是说应该脱离价值观进行分析,恰恰相反,应该呼吁人们注意这种现象,它为我们理解系统价值,理解它们对分析工作其他部分的影响和联系以及企事业单位的成功或失败提供了方法。

表1 系统分析研究、问题和解答

研究范畴	时间		
	过去	现在	将来
行为研究 价值研究 规范研究	◁——————▷		

如果实际系统状态(行为+价值)不等同于所希望的系统状态(价值+规范),则存在某种问题,而由规范研究所确定的供选择的解决办法必须满足经济上、技术上和政治上可行的标准。

何谓问题

上面提到的三个研究范畴,为分析人员提供了能够更精确地判明问题的性质的工具。表1依据问题的定义表明了其间的关系。任何时候只要实际状态不同于所期望的状态,就会产生问题。在下列情况下问题会产生:(1)行为研究的结果表明已经发生了变化(例如"概率指数下跌");(2)价值研究表明在价值观上发生不协调(例如"新的管理班子的价值观使提高生产率和使雇员满意这两者之间的优先次序发生变化");(3)规范研究要求某种变革(例如"公司应该从事分散活动并加强推销工作");或者(4)任何一种事件和分析工作的组合表明系统的实际状态和期望状态之间产生了偏差。

按照对问题的这种定义,人类系统中的问题是否有可能消失?看来不大可能。系统分析的一个重要论点是对分析的需要不是时断时续的,而是连续性的和不断反复的。系统中的管理控制功能,应被看做是对特征指数的连续或周期性的监测,并对这些指数进行估价。

可行性

解决问题的方案,必须具备经济上、技术上以及政治上的可行性。政治可行性,或者政策选择被决策者或当事人接受的可能性,已在第5章讲过了。经济可行性是指有可用资源的可能性。技术可行性是指达到系统的科技目标的可能性。尽管用以判定这三种可行性的数据来源各不相同,但它们之间并不是毫无关系的。实际上,这三者是相互支持的,并且都是必需的,其中有一个不成立,问题就得不到解决。经济可行性在很大程度上取决于技术水平,而技术可行性反过来又取决于预算的多少,这又明显是一个经济输入变量;通过内行专家对经济与技术可行性进行研究,对政治可行性的肯定或否定可以发生变化。由于这种相互依存的现象的存在,当计划对三种可行性进行研究时,决策者和分析专家们必须考虑好优先顺序、限制条件、可能得到的收益和潜在的问题。这些又从另外一个角度,再次表明系统分析既是一门科学,又是一门艺术。

关于使用的方法和获得的结果,仍然存在其他一些问题。举例来说,所谓可行性是回答"能否"的问题,但并不是所有可行的行动都是我们所希望的。再如,这样做是否可以(正确地解决正确的问题)? ……所用的分析工具是否是必要的和够用的? ……怎样发现结论随所用方法而变的灵敏程度以及潜在的(价值)偏差? ……所提的建议是否有效(在价值参量允许的范围内满足目的要求)? ……所建议的做法是否有效率(通过损益分析和机会成本分析)? ……目的和手段是否符合伦理道德("是否应该"的问题是规范研究要回答的问题的一部分)?

对问题的阐述,常常以猜测某几个变量之间存在某种期待的关系的假说的形式出现。表述假说的形式很多,诸如论断(如"糖精诱发癌症"),肯定或否定的相关关系(如"使用糖精和癌症之间没有关系"),提问的形式(如"使用糖精会不会引起癌症?"),或者零假设(如"什么都会引起癌症"),等等。所有这些都是某种特殊的科学问题的陈述,与我们所要达到的"改进系统的质量"的目的还十分不同。系统分析人员在某个给定的分析工作中,可能会碰到几种不同形式的问题陈述(如"我们打算改进组织的效率,并且研究一下广泛参与决策能够做到这一点的说法是否成立")。假说在某些方面行使与模型同样的功能,但范围要小得多。它们限于提出研究可能成立也可能不成立的期待状态的课题,但有助于减少摸索时间和节省精力,并且有助于解释各种变量之间的关系。

总之,系统分析人员面临的方法论方面的任务,可以概括为完成行为、价值、规范三个范畴之内以及相互之间的研究工作,并寻求能够具备三个方面的可行性的行动路线。最后分析人员是直接提出他所倾向的解决办法的建议,还是并行地提供几种不同的选择方案,将取决于分析人员和决策者之间的关系和问题的性质。有时分析人员自己同时是决策者,但在大多数情况下分析人员只能向决策者提供咨询意见。总之,方法的最后一步是分析人员向决策者以易于理解的方式表述其研究和分析的成果。

对系统分析进行概述

除非分析人员和决策者之间能有效地进行信息交流,否则所做的一切都会付诸东流。"将研究发现告知决策者"已被列为系统分析科学方法中的一个主要步骤。精心构思的长篇详细报告是需要的,这样可为所做过的工作提供适当的记载和描述;问题在于高级领导人很少有时间阅读这样的材料。的确,私营的和公共的组织系统中的高级领导人拥有能够详尽审阅报告的助理人员,但他们接受领导指示后才能这样做。问题在于,在大多数人类系统中,领导人在保持下属们处于忙碌状态方面都是很有本事的,因此,就是助手们也很难做到这一点。而且,即便助手读了报告,他按错误的理解归纳上报的危险也不是不存在的。所以,这里碰到的还是那个最基本的老问题,即"首先你得引起他的注意"。

假定你已知克服了这种局面所引起的"政治困难",也就是说你可以占用头头的二十分钟的时间。二十分钟?是的!在这短短的二十分钟的时间里,并不是不可能向头头讲出问题的所在、分析方法、研究发现、不同的政策选择及相应的影响,以及你的行动建议和未来研究的结果。显然二十分钟是个人为规定的时间,头头也可能愿意消磨一个整天来琢磨整个分析工作。即便如此,能够在二十分钟的短时间内对研究做出总结也是会有好处的。表2提供了对系统研究进行概述的指导原则、优点和可能发生的问题。注意,不会有两个需要概述的场合是一样的,正像不会有两个人类系统中需要研究和分析的问题是相同的一样。而且,在分析人员和决策者之间有可能存在各种各样的互不相同的关系。如果是决策者提出进行这样的研究工作,他就有可能涉足于所有的研究阶段,不但读开题报告、中间进展报告,甚至会仔细阅读整个书面总结报告。另一方面,你概述的内容对某个决策者来说可能是个他所碰到的新课题,但明显属于他的责任范围,并且可能在他的理解范围之内。

表 2　系统分析工作概述：指导原则、优点和缺点

指导原则：系统分析工作概述的目的是向决策者说明经过有步骤的、合理的、科学的分析，并考虑到超理性因素所做出的研究发现；以及向决策者提出如果加以施行就会得益的行动建议（在可接受的风险及价值观的范围之内）。
概述应该：阐明问题、范围、所用方法、研究发现；讲清各种替代方案及与之有关的影响、结论、推荐的行动路线或未来研究的结果；理清概念和变量之间的关系；将问题分解开，表述为各种易于触动决策者的小问题；针对不同的建议和不同的对象，检验所得到结论随假定条件、价值标准以及不确定性的变化而变化的灵敏度；确认出其他问题与系统的主要内部联系；构思论述方式时要考虑读者，要准备对付最强的反对者提出的批评；有创造性；利用增强直观性辅助装置；要简明扼要。
优点：能将有关概念和关系加以浓缩，其表述形式易于适应决策过程和决策时所关心的主题；节省时间；能提供一个供讨论和决策的焦点；易用于宣传教育；可被方便地用于取得意见一致的过程……
缺点：过于简单；搞得不好，有可能使好的想法遭到轻率的否决；常会被用作辩解的工具，而没有被当做系统分析（就是说政治色彩要强于科学色彩）。

　　因此，就系统分析工作概述的表现形式而言，也是多种多样：既可是草书在饭店早餐账单背面的笔记，也可是计算机输出的概率决策的显示图像（见第 18 章中的描述）。我爱用某些准备好的视听辅助装置，如插图（大小足以使听众看清）、折射投影仪产生的影像、35 毫米幻灯片、电视录放设备，或者所有这些手段的并用。这样做的优点是制作和改变都很快，散发概述的复件也很方便。对学习过程的研究表明连听带看有助于加深理解。

　　系统分析工作概述的主要目的就是要向决策者表明经过结构化的、合理的以及科学的分析，并且考虑到超理性因素所做出的研究发现；以及向决策者提出如果施行（当然是在可接受的风险及价值观的范围之内）就会得益的建议。在政府、军事和商业部门分别发展出了多种不同的概述方法。做出这些努力的主要动机是尽量节省工作繁忙的领导人的时间。但随着这些概述技巧的采用，也产生了一些附带的效益，特别是这样做有利于为使各种有争议的建议取得一致而做出努力，也有助于使高层管理人员及时地了解正在进行的研究和正在采取的行动、公共关系的情况以及关键性决策的要点。目前概述技术已很发达并且得到广泛的应用，而且常常需要借助于精心准备的、复杂的显示装备。这种做法的最突出的优点是迫使分析人员将想法表达得更为集中和明晰，摆脱开众多繁杂的中间数据而突出有意义的变量、关系、发现和结论。如果你很难在二十分钟的表述中提炼出研究工作的最实质性的动机、目的和结论的话，说明你可能过于陷入到众多的细节方面和复杂性里面，而很少花时间将所做工作和所得数据概括为一种有板有眼的富有条理的形式以利于决策工作的开展。概述是分析人员清理自己思想的好形式，同时也使决策者节省时间和感到方便。

表2也列出了概述的缺点。重要的问题是要将"政治许诺"和系统分析概述两者区分开来：前者的主要动机是得到政治好处（谁得到什么？什么时候？怎么样得到？）；而后者是试图表述科学的认识和有助于改进或设计系统的实际选择。一般倾向于把概述作为宣传观点或宣传已做出的决定的手段，而不是将其作为如何做出合理决策的教育材料，尽管这两个方面并不总是相互排斥的。

在把概述从单纯的党派论战工具转变为在私营和公共部门进行如何更好地处理复杂问题的教育手段的过程中，系统分析和政策科学起着重要作用。当概述被用作政治许诺的工具时，最大的问题是决策者们或者公众会被迷惑而误入歧途，最终他们突然面临的不是神话中的小白屋而是万丈深渊，尤其是当做概述的人具有相当影响并且回避开价值分析含义的主要部分时，情况更是如此。除了对概述的起草参加人具有教育作用以外，系统分析概述可能得到来自决策者方面的四种反应。决策者可能会：（1）说"可以"并指示照研究建议执行；（2）说"部分可用"而拒绝其余部分；（3）表示一定的兴趣，但要求进行进一步的分析；（4）说"不行"。

系统分析概述的更广泛的意义

由于人类系统中的问题变得日益复杂，因此要求用更好的方法来向公众和有关的决策者概述分析的结果。对任何民主国家来讲，增加公民、雇员、经理、决策者以及政治家们对制定政策的贡献应是高度优先的目标。根据民主理论，应由选民们做出合理的抉择。因此，的确需要一种适合向各种各样的人和团体，向学校里的学生和董事会，向所有各级政府机关概述系统分析成果的改进了的形式。不管电视、电台、新闻出版物（尤其是社论之类）的内容是片面之词还是系统分析工作的概述，或是介于两者之间的某种混合物，都具有这种广泛的意义，并与政治和社会进程的改善有关。例如，如果有一个政治家头一个利用电视系统向其选区的选民们概述系统分析的结果，并且用德尔菲法收集个别公民的意见使他们更能代表他们的选区，同时为了解或解决当前的问题提供一个有价值的教育手段，则这种做法本身就会使许多感到孤立于政治系统之外的人觉得民主程序是有意义的，并且无疑也会提高这个政治家再次当选的可能性。

小结

表3总结了系统分析的方法步骤，用现实世界中的实例研究来表明这些方法将是第二编的任务。像任何用逻辑语言勾画某一复杂过程一样，这样的总结只能是实际的系统分析工作的一个简化的模型，并且主要是启发式的。这也就

是说为系统分析人员提供一个有用方法的查对表,指导研究的科学方法,要尽可能地摆脱先入为主的观念、偏见,以及基于某种文化背景上的"常识"而做出的判断。如果单单依赖常识,常常能导致得出违反常识的结论。兼容在政策科学框架中的系统科学分析所提供的方法,能够在分析量的因素的同时,也对质的因素进行较好的分析。在解决人类系统中的困难问题方面,不存在完美无缺的处理办法;分析人员要在使用基本的方法解决问题的同时,继续发现和运用新的工具,或至少应意识到分析的局限性,尤其是当事实表明所用工具尚不完善的时候。知识的进步将不断地把这些工具磨得更为锐利。

表3 系统分析的方法步骤(系统概念和科学方法的结合)

1. 通过将问题分解为便于进行分析的相互联系的小问题,明确问题,抓住机会,并寻求尚不明显的但有可能取得成果的研究方向。
2. 进行行为研究来定义和描述系统、系统分量以及系统的环境。
3. 进行价值研究(即追求的目标)。
4. 进行系统分析评价(分两步来确定和评判质量)。
5. 进行规范研究(应该如何):
   甲)看可能会是什么(有哪些选择);
   乙)决定应是什么(建议以及执行步骤);
   (1)在第2、3、4步的基础上进行判断;
   (2)确定可行性(经济、技术和政治方面的);
   (3)在观念上再次确证和评价整个过程。
6. 通过对系统分析的概述和决策者进行交流。
7. 在执行过程中和执行完之后对结果进行验证。
8. 如果需要的话推荐新的政策措施。

(陈东威 译 王 蕾 校)

文化政治学与文本[①]

迈克尔·阿普尔

作者简介

迈克尔·阿普尔(Michael W. Apple,1942—),美国威斯康星大学麦迪逊分校的教授,当前美国进步主义教育和批判教育理论的领军人物,世界上为建立一个批判与民主的教育制度进行不断斗争的杰出学者,被评为 20 世纪以来全球五十位最重要的教育思想家之一。

阿普尔教授写了大量有关教育改革与政治、文化与权力关系等方面的著作。这些著作赢得了广泛的国际赞誉并被翻译成中、日、法、德、西班牙等多国文字,影响范围极为广泛。阿普尔曾是美国教育研究协会的副主席,是《教育研究评论》的主编,被美国教育研究协会授予"终身成就奖",被加利福尼亚大学洛杉矶分校授予"杰出学术成就奖",并被全世界的许多大学授予荣誉博士称号。

自 20 世纪 70 年代以来,阿普尔教授不仅是美国右派最激烈的批判者,而且是北美激进教育的活动分子,他致力于在全世界推动教育研究、政策和实践的民主化。其代表著作有:《教育与权力》(*Education and Power*)、《官方知识——保守时代的民主教育》(*Official Knowledge:Democratic Education in a Conservative Age*)、《被压迫者的声音》(*The Subaltern Speak*)、《教育的"正确"之路:市场、标准、上帝和不平等》(*Educating the Right Way:Markets,Standards,God and Inequality*)、《文化政治与教育》(*Cultural Politics and Education*)等。

选文简介、点评

文本分析已经成为教育政策分析的重要手段和方法之一,根本原因在于文本不仅是"事实"的"传递系统",它们还是政治、经济和文化活动、斗争以及妥协的产物。它们是由那些有着特定利益取向的特定的人所酝酿、设计和完成的。它们的出版是在市场、资源和权力的政治和经济的制约之下进行的。因此,文本背后深刻反映了政治意义和文化内涵,文本政治学和文本分析是教育政策分析绕不开的研究工作之一。

---

① M. W. Apple. Official Knowledge[M]. New York:Routledge, 2000:42-60.

　　《文化政治学与文本》一文节选自《官方知识——保守时代的民主教育》的第三章,这一章也是该书的核心。在该章中,阿普尔首先提出了教育的功能并不是教给人们实用技能,本质上教育是一种文化政治活动,是统治阶级和被统治阶级文化的博弈和互动。然后,阿普尔从教育的功能入手探讨个人在获得社会地位和文化地位提升方面所应具备的读写能力。这种读写能力在阿普尔看来,是生成经济技能及信仰和价值观念的共享体系并协助产生的一种"国家的文化",是获取掌握整个生活的权力和控制力的重要手段。阿普尔提出三种读写能力来代替传统观念中功能性的读写能力,即批判性的读写能力、赋权性的读写能力和政治性的读写能力。他指出,虽然目前来说,公众在理解学校知识和广阔的社会之间的关系上已经日趋成熟,但对"学校知识传授的究竟是谁的文化"这一问题仍缺乏深入的研究。

　　阿普尔对文本的深刻分析是这一章节中的又一大亮点。阿普尔指出,文本并非只是文化产物,它们也是经济性的商品,这就不可避免地受到政治和权力的干预。文本的制定规则和解放实际上是文化政治的一种形式,它们涉及的是文化世家和特异权力之间联系的本质。在分析文化融合与文本的论述中,他强调文化融合的过程是能动的,它反映了占统治地位文化的持续性和矛盾性以及那种文化真实性系统的持续再造和再合法化。这种所谓的文化融合也仅是统治阶级试图重建霸权统治,而将非统治阶级的知识和观念整合到统治阶层话语权之下的过程的产物。

　　此章作为整本书的灵魂和核心,从批判社会学和文化政治学的视角探讨了"文本"的本质,这不仅对认识文本本质具有很好的启发意义,而且为我们分析和研究教育文本提供了一种方法上的路径选择。尽管阿普尔在这里分析"文本"主要是指教科书,但是他对于文本本质的认识实际上对我们认识和分析教育政策文本提供了有效的借鉴和分析的视角,因为从某种意义上来说,教育政策文本比教科书更具有政治性和文化性。阿普尔在讨论文本的本质和文本分析方法的同时,实际上也表明了教育政策在本质上也是一种文化政治活动。特别是阿普尔关于批判性读写能力与赋权性读写能力的论述,是集中反映的进步主义与批判教育理论特征的重要概念。也是他所声称的"为所有的人创造必要条件,使其能够参与意义和价值观念的生产与再生产"的保证。另外,"文本成为意识形态和教育冲突的中心"、"合法的知识使得弱势群体边缘化"、"书本本身及某人对其进行阅读的能力总是被卷入文化政治之中"等许多新颖的观点也在这一章节中充分展现出来,这反映出了阿普尔关于教育体系功能的论证,即教育产出的是最终被统治集团用来进行政治、经济和文化上的控制所需要的技术和行政上的知识。阿普尔的这些真知灼见比传统教育学理论更能揭示教育和教育政策的真义。因此,"文化政治学与文本"不失为在教育政策文本分析前必读的经典佳作。

选文正文

导言

对于大多数人而言,读写能力具有一个非政治的功能。它的作用在于帮助人们形成其智力特征(intellectual character)并且提供一种在社会阶层中向上流动的途径。然而,界定怎样才算具备读写能力及怎样获得这种能力总是与特定的道德形式相关联的。读写能力总是可以生成有实用价值的技能及信仰和价值观念的共享体系并最终生成一种"国家文化"。一位著者在其新作中重新定义了教育中的读写能力,认为它有如"心灵的道德技艺"(moral technology of the soul)。

无论右派议员如何坚持,强调读写能力作为"道德技艺"抑或受经济因素制约的技能并非我们回答这一问题的唯一途径。读、写和听这些技能的价值不应该仅仅被视作通往"高尚文化"或者习得在劳动力市场上"能够谋得职位的技能"的途径,而是将其视作获得力量并掌握我们全部生活的重要手段。面对由于保守主义复兴而带来的威胁,我坚持我们的目标不应是培养"实用性的读写能力",而是批判性的读写能力、赋权性的读写能力和政治性的读写能力,这样才能使我们更好地真正理解和掌握与自身息息相关的社会生活的各个方面。

这涉及理解知识和文化的一个不同的视角。这些概念都没有提到虚假的普遍性,一种与支配、剥削模式相分离的既定的(pre-given)一致意见。相反,它们提到了为争夺"命名世界"权力而进行的极其复杂的争斗。

下面我们来看"文化"这个词。文化是人们生活的方式,是通过这一持续和复杂的过程来界定和分享意义的方式,而非生成于社会之中预先规定的单一性。文化更多的是在社会分歧的基础之上形成的。它必须去努力建构自身所具有的整体性。文化的意义不应该用来"庆祝人为的或自然的和谐状态"。恰恰相反,文化应该是"价值体系和权力关系的生成者和再生成者"。

在我们考虑知识的时候也应该如此。约翰·菲斯克(John Fiske)是这样从理论上论证这一点的:

知识从来也不是中性的,它也不会存在于相对于现实生活而言是经验论的或是主观的联系之中。知识是权力,知识的传播在某种意义上说是权力的社会分配。可以融入文化和政治生活的话语权力所建构的常识性实在,在社会权力关系中是处于中心地位的。知识的力量必须通过两种模式表现出来。第一是去控制"真实性",要把现实的转化为可知的,这样需要将其作为一种话语的建构而尽可能去掩饰其随意性和不完整性。第二种努力就是使这种话语建构(也因此是社会政治性)的现实成为真理。那些接受此种真理的人未必会得到利益。话语权力求构建(某种意义上的)现实并且广泛而平稳地使这种现实在社会中得到传播。

菲斯克的语言也许有点抽象,但是他的观点却很重要。他论证了可以被"看做知识的事物"间的关系:谁享有权力,权力如何在我们的日常生活中发挥作用以及权力如何影响我们在社会机构及教育中对于什么是"真实"和什么是"重要"的界定。在本章中,我将会着重探讨教育的一个方面,即它如何帮助界定"真实性"及它怎样以矛盾的方式将其与批判性、赋权性和政治性的读写能力联系在一起。这些已为右派议员在很多年以前意识到。

谁的知识最有价值?

真实,并没有一个标签。某些东西是什么,做了什么,以及别人怎样评价——所有这一切都不是自然而然预先规定(preordain)的。它是在社会中形成的。即便当我们讨论构成我们生活的机构时也是如此。以学校为例,对于很多人而言,学校教育是民主的巨大引擎:开阔的视野、给予保证的社会流动等等。对另一些人来说,学校教育的现实是极端不同的。它被视为是社会控制的一种形式,或者是文化危机的具体表现,也有人认为它的课程设置和教学实践在道德领域对学生构成了威胁。

尽管并不是每个人都认同对学校功能的这种判断,但正是基于此,下文将提出一个重要的见解。在斯宾塞(Spencer)著名的"什么样的知识最有价值"的问题背后还存在着另一个更具争议性的问题——"谁的知识最有价值?"

在过去的二十年中,在回答学校中谁的知识已被社会接纳而合法化的问题上取得了巨大的进步。尽管还有很多问题有待解决,我们在理解学校知识和范围更广的社会的关系方面已经日趋成熟。然而,我们却很少注意到在规定传授的是谁的文化中起到重要作用的物品:教科书。当然,这些年对于教科书的研究特别多。但是,总的来说,直到最近为止,大多数研究仍为涉及文化政治学。太多研究者仍可以借用C. 赖特·米尔斯(C. Wright Mills)几年前创造的一个词来形容,即"抽象的经验主义者"。这些"社会数据的狩猎者和采集者"依旧与社会中广泛存在的不平等关系相脱节。

这个问题很清楚,如同右派政党联盟通过不断关注所明确表示的那样,文本不仅仅是"事实"的"传递系统"。它同时是政治、经济、文化活动、斗争以及妥协的产物。文本是由那些有着实际利益取向并讲求实际的人所酝酿、设计和完成的。由于市场、资源和权力的制约,文本的出版受制于政治及经济。文本的意义和使用方式一直为获得不同支持的利益团体所争夺,其中不乏教师和学生。

如同我在其他著作中反复强调的那样,认为学校课程所教授的是中立知识的观念是幼稚的。其实,知识的合法性认定是泾渭分明的阶级、种族、性别和宗教团体之间的复杂权力关系和斗争的产物。因此,教育和权力是不可分割的两个概念。在社会发生动荡的时候,教育和权力之间的关系就变得更加清晰。这样的关系从过去，并将一直在妇女、有色人种和其他团体将其历史和知识涵盖到学校的课程内容中所作的努力中更加明显。由于经济危机和意识形态与权力关系的危机，这一点更加明显地体现在过去十余年中复苏的保守主义对于学校教育的攻击上。专制的民粹主义日益显现，新右派已经成功地运用自己的权力对学校教育的目标、内容和过程施加影响。

我在第一章中说过，右倾趋势并没有止步于学校的教室门外。现在对于教学和课程设置进行集权的打算常常会被聪明地掩盖在"民主"改革的幌子之下。这种局面在新的管理提案和私有化的行动产生之前还很难退出舞台。在英国类似的趋势也很明显，并且在其他个案中则更加突出。

我说过，这一切都在学校内引起了对抗性的行动：更加民主地管理学校，赋予社区和教师更多权力以选择教科书和决定课程设置。除此之外，教学策略的转变，资金的有效利用，行政管理的改良，以及更加灵活、民主的评估系统的制定，这一切都产生了缓慢但是值得关注的发展。这在保守主义的复兴中让人可以看到积极的一面。

即便有这些积极的征兆，但是，新右派仍然可以进一步阐明其传统的政治和文化主题。通过这种方式，新右派常常可以动员起一大批追随者。其最有力的诉求和筹码就是在保守主义团体中产生的对于公立教育日甚一日的不满。越来越多的家长和其他群体对这些公立机构和其中的教师、行政人员产生了怀疑，他们怀疑这些人是否可以"正确"地决定应该教授些什么以及如何去教授。快速兴起和发展的福音教育、审查制度、关于教科书的争论以及很多家长选择在家教育子女而非将其送到政府资助的学校的趋势正说明了这种"正确"的合法性丧失。

我们可以看到，这之后的意识形态通常是非常复杂的。它综合了传统的家庭观以及基于"传统价值观"和宗教信仰的性别角色的观念。随之而来的常常是对资本主义经济、爱国主义、"西方传统"、反共产主义的维护以及对于"福利国家"的深切不信任（这也经常是基于种族问题的暗流之上的）。如果这种意识形态被运用到学校教育中去，其结果，一方面就会像对临时用书和作业的不满一样简单；另一方面，它也可能会是严重的冲突，所构成的威胁会超越我们平常对于学校教育争论的界限。

在美国，下文所描述的情形中最著名的案例发生在西弗吉尼亚的卡纳华（Kanawha）县。在20世纪70年代中期，它见证了关于学校应该教什么、由谁来决定以及用什么样的信条来引导我们的教育计划的最具爆炸性的争论。起初是一小群保守派的家长、宗教领导人以及一些商人，针对在当地学校使用的教科书的内容和设计所提出的抗议。抗议很快发展成了学校联合抵制和暴力活动，甚至在社区内造成了令人悲痛的分裂，至今尚未愈合。

西弗吉尼亚紧张局势的升级还包括一些很重要的因素：首先，农村地区的学校合并使阶级关系和城乡关系变得日益紧张。其次，农村地区的家长在教科书内容的选择或教育决定上的缺乏参与增加了其疏离感。而后，该地区的宗教文化历史以其强大的独立性、原教旨主义的宗教传统及该地区经济萧条的历史，成为造成严重动荡的原因。最后，卡纳华县的保守主义者也得到了国家右翼团体的道德、法律和组织支持。

　　尽管强度要弱一些，相似的情况却相继发生在许多别的地区。以最近发生在加利福尼亚的尤开帕（Yucaipa）的情况为例，那里的学校系统和主要由保守主义及原教旨主义者构成的抗议人群随时处于一触即发的状态之下。在尤开帕，人们不断争论学校的目的是什么以及学校应该体现谁的价值观念。在这里，家长和社区成员对于文本内容和文化权威提出了极大的挑战，包括对宣扬巫术和神秘学材料的攻击，对缺乏爱国主义以及破坏宗教知识和权威的抨击。同样，国内的保守主义组织也介入了这场争论。

　　要理解下面的这一点是非常重要的，即，关于"官方知识"的争论通常围绕的是教科书本身及其延伸的内容。这些内容切实表明了更为重要的政治、历史以及经济和文化的关系。对于文本内容的争执往往代表了权力关系的更广泛问题。这些争执涉及了人们最重视的东西。卡纳华县和尤开帕的例子表明，这些政治可以转化到更深层的问题上。

　　然而，教科书本身确实是非常重要的。其重要性体现在内容和形式，尤其是对于事实的构建方式以及他们对于浩瀚的知识进行选择和组织的特定方式上。教科书正体现了雷蒙德·威廉姆斯所说的选择性传统：一个团体通过选材与应用知识和文化合法性的视角，实现了赋予其获得文化资本的权利并剥夺了另一个团体的相应权利。

　　文本传递的确实是通向未来和关于未来的信息。作为课程设置的一部分，文本参与的重要性不亚于社会有组织的知识系统。它们参与建设社会所认可的合法与真实。它们为真理制定规则，同时也建立一个参考准则来告诉大家知识、文化、信仰和道德究竟是什么。

　　尽管认识到文本参与到建设意识形态和本体论的过程之中，这样的论述还是会在很多重要的方面造成误导。因为创造出这种文本的是特定的人群，而非"社会"。"我们"并没有制定一套课程体系，并基于简单的直觉认为这在我们中间取得了广泛的共识，而且认为这就是官方知识。在事实上，代词"我们"的使用将一切都简单化了。

　　弗雷德·英格利斯（Fred Inglis）令人信服地指出，代词"我们"：抚平了因如何使用权威性和社论式的"我们"一词而进行的斗争所引起的涟漪和裂痕。可以很确定地说，文本是智力战争的战场。争夺文化权威的斗争是反复而残酷的，并且往往旷日持久而激烈异常。

这里我要举一个例子。在 20 世纪 30 年代,美国的保守主义团体对正在学校中使用的进步性的系列教科书发动"进攻"。由哈罗德·鲁格(Harold Rug)和他的同事们所完成的《人类和其日益变化的世界》成为许多"中立"团体——全国制造商协会、美国退伍军人协会和美国广告联合会等组织共同攻击的对象。他们批评鲁格的书是社会主义的、反美国的、对企业持敌视态度等等。保守主义者的战役大获全胜,他们成功地迫使校区将鲁格的书从课堂和图书馆赶出去。他们的成功使得此书的销售从 1938 年的三十万册削减到 1944 年的大约二万册。

　　今天,我们自然可以对这样的文本做出一定的保留,特别是其中带有性别歧视的主题。但是,鲁格事件向我们表明,教科书的政治绝非新鲜事物。现在围绕文本而产生的一系列问题,如文本所表现的意识形态,文本在决定应教授何种知识中的关键性地位,文本的效用和设计,这些都与长久以来发生在很多国家中的对于此事的关注相呼应。

　　在文本之外,学校教育的其他方面很少受到如此众多的监督和批评。也许基础教育委员会的 A. 格雷厄姆·唐(A. Graham Down)对此做出了最为生动的描述:

　　无论教科书优劣与否,它都决定了学生会学到什么。其决定了课程设置,同时也决定了学生在许多科目中会学到的事实。对于很多学生而言,教科书是他们早期接触的书籍和阅读材料中最早,甚至是唯一的书本。公众认为教科书是权威的、精确的和必需的。教师们根据它们来组织课程和安排科目。但是现在的教科书选用体系使我们的学校充斥着特洛伊木马——用虚假粉饰的文字使这个国家的年轻人头脑僵化,并使他们抗拒学习。

　　这种观点也在最近一篇名为《美国教科书的彻底失败》的文章中得到同样有力的论述。

　　想象一种公共政策系统,它所制造的教科书混淆、误导并且使学生对其毫无兴趣。与此同时,它使得参与这个过程的成年人看起来很成功,这不仅是他们的看法,也成为很多人的看法。尽管市场上也有一些好的教科书,但出版商和编辑在公共政策和习惯做法的压迫下也会制作出没有根据的教科书来使学生迷惑不解,并用不负责任的信息来误导他们。学生最终会因为空洞无物、干巴巴的说教而对其彻底失去兴趣。

规则或解放以及文本

　　为了理解这些批评的用意,同时也理解为什么文本呈现现在的这种状态以及为什么它会承载某些团体的视角而非其他。我们还应该意识到书籍的世界还没有与商业的世界分割开来。书籍并非只是文化产物,它们也是经济性的商品。尽管文本是观点的载体,它们也必须"在市场上贩卖"。这虽然是一个市场,然而,尤其在国内和国际教科书发行上,它极易随政治而变化。卡纳华县和尤开帕的例子很好地说明了这个问题。

文本处于复杂的政治、经济互动之下。文本的发行经常具有激烈的竞争性。在美国,文本的生产是处于多变的资本市场之下的商业性企业。关于"首要之事"的决定权决定了什么书可以被发行以及会被使用多久。但是,这种情况不仅仅是靠市场"看不见的手"所控制的,它在很大程度上是由国家教科书选用政策这样高度可见的"政治"之手所决定的。

近半数的州,主要是在南部和"阳光地带",都有其教科书选用委员会。他们在很大程度上决定所在州的学校会购买何种书籍,但这个过程在其历史上是有其矛盾之处的。正如我在下一章中所提到的,这一过程同时也阐明了它的得与失。这种情况下的损益经济学就使得出版商们尽全力保证自己在获得文本出版许可的名单上占有一席之地。因为这一点,那些可以在国内使用的文本以及被视作合法的知识就取决于可以在得克萨斯、加利福尼亚、佛罗里达和其他的州进行销售的书目。这也是为什么右派将其大部分注意力集中到这几个州的主要原因(尽管由于遭到了抵抗而只取得了部分胜利)。毫无疑问,在这些州中关于文本内容而引起的政治和意识形态的争论与在卡纳华县出现的情况极其相似,它将极大地影响会出现什么样的知识以及谁的知识会得到传播。同样清楚的是,卡纳华县的情况既受到影响,又反作用于针对知识合法性的更大范围的斗争。

然而,经济和政治的现实不仅仅是从内部影响文本的出版。在国际的层面上,主要的文本发行巨头不仅控制了资本主义中心的很多材料的市场,也同时控制了很多其他国家的市场。全世界数百万的学生都处于文化控制之下。部分是因为跨国集团在传播和出版领域的经济控制,部分也是因为在原殖民地国家新精英集团对于意识形态和制度的政治与文化控制。所有的这些都在"中心"和"边缘"以及这二者之间的区域编织了更加复杂的关系网,并引发了针对官方知识和文本的斗争。因此,英国和美国的官方知识的政治之中,右派关于合法内容的政策正在发挥巨大的影响力,同时也在其他依赖英美出版商以获得文本材料的其他国家发挥重要的影响力。

我想强调的是,这些事件,如一些新兴国家的案例以及卡纳华县和鲁格教科书事件,并不只有历史意义。关于教科书的形式和内容的争论至今犹在。事实上,就像尤开帕事件所说明的那样,这种情况在美国愈演愈烈。变化的意识形态环境对于在学校中要教授什么,以及如何来教、如何进行评估等问题产生了很大的影响。提出文本的审批标准,将标准变得更加"复杂",将其中的要求标准化,确保文本强调的是"美国式"的主题:如爱国主义、自由经济以及"西方传统",并将标准的内容与州立的和国家范围内的教育考核相联系等等,都面临着巨大的压力。

这些压力不单单存在于美国。在很多别的国家,文本也成了意识形态和教育冲突的中心。比如在日本,政府批准了篡改日本野蛮侵略中国和朝鲜历史的右翼历史教科书,这不仅激起了广泛的国际批评,也在日本国内造成了不小的争论。

在保守主义运动中,文本已经成为了富于争议的领域,与此同时,它也被批判为不够具有进步性。阶级、性别和种族偏见在这些材料中广泛存在。通常,"合法的"知识不包括劳动阶层、妇女、有色人种和其他没有权力人群的历史经历和文化表述。

所有的这些争论不仅仅是围绕学生在学校中的书籍中能否找到相应内容,尽管这也是问题的一方面。这些问题同时也是关于对"共同利益"的不同界定,对我们的社会及其发展方向的思考,对文化视角和孩子们的未来的反思。再一次引用英格利斯的话,在文本居于重要地位的课程设置中,"产出和价值在文本及其语境中互相交错;这是想象力和权力的交汇点"。在关于教科书的政治的语境中,我们最应该关注的就是权力的问题。

权力的概念只是暗示了行为和有效行为的可能性。然而,当我们在日常生活中运用到权力的概念时,"这个词语本身就很强势并带有威胁性,它的存在本身就很令人生畏"。权力的这种"黑暗面"自然会为一种更加积极的视角所补充。人们认为,权力是与民主并遵循集体意志来行使它的人相关联的,他们为了公众的最大利益公开地行使权力。我在这里所关注的是权力的双重概念,一是在理论的层面上(我们如何看待合法知识和权力之间的关系)以及在实践的层面上(文本如何切实地体现这种关系)。权力的积极的和消极的因素对于我们去理解这些关系都很关键。综上所述,对于教科书的讨论在实际上是文化政治的一种形式。其涉及的是文化视角和特定权力之间联系的本质。

这些对于那些熟知书本、读写能力和群众性运动之间关系的历史的人而言不是什么新鲜的东西。书本本身及阅读的能力总是被卷入文化政治之中。以文化启蒙运动的领袖伏尔泰为例,他就极希望成为一名贵族。在他看来,努力进入上流社会应该成为启蒙运动的起点。只有把握了统治阶级的心灵和头脑,启蒙运动才可以受到底层民众的关注。但是,对于伏尔泰和他的许多追随者而言,应该谨慎提防一件事:要防止大众学会如何读书。

对于其他人而言,教育大众可以起到"有益"的效果。教育是一个"文明化"的过程,被统治阶级可以更加有责任感,更加顺从,并更深地受到"正统文化"的影响。在今天,我们仍然可以听到文化保守主义者对这种论调的响应。然而,对另外的一些人来说,这种读写能力可以在其觉醒之时带来一些社会变革。它可以发展为一种"批判性的读写能力",这可以构成争取更加民主的文化、经济和政治制度的大规模运动的一部分。文本权力的双重性在此清楚地浮现了出来。

因此,我们现在每天要求学生去做的诸如读或写这样的简单基本的活动也可以同时成为规范和剥削的形式,或者成为反抗、颂扬和团结的潜在模式。在此,我想起了卡利班(Caliban)的呼喊,"你教会我语言,而我却用它诅咒"。

　　如果我们可以走进过去的教室,就可以更明显地觉察到书本政治的违和感。例如,文本经常与关系到教师和学生生活的官僚主义规则相联系。1899年一位波士顿的女教师讲述了她在教学第一年学校校长视察时发生的故事。当她满意地看着她的学生朗读课文时,校长对于教师和学生的表现大为不满。用这位教师的话来说:

　　在1899年的公立学校教师引导朗读的标准方式是说:"第35页,第四章",同时右手拿书,两脚成·45度,头部抬高挺直,两眼正视前方。学生们应该提高声音用一种几乎不自然的方式朗读。我关注到了脚的位置,右手和鼻子,但是却忽略了要求指出页码和章节。

　　在这里,文本参与到了对于身体和意识形态的规范。在这个例子中的教科书是养成一种责任感、道德和文化正统性的系统的一部分。然而,从历史的角度来看,标准化的文本曾经同时被许多教师所争取或反对过。在面对大规模的班级、艰苦的工作环境、欠缺的培训以及紧迫的备课时间时,教师们不再将课本视作强行推行的负担,而是将其视作必须的工具。对于年轻的小学女教师而言,课本能够帮助她们不受剥削。它解决了一系列实际问题,在导致降低技术性(deskilling)的同时,也使这部分女教师获得充裕时间成为更有技巧的教师。因此,尽管出现了发生在波士顿那位教师和其他很多教师身上的事情,还是有很多教师都要求有标准化的文本。

　　对文本的斗争与何人应该在学校中掌控课程的设置相联系。教师群体,尤其是在政治上活跃的教师,总是争取在他们教授的内容上有发言权。这被视作争取民主权利的一部分。美国第一个教师工会的领导人之一,玛格丽特·海利(Margaret Haley)认为,教师有必要去反对将他们作为"其任务就是机械地、毫不置疑地传达那些披有权威外衣的观点和命令的工厂工人"的趋势。她呼吁教师必须反对降低技术性和由行政和工业领导人所倡导的"工厂化"的控制方法。她之所以强烈支持将教师理事会作为控制学校的机构,是因为这样会极大地降低行政人员对于教学方法和文本的控制力。哈利引述约翰·杜威的话来证明她的观点,"我尚未注意到在美国存在某个公立教育体系,官方和宪法的保障能够将其在实践中遇到的方法、纪律、教学、课程设置、教科书等问题提交到切实参与教学实践的人手中进行讨论"。

　　从这一点来说,教师对于教科书的选择控制,以及对教科书使用方法的掌握,是加强教师职业的民主权利的更广泛运动的一部分。没有这样的教师控制,教师将等同于工厂的工人,他们的每一步行动都是由管理层决定的。

教师与文本之间的矛盾关系，以及在不同的时期（或许是在相同的时期）书本权力的削减和增强，表明了一些很重要的事情。我们经常会看到一种文化习俗或一本书的背后总有政治的身影，"就好像永远写在额头上一样"。事实上，文化在政治上发挥作用"依赖于其参与其中的社会和意识形态关系网"。文本的读写和使用可以是退步的也可以是进步的（有时候是兼而有之），这取决于具体的社会状况。人们可以反对教科书，因为它们是道德规范体系的一部分。人们可以支持教科书，因为它们为教学工作提供了必要的帮助，并且它们也是民主化策略的一部分。

教科书的作用，以及它在不同的团体中所充当的社会角色是非常复杂的。这不仅对于教科书的使用和应用对象的政治有重要意义，对于文本的内在质量、内容和组织的政治而言也是非常重要的。同样重要的是，人们如何解读文本，尤其是在右派复兴的时候。我现在关注的是这些问题。

文化融合的政治

我们不能因为教育与性别、阶级和种族的联系就假设被涵盖入文本的知识只是代表了文化的控制或者只是包含了统治阶级的知识。这一点需要我从理论上和政治上在这一部分中进行论证。因为很多关于在学校中显性和隐性的课程设置中包含和未包含的内容的批判性分析都简单化了。不全面的分析价值不大，但是现实是复杂的。下面我们将更详细地阐述这一问题。

在别处我们已经详细地分析过，学校知识的选择和组织是一个意识形态过程，满足的是特定的阶级和社会团体的利益。然而，这并不说明，整个的学校知识是"统治阶级意志的反映，并以一种毫不妥协的强制方式执行"。相反，"文化融合的过程是能动的，它反映了占统治地位的文化的延续性和矛盾性，以及文化的看似合理的系统的持续再造和再合法化"。课程安排在美国这样的国家不是强制推行的。恰恰相反，它们经常是冲突和谈判的产物，是统治阶级试图重建霸权统治，而将非统治阶级的知识和观念整合到统治阶层话语权之下的过程的产物。

这一点可以清楚地体现在教科书的例子中。虽然无特权阶层力图使其知识在文化合法性的辩论中占中心地位，但"正统"的趋势在文本生产中仍占据了统治地位。从本质上来讲，课本中删除的东西很少，主要的意识形态的框架不会产生大的变动。教科书出版商总是受到持续不断的巨大压力，以使其在书中包含更多"正统"内容。进步性的内容或许会得以提及，但是不会得到更深一步的阐述。统治地位在这里通过妥协和"提及"的过程得以部分地维持。在这里，被统治阶层的历史和文化所限制和孤立的片段被收入到文本之中去。例如，在讲到"妇女和少数族裔团体的贡献"时只提到分散的、很少的一部分，而且也没有从他们的视角和世界观来进行详细的论述。今天的新保守主义非常擅长此道。

在此，我们引用托尼·贝内特（Tony Bennett）关于统治阶层的文化的地位是如何获得的论述：

统治阶级的文化之所以会取得其地位，并不是依靠一种外部力量强加到被统治阶级的文化之中。而是通过深入其中，对其进行重塑、引导并与之共存，这样的人们所具有的意识和经验都是被统治阶级文化中的词语所定义的；同时，通过与统治阶级的价值观和意识形态相结合来最终改变被统治阶级的文化。这样的过程既没有抹消被压迫阶级的文化，也没有"剥夺"人们"真正的文化"。他们所做的是将这些文化转移到一个特定的意识形态和文化的平台，在那里，他们与可能形成的激进思维相分离，转而与更加保守、或者是完全彻底的反动文化和意识形态趋势相联接。

在某些情况下，"提及"可以如下的形式进行，即将已经选择的部分与强大集团的价值观念紧密联接，从而得以整合到占统治地位的传统之中。例如，我们可以讲授有关艾滋病的知识，但是前提是彻底禁欲以及强调"传统家庭"这个特定社会结构的神圣性。当这种策略不成功的时候才可能有所转机。处于反抗地位的文化有时候也会运用占统治地位文化的因素来反对这样的团体。贝内特继续描述了处于反抗地位的文化是如何运作的：

相似的是，对占统治地位文化的反抗并非用一个业已成型的、时常处于激化状态的反对派文化来取代它。处于反抗地位的文化需要存在于那里，并不时地能够发出自己的声音。处于反抗地位的文化的价值观念只有在与占统治地位的文化的斗争中才可以成型。这种斗争使处于反抗地位的文化可以从对方那里获得一些资源，同时，如果二者能够建立联结，处于统治地位的文化也必须对其做出一定的让步——反抗地位的文化中的意识和经验部分地是被统治地位的文化所塑造的——这样，通过使文化回归自身方式，将处于统治地位的文化剥离，进而创造一个既在其中又与其对立的空间，使价值观念产生共鸣并能彼此了解。

事实上，许多文本在其内部也存在这样进步性的"共鸣"。在官方知识的政治之中不仅仅存在挫败，也存在着胜利。

当然，有时候人们不仅成功地创造了产生共鸣并能彼此了解的空间，也改变了整个社会的空间。他们创造了全新的政府，为民主的政治、经济和文化安排创造了新的可能性。在这些情况之下，教育的角色就显得尤为重要。因为新的知识、新的伦理道德和新的现实都试图去取代旧的事物。正是基于这样的原因，我们这些致力于在学校内外构建更富有参与性和民主性的文化氛围的人们，需要密切关注那些试图颠覆殖民地或精英统治传统国家里官方知识所引发的变化。在这里，文本的政治非常重要，因为教科书经常代表了一种创造新的文化正统的明显意图。格林纳达在新宝石运动中，基于弱势团体需要所创造的更加民主的教科书和其他教育材料提供了一个令人信服的案例，尽管里根政府的干预部分摧毁了这次运动。

新的社会情境,新的文本制造的过程,新的文化政治,新的权威关系的转换和新的阅读文本的方式,所有这一切将会不断发展并引导一种对于文本力量的正面认识的形成。人与文本之间多一些解放性的关系而少一些限制性的关系可以开启这种发展。批判性读写能力的计划在全世界很多国家中都产生了积极的影响,这使得这种可能性变成了现实。人们自己生成"文本",这说明他们具备了掌握自己命运的权力。

　　然而,在这里我们也不能盲目乐观。因为文化权威、控制机制和整合机制的转变并不是一件简单的事。

　　举例而言,一个人的思想和价值观念不是直接由占统治地位团体的概念所决定的。因此,人们可以成功地创造与占统治地位的文化和文本相对立的具有现实性和可行性的替代方案。然而,我们也应该认识到,"那些知识可以作为合法的知识"的标准在很多国家中都被歪曲了。与这种知识的"传输"直接相关的社会机构,如学校和媒体,是由我们所处的社会中的阶级、性别、性关系和种族不平等所构筑的。意义生成的领域不能与构筑其他领域的不平等的权力关系相分割。

　　斯图亚特·霍尔(Stuart Hall)这位最富洞察力的文化政治分析家在说到阶级关系(关于种族、性关系和性别也可以有同样丰富的分析)的问题时是这样论述的:

　　占统治地位的关于世界的概念并不直接地决定被统治阶级头脑中的意识。但是统治阶级的思想确实会积累象征性力量,从而形成和划分其他人的世界观。这种划分不仅获得了统治阶级制约其他思维模式的力量,也获得了塑造习惯和本能的原始权威。下面这点常被人们认为是理所当然的事情:世界是什么? 从各种实际的目的出发,世界是如何运转的? 占统治地位的思想可以通过给定动机和行为词汇的方式,对于什么是理性的、合理的、可信的,以及我们可以表述和想象的事物进行限定,从而控制社会中其他的观念。他们的统治地位取决于维持其约束力,以及框定其他社会团体思维边界的权力。

　　如同我在前两章说过的那样,在美国正在发生这样的运动:占统治地位的团体,由被称作旧人道主义者的经济现代化的支持者和新保守主义知识分子所组成的联盟,意图围绕传统知识的复兴形成一个意识形态的共识。遵循"西方传统"的"伟大书籍"和"伟大观念"将会使民主得以保全。若是回归到使这个国家变得强大的文化中去,则学校将提高学生的成绩和纪律性,并会提高我们的国际竞争力,最终降低失业率和贫困率。

　　在布卢姆(Bloom)的《走向封闭的美国精神》(*The Closing of the American Mind*)和赫希(Hercy)的《文化素养》(*Cultural Literacy*)等书中,问题教育和文化的观点得到了体现。前教育部长威廉·贝内特(William Bennett)的观点最好地代表了这一立场。在他看来,我们最终从危机中得到解脱,而在这一危机中"我们忽略和否认了美国教育中的最好的部分"。在某个时期,"我们不再做正确的事情,并且容忍了对于智力和道德标准的攻击"。对于现有教育体制的攻击使得学校脱离了"我们的传统准则"。

然而,对于班尼特而言,"人民"现在已经站起来了。"20世纪80年代发生了要求教育改革的大规模群众运动,这一运动重新界定了优秀、性格和基本原理等概念。"正因如此,"我们有理由变得乐观起来"。为什么呢? 因为:

关于教育的辩论现在着眼于真正重要的事物上:掌握基础知识,坚持高标准和高要求,保证课堂内纪律,使学生理解我们的道德和政治原则以及培养年轻一代的性格。

注意"我们"、"我们的"和"人民"这些词语在这里的使用。同时也要注意在"基础"和"基本原理"的问题上假定达成的一致,以及对于过去在学校和社会中发生的事情的无限美化。通过使用这些说法,试图将人们引入保守主义复兴的意识形态之下,在措辞方法上不可谓不高明。但是,在美国、英国及其他地区,地方的右翼政府一直积极地试图改变教育的内容,当地居民已经开始意识到,这种意识形态的统一在政策的层面和以教授何种知识和价值观念的层面上都取得了极大的成功。

如果这一运动得以实施,现有的文本及其所涵盖的知识就必然代表另外一些人的巨大损失,他们曾经成功地将自己的知识和文化直接融入了学校中传授的合法的内容之中。同样可以确信的是,将会控制官方知识的意识形态所代表的是比现在还要严重的精英化倾向。

也许在这里用"确信"并不是一个正确的词。现实的情况远比那个要复杂,这是我们从很多理解社会信息如何在文本中得到体现的新方法中学到的。

阿伦·卢克(Allan Luke)对于这些问题的分析非常令人信服,我们还是要在这里引述他的话:

社会学课程常见的陷阱就是人们倾向于认为文本形式只是传播意识形态内容的附属形式。前者通过占统治地位的暗喻、意象或主要思想的形式体现,后者则通过构建牵强的意识所需的价值观、信仰和思想的综合所体现。在很大程度上,内容分析假定文本反映了特定的意识形态立场,而这又与特定的阶级利益相关联。这种假设是基于学校知识及其文本内容所体现的统治阶级思想能够一一对应的可能性。即使那些已经意识到课程文本所蕴含的意识形态可能会反映统治阶级文化内部矛盾性的评论家也倾向于忽略更为复杂的文本分析模式的需求,这并不能说明文本只是可读的,或是"其他人"的关于社会现实、客观知识和人际关系看法的文字表述。因为文本并不总是表明或传达他们想要表达的东西。

这些观点很重要,因为它们表明我们需要更多深入细致的文本分析模式。虽然我们不应对保守主义复兴在文本和课程方面的影响太过乐观,但是,如果文本不是以一种直接的方式体现占统治地位的观念，抑或占统治地位的文化本身存在矛盾、分裂，甚至属于大众群体的文化成分，那么，仅仅依靠应用简单的处方并不能决定在我们的阅读中会在文本中发现什么样的知识。

我们因此可以声称，文本的含义并不一定是固有的。正如后结构主义理论所言，意义是"文本表达清晰的差异体系的产物"。因此，我们具有很多文本，而不是"一个"。任一文本都同时具有不同的理解。如果一个人说他可以通过"直接面对文本"来确定其意义和政治内涵，那的确会让人产生怀疑。同样，一个人是否可以通过机械地运用某种解读方法从而完全理解文本也非常值得探究。意义，在本质上也具有多样性和矛盾性。我们必须是出于自愿，以我们自己的方式来阅读和解读文本的意义。看起来，要回答在文本中体现的是"谁的知识"并不是一个简单的问题，尽管右派会非常愿意缩小人们所能寻找到的意义的范围。

我们这样解读文本的内容是正确的。对于那些在学校或家里读书（很多情况下是不读书）的学生而言，这也是正确的。在此强调这一点不仅仅是出于理论和政治的层面，也是出自于实践的层面。

我们不能假设发现"文本之中究竟存在什么"的方法已经得到了传授。我们也不能假定所传授的内容已经被习得。在第五章和第六章中，我们可以看到，长期以来，当教师在教室中使用文本材料时，他们会对其进行改变和加工。学生们在听课时也带有其特定的阶级、种族、宗教和性别经历。他们也会有选择地接受、解读和拒绝那些所谓的合法知识。学校人种论的研究以及在后面章节的内容告诉我们，学生（和教师）不是任由知识进行灌输的空白容器。学生是他们所接受教育的意义的积极建构者，而非弗莱雷所说的"银行式"教育的产物。

人们对文本可能的回应方式有三种：支配型、谈判型和反抗型。在支配型的文本阅读中，人们从字面意义上接受其传递的信息。在谈判型中，读者会对某个特定的问题产生争议，但是会接受文本的总体趋势及其解读。反抗型的回应则会拒绝接受这些占统治地位的趋势和解读。在处理和文本的关系上，这些读者将自己与那些受压迫的人们的位置互换过来。这些当然只是理论上的模式，因为很多回应就是这三种模式的矛盾组合。但是我们要在这里强调的是，文本本身有其自相矛盾之处，而读者也建立了其自身对于文本的回应。他们不是被动地接受文本，而是基于自身的阶级、性别和宗教经历，对其进行积极地阅读。尽管我们也应该记住，对于反抗型阅读能力存在着来自公共机构的限制。

在学生（或教师）对文本的接受、解读、再解读、部分或全部拒绝等方面，需要做大量的工作。虽然过去的研究已经颇具基础，其中大部分研究成就斐然，然而其在教育领域中的研究却完全是从心理学的角度进行分析的。它更多地关心习得和成就的问题，对于那些同样重要，甚至是应当优先考虑的问题，诸如学生在学习、探讨或反对谁的知识，以及这一过程中的社会文化根基和效果是什么等等，却没有得到足够的重视。然而，我们还不能完全理解文本的力量，只有严肃地看待学生真正的阅读方式（不仅仅作为个体，而且作为具有特定文化和历史的社会群体的一员），我们才可以清楚地看到文化中意识形态、政治和教育的作用。对于每一本教科书而言，都有许多的文本，其中存在着矛盾，存在着对其不同的解读以及对其不同的使用。文本——作为学校体系所钟爱的标准化的、分级阅读的书籍，以及那些小说、专业书籍和选读材料或者被教师用来作为对教科书的补充材料，或者用来代替教科书的材料——只是文化政治这个复杂故事的一部分。他们代表着权威（不总是法定的）或者是自由。在很多国家中一些具有批判性的教师已经很善于将最保守的材料应用到反观自身并令人深思的活动当中。通过这些活动，向学生澄清他们（教师与学生）所经历和构筑的现实。他们当中很多人已经寻找到一些材料和经历来说明我们可以在单纯的叙述之外找到别的替代材料以及相反的解读方式，这也是我在第二章提到的计划的核心部分。

意识到这一点同时也要意识到：我们作为具有批判性和民主性头脑的教育者的这项任务，其本身也是具有政治性的东西。我们必须认识到并理解占统治地位的机构具有强大的能力获得再生，因为这些机构"不仅存在于它们的物质基础和结构，也存在于人们的心中和头脑中"。但是与此同时，特别是右派如此强大并且其注意力日益集中于地方、县和州层面上的政治之时，我们永远不应忽视人民组织的力量，由真正的人民去斗争、反抗并且改变。文化权威、合法的知识、学校中由官方支持的课程设置中所体现的准则和价值观念，这些都是一些重要的内容。各种围绕文本的积极或消极的权力关系都试图在其中寻找一席之地，这一点我将会在第四章有所论及。所有的这一切都涉及在现实公共机构和现实不平等关系中的现实之人所抱有的梦想和渴望。

如前文所言，我不赞成有一个文本权威，以及一整套确定并已成形的与权力关系背景相脱节的"事实"。一个"共同文化"永远不能延伸到每一个人，因为它不能体现少数人的意图和信仰。其实，最重要的不是在教科书中规定和整合那些使我们具备文化读写能力的清单和概念，而是为所有的人创造必要条件，使其能够参与意义和价值观念的生产与再生产。我们需要一个民主的过程，使所有人，而不仅仅是那些将自己视为"西方传统"文化卫士的人，可以参与到对"什么是重要的问题"的决定当中。不言而喻，为了防止这一过程受到干涉，我们需要清除那些现实的并产生重要影响的障碍（不平等的权力关系、财富和反思的实践）。我们仍然要花一些时间来看一个更加"稳健"的政府是否会提供足够的互动空间来对抗新右派以及消除这些障碍。

认为存在一系列价值观念引导"经过筛选的传统"本身就是一种巨大的威胁，特别是在不同权力交错的背景之下。然而，现实之中此种威胁比比皆是，正如一个著名建筑物的铭文所言："只有一条通往自由之路,其标志就是顺从、勤劳、诚实、秩序、清洁、自制、真理、牺牲和爱国。"也许很多人都会认可这些字句所体现的精神实质。然而,具有讽刺意味的是这段铭文正是出自达豪集中营的行政大楼。

我们必须问自己,我们是否正在制造僵化的文本和僵化的头脑? 如果我们接受教育者的头衔,以及随之而来的道义上的和政治上的责任,我认为我们早就应该知道答案是什么。这是批判性读写能力的起码要求。

这些针对官方知识的政治上的斗争,也是针对文本的斗争,文本的特性表现在其既是一种商品又是一系列有目的的实践。这些斗争都以其历史上的冲突与和解为基础,当然,在这里也存在某些妥协。占统治地位的团体也试图使妥协的条件于自己有利。然而,这种和解还是会存在裂缝,存在可以运作的空间,同时,这一切又总是面临着被同化的危险,正如历史所呈现的那样。或许,要想弄清这一点,最好的方式就是通过关注激进主义的州日益增多这一现象和政府作为冲突性权力关系及社会运动的场所是如何调整官方知识,来深入研究文本中所蕴含政治意义。虽然目前,保守主义者(甚至是部分在社会阶层中向上流动的"大都市精英")占据了统治地位,但是这远不是全部的真实情况。

(谭敏达 译)

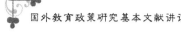
制度分析与教育研究[①]

海因兹-迪特·迈尔　　布莱恩·罗万

作者简介

　　海因兹-迪特·迈尔(Heinz-Dieter Meyer),美国纽约州立大学奥尔巴尼分校教育学院副教授,在康奈尔大学获得博士学位,曾经是宾夕法尼亚州立大学的客座教授,哈佛大学肯尼迪政府学院研究员。迈尔主要的研究兴趣是从比较的角度解读文化、制度和管理现象,特别关注跨文化交流和冲突解决等问题。他也致力于组织管理方面——特别是学校——的研究。他在《组织科学》(*Organization Science*)、《教育管理杂志》(*Journal of Education Administration*)等核心期刊上发表过文章,并出版多本专著。

　　布莱恩·罗万(Brian Rowan),美国密歇根大学社会学系教授,在斯坦福大学获得社会学博士学位,曾担任密歇根州立大学教育管理系主任。他关注组织理论和学校效能的交叉研究,著作多是关于教育组织的制度分析,关于教师工作的本质、学校组织、领导力、教学实践对学生成就的影响等。他在《美国社会学杂志》(*American Journal of Sociology*)、《美国教育杂志》(*American Jonrnal of Education*)、《教育社会学》(*Sociology of Education*)等权威杂志上发表多篇文章,出版多本专著。

选文简介、点评

　　20世纪70年代是美国教育社会学研究的活跃期,该时期既有"二战"以来一直占据美国教育社会学主导地位的结构功能理论,又存在对功能理论持批判态度的冲突理论。同时,还存在由斯坦福大学迈耶(John W. Meyer)开创的新制度理论。新制度理论不仅继承和发展了古典社会学理论,而且吸收和拓展了结构功能理论和冲突论的视野,形成了一种对现代教育组织的独特解释框架,即社会学制度主义。

　　经过20世纪70年代的拓荒和80年代的发展以后,新制度理论在20世纪末进入了反思和调整阶段。目前,整个社会科学出现了制度研究的复兴。2006年,美国纽约州立大学奥尔巴尼分校教育学院的海因兹-迪特·迈尔和密歇根

---

　　① [美]海因兹-迪特·迈尔,等.制度分析与教育研究[J].郑砚秋,译.北京大学教育评论,2007(1).

大学社会学系的布莱恩·罗万主编的《教育中的新制度主义》一书出版。该书是沉寂多年后美国学者再度对新制度主义发展的探索之作,其中《制度分析与教育研究》一文是该书的第一篇论文,也是对该书内容的概述部分。论文的中译本首次发表在2007年1月的《北京大学教育评论》(第5卷第1期)上。

迈尔和罗万在文中指出,制度理论一直将教育领域作为一个重要的研究对象。近十几年来,在教育领域出现了三个显著的变化,分别是教育服务提供从单一走向多元、教育系统结构从松散变为紧密,以及教育制度扮演更加核心的角色。这些新的制度变化对教育中主流的制度理论提出了挑战,要求人们重新审视一些制度关系,如同形性(isomorphism)与多样性、合法性与效率、松散性与紧密性、制度约束与制度创新、政府与市场等。作者在文中强调了制度分析在教育研究中的重要角色,详细概括了新老制度分析的特点,并结合相关研究重点指出,有三大主题群将新老制度主义区分开来,即:认知和制度的社会建构;制度、国家和市场;历史、权力和变迁。

迈尔和罗万的《教育中的新制度主义》一书代表了美国教育社会学发展的新方向,可以被视为新制度主义中的社会学制度主义的代表作之一。新制度主义主要流派包括理性选择制度主义、历史制度主义和社会学制度主义。社会学制度主义的分析框架是新制度主义的分析视角之一。目前,各国的教育实践日益呈现出一幅幅多样和异质的制度图景,已经不能用简单的范畴加以概括。同时,多变的形势意味着对教育领域进行制度研究将有更广阔的未来前景。在教育环境多变的新形势下,我们可以对制度变迁中出现的复杂和矛盾的教育现象进行制度分析。该选文在书中具有基础性的地位,它通过制度理论解释变革社会中的教育现实,为我们分析教育政策问题提供了分析和指导。制度分析为我们提供了一种方法论意义的研究视角,这对于理解我国的教育变革现实及教育研究具有很好的启示和借鉴价值。

选文正文

自从20世纪90年代以来,"新制度主义"理论极大地激发了教育研究和政策分析领域中学者们的想象力,这些领域包括社会学、政治学、经济学和组织理论。新制度主义的兴起部分是由于社会科学家不再把人类行为狭隘地理解为自利性行为。由于理论研究的进展,若干有影响的学术论著的出版推进了制度理论在特定研究领域的应用。举例来说,马奇和奥尔森(March & Olsen,1989)把制度理论用于政治研究,而诺斯(North,1990)、迪马奇奥和鲍威尔(DiMaggio & Powell,1991)、斯科特(Scott,1995)以及布林顿和尼(Brinton & Nee,2000)则把这一视角分别用于对经济变化和发展、组织理论和制度的社会学研究中。新制度理论的出现标志着四分五裂的社会科学重新统一的趋势,因为它为研究者提供了关于问题描述和研究概念的更为统一的语言。新制度主义影响着社会科学几乎所有的概念和分析工具。

长久以来,教育研究一直是制度理论的主要领地,新制度主义对于教育研究的影响是分散的。除了罗万和米斯科尔(Miskel,1999)对于教育研究中的新制度主义文献综述以外,尚没有其他描述并解释新教育现象的制度研究。

缓慢的学术研究与教育制度的实际变化形成了强烈的对比。社会的新发展产生了新的制度实践,而理论研究对此尚未跟进。在美国,教育管理正在经历一系列巨大的并且也是决定性的变化,这些变化导致教育管理集权化程度的提高、对于问责(accountability)的更多要求以及对于教育生产率(educational productivity)的更多关注。在公立教育系统之外,产生了许多新的教育组织形式,从在家教育(home schooling)到特许学校(charter schools)以及提供辅导和其他教学服务的私人公司,它们正在朝着制度化方向迈进。在高等教育领域也出现了许多变化,规模较小但却不断增长的营利性高等教育出现在美国和其他国家中,它们是一种新的竞争因素,促使高等院校更加趋向市场思维和企业模式。

有三个特别显著的变化改变了基础教育和高等教育领域的制度现实,它们分别是:

——教育提供者更加多元化。尽管在美国以外的其他地区,学校教育和高等教育一向是政府和公共政策的领域,但是近来教育服务私人提供的迅猛增长极大地改变了这种情况;教育不再被政府所垄断,一些教育提供者来自"第三部门"和公民社会,并且包括市场取向的私营组织。

——更加紧密的连接。对于问责的广泛要求导致教育组织朝更加紧密连接和严密控制的方向转变,而教育组织过去一度被认为是"松散连接"的代表。

——教育制度扮演更加核心的角色。在一个日益依赖知识的经济体中,学校和大学在社会制度结构当中扮演着核心的角色。它们的表现对全社会都有显著的影响。随着家庭、企业家、志愿性组织(voluntary organizations)以及公司在教育管理当中发挥更大的作用,其制度安排可望从一元转变为多元,其中不同的提供者追求不同的制度"逻辑",既互相竞争,也互相协作。

这些新的制度现实对教育中主流的制度理论提出了挑战。该理论的核心论点表明,美国教育系统是"松散连接"的,与社会合法性需求相比,学校和大学正式组织较少追求技术效率——教学技术是不清晰的,对其理解也不够。这一论辩阐明,教育机构必须通过恰当的行动被社会所接受(合法)这一方式,来获得公众的信任。此外,教育由政府和专业团体完全掌控,市场力量无法染指。在制度理论的早期版本中,教育组织的变化几乎被认为是一个不断增加的"同形"(isomorphism)过程,这些教育形式遵循由国家和专业团体所制度化了的规范、价值和技术知识。因此,教育机构被认为是"接受性"(而非市场性)的组织,被动地遵从更大(并且早已制度化)的势力,通过遵从制度而不是追求技术效率来确保成功。

由于最近十五年的变化，制度分析中部分核心论点已经遇到挑战，甚至已经过时。学校不再免于问责和效率的压力，私人提供者已经进入政府垄断的学校教育系统中，学校教育这种主流制度形式也不再是无与伦比的优越模式。

在这一背景下，有必要对教育研究中的制度分析进行重新定义和定位，关注上述一些重要的发展变化，以期提高我们对于重要的教育制度连续性和变化的准确认识。

下面，我们将更加详细地概括新老制度分析的特点，并对一些相关的研究进行概述。

一、教育研究中的制度视角

制度思维的一个基本假设在于，像教育这样的制度实践是不确定的和有争议的。就是说，可以有很多不同种类的实践形态和形式，它们当中的某一些对于某一特定群体的行动者来说比对其他人更有吸引力。一个学校可以是几个坐在树下听故事的孩子，可以是一群在体育馆里学习投掷铁饼的年轻人，或者是化学实验室中围在本生灯旁的一群少年。制度分析的目的是要告诉我们为什么——在如此多可行的形式之中——实际上单单"挑选"了这一种或那一种，并且这种经过选择的安排对谁的利益最有好处。制度主义者想要了解选用一种制度形式而排斥其他可能的利弊得失。他们想要知道：一个社会与其政策制定者可能拥有的备选方案；一项特定的安排对哪些社会群体有利或有害；谁的利益可能会与给定的制度形式和实践发生关系。通过制度分析，我们了解到：教育是如何与社会的其他关键制度连接的；我们社会生活中的这个重要部分是在什么样的限制下运作的；如果我们尝试改变现有的制度秩序，将会有怎样的自由和遇到什么样的限制。

由于对理解制度化教育的特别价值，制度分析在过去一个多世纪里，一直在教育研究中扮演着重要的角色。从社会学奠基人开创性的研究，比如说涂尔干和韦伯，到早期的批评者如维布伦（Veblen，1918）和沃勒（Waller，1932），一直到当代的社会学家像彼德维尔（Bidwell，1965）、阿切尔（Archer，1979）、布尔迪厄（Bourdieu，1977）和科林斯（Collins，1979），社会科学家已经认识到教育的重要性及其制度结构。对于这种研究理路，涂尔干对教育制度的概括仍然是有效的：

教育会随着时间和地点的不同而发生无穷无尽的变化……今天，教育却竭力使个体成为自主的人格。在雅典，教育试图培养有修养的灵魂，明智、敏锐、有分寸、和谐，而且有审美能力和纯粹沉思的乐趣；在罗马，教育首先让孩子们成为战士，为军功而勇敢战斗，对文学艺术不感兴趣。在中世纪，教育首先是使人信奉基督教；在文艺复兴时期，教育具有更明显的平民性和人文性；如今，科学逐渐取代了艺术以前在教育中所占的地位……假如罗马教育到处都是类似于我们这个时代的个人主义,罗马城邦就不会维持其本来的样子了……倘若中世纪的基督教社会也像我们这样为自由的探索赋予一席之地,那么它早就寿终正寝了。

在制度主义历史学家的著作中,凯斯尔和温沃斯基(Kaestle & Vinvoskis,1980)、卡兹(Katz,1968)、卡兹内尔森和威尔(Katznelson&Weir,1985)、拉奇曼(Lagemann,2000)、提雅克(Tyack,1974)、詹姆斯和贝纳沃特(Benavot,1987)以及拉维奇(Ravitch,1974)只是其中的一小部分,它们极大地丰富和拓展了社会学和比较研究的视角。

从20世纪70年代开始,组织研究者对这一传统进行了创新性的推动,因为他们注意到教育组织并不遵从组织理论中的一些关键阐述。举例来说,虽然大多数组织都是由顶层和底层行动者之间的紧密关系构成的,但是他们发现学校和大学中的较高层和较低层组织之间是"松散连接"的。虽然组织理论预计松散整合的组织会不太稳定,但是教育等级却长期保持稳定,并且不受变化的干扰。而且,虽然组织结构在很大程度上由它们的核心技术所决定,但是教育机构的技术核心——教与学的过程——与其正式结构之间的关联似乎是非常微弱的。对于这些反常现象的解释是不把效率而把合法性看做是对教育组织最重要的约束。这些作者认为,像学校和大学这样的组织更多地是由共享的信念——"神话"而非技术需要或效率逻辑联系在一起的。教育组织的关键性制约是必须在很大程度上维持公众的信任和信心,简而言之就是合法性。

二、什么是新制度主义?

在对于教育中新制度主义研究文献的综述中,罗万和米斯科尔指出,20世纪90年代令人欣喜地看到,在社会科学中出现了制度研究的复苏,鼓励研究者跨越专业知识的局限去探索一套有关世界各国主要社会部门结构和运行的共同理论概念。尽管他们的目标和假设各异,有时甚至存在着互相冲突的情况,但是这个领域的研究者仍然具有很多共同的想法,这些想法把他们和更加传统的(或者说是"老")制度研究区别开来。事实上,有三大主题群将新老制度主义区分开来,我们将分别予以简要概括。

1. 认知和制度的社会建构

在长期的历史发展过程中,大多数"老"制度分析集中于正式的法律结构。这种制度分析倾向于将制度看做是不依赖于人类行动而独立存在的具体结构。相比之下,新制度主义将人为的规则和程序作为制度的基本构成单元。要让制度独立地存在于"那里",它们首先必须被社会性地建构"于此",即在那些有利益关系的个体行动者的头脑当中。只有被个体的认知行动赋予了意义之后,制度才具备作为客观社会结构的威力。新制度主义者将制度的起源置于人们用来从无序世界获取意义的那些想当然的分类、脚本和图式当中，"服从在很多情况下是因为没有认识到行为的其他形式；遵从常规做法是因为它们被理所当然地作为'我们做事情的方式'"。因此，制度是那些想当然的认知图式的储备库，塑造了人们对自己生活其间的世界的看法，提供了指导他们行动的脚本。重点在于，人们如何通过语言和其他象征性符号在制度化的背景下积极地去建构意义。

有一些研究强调共享的信念和认知在制度构建中的作用。比如说拉米雷（Ramirez）讨论了一个不断进化的"现代"大学观念对于塑造全世界高等教育制度的作用。他描述了这种认知图式如何受到美国现代大学形象的影响，以及这种特定高等教育形式在全球传播的过程中如何与当地的文化、语言和关于"我们自己"大学系统的国家阐述产生冲突。拉米雷认为，高等教育发展中的国家模式和全球模式的力量对比，在各个国家的表现形式是有所不同的。那些本土学术传统不足的国家与那些拥有长期学术传统的国家相比，所承受的集中于单一的、"世界"大学模式的压力要更明显。

有趣的是，拉米雷对于高等教育中占主导地位的"世界"模式的关注与列维（Levy）对于许多国家高等教育趋于多样化的讨论形成了鲜明的对比。事实上，列维提供大量证据表明，多样化的高等教育形式正出现在全世界的私立教育部门，许多这样的形式与那些国家已经确立的大学模式是有冲突的。因此，列维的论文质疑早期制度理论的一个论点——教育结构形式将趋于同形。迈尔考察了共享信念和认知图式如何使"免费学校"（Common School）变成美国公立教育的稳定概念。考虑到对于美国公立教育获得的广泛社会支持在很大程度上依赖于免费学校理念和那些附带观点的合法性，即学校可以调节社会经济差距、弥合宗教道德，他认为由于这些观念的合法性正在消退，所以美国人对于公立学校教育的补偿和平等作用的历史信念也会随之减弱。

2. 制度、国家和市场

市场曾经长期被制度主义者所忽视，新制度主义者认识到经济交换内嵌于制度当中，而且受到财产、福利和契约执行模式等制度化形式的影响，因此对经济行为产生兴趣。受特定制度安排的影响，相对效率和经济行为的分配结果可能会有很大的不同。与传统的经济行动者一样，经济交易中的各方都受交换中成本和效益的驱动。但是，与理性选择概念不同的是，个体并不按照偏好进行选择，而是想当然地接受制度背景强加于他们的"偏好"。对于经济行为进行制度分析第二方面的意义在于，个体对于他们交易的制度安排（以及相关的成本/效益率）并不是漠不关心的。因此，他们不仅仅是在一宗特定的交易上较劲，而且也会涉及他们行为的制度框架。这一点让竞价、冲突和权力普遍地存在于制度之中。这也导致一种基于利益斗争的制度变迁观点，理性的行动者利用这些斗争来获取有利的制度安排。人们总是在特定的制度和历史情境下追求自我利益,新制度主义中的理性行动者模型充分地认识到了试图脱离历史、传统、文化和特定制度结构来解释人类行为的无力——社会情境的所有方面都促生了人类行为的复杂性。从这一视角产生的对于社会制度的观点,就是一场博弈或者竞价的情形,其中的参与者因不同层次的信任、合作与权力而区分开来,他们追求不同的制度安排以获得自己珍视的利益。"制度过程恰恰帮助设立了经济计划的结构",过去那种"把制度当做是非营利的,而把技术当做是营利的"的认定已经过时了。同样地,新制度主义者"质疑这样的观念,即制度和技术的要求是不相符合的"。

有一些论文讨论了市场、公民和政府力量对于教育的作用。大卫·贝克(David Baker)在所撰写的那篇论文中,突出了家庭作为重要教育参与者的作用。布莱恩·罗万注意到了许多其他组织在教育制度环境下所起的作用,包括营利性组织,如教材生产商、非营利的研究和游说群体以及工会等等。其他作者注意到了私立教育部门日益增长的重要性,包括列维对私立高等教育部门增长的分析以及戴维斯(Davies)、夸克(Quirke)和奥林(Aurin)关于加拿大多伦多私立基础教育的结构和运行的文章。贝纳斯科尼(Bemasconi)对于智利高等教育改革的研究,显示了智利政府引入的绩效评价体系是如何把高等教育引向竞争和导致企业式行为产生的。贝纳斯科尼的论文同样也是一个关于制度变迁研究的案例。

美国政府也致力于改进基础教育阶段学校的表现。罗万的研究展示了政府的管制如何导致新问责计划的制度化,以及这些计划对于学校内部的("技术")工作的真实影响。总括起来,这些对于政府控制教育的不同分析表明,需要重新考虑学校教育制度分析的核心议题——制度控制必然导致教育系统的松散连接。类似地,斯皮兰(Spillane)和伯奇(Burch)说明政府控制可以采用不同的形式,特别是对于学校不同课程类型的管制。他们的分析表明,学校的数学和语言教学与科学和历史教学比较而言,前者与政府政策更为相关。因此,课程类型被证明是一个理解政府如何对教学成果进行控制并且在何种程度上对学校的教学核心产生影响的关键性调节因素。

政府在教育中的角色转变,不可避免地引发了市场机制在基础和高等教育供给中重要性的讨论。教育研究中的早期制度理论在很大程度上忽略了对于学校教育的市场提供,关于教育"市场"的讨论似乎是目前教育改革的中心,这不仅是在美国,而且在其他很多国家也是如此。公众对于市场形式教育的关注确实在增加,在美国的表现就是特许学校、学券计划[1]、私人管理的学校系统和在家教育等等的增长。

对于教育市场的研究是一个很大的话题,这里只是对教育市场进行制度分

---

① 此处"学券计划"与"教育券计划"同指。

析的开始。在这一思路下,戴维斯、夸克和奥林提供了对于加拿大多伦多私立教育市场信息量的研究。得益于安大略省政府对于学校管制的"放手"(hands off)政策,作者认为,多伦多是研究初等与中等教育中市场力量一个非常好的试验场。根据多种数据来源,戴维斯和他的同事们追踪了多伦多地区不同类型私立学校和辅助/辅导服务的发展。与列维一样,这些作者质疑早期制度理论家预测的教育组织结构同形化的发展趋势。在此方面,他们的一个重要发现是:至少在多伦多,私立学校采用了一些不同的组织模式,不够富裕的私立学校通常选择不去模仿传统公立学校的模式。多伦多的案例没有证明教育结构同形的预言,它同样也没有为教育"自由市场"鼓吹者提供很强的支持,他们认为教学服务的市场供给必然会导致多样化的教育形式。事实上,正像戴维斯等人研究所表明的那样,许多家长仍然希望他们的孩子进入"传统"学校,即使他们已经脱离了公立学校系统。

3. 历史、权力和变迁

制度是由具体的历史行动者构建的。这些行动者既受到自我利益的驱动,也受到价值和文化信念的驱动。老制度主义倾向于忽略权力和冲突问题,而新制度主义则努力"探讨变化、权力和效率这类问题"。他们"把利益和权力放在制度议题上",并且"就制度变迁理论的形式进行了深入的对话"。

制度主义者并不认为集中了最强大联盟支持的制度安排必定是最有效率的。事实上,占主导地位的联盟可能延缓甚至阻碍了制度朝最优方案的变化。这也就意味着制度变迁经常需要政治的变化——权力的重新分配,让社会更加重视被忽视和压制群体所持有的观点。

老制度主义满足于对制度变迁给出描述性的分析,新制度主义则致力于更高层次的精确分析。目前,最普遍使用的制度变迁模型依赖"制度平衡"(institutional equilibrium)的概念,这样的平衡可以被"外来冲击"(exogenous shock)或者是现存制度逻辑的内部矛盾所打破。于是,历史制度主义发现了许多制度变迁的不同机制,不仅包括利益冲突和权力冲突,而且也包括社会学习和实验机制。历史制度主义重点强调现有的制度安排是如何把某些行动排除在"可行系列"(feasible set)之外,协助或促生了某些特定的新行动。制度安排被认为是路径依赖的。

一些文章从历史视角深入探讨了权力和变迁问题。查尔斯·彼德维尔是第一个把学校作为正式组织进行分析的学者,他认为要了解教育中的制度变迁,必须了解权力在社会中的地位。就像彼德维尔所看到的,有关权力和冲突问题在教育制度研究中缺失了。彼德维尔强调权力在制度分析中的核心地位,但他并不否认制度作为社会秩序和稳定性力量的观点。确实需要考虑的是,这样稳定和有秩序的制度在一开始是如何构建的。在这一思路下,彼德维尔提醒我们,制度起源于个体与集团之间相互冲突的议题和那些驱动其行为的信念和价值。

最后,迈尔在对美国普通学校产生和衰落的研究中,也讨论了公立教育中的权力问题。迈尔认为,美国的免费学校模式是由新英格兰上层和城市改革者的特定联合而创立的,他们只是为了避免大规模移民造成社会的骚动和不稳定;一个稍微不同的历史进程可能就不会产生上层贵族与理想主义的城市改革者之间的联合。另外,他对于免费学校理念和德国教育神话之间的对比,突出了两个教育系统之间不同的政治和文化起源,因此也就强调了制度变迁的路径依赖。

三、对未来的展望

教育实践呈现了一幅日益多样和异质的制度图景,无法用简单的范畴加以概括。它显示了分权化的私立教育在全世界的强劲增长,这至少在美国是与政府管理和控制教育组织的能力相抗衡的。虽然私立教育的增长——既有全日制的也有辅助性的(辅导)——给那些可以付费的家长和学生一定程度的控制和选择,它也可能预示着出现新的教育不平等。更加不幸的是,教育领域将出现巨型公司,它们控制教材、考试和教育媒体的生产。控制这些组织的人员不对公众负责,而只是对股票持有者负责。教育集中于这一小部分公司投资者手中,将会很明显地抵消国家部分退出而增加的个人自治和选择。

虽然将这些正在浮现的趋势描述为确定的事实还为时尚早,但是已经启动的变化之旅也不太可能返回到原先的状态。在多变的形势下,新制度主义可以对制度变迁中复杂和矛盾的趋势分析作出贡献。关注对教育领域确有影响的外部发展,通过对比不同社会的发展,通过将制度理论适应于新情况的努力,制度分析对于我们了解制度结构将会继续作出激动人心并且有益的贡献。

(郑砚秋　译　阎凤桥　校)

专题拓展阅读文献

1. ［德］马克斯·韦伯.学术与政治［M］.冯克利,译.上海:生活·读书·新知三联书店,1998.

2. ［美］戴维·L.韦默(David L. Weimer),［加］艾丹·R.维宁(Aidan R. Vining).政策分析——理论与实践［M］.董星翼,等译.上海:上海译文出版社,2003.

3. ［英］斯蒂芬·鲍尔.政治与教育政策制定——政策社会学探索［M］.王玉秋,孙益,译.上海:华东师范大学出版社,2003.

4. Ball, S. J. Policy Sociology and Critical Social Research:A Personal Review of Recent Education Policy and Policy Research［J］. British Educational Research Journal, 1997, 23(3).

5. ［美］卡尔·帕顿(Carl V. Patton),［美］大卫·沙维奇(David S. Sawicki).政策分析和规划的初步方法［M］.孙兰芝,等译.北京:华夏出版社,2001.

6. Sykes, G. et al. Handbook of Education Policy Research［M］. New York:Routledge;Washington, D. C.:American Educational Research Association, 2009.

7. Sutton, M. & Bradley, A. Toward a Comparative Sociocultural Analysis of Educational Policy［M］. Stamford Conn:Ablex Publishing Corporation, 2001.

8. Mingat, A., Tan, J. P. & Sosale S. Tools for Education Policy Analysis［M］. Washington, D. C.:World Bank, 2003.

9. Greene, J. C., Caracelli, V. J. & Graham, W. F. Toward a Conceptual Framework for Mixed-Method Evaluation Designs［J］. Education Evaluation and Policy Analysis, 1989, 11(3).

10. 《社会学和社会行动在新型社会结构中的关系》
［美］詹姆斯·科尔曼.社会理论的基础［M］.邓方,译.北京:社会科学文献出版社,1992:676-710.

11. 《市民社会行动者、公共舆论和交往权力》
［德］哈贝马斯.在事实与规范之间——关于法律和民主法治国的商谈理论［M］.童世俊,译.北京:生活·读书·新知三联书店,2003:445-483.

12. 《社会福利函数》
［美］肯尼斯·J.阿罗.社会选择与个人价值［M］.陈志武,崔之元,译.成都:四川人民出版社,1987:41-62.

13. 《分析制度选择的框架》
［美］埃莉诺·奥斯特罗姆.公共事务的治理之道:集体行动制度的演进［M］.余逊达,陈旭东,译.上海:三联书店,2000:286-315.

14. 《管理行为中的理性》
［美］赫伯特·西蒙.管理行为——管理组织决策过程的研究［M］.杨砾,等译.北京:北京经济学院出版社,1988:60-76.

15. ［美］乔治·瑞泽尔.布莱克维尔社会理论家指南［M］.凌琪,等译.南京：江苏人民出版社,2009.

16. 《政治理性》

　　［美］德博拉·斯通.政策悖论：政治决策中的艺术［M］.顾建光,译.北京：中国人民大学出版社,2006：391-399.

17. ［美］R.爱德华·弗里曼.战略管理：利益相关者方法［M］.王彦华,梁豪,译.上海：上海译文出版社,2006.

18. 《政策制定过程中的政策分析》

　　［美］威廉·N.邓恩.公共政策分析导论［M］.第二版.谢明,等译.北京：中国人民大学出版社,2010：2-17.

第四编
教育政策与教育改革

　　教育改革的影响力受到本土知识形式、语言和社会价值的影响。

　　——《教育改革：来自本土知识型的冲击力》

　　怎样更好地提高学校教育质量和教师的工作效率问题，无论在西方国家还是在第三世界国家都一直争论不休。

　　——《提高发展中国家的教育质量的政策》

专题导论

本专题选文的主题是"教育政策与教育改革",共选入五篇文章,主要目的是通过所选文章使读者了解国外(主要是欧美国家)学者关于教育改革以及教育政策与教育改革关系的研究状况,同时从一些涉及教育改革的重要侧面了解国外学者关于教育公平、教育质量和创新问题的基本观点,以帮助读者获得关于"教育政策与教育改革"问题领域的基本理论和思维路向。

过去的 100 多年时间里,世界范围内的教育改革此起彼伏。在后金融危机时代,教育改革和创新也被世界主要国家作为克服金融危机影响、提升国家竞争力的重要手段。每一次重大的教育改革,实际上都是教育政策的一次变革与实践。教育政策是设计教育改革的蓝图。教育改革是教育政策实施的结果,又为改进和发展教育政策提供了丰富的材料。教育政策本质上是关于教育领域问题的政治措施,任何一项具有理论自觉性的教育政策背后都具有某种政治理论和政治目标的影子,作为教育改革的指导思想和目标归宿。

关于政治与教育改革的关系、教育政策与教育改革的关系,本专题选编了莱文的《教育改革的概念形成》。《教育改革的概念形成》是莱文所著的《教育改革:从启动到成果》一书的核心章节,该文系统论述了教育改革的四个基本要素以及教育改革与教育政策的关系,系统分析了教育政策活动的复杂性和偶然性,指出了政策规划能够产生改革计划,而改革计划的实施又能够带来政策结果这样一个真知灼见。在这个领域,还有一篇比较重要的文献,就是梅里特与柯伯思合写的《政治与教育改革》。《政治与教育改革》是一篇关于 20 世纪 80 年代以前教育改革研究综述式的经典文献。该文强调了政治因素对教育改革的影响,并试图描述教育政策与教育改革的关系,提出了教育改革实际就是教育政策的变化的重要观点,反映了政治因素在教育改革和教育政策中具有越来越大的影响这样一个事实。由于篇幅所限,该文被列入拓展阅读目录中,请读者朋友重点进行阅读。

在全球化的时代,不同国家的教育政策和教育改革都不可避免地彼此相互影响和相互借鉴,同时任何国家的教育改革又必然受到本土文化和知识的熏陶。关于教育政策与教育改革的国际化与本土化问题,本专题选编了两篇相互对照的文章,即格思里的《教育政策与改革的全球化》和梅斯曼的《教育改革:来自本土知识型的冲击力》。《教育政策与改革的全球化》对教育改革和政策全球化的原因、特征和趋势进行了解释、描述和预测,表达了一种全球教育政策与改革趋同化的声音,并敏锐地指出将来教育政策与教育改革"全球化"的趋势极有可能表现为市场化、教师专业化和关注处境不利群体等方面。《教育改革:来自本土知识型的冲击力》以另外一个不同的视角讨论教育政策与教育改革问题。该文从价值(利益)分析视角、跨文化视角等多个角度,论述了教育改革必须考虑的问题——来自本土知识形态的冲击、西方的殖民主义知识霸权对本土化知识合法性解构、少数民族教育与国家系统的教育之间涉及的利益冲突、跨文化(文化偏见)视角下的教育改革问题等进行了剖析,从而强调了本土知识在教育政策制定与教育改革实践中的作用。

教育公平、教育质量和创新等政策目标历来是教育改革关注的焦点,这既是一个世界各国教育政策和教育改革的趋势,也是我国教育政策与教育改革的追求。2010 年颁布实施的《国家中长期教育改革和发展规划纲要(2010—2020 年)》中把促进教育公平和提高教育质量作为未来十年教育改革的两大重点任务,把创新作为教育改革的根本保障之一,就深刻地反映了这一发展趋势。为了使读者了解国外学者关于教育公平、教育质量的研究成果,本专题选编了两篇文章。科尔曼的《教育机会均等的观念》是在著名的《科尔曼报告》基础上形成的关于教育公平问题的一篇经典文献,集中讨论了"教育机会均等"观念的产生以及发展演变的过程,并在此基础上提出了自己的教育机会平等观。福勒的《提高发展中国家的教育质量的政策》是西方学者中讨论教育质量问题的少有的经典之作,该文归纳和分析了提高发展中国家学校教育质量的几种政策模式。还有,埃德奎斯特的《创新政策——一个系统性方法》是关于创新问题的一篇代表性文献,分析了创新政策的基本内容与特点,比较系统地分析了不同于线性创新观点的强调系统性学习过程的 SI 创新方法,介绍了欧盟各国有关创新政策的最新发展,为研究教育改革中的创新问题和教育创新政策提供了借鉴。由于篇幅所限,我们把这篇文章列入拓展篇目中,请读者朋友重点阅读。另外,阿普尔的《生产不平等:在政策与实践中的保守主义现代化》代表了批判社会学和批判教育学对教育改革进行分析的视角,是对美国和西方国家自 20 世纪 70 年代末期开始的新自由主义和新保守主义的教育政策与教育改革的一种批判,本质上也是对当今美国教育改革和社会改革方向的一种争论。由于篇幅所限,我们也把这篇文献放入拓展篇目中,读者朋友可以进行拓展阅读。

教育改革的概念形成①

本杰明·莱文

作者简介

本杰明·莱文(Benjamin Levin),加拿大人,世界知名教育学家。1983—2004年在曼尼托巴大学任教,2005 年至今任多伦多大学安大略教育研究院教授,曾于2005—2007 年以及 2008—2009 年两度担任安大略省教育部副部长。莱文教授的研究方向包括教育政策、教育经济、教育领导。主要著作有:《如何改变 5000 所学校》(*How To Change 5000 Schools*,2008)、《理解加拿大学校》(*Understanding Canadian Schools*,2007)、《教育改革:从启动到成果》(*Reforming Education:From Origins to Outcomes*,2001)、《学校和变化的世界:为未来而奋斗》(*Schools and the Changing World:Struggling Toward the Future*,1997)。

选文简介、点评

选文《教育改革的概念形成》是《教育改革:从启动到成果》一书的第二章,该书提出了一个包含"启动、采纳、实施、成果"四个要素的教育改革理论模型,并通过五个国家和地区的案例对教育改革过程进行了细致分析。该书对教育改革阶段的系统划分以及对教育政策活动复杂性的分析,对于解决实际的政策问题很有帮助。选文系统论述了教育改革的四个基本要素以及改革与政策的关系,并分析了导致政策活动复杂性和偶然性的种种因素,是该书的核心章节。

文章第一部分提出了教育改革过程的四要素模式,该模式的理论框架是政策阶段理论。教育改革包含了启动、采纳、实施和成果四个阶段。(1)启动阶段指改革的缘起,包括政府的备选方案、议案以及其中的利益相关者博弈;(2)采纳阶段的主要活动是将最初的提案转化为实际的法律、规章制度;(3)实施阶段关注的主要问题是改革的实施模式;(4)成果阶段主要关注教育改革对学生学业状况带来了哪些影响。作者特别指出,对教育改革进行阶段划分只是便于进行政策分析,但在实践中这四个部分是相互重叠和作用的,不可以断然割裂。

文章第二部分首先探讨了政策与改革的关系,即政策规划能够产生改革计划,而改革计划的实施能够带来实践的改变,进而实践的改变又会带来特定政

---

① [加拿大]本杰明·莱文.教育改革:从启动到成果[M].项贤明,洪成文,译.北京:教育科学出版社,2004:20-35.

策结果。然而，作者随后指出，对一项政策进行规划往往很难套用某种固定的"公式"，因为政治活动的各个方面都具有很强的模糊性和偶然性。因此，在制定政策的活动中需要分析各种因素，并不断地对计划进行修改。

随后的一部分集中讨论了导致政策活动复杂性和偶然性的种种因素：(1) 政治决策活动受到多方面因素的影响，如决策组织内部的权力斗争、政治家工作的特性、意外事件对决策的影响；(2) 政治活动是一种符号性的活动；(3) 教育政策解决问题的能力是有限度的，因为政策问题本身十分复杂；(4) 在一些情况下，教育改革所解决的并不是真正有意义的问题，甚至是错误的问题；(5) 执行政策的组织具有能动性，它们会抵制或改变政策以维持现状；(6) 政策的制定与执行受到地区历史和文化因素的影响，例如社会结构、种族、宗教信仰、地理因素、人口因素、政治制度和政治文化。

该文较为系统地探讨了教育改革与教育政策的关系，强调政策规划能够产生改革计划，而改革计划的实施又能够带来政策结果。同时，文中所提出的"启动、采纳、实施、成果"四阶段模型与一般所认为的政策活动阶段(例如，威廉·邓恩所提出的五阶段模式：议程建立、政策形成、政策采纳、政策执行、政策评估)也是相互对应的。这一分析视角体现出教育政策与教育改革在过程上相互融合的特性，一方面强调教育政策对教育改革的规划、引领作用，另一方面也强调教育改革对教育政策的回应与重塑功能，实现了二者的统一。菜文的这种系统性思维避免了将教育政策与改革相割裂的思维瓶颈，对于深化教育政策与教育改革的概念的内涵都有着重要价值。

该文的另一个重要价值在于系统分析了教育政策活动的复杂性和偶然性。对教育政策复杂性的分析体现了作者对于政策活动本质的准确把握，因为政策活动的一个本质属性是进行利益分配，而在利益分配过程中不同利益相关者的利益诉求和价值取向又纷繁复杂，因此政策活动不可能是一个单向的、线性的活动。作者深入分析了决策组织、政策能力、针对的问题、执行组织等因素对于政策活动的影响，开拓了教育政策复杂性分析的视角，为后续针对实际问题的微观研究打下了基础。值得注意的是，作者提出，人类认识政策问题和提出解决方案的能力是有限的，因此在政策制定的过程中不可能做到完全理性，这是对完全理性模式的有力批判。

此外，受到新制度经济学的影响，作者提出执行政策的组织具有能动性，它们会抵制或改变政策以维持现状。该文的论述引导人们关注制度(执行组织)在政策执行中的作用，为教育政策研究引入新的分析视角。

在阅读该文的过程中，读者可以有意识地思考以下几个问题：教育政策过程的四个阶段是否相互独立，有没有重合的地方？教育政策活动有没有其他阶段？教育政策活动的复杂性体现在哪些方面？政策制定活动能否达到完全理性？政策的执行组织为什么以及如何抵制政策的执行？

选文正文

"改革"一词常常有一种积极的标准化的特质,暗示某种值得做的事情。在本书中,这个术语用来指政府在公开的政策分析的基础上指导进行的教育变革计划。改革研究主要受政府行政机关而不是受教育者或者行政官员的推动,对变革的评判是建立在对实实在在地打破现存惯例的需要基础之上的。换句话说,对我们这里的目的而言,改革是政府已经承诺实施的那些教育变革,我没有声称这些改革都是令人满意的。这一改革定义也强调教育改革中的政治要素,而不是诸如那些可能源自学校教育制度自身内部的改革。

四要素模式

本书试图描述整个改革过程,从它的发起到可以对其结果做出某些评判。这项研究的主要理论框架是政策阶段理论。这种理论有很多流派(读豪利特和拉梅什 1995 年出版的书,可以对这些理论有一个很好的了解),所有这些理论都包含一系列阶段,从确定某一问题,经过确定或采取特定策略,到实施和影响。在一定程度上,任何对阶段的精确划界都是武断的,大致上也是一种个人偏爱。在本研究中,我定义了改革过程的四个要素或四个阶段:启动、采纳、实施和成果。

(1)启动。这一阶段的焦点是改革的缘起,即政府最初的提议,以及不同参与者和不同势力在发起改革方面的不同作用,还有这些议案中包含的关于教育和改革(清楚的或含蓄的)的假设。特定的提议来自哪里? 以及它们是如何成为政府议程的一部分,而许多其他观点却没能做到?

(2)采纳。此时的兴趣在于,在每一个行政区,从最初的提案到实际写入法律或规章制度,这期间就改革来说到底发生了什么。最终采纳或写进法律的政策往往与那些最初的议案存在差异。我想要分析研究改革的政治以及在议案和正式批准之间造成任何变化的各种因素。

(3)实施。教育和其他领域政策中有大量研究都列举了从政策到实施过程中的困难。我的兴趣在于实施的模式——如果存在某种模式的话,政府运用这些模式来将它们的改革付诸实施。改革采取了什么步骤? 运用了什么样的"政策杠杆"(policy levers)? 在每一情形下激活改革过程时,如果有某种实施模式,那是什么样的实施模式?

(4)成果。这里的兴趣在有关影响改革的有效证据上①。任何政治行动都可能有许多结果,有些是政策制定者想要的,有些则不是。因为所研究的改革是关于教育的,所以我想对改革如何影响了学生在学校的学习过程及其成绩给予特别的关注。

在这一特定的组织框架中,没有什么是不可改变的。其他的改革流程框架

---

① 此处应当是:这里的兴趣在于有关改革的影响的有效论据上。——校者注

都已经在文献中有所界定了。鲍尔(Ball，1990)展示了一种方法，即从经济、政治和意识形态观念的角度来审视改革，同时也关注结构的、互动的和推论的要素。巴奥等人(Bawe，et al.，1992)就三个要素进行了分析，这三个要素是：影响、文本生产和实践。泰勒等人(Taylor，et al.，1997)则运用一个相似的结构，其焦点主要是文本的基本要素、文本和结果。每一种阶段划分方案都吸引我们注意改革的不同方面，并且每一种都可以使用。

虽然我发现四个部分的阶段划分对分析的目的很有用，并且这四个部分将在后面的章节中分别进行讨论，但它们在实践中却是相互重叠和相互作用的。在政策分析中，不连续的阶段和时期划分是分析的手段，而不是经验的直接引入。然而，对政策充分的说明必定涉及所有这些要素。政策的意图是重要的，但一定要将政策的意图放在政治活动和实际结果中加以考察，这些政治活动可能会充分改变其优先选择，而这些实际结果也可能由任何确定的政策所引起。另一方面，我们不能简单地从结果倒推其当初的意图。有些政策可能实质上虚夸，而较少想到要产生什么实际的结果。在另一种情况下，尤其是在像教育这样一种复杂的政策系统中，结果往往并不是所预期的。如果政策的意图遭到抵制，那么结果就很可能是在意图和阻力的同样影响下产生的。在这个过程中，没有一个要素必然是最主要的。

政策思想的设计与意外情况

关于改革的共识倾向于假定一个特定的政策分析或观念分析会导致一项改革计划，这项改革计划依次带来实践的改变，实践的改变又进而带来特定的结果。关于教育政策和政策研究的大量著作收录了这样一种工具——终点分析(ends analysis)。有些著作包含的这些假设关涉到诸如政府作用的变化以及全球化作为政治领域里的决定性力量的影响等问题(Taylor，et al.，1997；Carter & O'Neil，1995)。在这些著作中，教育改革经常被看做执行一整套明确定义了的政治观点，这些政治观点产生于这样一种信念，即在公共供应领域削弱政府的作用或将市场置于首位。这种思路可以在很多关于诸如择校这样一些近期政策的分析和评论中看到(Lauder，et al.，1999)。

这些分析是重要的，它们将我们的注意力引向教育政策与更加广博的权力及社会政策问题之间的关系上。然而，现在很少有人会无批判地接受一种模式作为描述政治界如何工作的完整公式，以此断定：分析导向选择；分析导向行动；分析导向成果。30多年前，艾利森(Allison)著书分析认为，古巴导弹危机(Allison，1971)表明了一个政治事件的影响与一个关于模式的细小建议相比实际上是如何的更加广泛，于是此后的很多著作都评论了这本书，并支持他的分析。政治行动在支持和反对两个方面在根本上也许都是细心思考和精心策划的结果，但这种分析可能夸大了理性的逻辑而缩小了政治领域的其他方面。

政治是有目的的,但它也常常是暂时的和特别的,它可能在变幻莫测的瞬间形成,正如仔细限定了的目的形成一样。有人在政策过程的每一方面都发现了很高程度的模糊性和偶然性。在每一步骤上,多重的相互冲突的影响造成目的的被改变或现存政治结构及其进程被磨损,并且环境在中途的变化也要求我们修改计划和行动。正如鲍尔所言:

> 国家政策制定不可避免地是一个修修补补的过程:它是这样一件事情,即从这里或那里借用和抄录一些星星点点的理念,利用和修正本地曾经尝试和经过检验的方法,再拆用某些理论、研究、趋向和时尚的部件,并很少与周围任何东西相关联,看上去这些东西都会发挥作用似的。多数政策都是摇摆、妥协的结果,而且不论是否命中目标。这些政策通过影响文本生产、散播和从根本上再造实践背景的复杂过程,来实现重做、修补、微调和转变。
>
> (Ball,1998)

因此,人们常常把政治描绘成一种非理性的活动。

但是,有一种看法过度强调偶然发生的危险,却对发生在制度结构、权力关系和组织角色中的权力和长时段变迁的重要性轻描淡写。我们既不能忽视手段—目标理性(means-ends rationality)的重要性,也不应忽视生活中潜藏的偶然性,这两方面都必须融入一种适当的理论解释中去。这种困难正说明了具有清晰概念框架的细致性实证工作的重要性。正如惠第和爱德华兹(Whiny & Edwards,1994)所写的那样,"细节是重要而诱人的,只有在细节中我们才可能在权力的多种表现中瞥见其复杂性"。

本书所用的方法同时看重手段—目标理性和对混沌的体悟两方面——这有点像一个数学公式,其中每一个条件的数值最初都是未知的。改革在某些重要方面是被一种线性运算推动的,这就是方程式中的分子。如果没有认识到一个行动将产生特定的结果,就没有理由采取这个行动。在政策上,对结果的细致考虑绝对是最为重要的,虽然这些结果肯定包含了个人和党派的利益以及如同实体的政策结果一样的符号产物。然而,这个分子是被包含所有偶然事件的分母所改变的。有时分子更大,政策为细致的策略所推动;有时分母更大,政策主要是意外的和不可预料的事情的结果。

把握这些问题并不容易。不过,有人从根本上尝试对一些看似相当不连续的事情作出连续的描述。如鲍尔所言,一个好的描述应当:

> 抓住政策过程中的影响、压力、教条、私利、冲突、妥协、强硬、抵制、错误、反对和实用主义等零乱的事实,这很容易变得简单、纯粹和肤浅,从而掩盖这些棘手的事实。既保留零乱和复杂而又明察秋毫,这是相当困难的。
>
> (Ball,1990)

关于政策形成的其他观点

怎样才能弄清像鲍尔明确提出的那样难以捉摸的事情呢？若干学科的文献提示我们，关于充分细致的说明应当考虑以下几点。

● 政治决策受很多方面的影响，既包括办公室内的要求和瞬息万变的实际情况，也包括政策制定者及其顾问们的信仰与承诺。

● 政治受到符号化思想的实质性影响，这些思想可能与政策的实际效应少有关联。

● 人类理解问题和提出适当的解决方案的能力是有限的，并且面对问题的复杂性常常是不足的。整个政策制定和实施过程发生在不断变化的、多方面的和难以理解的背景之中。

● 改革策略也许聚焦在政治突出的要素上，但它并不能产生我们想要的那种变化，换言之，焦点可能在能做的事情而不是会带来真正变化的事情上。

● 诸如学校和政府这类机构拥有不可忽视的能力去抵制或改变政策以适应他们自己的机制。

● 历史和文化对政策及其实施具有非常强大的影响力。

这些问题中的很多问题将在后面章节关于改革计划的更加详细的讨论中重现。不管怎么说，某些潜伏的复杂性还是能够通过关于本领域一些重要著作的简短讨论来加以阐明。

什么在影响政治决策？

正如对政策的理解需要同时注意理性和偶然性两方面一样，政府既创造民众最强烈的希冀与渴望，又导致他们最高水平的冷嘲热讽。对大范围教育改革的任何理解都应植根于一种对政府实际如何运作的认识。不幸的是，教育的政策研究成果与政治科学研究成果常常只有很微弱的联系，结果是教育政策研究成果常常低估政治和政府的偶然性方面。

许多关于教育政策制定的阐释似乎都假定政治在根本上就是关于政策的东西，而政府主要就是在那里详细说明和执行某一政策计划。尤其是在政策评论家们看来，政府的基本兴趣常常在于某些特定政策的成果，而这些成果则是以某种优先的意识形态承诺为基础的。诚然，政策在政府中是重要的，但事实无疑将说明那只是其中一个因素，并且往往不是最突出的。政府在根本上还是关于政治的，而政治包括当选和坐办公室，也包括在其中实现许多目标。选举工作的要求是足够清楚的。政府和政治家们必须充分满足选民和支持者，以使这些人支持他们。众所周知，这促成了用以评估和影响公众观点，特别是影响关键支持者的各种手段的产生。

问题的复杂性还不止于此，政府服从组织内部的所有政治——拍马屁、揽权、为将来的奖励要花招、讨好某个人的支持者等等。例如,尽管不得不在一起工作,场面上还要表现出相互支持、共掌权力,可实际上政府同僚们可能互相都极不喜欢对方。我们只要阅读任何一本政治自传就可以看到,在政治家们的生涯中,其他因素要比政策重要得多。

政治家们也经常变换地位。即便政府中没有经过选举而发生的变动,部长们也要每隔几年就从一个部长职位挪到另一个部长职位,这使维持一个政策计划的持续性变得十分困难。

在政治家们以及在他们身边工作的人们的世界中,每一件事情都发生在一种极度紧张的快节奏的气氛中。那里有大量的压力和很少的时间,所以几乎每件事情都做得比可能期望的要快。高级政治家们及其雇员必须处理一大串政策问题,因此他们永远不能对他们议程中的大多数东西拥有远见卓识。问题相互交织在一起,每一个问题都需要注意和分析,但主要决策者没有时间给予任何一个问题以足够的注意。政治家们在政治工作中也很少有或没有短暂的间歇。作为一种典型特征,部长和其他高官们每天都要工作很多小时,以应付所有这些问题,其结果就是经常人困马乏,或几乎总是被他们所面对的一系列问题搞得晕头转向。此外,工作日之后通常跟着的是夜晚或周末的政治事件及其讨论。工作和生活之间的界线似乎消解了,这样,个人的全部生活都被政治以这样或那样的方式占据了。在这样的气氛中,筹划和反思的时间就非常珍贵了。

关于政府的另一个基本事实是意外事件经常发生,它们令人分心,并且会改变政治上的优先位置。不管一个人的计划和目的可能是什么,危机的出现总需要关注。半途中出现一个事件横扫全国或席卷全球,这能完全重新排列政府几天或几周要优先处理的事情的顺序。一场暴风雨或一场洪灾,一次突如其来的价格暴涨或银行破产,一次群众抗议,一个丑闻的曝光,都能转移政府的注意力。每天的媒体报道可以轻而易举地置换其他各种各样的更加重要的问题。很多政治生活都是一场斗争,一场是进行下一个试图进行的议程还是草草应付所有死杵在政府盘子里的问题之间的斗争。政治家们也常常处于利益竞争的紧张压力下。胜者总是少数,于是,问题有时会变成像临终前的忏悔那样,注意力从一件事情快速地转移到另一件事情,并且当前的事件和状况往往会支配长期的议程。

符号政治

默里·埃德尔曼(Murray Edelman)是最早主张这样一种观点的政治学家之一,即政治应作为一种符号活动来理解,正如它被当做一种实践来理解一样。换句话说,政治谈话和行动有意要影响和回应人们的实际利益,同样也有意要影响和回应他们的观念。在《政治对符号的利用》(*The Symbolic Uses of Poli-*

tics，1964)和《建构政治景观》(*Constructing the Political Spectacle*，1988)这两本书中，埃德尔曼详尽阐述了关于政治主要是一种符号行动的观点，认为这种行动预期会产生心理上的结果。

实际上每一个有争议的或被认为确实重要的政治行动都注定被部分地当做一种浓缩的符号。它再现一个问题或一个被激起了的群众反应，因为它将一种威胁或一种慰藉符号化了。由于在这些情形下的行动的意义只是部分地或根本不取决于其客观结果，该结果是一般公众所不可能知晓的，该意义也只能来自回应者们的心理需求，并且只能从他们的回应中得知。

(Edelman，1964)

在他的第二本书中，埃德尔曼甚至把这个问题说得更加直白：

对政策问题的说明……变成用来创造关于社会和政界的而不是关于事实陈述的一些互不相干的假设和信条的一种手段。正是"事实"这个概念变得不相干了，因为每一个有意义的政治行动和人物都是一种解释，这种解释反映和保留了一种意识形态。总的来说，它们包含……一种意义机器、一个观点生产者，因此也是一种理解、焦虑、渴望和策略的生产者。

(Edelman，1988)

在这种关于政治的观点看来，语言和其他符号行动是极其重要的，但不是在任何简明的认识中都是如此。和表达其他任何东西一样，它们也是为尽可能实现表达情感的和符号的目的而设计的。"宣传员最煽情和最具说服力的语言表达是发现了一种简洁陈述方式，他的这种简洁陈述可以唤起和综合面前的听众所关注的大量经验。"(Edelman，1964)当我们做到了这一点，语言"绝不是用来叙述的，而只是用来召唤的"(Edelman，1964)。意义的特异性不一定是值得追求的。语言有意表现出模糊性，从而给人们留一定的余地来把他们自己的感觉和观点投射到他们所说的话上去。与此同时，"对这种语言特点最机敏和最高效的运用，可以假借定义问题掩盖情感的诉求"(Edelman，1964)。情感被正式地贬抑为用来调动情感的工具，正如一种自满的感觉。或者如埃德尔曼在后来的一本书中所阐述的那样，"意识形态的争论运用一种客观描述的戏剧手法恐怕是政治语言用法中最寻常的招数了"(Edelman，1988)。

埃德尔曼还认为政治家们运用符号响应作为处理实际利益的替代物，在其他人满足于花言巧语的时候，"这种替代物给了人们以组织起来去更有效地追求他们的利益的机会"(Edelman，1964)。换句话说，政治景观也惯于隐藏那些真正给某些集团以多于其他集团实实在在的优越性的政策和行动。

在符号政治中，事件被用来制造政治行动的合法性。正如埃德尔曼所说的，"一个危机，像所有新的发展一样，是用来描述它的语言的一个创造物；危机的表现是一种政治行动，而不是对一种事实或一种罕见情形的认识"(Edelman，1988)。

埃德尔曼关于政治的分析可能如同一种独特的愤世嫉俗而对读者形成冲击。然而，早已有很多其他理论家表达过相似的看法。德博拉·斯通(Deborah Stone)在《政策悖论与政治理性》(*Policy Paradox and Political Reason*，1988)一书中把问题的界定描述为表述情境的策略：这在形成一个行动进程方面是策略的和表述性的，因为问题的表述必须依靠叙述者和听众两方面的解释。问题表述的另一个重要方面关系到问题的归因。斯通把对无意识的、有意识的、不能变更的或有意外原因的等各类问题之解释的区分看做最重要的事情。然而，在政治事件中，对人们不喜欢的那些事情的可接受的解释已经越来越少了(Havens & Hart，1934)。就像最近一部名叫《美好明天》(*The Sweet Hereafter*)的电影中那位律师在试图说服那对失去儿子的父母去控告夺去他们儿子生命的那个事故时所说的那样，"从来就没有什么叫做意外事故的东西，肯定有人必须为此负责"。

斯通还对某些表达手段进行了引人入胜的讨论，这些表达手段是用来创造对问题的特殊表述的，包括对故事(那些被说成典型的事情)、举隅①(再次假定一个例子可以代表很多)、隐喻(诸如关于"在问题上扔钱"的非常煽情的措辞)等的特殊表述，也包括对选择性地运用数据以支持某一特定观点的富有洞察力的评论。她强调模糊的重要性，这种模糊性允许人们在给定的承诺或事例中寻找他们所需要的东西，并由此使建立政治支持或联盟成为可能(Stone，1998)。

能力的限制——模糊的博弈

政治命令不是政府发动或维持改革的能力限度的唯一来源。人类理解和解决问题的能力都是有限的。以色列政治学家叶赫兹克尔·卓尔(Yehezkel Dror)②花了很多年时间思考当今世界中政府的本质。卓尔在其《逆境中的决策》(*Policymaking Under Adversity*，1986)一书中，对政府行动的潜能与极限进行了彻底的和深思熟虑的阐述。卓尔描述了他称之为"政策逆境"(policy adversities)的东西，即那些使得政策制定变得很困难的因素。政策问题本身可能变得十分复杂，其中可以包括许多相互作用并且动态的因素，常常看上去非常难以处理，也可能超出了政府的范围，并且可能包含固有的矛盾(Dror，1886)。但是，这些并非是仅有的困难。人类分析问题和解决问题的能力本身在很多重要方面都是有限的。例如，人们倾向于高估那些直接的或可见动因的影响，相信显而易见的而不是重要的事情。我们倾向于对微妙的和长期变化的重要性

---

　　①　举隅法，又称"提喻法"，是一种修辞方法，即以局部代表整体(如用手代表水手)，以整体代表局部(如用法律代表警官)，以特殊代表一般(如用直柄剃刀代表杀人者)，以一般代表特殊(如用贼代表扒手)，或用原材料代表用该材料制造的东西(如用钢代表剑)。——译者注

　　②　通行的译法是叶海·K.德洛尔，下同。——校者注

视而不见,倾向于在事情只不过偶然地联系在一起时就推断其中的因果关系,倾向于过度看重我们最近的所见所闻,倾向于受先入之见和刻板印象的强烈影响(Kiesler & Sproull,1982)。埃德尔曼认为符号的强烈影响本身可以解读为人类无能的一种形式。

卓尔主张结果是政策制定可能最好被看做所谓的"模糊的博弈"(fuzzy gambling),一种不仅是概率性的而且规则本身也和活动进程一样变动不居的情形。此外,卓尔主张存在"低发生概率的事件在任何给定的片刻获得高发生概率的现象,换句话说,就是意外支配力"(Dror,1986)。在这种背景下,政策就远非是一种关于计算成本和盈利的直截了当的事情了。

需要补充说明的是,卓尔不是对管理持悲观主义态度的人。他有很多关于改进决策方法的建议,包括对政治家们及其顾问进行更好的培训和支持。然而,在看待他所说的"决策无能"的问题时,他是一个毫不妥协的现实主义者,并认识到对此没有一个简单易行的疗救方法。

聚焦错误问题

另一些对教育决策的批评基于这样的事实,即认为改革并不专注于实事,部分是因为要改变实际是如此之艰难。美国研究者里查德·埃尔莫(Richard Elmore)和大卫·科恩(David Cohen)对这个问题进行了广泛而深入的研究。

科恩(Cohen,1995)指出,学生成绩的改变是多数教育改革在其最低目标上肯定要关注的,这在根本上取决于教师和学生在教室中的所作所为。然而,许多改革,包括本书所描述的那些改革,都不是主要瞄准教学,而是聚焦于学校的组织、管理、财政、课程和评价。改革的倡导者们提出这样的假说,认为后者的变化将导致前者的变化。但埃尔莫是许多注意到这一事实的人之一,即"结构中的变革与教学实践的变化之间的联系十分微弱,因此结构的变革并不必然导向教学、学习和学生成绩的变化"(Cohen,1995)。

詹姆斯·马奇(James March,1978)讲得更有趣,"通过变革学校管理来改变学校就像试图通过疏导阿勒格尼(Allegheny)河①来改变密西西比河的河道一样"。

然而,聚焦改革教学和学习是一件说起来容易做起来难的事情。管理或课程的变革可以通过立法来落实,并且能够指出其中真实的变化。改变教学和学习实践则更加困难,因为这些取决于如此之多的个体的决策,并且这些人的决策又是如此难以改变。

即使焦点聚集在恰当的政策变量上,决策者们也还是可能相当过高地估计

---

① 阿勒格尼河,美国的一条河流,在宾夕法尼亚州西部,与孟农加希拉(Monongahela)河在匹茨堡(Pittsburg)交汇形成俄亥俄(Ohio)河。俄亥俄河最终汇入密西西比河。此比喻与中国俗语"远水不解近渴"颇有异曲同工之妙。——译者注

了他们的影响力。

决策者们把政策当做他们设法要创造的结果的主要决定因素,从而通过其活动来设计解决问题的方案,但我们知道这种情况是不可能的。

事实上,政策的影响处于选择的边缘……与决策中包含的漂亮话相比,公共目标的等级以及它们对选择的影响总是缺乏一贯性和连续性。

(Elmore,1987)

制度的本质

政策变化不可避免地要通过制度来进行。政府、学校系统、政党、劳务市场——所有有一定历史和一系列条件的制度结构都可能影响政策形成的方式。新制度主义是组织理论的一个分支,它把新的焦点放在制度结构和过程对政策形成及其控制的作用上。新制度主义者(March & Qlson,1989;Crown,et al.,1996)主张制度和制度体系的特性对独立于理性分析或利己主义的组织功能有着强烈的影响。

大量的理论著作论及组织设法应对外部压力和需求的方式(详尽的论述见Levin,1993;Levin & Riffel,1997)。虽然各类组织都受到外部条件变化的强烈影响,但研究者们的主导观点还是认为,组织在任何可能的情况下都设法维持现状并避免改变对外部需求的回应。考夫曼(Kaufman)写道:组织对不确定性有两个主要反应,"兼并组织中不确定性的根源——即扩展边界以容纳它——由此使它受制于体系的规范和控制",继而"减少跨界交易以努力满足大多数内部需要——从不确定性根源那里撤回来"(Kaufman,1985)。

组织设法通过创造各种思考并解决问题的标准方式来控制不确定性。这些标准操作将把人们所看到的东西塑造成可能的和合意的。正如玛丽·道格拉斯(Mary Douglas)所论述的那样:

制度把个体记忆和我们的感知系统地引导到与它们所允许的关系相一致的结构中去。它们使本质上动态的过程凝固化,并隐藏它们的影响,唤起我们的情感,使我们对标准化了的问题作出标准化的选择。作为对所有这些的补充,它们赋予其自身以正确性,并把它们相互确证的链条散布到我们的各级信息系统之中……我们试图思考的任何问题都自动地转换成了它们自己的组织化问题。它们提供的解决方案只来自其经验的有限范围。

(Douglas,1986)

新制度主义的一个特别有趣的变量是叫做"信任的逻辑"的观点(Meyer & Rowan,1977)。这个观点认为制度不必成功地做到经久不衰,它们只需要看上去是在做人们希望该种制度应做的事情就可以了。也就是说,它们经常看起来是在生产期望而不是期望的结果。或者,如詹姆斯·赫尔顿(James Herndon)那样讲得更通俗,"一种制度是一个做事情的场所,在这里那些事情并不需要完成"(Herndon,

1972)。"信任的逻辑"的观点似乎特别适用于学校,因为每一个人都上过学,有关学校应当如何如何的感知,并且这种感知最初确实产生于对学校的关注。

威尔逊(Wilson, 1989)清楚地指出了政府行动的程度受政治因素的影响和受政府和官僚机构的制度本质的影响的程度。非但不因公共部门管理者的软弱而惩罚他们——尽管他认识到这种软弱的存在——威尔逊断定"对公共机关的管理者进行约束,这是根本不存在任何管理的一个奇迹……通常,目标是模糊而渺茫的,行动是黯然而无效的,并且权力是受到苛刻限制的"(Wilson, 1989)。这本身就是政府必须在其中运作的那种公共方式的一个结果,并且它们经常处于民众的监督之下,而民众的兴趣就在于怀疑事情已经完成。

新制度主义对这样一个普通人经验的发现作出了理论表述,这个经验的发现就是:政策是被那些将其转变为行动的人们所变形的。实施的问题在第六章中将作更加全面的讨论。但有一点已经很清楚了,即政策不是简洁单纯地贯彻到实践中去的,在其经历的转变中,有些是大型组织本身所固有的。

组织学习

一种更加乐观的著作关注组织将通过学习来改变其实践所用的方式。很多作者(例如森奇 Serge, 1990)已经提出,面对日益复杂的环境,组织必须朝着把学习当成应对变化的一种方式的方向发展。麦杰昂(Majone)以学习的重要性作为他关于决策过程中观念争论的论述的结论:

> 学习是合理性在具有极大认识复杂性的情形中展示自身的主要形式。这暗示我们,公共政策制定的合理性更取决于增进各种公共议事机构的学习能力,而不是取决于特定目标成就的最大化。

(Majone, 1989)

尽管组织学习是一个吸引人的理念,但它有着一些严重的概念问题。例如,它没有清楚地表明一个组织是否能够学习,这与组成它的人们有所不同。实际的组织学习到底是什么样的?组织学习的理念也不可避免地有一个标准化的特征,它假定某些种类的学习是值得需要的而其他学习则不然。大概导致为作者所看重的结果的学习便是正确的那种,而导致其他结果的学习就是错误的了!但没有标准化的要素,我们只能推断所有的组织都总是在学习某些东西,即便只是要保持现在的样子。

詹姆斯·马奇(James March, 1991)已经揭示出在组织中"探究"(exploration)知识和"开发"(exploitation)知识之间的区别。他认为组织会倾向于做它们早已知晓的事情:去开发既存的知识和技能。我们可以觉察到,这个过程是通过开发那些能产生效能的知识来进行的。寻找新思路和新方法代价昂贵,并且常常是奢侈的。与此同时,那些不探求做事情的新知识和新方法的组织终将面临问题,因为它们周围的情形发生了改变,而它们做事情的方法变得越来越不起作用。问题是在这两个要素之间找到适当的平衡点。这可能很好地证明了学校系统在开发知识上集中了非常多的力量，而只有相对较少的资源被投入到发现教育人的新方法的方面去。确实，几乎在世界的任何地方，政府对教育研究和开发的正式投入都已所剩无几(Guthrie，1996)。另一方面，选择性学习方法的探索正通过营利组织、信息技术公司和社会团体在(或许是适当地)正式教育体系之外进行。

另一条探讨学习问题的途径可以在查尔斯·林德布伦(Charles Lindblom)①论述解决问题的著作中找到。如林德布伦所言：

> 我们可以说……存在无数社会问题，对此没有足够的解决方案进入我们的视野，除非人们重新考虑他们所处的地位并因此改变他们……接着是……唯一有希望的解决方案隐藏于进一步的探究中。解决方案要通过探究和知识来进行，这种探究和知识将产生一种并非现在可行但终将可行的政治强制性解决方案。
>
> (Lindblom，1990)

同卓尔一样，林德布伦也清楚地看到有效解决问题将遇到许多障碍。他雄辩地论述了他称之为对有效解决问题的"损害"(impairments)的问题(其中之一是不适当的和封闭心智的教育)，不过他也相信这是能够加以改进的。他赞成许多方法，包括但不限于社会科学的贡献。林德布伦还坚决主张政策中党派性的大小是可以评价的，这有助于随着时间的流逝逐步转向对问题与可能性的更好的理解。他说："在决策过程中，与依靠某个被错误地认定或假定为超越了党派的单个决策者相比，通过党派成员借助于社会科学进行论战看来更有希望得出好的政策，单个决策者无法避免党派的偏见。"(Lindblom，1990)

历史和文化

关于当前安排的最重要的决定因素通常是过去的实践。在从前已经过去的事情和人们如何看待他们当前的处境上，形成某一行政区划中令人满意的或可能的东西。每一个国家或地区都在他们的历史和理智中思考和行动，历史和理智常常被用以判断什么是正确的。所有在本章中业已讨论的首要的要素，其本身将在每一个具体情况下都有不同的表现。社会结构要素，诸如社会阶层、语言、信仰和种族问题，对教育政策的影响尤其值得重视。政治制度的结构和政治文化的本质特性也影响教育政策问题终结的方式。这些要素中的每一项依次被独特历史事件所塑造。

首先考虑社会结构的第一个问题。家庭背景依然是教育和生活成就的一个最重要的预测因素，但关于它在教育政策中的作用在各种情境中则有形形色色的争论。在英国，由于有很长的社会阶层分野的历史，阶层和精英主义在所

---

① 通行译法是查尔斯·林德布鲁姆，下同。——校者注

有关于教育的争论中都是确定性要素。爱德华兹和惠第(Edwards & Whitty, 1995)认为,在英国,整个教育政策和教育供应的结构只能在这样的框架内来加以理解。在这个框架中,等级是件很重要的事情,多数人的目标就是让他们的孩子在学术阶梯上尽可能地爬高。的确,阶层问题是关于英国改革的争论中的一个关键部分。另一方面,在新西兰和加拿大,社会阶层在历史上就不像英国那么显著,阶层问题在教育争论中表现得也没那么突出。在美国,强烈的个人主义历史意味着社会阶层很大程度上趋向于在社会政治争论的主流中缺席。

再举一个例子,种族多样性在每个国家都是一个重要特征,但与比较近期的英联邦移民人口相比,美国的黑奴制传统含有完全不同的种族关系含义。在美国,每一个政策问题都通过其种族冲突的透镜来加以审视,所以作为一个范例,关于择校的争论就常常涉及种族隔离问题。在加拿大和新西兰,与土著人之间的关系也是一个极其重要的政策问题,不过由于种种原因,加拿大较少接受土著人的特殊身份,而新西兰则更加重视毛利人。在美国,土著人的境遇也显示出许多相同的问题,他们的人数在少数几个州是不予统计的,他们的人数太少,很难对总体政策产生大的影响。

在每一个国家,宗教信仰也扮演着重要而相当不同的角色。在美国,宪法规定政教分离,同时,狂热新教的复苏加剧了人们对公立学校的怀疑,激化了围绕学校怎样才能接纳不同宗教信仰展开的矛盾冲突。另一方面,加拿大、英国和新西兰都曾拥有国教,并且至少都曾有一些宗教教派办的学校受到政府经费资助。

不同的历史和文化还受到各国不同的地理和人口情况的影响。苏格兰虽然名义上是英国的一部分,也依旧由于多种历史原因而拥有迥异的教育政策(Raab, et al., 1997)。在加拿大,由于它是在法语和英语的斗争中立国的,每一个教育问题也不得不站在地方利益、语言和宗教等立场上来加以考虑。这个国家的移民历史及其当前的人口差异,意味着公平问题总是在政治议程中,但由于在种族同一性的适当地位方面的观点不同而具有十分复杂的表现形式(Riffel, et al., 1996)。

即便在我们这个数字化时代,地理问题也很重要。在英国或新西兰这样的小国,把重要人物召集到一起要远比北美那些大而散的大国容易许多。哪里的人较少见面,那里的某些政治的和组织的关系就发展得较弱。另一方面,与美国甚至英国相比,加拿大尽管幅员辽阔,但人口较少,各个部门的领袖人物当然也就没那么多了。

加拿大和美国都是联邦国家,而英国主要是一个一元国家,新西兰则完全是一元的。加拿大的历史和地理环境导致了一个极为分权化(decentralized)的教育体制,在这种体制中,中央政府的作用非常有限。然而,加拿大的分权化在精神上与美国有着很大区别。在加拿大,政府历史上就被看做实现社会目的的一种积极的和重要的手段。不像美国,强烈指向个人权利的社会传统,伴随着对政府所做事情的怀疑风气,助长了地方控制。加拿大各省的政府在教育中总是扮演重要的角色。

政治制度的结构也是一个十分重要的因素。像英国和新西兰这样的一元国家,能够采取一些在加拿大和美国这样的联邦国家难以开展的行动。和美国风格的立法与行政分立的体制相比,加拿大的议会体制提供了一系列相当不同的政治机会和约束。美国的立法与行政分立在政治实践中产生了戏剧性的不同——例如,在一个行政长官实施其计划的权力方面的差异。比方说,对没有在议会中占据多数席位的英国保守党所开展的撒切尔主义改革来说,我们只能猜测其命运如何。在美国体制中,几乎总是不可避免地要比多数党执政的议会政府要面对更多的妥协和交易。

政治文化也影响改革发生的方式。不同的行政区划中的主要政党两极化的情况也各不相同,这反过来也影响政治争论的实质及其可能提出的政策观点的尖锐性。哪里的政党试图争得政治中心的地位,那里的政策分歧就可能是模糊的;哪里有某个政党试图投忠实信徒所好,那里的政策分歧就可能是尖锐的。

所有这些因素都影响各种观点的排列顺序,甚至决策者也会对此倍加关注,就像关注他们可以用来解决问题的策略一样。没有哪个国家是理性规划过程的结果,所以背景的实际影响是增加了教育政策的复杂性和偶然性。

结语

这一系列分析提供了关于政策制定和实施的各种有用的思路,它们引导我们既注意公共政策的承诺,也注意公共政策的局限。政府不可避免地要卷入公共政策的形成和实施,这是一项重要任务。同时,政府,特别是在开放的政治体制中的政府,只能以有限的能力去创造他们可能期望的世界。虽然这一章的分析相当强调政府行动的局限性,但这里的分析也认为我们能够从我们的努力中学习,进而增强我们的能力去分析和实施重要的事情。无论有着怎样的局限,公共政策还是在社会塑造自身的过程中处于中心地位。

这恰好说明了为什么实证证据对改革来说是如此重要。正如豪利特和拉梅什指出的:

研究者(可能会)忘记由各种途径产生的有待检验的假说在本质上的偶然性。分析家不是用公共政策研究来检验这些假说,评价他们的理论的解释能力,而是按照理论的框架、模型或他们所运用的隐喻来简单地理解公共政策的制定。

(Howlett & Ramesh, 1995)

后面章节中的争论试图以实证证据来平衡理论的理解,既不低估也不高估政府政策对与学校有关的人们的生活的重要性。

(项贤明 洪成文 译 余 晖 蔡亮亮 校)

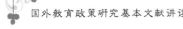

教育政策与改革的全球化①

詹姆斯·W.格思里

作者简介

詹姆斯·W.格思里（James W. Guthrie），美国范德堡大学皮博迪(Peabody)教育学院教育领导与政策荣誉教授，曾在加利福尼亚大学伯克利分校任教27年，美国教育财政协会前会长，主要研究领域为教育政策、教育财政、法律与教育政策、教育资源配置等。格思里是美国、澳大利亚、智利、圭亚那、巴基斯坦、罗马尼亚、南非和中国香港特别行政区政府顾问，同时也为世界银行、联合国教科文组织和美洲国家组织提供咨询。迄今共著有14本著作和超过200篇论文，主编了《美国教育百科全书》(The Encyclopedia of American Education, 2002)。

选文简介、点评

《教育政策与改革的全球化》从教育管理的角度讨论了教育改革与政策的全球趋同现象。全球化对世界各国的政治、经济、文化等产生了深远的影响。在这种背景下，世界各国教育改革和教育政策之间相互影响和借鉴的趋势更加突出。选文对教育改革和政策全球化的原因、特征和趋势进行了描述、解释和预测。

选文分为四个部分，分别是：教育改革的目的、不断发展的教育的经济和社会环境、什么将成为全球改革趋同的要素和发展的预期内容。

（1）教育改革的目的。选文认为教育改革和政策主要有两种目的：一是在尽量控制教育成本的基础上使教育最大限度地促进国民经济生产力；二是出于纯粹政治性目的，这些政治因素可能是国家内部意识形态的推动，也可能是深层固有的历史条件、宗教信仰、种族冲突和特殊的实践。作者认为虽然目的多样，但是各国采取的教育政策具有明显的相似性。

（2）不断发展的教育的经济和社会环境。日益增长的国际经济和社会需要促成了全球范围内广泛的教育改革和政策，利用教育为一个民族在全球市场上去争取或保持经济竞争的地位的目标使得各国的教育体系愈加趋同。

---

① ［瑞典］托尔斯顿·胡森，［德］T. N. 波斯尔斯韦特.教育大百科全书（第一卷）［M］.张斌贤，等译.重庆：西南师范大学出版社；海口：海南出版社，2006：339-343.

（3）什么将成为全球改革趋同的要素。教育改革日益表现为下列一些常见的要素特征：① 公共资金支持的学校教育向较低年龄群体延伸，即所谓的"学龄前教育"；② 中央政府对课程的影响加强；③ 科学和技术学科领域的教学加强；④ 广泛使用标准化考试和中央集权的评估程序来衡量学生成绩和学校成绩；⑤ 广泛地依赖中央政府机构来收集、综合和报告教育系统的成绩；⑥ 绕过传统的地方教育管理单位，把更大的运行管理权力授予学校。

（4）发展的预期内容。全球教育改革和政策可能会呈现以下趋势：① 教育市场化；② 提高教师的专业化水平；③ 制定政策旨在提高针对未接受良好教育或教育动机不强烈的青年人进行的教育。

全球化现象是当今世界最为热烈的一个讨论话题，人们对它的态度和看法多种多样，教育领域的也不例外。选文不采取避免和否认的态度，而是在积极承认和面对的基础上，对当前全球教育改革进行归纳总结，并大胆预测未来改革的要点与方向。

选文强调全球化时代各国与国际组织政策与改革的相互借用与相互影响，在分析其原因的基础上还讨论了这种相互借鉴与影响的必然性。作者对这种相互影响与借鉴的主要表现表述为上面提到的六个方面的要素特征，并且提出将来"教育政策与改革的全球化"的趋势极有可能表现为市场化、教师专业化和关注处境不利群体，而这三个方面的确是当代教育政策与改革研究关注的焦点，具有强烈的时代感。

此外，在经济全球化的推动下，各国政治、文化和教育的相互影响和借鉴趋势越来越突出，在这样的背景下，西方国家甚至出现了一种全球教育政策与改革趋同化的声音，选文实际上就是这种声音的一个代表。

同时，读者在阅读时应当辩证发展地看待作者所预测的关于教育改革趋同的要素特征或方向。在当今这样一个日新月异的时代，一方面各个国家的教育改革和政策可能存在着某些趋同的要素，但这些要素应当也在变化之中，另一方面各国的差异性也在凸显，尽管大方向上趋同，但在具体的操作与侧重点上，各个国家依然有各自的特点。

选文正文

在各个工业化社会，政府部门都在寻找有效的政策通过教育提高经济生产力，利用经济刺激提高学校教育的效率和管理效能，寻找额外的资源去满足不断增长的教育需求。

本词条的目的是：（1）描述国际上推进教育政策和管理改革的全球化的经济和社会的动力；（2）对未来教育系统可能具有的共同管理特征提出看法；（3）推测这些教育管理变革的结果。

1. 教育改革的目的

各国日益把学校教育看做促进国民经济发展的战略工具。在这些教育改革的范例中,首要的政策目标就是提高国家人力资源的供给。一般来讲,本词条所涉及的国家是那些已经获得了大量的物质资源的国家,它们希望利用教育系统去获得更多的资源。同时,教育的劳动密集性质已经导致了西方国家自第二次世界大战结束以来教育成本的极大增加(Bottari,et al.,1992)。因此,政府官员企图利用学校教育来提高国民经济生产力而同时又极力寻找方法使得学校教育更有效,他们尝试把学校的经费转移到私营部门运作,还减少教育成本的增长,这就常常带来政策上的紧张状态。政策的结果经常反映这种矛盾的、有时是对立的目的组合。

应补充的是,国际的经济环境绝不是唯一的形成现代教育系统的力量。由于存在着出于纯粹政治目的的全国性教育改革,这就使得教育系统变革的图景显得更加复杂。这些政治因素是多样的,可能是国家内部意识形态的推动,也可能是深层固有的历史条件、宗教信仰、种族冲突和特殊的实践造成的。

因此,在存在既定社会动机的多样性和国家环境的复杂性的条件下,观察者不能不为国际上出现的教育政策明显的相似性所惊讶。这一趋同现象尤其表现在西方国家,这也是本词条的主要话题。然而很可能,全球的经济环境将会在相似的方向上推动东欧和不结盟国家。

2. 不断发展的教育的经济和社会环境

电子传输信息方式的爆炸性发展,世界消费市场的建立,日益增长的教育改革理念的国际网络和有见识的教育专家的存在,国际旅游在时间与费用上的大幅度降低,都在刺激着学校教育的全球化。然而,这些力量只是传播着思想。更可能解释广泛采纳改革政策的理由是一整套日益增长的国际经济和社会需要(Moils,1989)。

现在国家经济的全球化表现在竞争前景、国际上互相依赖、永不满足地追求技术革新和严重地依赖对人的能力的有效利用。只依赖少数知识分子精英的做法好像越来越过时。现代制造和服务产业的技能要求劳动力能够适应新的技术,并能做出有见识的生产决策。受过教育的和高技能的人类的智能,日益被看做一个国家的主要的、被大量需要的经济资源。这种"新的"经济生产力依赖的战略原料,就是"人力资本"(Schultz,1971)。

然而,现代经济不只是简单地推进或轻轻地鼓励一种业已存在的观念,即教育系统应该提高一个民族的人力资本资源。相反,国际经济力量跨越国家的界线已经开始再造学校教育的形式。这种"人力资本需求",随着时间的推移将越来越得到加强。教育的全球化将首先出现,因为国家不再能够轻而易举地保护国内的生产者免受国际经济力量的影响,因为不能对技术和组织的创新迅速地做出反应,将危害人民的生活水平和政府的政治前途。因此,政府官员应该审视传统的教育价值和制度,为了回应发展变化的经济和社会需求,他们相信为使自己的国家取得和保持胜利,新的教育政策和实践是多么必要。

中小学和大学向数量膨胀的入学者提供教育服务、对中央政府规定的课程的期待、国家教育目标、标准化考试的广泛使用、日益依赖政府机构收集和分析学校成绩的数据、努力加强大学与工业的联系以及改变了的对教育评价的期望,都是预期的全球化运动实践的结果。

特殊的教育改革策略和管理程序在各个国家不尽相同,这依靠历史的发展模式、当前的政治、现存的资源水平和运行的结构。不管国家策略多么不同,长期的目标将利用受过教育的知识分子作为战略手段,为一个民族在全球市场上去争取或保持经济竞争的地位。结果,教育体系会日益采用相似的特征。

3. 什么将成为全球改革趋同的要素

教育改革——从学前的到中等教育——日益表现为下列一些常见的要素特征:(1)向较低年龄群体延伸公共资金支持的学校教育,即所谓的"学龄前教育";(2)中央政府对课程的影响;(3)加强科学和技术学科领域的教学;(4)广泛使用标准化考试和中央集权的评估程序来衡量学生成绩和学校成绩;(5)广泛地依赖中央政府机构来收集、综合和报告教育系统的成绩;(6)绕过传统的地方教育管理单位,把更大的运行管理权力授予学校。

3.1 制度化向下延伸

越来越多的妈妈们参加工作,使得工业化国家在提供公共财政支持的或至少公共津贴的儿童保育方面,引起了极大的政治压力。因为学校教育是一种现存的制度,而且通常是一种最终会涉及几乎每个孩子生活的公共支持的制度,在儿童保育和学校教育之间经常会制定相联系的政策。向下延伸的学校教育偶尔也会被国家的一种愿望所推动,它希望提高处于较低社会经济地位的"高危"青少年的教育成绩。这样,为三岁儿童的保育和学前教育得以提供服务,或至少成为政策辩论的一部分(Bottari, et al., 1992)。

在应该将哪些课程内容和特殊的学校教育技能列入学龄前教育计划中去的问题上很少达成一致意见。什么年龄孩子有能力学习正式呈现的材料是有争论的。然而,关于学校"准备"训练的用途,几乎没有争议。早期儿童的课程不但越来越多地被期望为社会意义上的学校教育做准备——培养训练他们听从成年人的指令、在小组环境中合作、遵守时间表、站队等等——而且帮助他们去获取有用的技能和习惯学着读书和计算。因而,即使特定的正式的教育还没有提供给低年级的孩子,儿童的制度化也发生了。

3.2 中央规定的课程

中央政府越来越多地指定小学特别是中学的大多数学科(Guthrie, et al., 1991)。指令可能包括学科——教材的方针、内容框架、教学活动计划、教学模式、阅读的目录、参考书目、讲座大纲、课堂活动案例、实验和实地考察建议、考试范例和教材选择权。这一政策目标也可以更巧妙地靠规定学科材料范围来完成,学好这些材料既作为中学的毕业要求又作为高等学校的入学要求。在任何一种情况下,这一意图会保证把最少的共同的核心学科材料传授给学生。

中央指定的课程类别在特定年级很少会占据学校教育内容的全部范围。几乎总是有课程空间留下来由地方官员、政府委员会或教育专家去填补。然而,可以预见,这种做法的结果是限制了学生或他们的家长从相对狭窄的选修课目录中进行选择。在那些历史上没有经历过中央确定课程的国家,要求就变得更加严格,而地方官员、教育家和家长做出个人选择的自由,已经被或将要被减少。

3.3 强调数学、科学和技术学科

中央确定课程发展的必然结果是强化对数学、科学和有关技术学科领域的关注。这一重点适用于小学、中学和第三级学校教育(Bottari,et al.,1992)。理由很容易理解,现代经济以科学发现与技术创新为基础——因此,就想通过学校教育来提高国家科研和技术发展的能力。这一国际运动的特点就是对数学和科学教育寄以更多期望,扩展小学阶段教材的科学学科内容,对中学生的毕业条件和进入大学的标准提出附加的数学和科学要求,在大学研究生阶段增加设施投入和研究资金。

3.4 增强对学生成绩的测量及中央评估程序

为配合中央颁布的课程要求和增加数学与科学教育而设计的模式,是由政府开发和授权的对学生成绩的测试(Guthrie,et al.,1991)。通过心理测试的程序,测试的问题可以和课程目标相连接。这些测试可以设计成提供每个学生成绩的数据,也可以评估一所学校或其他管理单位、一个学区、省、州或整个国家的全面的成绩。这样的测试也可以节省费用,因为依赖其他各种取样的方法通常费用昂贵。结果也可以总结出来提供给有意实行的单位,而不一定对每个学生的每一项目进行考试。

3.5 扩展中央报告与监控

国际化趋同现象的第五点是各个国家扩展报告和监控教育系统成就的政府机构和程序(Guthrie,1991)。建立新的、足够的政府或准政府的部门来负责收集、汇编、综合、分析和报告与教育相关的数据。而且,对国家、省和地方教育局的管理部门向中央部门提供信息的要求也在不断增加。

对这种收集和分析额外强调的主要成分是注意国际的比较。学校教育几乎不包含有受国际驱动的标准。这一情况,当与增长中的全球经济竞争相联系时,对于政策制定者和公众来讲,就会使有关学生成绩和学校成就进行国际比较的信息更加引人注目。

3.6 增强各个学校运行管理权力

教育系统正倾向于把更大的业务管理决定权移交给各个学校(Guthrie,1991b)。这一倾向部分地包括削弱中间机构——县、郡、辖区、教区、自治市镇、

地方教育局和当地学区的权力。这一改革公开的意图是授权给地方学校领导者、管理者和在某些情况下授权给教师,使他们有能力适应其"客户"——学生及其家长的偏好和需要。

这一改革与其说是受到了努力提高经济生产力的愿望的激励,倒不如说是受到了提高教育生产力的欲望的推动。决策于轮子的边缘胜于轴心,正是这一运动在英格兰和威尔士表现出的特点。这一策略与关于使业务单位决断效能最大化的私营部门理论和组织发展的观点相一致。把管理决策权下放给学校,易于解决资源的使用和突出学生的成绩。因此,除了期望它会提高学校教育的生产力以外,学校现场管理也有强化责任和降低成本的考虑。

全球趋同性的第六点——加强学校现场决策——乍一看好像是矛盾的。面对日益增长的学校决策的集权化,为什么要把较大的运行管理权下放给学校呢? 对此常见的辩护是,虽然由中央权威来确定学校教育什么是必要的,但是,让它们规定"怎样做"是不合适的,甚至是不明智的(Davies & Ellison,1989)。

4. 发展的预期内容

除了以上所描述的共同领域以外,西方国家的现代改革运动还经常包括下列的努力:(1)给学校教育注入市场的特征——竞争和消费者的选择;(2)提高教师的专业化水平;(3)制定政策旨在提高对接受教育不足或动机不强烈的青年人的教育。这三种发展的预期内容是在政策范围以外的东西,它们未来的可能性仍不明确。然而,它们正在被经常讨论,这证明提出它们是有道理的。

4.1 民营化和选择

这一措施的建议者寻找方法使学校产生更大的竞争性,使委托人——家长和学生——有更广的教育选择范围。支持这些提议的基本原理是综合的。常见的基本主张是任何需要保障委托人利益的组织,或有需要保证资金来源的组织,都倾向于追求自己的利益并且对委托人的偏好与要求不太敏感。因此,为了更好地为委托人服务和使得学校更有效,必须采取措施为学校教育注入市场的成分,必须废除垄断而鼓励竞争。

关于选择的主张存在着许多类型,一些激进,而另一些不太激进。一些温和选择的提倡者把家庭对教育的选择只限制在公立学校。其他温和的选择计划把选择学校限制在公立学校并且只固定在特定的年级,或只有当这种学生的活动推动了废除种族隔离,或只有当家庭符合特殊的标准,如收入在最低水平以下。

更激进的计划想象把教育转化——高等教育或较低级阶段的教育——进入自由的市场,在那里所有的学校服务都由民营方式提供。政府会补贴或在某种程度上规范这种服务,但政府本身不是直接的教育提供者。

这种发展的因素还有另一相关的方面——私有化。这包括拿出各种运行系统的因素让私人供给者去投标。民营化的服务可以从外围的服务如废物清理和食物供给一直到不可缺少的部分如矫正阅读、外语教学或职业指导。政策目标总是使教育系统的运作费用减少。建议越接近教育的核心，就越有争议，并且越会被教育专家抵制。

4.2　专业化

专业化也是预期的西方教育改革的一个尚未完成的或潜在的组成部分（卡内基教育和经济论坛，1986）。在20世纪90年代提出的时候，它至少有两个维度，当然并非考虑的因素都是一成不变的。一个维度是靠提高准入标准的办法来提升教师的质量。关于什么是实现这一目标的最有效的方式还存在着许多争论，其中一种意见要求教学工作的候选人具有较高的学术准备并且（有时"或"）通过最低程度的资格考试，提升资格也包括要求一年额外的大学学习，可能要求达到研究生水平。另外一项政策途径是通过教师培训或获得教学法培训的资格，拓宽有能力候选人的储存。

第二种专业化的倾向是扩大与教师责任相一致的决策权，扩大的教师决策领域包括参与补充和聘请新教师、对试用教师的评估（包括任期的决定）和对正式教师的评估。此外，在这些扩展决定权的框架内，教师可能承担的额外责任包括选择课程材料、选择在职培训的机会和选择管理者。

4.3　未受到良好教育的和缺失动机的青年

人们越来越多地讨论有关政策去提高人数众多的社会经济地位（SES）低下的青年人的成绩和动机，他们可能没有能够充分地参加到学校教育中来或从学校教育中受益（Heyneman，1989）。尽管教育和国家经济发展的关系对政策制定者来讲越来越清晰，但一个国家内这一关系对个人来讲就不总是那么明确。国际政治移民和经济难民、"外来"工人、家庭模式的变化、几个世纪以来种族和阶级的歧视、泛滥的麻醉品交易和其他的症状的社会痛苦在许多工业化国家已经制造了一个相当大的"下层阶级"。

除了不幸的个人状况以外，陷入不利环境中的个人还带来大量增加公共福利开支的威胁。而且，受教育不足对个人意味着失业。在许多西方国家，青年人口群在缩减。面对工人短缺的前景，政府在寻找方法努力提高青年的教育，从而增加他们的劳动能力需要的复杂知识和技术含量。然而，对这个问题的性质还没有一致的意见，更不用说解决办法了。然而，不断恶化的环境引起了对这一问题以及相关的学校教育问题的政策讨论。

4.4　缺失的改革的因素：研究和技术

以上所概括情形的显著特点在于缺少中央政府对不断增强的研究或技术发展的明显依赖，这种依赖可以提高学校教育的生产力和促进人力资本形成。这似乎是对教育费用螺旋上升的自然反应，这导致政策制定者实际上忽视了向更多人口提供学校教育的要求，以及把学校教育与日益增长的高科技自动化的现实相联系的要求。这种忽视没有顾及这样一个事实：电子和光学技术的出现使教育得以革命化，也使得教育更加个性化和最终降低了费用。

4.5 各种专业性的议题

新的经济要求正在为教育专家创造着不同的环境,即使表现出来的这些不同仅仅是强度大小而已。涉及整体的变化是教育政策和实践的政治化程度。这一新环境包括以下情况:

(1)一种日益增长的期望是教育人员更加负责任,并且学校教育的结果对博学者和外行是可理解的,而不仅限于教育的专业人员和政府的专家。

(2)教育人员包括社会各方面对教育的结果直接感兴趣的特殊利益群体和风险承担者,他们具有广泛的政治影响力。

(3)政府高层全面负责教育的机构越来越对教育管理和学校教育以及教育机构、政府计划和政策制定程序间的联系感兴趣并承担责任。

(4)对教育人员所做的教育评估的怀疑导致更多地依靠教育界以外的知识广博的人来进行评估,这很像竞争式或对手式的评估;采用分析的方法对所鼓吹的各种评价方式进行风险评估;政策制定者要求制定系统评估策略;对折中分析策略的依赖和越来越多的测量。

(5)对国际成绩比较的更大依赖。

4.6 结论

不管与工业发展有什么历史联系,也不管与经济的直接联系,传统上学校被期望为社会又为所涉及的个人和家庭去履行一系列其他的功能。除了经济作用之外,对学校各种各样的期望是:使新公民社会化;促进宗教、语言和政治方面的教化;反复灌输政府的原则;保证社会的团结和公民的秩序;使全体公民为参加武装力量做准备;推动社会的流动;发展人们的艺术和审美的情趣;帮助个人适应社会;为个人目标的实现作出贡献。

在 20 世纪的最后 15 年,学校的许多其他目的正在被迫从属于国家经济的发展。然而,不管激动人心的和期望中的由经济推动的改革会如何出现,很重要的是别忘记另外的功能,即使当前被削弱,但是毫无疑问,它们还存在着并且还会坚持存在下去。因此,除了国家经济的发展之外,专业的教育者还应留心许多值得为之服务的目标。

(杨骥辉 译 蔡亮亮 校)

教育改革：来自本土知识型的冲击力①

V. L. 梅斯曼

作者简介

V. L. 梅斯曼（Vandra L. Masemann），加拿大学者，曾经担任加拿大比较与国际教育学会会长（Comparative and International Education Society of Canada）、美国比较与国际教育学会（Comparative and International Education Society, CIES）会长、世界比较教育学会理事会（WCCES）主席。梅斯曼还曾任教于美国威斯康星麦迪逊分校、加拿大多伦多大学、纽约大学布法罗分校、佛罗里达州立大学以及匹兹堡大学。其主要研究方向为比较与国际教育、教育人类学、批判民族志、女性教育，以及非洲国家的教育问题。梅斯曼的主要著作有：《比较教育中的传统、现代性和后现代性》（*Tradition，Modernity and Post-Modernity in Comparative Education*，1998）、《共同的利益、卓越的目标：世界比较教育学会理事会及其会员的历史记录》（*Common Interests，Uncommon Goals：Histories of the World Council of Comparative Education Societies and its Members*，2007）。

选文简介、点评

20 世纪 70 年代末以来，本土知识（Indigenous Knowledge）逐渐进入了研究者和改革者关注的视野，陆续成立了许多国际性的相关学术组织，召开了一系列国际性研讨会，其中就包含教育与本土知识关系的探讨。在西方化、现代化、全球化的疯狂浪潮下，本土化、地方化知识自近代以来一直是被压迫的知识，其合法性遭遇被解构的危险。而本土人民因为缺乏西方社会所生产的所谓现代知识就被一些殖民者看做是"未开化的"、"原始的"和"野蛮的"。外来学者要么是将一些现成的西方科学理论应用于本土社会，使本土社会成为西方理论的"试验田"，要么是将一些本土材料从本土社会"拿走"，作为他们发表论文的证据，②致使本土人民在文化上产生极强的依附性，却缺乏归属感，以及导致本土人民在改革上的"失声"。梅斯曼的《教育改革：来自本土知识型的冲击力》是

---

① ［瑞典］托尔斯顿·胡森，［德］T. N. 波斯尔斯韦特. 教育大百科全书（第一卷）［M］. 张斌贤，等译. 重庆：西南师范大学出版社；海口：海南出版社，2006：469-472.

② 石中英. 本土知识与教育改革［J］. 教育研究，2001(8).

在全球化大浪潮笼罩教育改革的大背景下,从微观的角度提出并论述了本土知识形式、语言和社会价值直接影响教育改革影响力的命题,是当时具有批判力和创新性的力作。中国台湾学者杨深坑在《教育知识的国际化或本土化?——兼论台湾近年来的教育研究》一文中指出,梅斯曼的《教育改革:来自本土知识型的冲击力》一文,批判过去西方殖民主义者将西方教育体制强加于第三世界国家,其结果不仅产生了价值冲突,西方体制下的逻辑认知形式的知识也不能契合本土的认知方式。因此,梅斯曼认为未来的教育改革不能强行移植外来的制度,教育改革应植根于一种较为宽容的环境与全球观点的哲学,将本土的知识含摄其中,才能有更适切的教育改革。① 梅斯曼关于"教育改革和本土化知识"主题的论述,切中时弊,剖析细致,广泛、深刻地影响了国内外关于此主题的研究。

　　在此文中,梅斯曼开门见山地提出:教育改革的影响力受到本土知识形式、语言和社会价值的影响,并将影响教育改革的本土知识形态细化为本土化的认知方式、思维方式、语言本身内在的形式、与现存生活方式紧密相关的关于教育角色的价值、如何获得成功的途径,以及男女性别角色、少数民族团体等等。接着,给出了"本土"、"教育改革"的定义。全文一共分为六个部分。第一部分中,梅斯曼引用"服务于所有人的基础教育"项目等实例,论证了"教育规划者考量教育改革时,将本土文化对改革设计和实施方面产生的潜在及现实影响纳入思考是必要的"这一观点。第二部分一共细化为"神秘宗教世界的观点"、"教育与殖民主义"、"基于跨文化研究的认识"、"课程的概念"四个主题,论述或呈现了如下命题:无论是宗教巫术系统还是逻辑推理符号系统时代,教育改革失败很大的归因都是脱离本土人们的现实生活;本土知识系统和教育系统内含的价值之间的冲突、价值之间的不协调对教育改革的冲击和阻碍;不同文化直接影响本土文化人的认知方式和思维方式,以及由此自然而然形成的文化偏见对教育改革的冲击和阻力;以及在美国业已存在的关于课程的争论,即是否存在超越地区文化的课程价值?女权主义者、多元文化论者以及反种族主义的教育者所倡导的在改革中的课程观点。第三部分中,梅斯曼探讨了本土语言对教育改革的影响。第四部分中,梅斯曼借助非常具体、现实的实例,论述了价值冲突事关教育改革的成败这一观点。无论是从农业向工业化转移,还是在少数民族和社会等级制度存在的区域,渗透着利益的价值在教育改革中都起着重要作用。第五部分中,梅斯曼论述了知识形式的呈现对于教育改革的合法性和有效性的影响。第六部分是结论总结部分:本土知识在大众化的学校教育中面临被同化的危险,教育改革必须考虑当下的现实;而教育改革的前景受到本土知识体系的

---

　　① 杨深坑.教育知识的国际化或本土化?——兼论台湾近年来的教育研究[J].香港:教育学报,1998,26(2) & 1999,27(1).

势力和拥有这些知识的社会团体政治、经济力量的影响。在此部分,梅斯曼还对将来的教育改革进行了展望,将来的教育改革可能包括更多的更激烈的争论,这些争论是关于哲学体系而不是技术,是关于意义的而不是简单地掌握知识。①

教育改革,需要教育政策作为改革思想的依托和蓝图,从某种意义上来说,改革本身就是一项不断推进和修正的政策。选文《教育改革:来自本土知识型的冲击力》从价值(利益)分析视角、跨文化视角等多角度,论述了教育改革规划前期必须考虑的问题——来自本土知识形态的冲击,体现在教育政策中,最终作用于教育改革实践,确保教育改革实施过程中的合法性和有效性。而关于本土知识形态对教育改革有效性的冲击的论述,又根植于教育所处的具体实际中,因而论述了西方的殖民主义知识霸权对本土化知识合法性解构的问题;少数民族教育与国家系统的教育之间涉及的利益冲突问题;跨文化(文化偏见)视角下的教育改革问题等等具有现实感,又不乏借鉴意义的问题。对于改革开放下的中国教育如何吸取国外思想、如何借鉴国外经验、如何移植国外方法,有着重大的参考意义和警醒作用。此外,选文强调本土知识对于改革的作用力,本专题中的《教育政策与改革的全球化》一文强调政策借用和教育改革的全球化,两篇选文相互对照,为研究教育政策与改革提供一个全面、审慎的视角。概而言之,该选文切中时弊、条分缕析,对来自本土知识体系对教育改革有效性造成影响的因素进行了一个比较全面、系统的分析,分析的过程注重结合事例,条理清楚、重点突出。

选文正文

教育改革的影响力受到本土知识形式、语言和社会价值的影响。这些可能包括其中的认知方式和思想方式,语言本身内在的语言形式,和与现存的生活方式息息相关的关于教育角色的价值,作为社会交往中详细表现的通往成功的途径,男女性别角色,或者少数民族团体的地位。

"本土"是指一个地理区域的原始的或早先的居民。"教育改革"是指努力改变现存的教育系统,这一系统可以是本国、本地区的,也可以是任一国家或地区内的。

1. 教育改革与本土知识

当教育规划者从宏观或微观两个层面考察教育改革的可能性时,考虑本土文化对改革设计和实施方面所产生的潜在及现实的影响是必要的。1990年,来自世界各地的教育学家聚集在泰国,讨论"服务于所有人的基础教育",一项旨在提高发展中国家和工业化国家读写水平和"基础"知识的计划。这是一项准备大规模实施教育改革的例子(World Conference on Education for All,

---

① [瑞典]托尔斯顿·胡森,[德]T. N. 波斯尔斯韦特. 教育大百科全书(第一卷)[M]. 张斌贤,等译. 重庆:西南师范大学出版社;海口:海南出版社,2006:472.

1990)。一些发言者强调了社区参与和对不同文化的社会化和早期儿童教育的理解的重要性。接着进行的研讨会继续强调了这样的视角(Shaeffer，1991)。

2. 知识的演化

在人类思想发展的历史中，存在着从巫术宗教符号系统向逻辑推理符号系统的转化，前者与口耳相传的传说相关联，而后者是从文学和科学方法这些更近代的传统中分离出来的(Goody，1968)。

2.1　神秘宗教世界的观点

在小范围的前文明社会中，知识是基于直接经验和人们的生活情景而建构起来的。知识是通过人们之间相互关系传递的，而不是通过"专家"的主张实现的，也没有从业已存在的现实中分离出来(Gay & Cole，1967)。而且，知识不断地调整以适应新生的每一代人，而不是像文明社会中通过书本的方式固定下来。教育改革在这种环境下是非常困难的，因为改革者的知识主张可能很少与人们的现实生活发生联系。对于父母来说中心问题成为学校是否是有价值的，尤其在那些经济仅能维持生存的和那些处在国家利益边缘的地区，如加纳的乡村(Foster，1964，1965)。

2.2　教育与殖民主义

有许多教育改革的例子发生在那些正转向文明社会的时期，改革家对于他们教育事业本质的理解与从前的学校教育有着巨大的差别，尤其是在有关殖民主义的文献中。阿尔特贝齐和凯利(Altbach & Kelly，1978)关于教育和殖民主义的册子包括了在越南、菲律宾、秘鲁、美国国内黑人和妇女经验中有关本土知识系统和教育系统内含的价值之间的冲突。有关土生土长加拿大人的教育文献也开始出现，相似的是，也存在价值之间的不协调(Haig-Brown，1988)。

2.3　基于跨文化研究的认识

本土知识与输入性的教育系统之间的冲突不仅来自价值的差异性，也来自于对知识自身认识路径的不同。换句话说，一个基本的分歧就是人们如何认识他们所认识的，为什么他们相信这是真的。

在20世纪70年代和80年代，存在着大量在智力测验中有关不同文化偏见的研究。关于跨文化学习和认识方面差异的研究显示，西方思维的中心主义原则并不总是成为其他认识系统的基础。在利比里亚的格贝列人中间，学校教育并没有被广泛传播，人们发现他们分类的基础是不同的，他们更多的是通过功能而不是形式来进行分类(Cole，et al.，1971)。举例说，苹果与刀子被视为一类，而不是与香蕉同类，回答者认为这样分类是因为它们经常在一起使用，而不是归为更抽象的"水果类"。既然通过形式进行分类是正规教育系统中智力测验的基本特征，这种分类方式对于测验学业成就是不适当的。

格贝列人与西方思想不同的另一个例子就是他们对符号逻辑的回应。他们不愿意接受从特殊到一般的归纳，或者从一般到特殊的演绎，并有许多理由说明为什么特殊的环境可能阻碍特定事件的产生和发展。这种勉强的归纳推理阻碍了人们接受特定的符号化逻辑形式,阻碍了中学课程大纲和大学水平研究中对科学的探寻。

与此相似,在北美的土著居民中,关于自然的科学方法可能与将地球化作母亲的概念不一致。地理课程纲要强调加拿大的矿产和木材业,对于面向土著民族开设的地理课程而言并不是一个出发点(Ontario Ministry of Education,1981)。

不仅认知的过程差异很大,而且教育改革者所提供的观念也可能差异很大。举个例子说,关于时间、空间和与个人距离的观念,将一个土著民族的学校与北美、欧洲的工业文明中的学校进行相比,可能产生非常不同的训诫和管理的氛围(Hall,1990)。与此相类似,经验丰富的外国服务官员、商人和志愿者可能没有认识到,在某所将地方文化规范作为管理氛围一部分的学校中,他们已经违反了礼节或等级秩序标准。

2.4 课程的概念

改革者与学生之间的文化互动往往发生在课程层面上。从没有文化到有文化的过程就是知识自身变成碎片,而后重新粘连在一起,形成一门学科,这个过程已经将一个特定的历史所要求的合法性建立起来。例如,对莎士比亚的研究在许多国家的中学教育课程大纲中有一个重要的位置。人们认为存在着超越地区文化的课程价值,特定的经典的知识对于学生具有普遍的价值。这种建立在"文化扫盲"基础上的争论在美国存在:所有的学生都应当拥有一定的最低限度的关于重要历史时期或事件的知识以及地理名词、文学作品等方面的知识(Hirsch,1988)。

与此相反的观点为女权主义、多元文化和反种族主义的教育者所倡导,他们认为学生在课程中学习知识时应该自我反省(Hulmes,1989)。其他的理论家也鼓吹需要历史课程,其他的科目不需要清楚地分开,使人们了解其中有关全球化或环境的问题(Greig,et al.,1989)。

3. 语言的角色

观察本土知识对教育改革的影响的另一种视角就是考虑本土语言的作用及其对地方语言体系的影响。著名的"社会起源"的方法假定"所有高层次的智力过程都依赖于在人们中间建立现实关系"(Bain,1983)。在更早期的工作中,著名的萨皮尔-沃夫(Sapir-Whorf)假定,宣称每一种语言都是一种文化创造的产物,并反映和影响文化的价值和认识系统。社会语言学家,如巴西勒·伯恩斯坦(Basil Bernstein)正努力建立社会阶层与语言之间的关系,并推论出这些关系对教育的作用(1971—1977)。当他们没有认识到地方语言的认知结构时,教育改革家想成功地实现改革是极度困难的。

4. 价值冲突与教育改革

价值冲突在成功或者失败的教育改革中都扮演着重要的角色。数据显示,在第三世界国家,妇女和女童的教育在某些地区可能存在着极大的阻力。但是,其他因素也是需要考虑的,如学校的远近也可能是决定是否送一位女童上学的重要的因素(World Conference on Education for All,1990)。

对于仅能够维持生存的经济而言,价值也起着重要作用。在北美洲的土著民中,在季节性狩猎需要和学校校历之间存在着冲突。如果加拿大的土著民学生在狩猎季节离开学校,他们的父母将不会获得政府给予他们子女的津贴。但是,如果将小孩送到学校,孩子将无法学到土著民族生活方式所依赖的传统的生活技能(Ryan,1989)。

另一种形式的价值冲突可能来自学校的日程表与对时间和地点的严格要求(Ryan,1989;Masemann,1974)。居住在地域广阔但相对隔离地区的学生,如加拿大北部、加纳或得克萨斯州的某个市镇中,可能会反对学校的"纪律",通过不守时的,不完成作业,沉默和被动的行为,或者通过通俗文化中特定文化行为来反对(Foley,1990)。

4.1　从农业向工业化的转移

大量人口从农村向城市的转移,已经给世界各地的城市中学的管理造成了很多问题。当本土知识形式从农村地区被带出来,他们可能与城市的知识构架完全不相关联。在过去,这种转换好像仅仅被当做是简单的价值转换来进行研究,但是在世界的许多地方的环境已经变得如此令人吃惊,诸如财产的失衡、住房的短缺、长期的贫困、战争、难民的心理创伤,以及其他因素所造成的影响都必须被考虑进来(Pollitt,1980)。

4.2　少数民族和社会等级制度

当进行教育改革时,不同种族、文化和宗教团体与国家教育制度中的等级团体之间的关系也是重要的。国家系统的教育可能是世俗的,但是教育的形式可能反映了一个或少数几个宗教或文化团体的利益。教科书也可能反映了那些控制国家教育的利益团体的利益(Altbach & Kelly,1978)。在许多情况下教育的财政支持反映了这些特权。一些宗教团体可能选择脱离公共财政支持的教育体系,另一些则可能接受政府某种形式的资助。

种族或文化少数派的利益并不总是被公开地承认。国家的语言可能被用于作为教育的语言,少数民族语言在教学中的地位非常低下(Bain,1983)。在发展中国家的中学教育中以及在工业化国家的第三级水平教育中,占据少数的种族和文化团体的地位不是很高。

5. 知识形式的呈现

随着对本土知识认识和研究不断的提高,教育者开始看到新旧知识形式是两条平行线。在20世纪80年代,对知识形式新的关注开始显现,这种现象被汉斯·韦勒(Weiler)称为"认识论上的不一致性"(1989)。他指出,环境、女权主义和和平的重要性不断增加。它们有共同的特征,即整体的、相互的依靠,趋向于一体化的,并且与本土知识形式具有共同特征资源。它们坚决反对过去的课程模式,认为那些模式的课程是拼凑而不完整的、线性的和以学科为基础的。

5.1 环境与全球化哲学

环境和全球化哲学在教育领域的凸显起因于三个非常不同的根源。一些新近在全球范围内和环太平洋地区主动的发展或在普通的欧洲课程中的发展,是地区政治和经济整合的产物,这些地区过去并没有如此紧密地联系着。为了促进贸易或事业的发展,教授学生其他语言,如日本语,或者教授跨文化的行为举止变得很实用。全球化教育哲学的第二个根源是《联合国人权宣言》和对世界和平的渴望,第三个根源是全球化环境危机的现实。

来自于第三个根源的哲学观在黑格尔学派的辩证自然主义中有它们的根源,在那里,人类发展被看做是"机体自身结构的真实的内在的过程,是在一个多层级的和不断增加的差异性的方向上发展起来的"(Bookchin,1990)。换句话说,世界似乎向更大的复杂性和多样性方向发展,就像我们经常看到的生物界的演化一样。有人指出,这些哲学体系认为没有一个知识体系将可以主导世界,因为这样做对于作为日趋统一的种群的人类的持续发展是不利的。而且一个兼容的知识体系将允许人类更好地适应未知的将来。

5.2 技术、科学和性别

与这些新的哲学体系一起出现的就是对性别的质疑。如果地球需要拯救,那么就必须对具有统治地位的科学和技术提出疑问。有些评论家已经对是否将性别与家长(家族)权力置于比技术和科学更高的地位提出质疑。另外一些人已经想知道"妇女的科学"将是什么样的,或者如果妇女掌握政治的控制权,战争是否将继续存在(Bleier,1986)。

6. 结论

教育改革的前景受到本土知识体系势力和拥有那些知识的社会团体的政治、经济力量的影响。扫盲运动潜在的成功可以通过这个视角来进行分析。倾向于孤立生活方式的游牧、狩猎和采集的团体可能保留他们的价值取向和生活方式。在另一方面,他们似乎已经逐渐与国家教育系统的机构建立了联系,这些机构希望他们的孩子能够进入学校。20世纪80年代和90年代发生的经济危机可能已经在一定程度上减轻了这种压力。本土知识在大众化的学校教育中面临着被同化的危险。

新哲学的出现将影响着教育,它表达了与一些本土哲学相似的价值,这些将潜在地影响教育改革,并使之达到一个全新的阶段。可以想象,教育改革可能不再代表工业化国家,将它们的价值观、经济以及职业结构运用于其他社会。将来的教育改革可能包括更多和更激烈的争论,这些争论是关于哲学体系的而不是技术的,是关于意义的而不是简单地掌握知识的。

（覃壮才 盛 冰 译 刘 惠 校）

教育机会均等的观念[①]

詹姆斯·S.科尔曼

作者简介

詹姆斯·S.科尔曼(James Samuel Coleman,1926—1995),美国著名社会学家,1951年至1955年就读于哥伦比亚大学,刚开始学习化学,之后转攻社会学,主要追随默顿和拉扎斯菲尔德两位大师,李普塞特则是他的论文导师。科尔曼曾简明地评价了这三个人对他的影响:"我跟着李普塞特干活,为拉扎斯菲尔德工作,为成为默顿那样的人而努力。"获得博士学位后,科尔曼在芝加哥大学做了3年助教;随后14年一直在约翰·霍普金斯大学社会关系系担任副教授;1973年,他重返芝加哥大学,任社会学教授,并于1991年当选美国社会学协会主席,直至1995年去世。科尔曼的代表作是1966年的著名报告《教育机会均等的报告》(《科尔曼报告》)(*Equality of Educational Opportunity*),此外他还撰写了《青少年社会》(*The Adolescent Society*,1961)、《计量社会学导论》(*Introduction to Mathematical Sociology*,1964)、《高中学校成就:公立、教会和私立学校的比较》(*High School Achievement:Public,Catholic and Private Schools Compared*,1982)、《个体利益和集体行动》(*Individual Interests and Collective Action*,1986)、《社会理论的基础》(*Foundations of Social Theory*,1990)等一系列著作。

选文简介、点评

《教育机会均等的报告》(以下简称《科尔曼报告》)是科尔曼教授1966年向美国国会提交的一份报告,其产生是基于战后美国教育平等化浪潮的大背景,主要观点是:在影响不同群体学业成就的因素中,学校条件并不是最主要因素,而学校教育之外的因素(诸如家庭背景、生活环境)才决定了学生未来的发展。《科尔曼报告》为20世纪后半叶美国的教育民主化改革提供了理论支持。

选文《教育机会均等的观念》是科尔曼于1967年在哈佛大学教育研究生院一场有关"教育机会均等"会议上的讲话,它是对《科尔曼报告》精髓的提炼,集中讨论了"教育机会均等"观念的产生以及发展演变的过程,并在此基础上提出

---

① 张人杰.国外教育社会学基本文选[M].修订版.上海:华东师范大学出版社,2009:146-158.

了自己的教育机会均等观。"教育机会均等"的观念贯穿于《科尔曼报告》的方方面面,如在分析学校的隔离、少数族裔、学生学业成就、学校间差异、特殊教育等核心问题时都引入了教育机会均等的分析视角,把握了这一核心概念的内涵,也就掌握了分析整个报告的理论线索与分析工具。

文章首先以历史的角度讨论了教育机会均等的问题与概念。在工业革命之前,由于欧洲社会经济生产的社会化程度较低,这一时期家庭教育、手工作坊的学徒制、教会教育和贵族家庭教育是儿童学习的主要形式。在这种社会结构中,并不存在真正意义上的教育机会均等,因为对儿童的教育仅仅是为了满足家庭或手工业作坊生产力的需要,或是为了培养贵族的接班人,教育的功能仅仅是对儿童未来的职业进行培训,而非促进社会阶层的流动。故教育机会均等的观念在当时并没有存在的价值。

到了工业革命时期,由于新型经济组织(工厂)的兴起,儿童需要在家庭之外进行职业训练。这样,在欧洲产生了公共支持的免费的"工作学校",这些学校为社会的下层阶级提供基本的知识,从而使其更好地适应工厂的环境。与此同时,社会上层阶级的子女则独享高质量的民办学校,接受更为深入的教育。这种学校间二元结构的长期存在有其合理性,因为它能够为不同的人提供适于他生活状态差异的教育机会,这也是欧洲双轨制教育传统的具体表现。因此在这一阶段,学校间的二元结构划分并没有引发关于教育机会均等的讨论。

到了20世纪早期,在美国的公共教育活动中出现了关于教育平等的讨论,产生的原因在于,中学课程要么是就业导向的要么是升学导向的,课程的设置无法满足所有人的需要。在这一阶段,关于教育机会均等的讨论所关注的焦点在于,课程应当满足人们多样化的需求,为青少年提供多种发展的平台。

到了20世纪中期,美国关于教育机会均等的讨论关注于南方各州针对黑人入学的"隔离但平等"的政策,1954年最高法院在审理"布朗诉托皮卡教育委员会案"(Brown v. Board of Education of Topeka)中取消了该政策,但由此又引发了另外一个讨论,即入学机会的均等能否涵盖教育机会均等的全部内涵?在这一阶段产生了新的均等理念,即教育机会均等有赖于教育的最终结果。

到了20世纪后期,由美国联邦教育部主导的一项调查拓展了教育机会均等的内涵,人们开始意识到"教育机会均等"并没有一个统一、公认的概念,它是各利益主体相互作用的结果,并且随着这些利益的分化而不断变化。它主要包含以下几方面的内容:第一,学校投入上的平等;第二,消除种族隔离;第三,学校教育的影响平等;第四,相同背景和能力的学生教育结果平等;第五,不同能力和背景的学生教育结果平等。其中第四个定义是这一时期教育机会均等的主要内涵。

在文章的最后部分,科尔曼提出了自己的教育机会均等观:教育机会的均等取决于学校教育影响和学校之外因素(如家庭背景、生活环境)的综合作用,完全的机会均等只有在校外影响消失时才能达到，然而在现实条件下，完全的机会均等只是一种理想状态。

《科尔曼报告》的形成是有其历史背景的：二战以来，教育机会均等问题成为西方国家教育政策所关注的热点问题，美国通过颁布《士兵法案》(1944)、"更高视野计划"(1950)、"头脑启迪计划"(1965)、《生计教育法》(1974)等一系列政策和法案以及"向贫困宣战"计划、"领先一步"计划等计划来实现对处境不利群体的补偿教育，以维护教育机会的公平。而重大政治决策需要有强有力的理论支柱，在这一背景下，科尔曼等人通过大规模的实证研究，对教育机会均等的历史发展、概念和内涵进行了深入探讨，报告提出，学校条件并不是主要因素，而学校之外的因素才决定了学生未来的发展。这一观点为改革的推行提供了理论上的支持，这也是该报告在美国教育政策文献中享有崇高地位的原因。

选文通过对教育机会均等概念的梳理，系统呈现了这一概念的缘起及其内涵不断丰富、发展的过程，为后续研究奠定了基础。通过这一梳理，不难看出，"教育机会均等"的内涵受到种种历史和社会条件的限定，在讨论这一概念时需考虑到社会生产结构以及教育中利益群体的活动等因素的作用，而不能抽象地、一般地进行分析。

除了系统梳理"教育机会均等"概念以外，选文还对这一概念的内涵进行了重新界定，确定了其结果均等观。文章指出，教育机会均等的程度取决于学校教育影响和学校之外的因素的综合作用。那么，导致教育不平等的因素就既包括学校条件的差距也包括学生家庭背景的差距，如血缘关系、土地、金融、社会资本，以及其所接受的既有教育都会导致教育机会的不平等。由此，追求平等不能仅仅考虑学校间投入上的平等，还应当关注学校中不同群体之间的差异，对弱势群体进行补偿，正如科尔曼在报告中所指出的"学校责任应当从学校质量的增加和将质量平均分配给每一个学生的成绩，转变为学生学习效果的平等"。可见，科尔曼的平等观是一种结果平等观，基于这种平等观的教育政策始终坚持弱势补偿原则，这一原则是当今世界教育改革的重要理念。不过需要指出的是，当前我国教育政策的一个基本价值追求是"机会公平"。《国家中长期教育改革和发展规划纲要(2010—2020年)》中指出"教育公平的关键是机会公平，基本要求是保障公民依法享有受教育的权利，重点是促进义务教育均衡发展和扶持困难群体，根本措施是合理配置教育资源，向农村地区、边远贫困地区和民族地区倾斜，加快缩小教育差距"。很明显，我国的教育机会的均等侧重于数量上的平等，强调经费投入的均衡化。而与此不同的是，科尔曼所理解的教育机会平等则非常全面，不仅包括入学机会、学习条件的平等，还强调追求学习效果的平等。很显然，科尔曼所持的平等观是一种更深层次的平等，当然，其实现需要政府强大的财政支持。对我国来说，科尔曼的教育平等观对于实现有质量的教育公平具有特殊的借鉴意义。

选文还给了我们一个重要启发：在美国，学校条件的好坏并不是影响学生未来发展的决定性因素，而社会资本的多寡对学生未来的发展则起着决定性的作用。然而在中国，一直以来决定学生未来发展的重要因素是学校条件，农村中学与城市的重点中学在条件上不可同日而语，在人才培养上也存在着极大的差距，随着原有封闭的高校招生和分配体制的打破，一个人所拥有的社会资本也愈发强烈地影响着他的未来职业发展。可见，中国的教育改革不仅需要达成"打破复制社会不平等"的目标，还承担着实现学校办学条件均衡化的重担。

然而，教育复制社会不平等的现象实际上难以根除，在中国是这样，在美国亦然，《科尔曼报告》所提出的"在影响不同群体学业成就的因素中，学校条件并不是最主要因素，而学校教育之外的因素（诸如家庭背景、生活环境）才决定了学生未来的发展"便是明证。那么，是否可以认为：教育天然就具有复制社会不平等的属性？如果是的话，教育改革是否面临着不可逾越的鸿沟？教育政策应当如何实现最大限度的社会公平？这些问题仍然值得我们深思。

选文正文

社会成员持有的教育机会均等的观念有一段多变的历史。近年来，它从根本上发生了变革，而且有可能在将来不断得到更新。这一观念的非稳定性导致了以下几个问题：教育机会均等过去意味着什么？现在意味着什么？将来又意味着什么？谁承担提供这种均等的义务？这种观念基本上是合理的，还是与社会组织之间有着固有的矛盾与冲突？从社会的角度来看，它的历史与现实的含义是什么？

为了回答这些问题，有必要考察一下不同历史时期人们如何看待儿童在社会中的地位。在前工业化时期的欧洲，儿童的视野主要被囿于他们自己的家庭。儿童的终生职业很可能与父亲相同。若父亲是农奴，其子女则可能终生为奴；若父亲是位鞋匠，其子也可能是名鞋匠。然而，甚至连职业上的非流动性也不是该问题的关键，因为子女是家庭生产企业的成员，并且很可能终生滞留在他们的家庭生产企业内。大家庭，作为社会组织的基本单位，对子女享有绝对的权威和负有完全的责任。一般地说，这种责任即便在子女成人之后也不会解除，因为他仍然是该经济单位的成员，要继承对下一代尽责的传统。尽管当时也存在一些家庭外的职业流动，但一般模式是以父系亲属制为基础的家庭承袭。

该模式具有两个重要的因素。第一，家庭对其成员从出生至死亡的福利承担责任。既然每个大家庭是作为其成员的福利组织而尽责的，它无疑是一个"福利团体"，故而责成其成员多生产就会给家庭带来利益。与此相反，一个家庭对其他家庭的成员是否多生产则不甚关心，这正是因为各家庭经济单位之间较少发生生产力的流动。假若一位邻居允许其子女游手好闲，这除了会影响他自己的家庭外,不会对其他家庭产生实际的影响。

第二个重要因素是,家庭作为经济生产的单位,为子女提供了能够学习那些需要掌握的技能的合适环境。工匠的作坊或农人的田地便是训练儿子的理想场地,而家庭则是训练女儿的合适场所。

在这种社会里根本谈不上教育机会均等的观念。儿童与成人都被禁锢在一个大家庭内,成人对儿童的教育或训练仅仅局限于那些对维持家庭生产力似乎是必要的内容。大多数家庭从事的终身固定职业扼杀了"机会"这一思想的形成,更不用说机会均等了。

由于工业革命的来临,家庭作为自我生存的经济单位和训练场所的双重功能发生了变化。家庭之外的各种经济组织的崛起,使儿童开始了家庭外的职业流动。随着家庭不再具备从事经济活动的功能,其福利功能也开始丧失,从而使穷人及残疾者的赡养更近乎一种社区责任。这样,儿童接受的训练逐渐成为全体社区成员共同关心的问题,无论他们是未来的雇主还是没有劳动能力儿童的经济赡养人。例如处于这一发展阶段的英国,因为考虑到移民可能带来的经济负担,各地颁布了禁止其他社区移民入境的法令。

进而,随着人们开始在各种家庭外的新型工厂出卖劳力,他们的家庭就不再是一个对其子女进行经济训练的有用场所。这些变化为公共教育的兴起开辟了道路。此时,家庭开始需要一个能供其子女学习以利于外出谋生的一般技能的环境,社区中有影响的人物也开始对作为潜在生产力的他人子女发生兴趣。

19世纪初,公共教育在欧美问世。在此之前,由于商人阶级的扩大,私人办学已经有所发展。这个阶级既产生了让其子女在家庭外接受教育的需要,又拥有让其子女接受专业或新兴贸易业教育的资源。然而,为所有儿童提供普通教育机会的思想于19世纪才形成。

公共教育和税收资助教育的问世,不仅是工业发展阶段的一种功能,而且还是该社会阶级结构的一种功能。在美国,由于不存在一个势力强大的传统阶级结构,公立免费学校的全民教育于19世纪初即开始盛行。但是在英国,由教会创办和管理的"民办小学"(除少数国立外),直至1870年的教育法令颁布之后才通过国立制度获得资助。甚至教育机会的性质也是阶级结构的反映。在美国,公立学校迅速成为所有阶级的子女均可入学的公费学校,它向大多数美国儿童、不能进学校的穷苦人、没有创办学校的印第安人和南部黑人提供普通教育的机会,唯独不包括那些上私立学校的上层阶级子弟。可是,在英国,学校是阶级制度的直接体现。公立教育,即人们称之的"寄宿学校"成为下层劳动阶级的学校,它们开设的课程与为中上层阶级服务的民办小学开设的课程迥然相异。这两种学校之间的分界如此泾渭分明,以致政府为此而设置了两个部门——教育部与科学艺术部。前者主管寄宿学校学生的中学升学考试,后者主管民办小学学生的中学升学考试;唯有修完后者的课程并且考试及格者方可升入高等学校。

最引人注目的是这种双轨制产生的双重影响。即便在一个世纪后的今日英格兰(和以不同形式存在的大多数欧洲国家),公立中等教育的结构仍然是双轨的,只有一条轨道允许升入高校。在英国,这条轨道包括继续存在的民办小学,虽然它仍旧具有私立的性质,但已成为国立体制的一部分。

美英两国的比较,清楚地表明:社会的阶级结构影响着那一社会的教育机会均等的观念。在19世纪的英国,人们几乎不曾萌发教育机会均等的思想。设立这种学制的目的是向儿童提供适合于个人终身职业的差异性教育机会。在美国,由于广大农业社会的等级制与封建结构的存在,南部黑人根本就没有受教育的机会。由此推断,蕴含于1870年教育法令中的差异性教育机会的思想似乎源于双重的需要:一是出于工业化对劳动力进行基础教育的需要;二是出于父母对子女接受良好教育的需要。中产阶级通过分别建立一个为劳动阶级子女的免费制度和为自己子女的学费制度(它不久就获得国家资助)来满足这两种需要。这种分流制度之所以长期存在,不但有赖于民办小学先于公立制度出现的这一历史事实,而且还有赖于它同时满足了社会对熟练劳动力的集体需要和中产阶级对其子女获得良好教育的个人需要这一事实。除此之外,它还满足了第三种需要:维护现存的社会秩序——一个距世袭等级制只有一步之遥的阶层化制度,建立这一制度的目的是为了防止劳动阶级子女对中产阶级子女的就业构成普遍的威胁。

这个制度和美国南部为黑人与白人提供的分流教育制度具有惊人的雷同,恰如19世纪中叶英国的阶级结构与20世纪上叶美国南部的白人—黑人等级结构有许多相似性一样。

在美国,教育机会的观念几乎在一开始就有注重均等的特殊意义。这种意义包括以下几个要素:

(1)向人们提供达到某一规定水平的免费教育,它构成了劳动力的主要输入口。

(2)为所有的儿童,不论社会背景如何,提供普通课程。

(3)部分出于一定的目的,部分由于人口密度低,为不同社会背景的儿童提供进入同样学校的机会。

(4)由于地方税收提供了创办学校的资源,故而在给定地区范围内提供均等机会。

尽管现在仍有许多人持有机会均等的观念,但已对它作了一些不易觉察的假设。首先它被含蓄地认为免费学校的存在消灭了机会不均等的经济根源。然而,免费学校绝不意味着儿童的教育成本对任何经济水平的家庭都同样为零。当实施免费教育时,仍有许多家庭无法供养较大的子女上学,因为他的劳动无论对地处农村或城市的家庭来说都是必不可少的。甚至在儿童劳动法颁布后，这种状况在农场还依然如故。虽然机会不均等的经济根源已经变得不重要了（直至中等教育），但它曾一度是机会不均等的主要根源。在某些国家里，它仍然是机会不均等的主要根源。当然，高等教育也是如此。

除了家庭的经济需要之外，社会结构中的某些固有的问题对教育机会均等提出了更加根本的质疑。继续上学妨碍了儿童接受父亲的职业训练。这样，在利用"均等的教育机会"的过程中，工匠或手艺人的儿子丧失了他最可能从事的职业的机会。然而，在各个社会阶层中，家庭职业的承袭现象仍十分普遍，就业年龄仍然很小，结果，那种中等教育阻碍了劳动阶级的子女获取职业的机会。当它在为社会的上层阶级大开机会之门的同时，却把下层阶级拒之门外。

既然今日的美国社会仍然存在这一社会结构的残骸，我们就不能完全无视这个两难问题。尽管提供普通教育机会的思想意味着该经验仅仅对扩大机会的范围发生效应，而绝不会对排斥机会产生效应。显然，只要这种机会阻碍了儿童对某种职业途径的追求，我们就不能说真正实现了教育机会均等。这个问题在具有分流性的中等课程中同样存在：中等学校的教学计划不仅对扩大继续教育的机会，而且对接受职业教育计划的机会都产生了阻碍作用。

机会均等观念包含的第二个假设是：机会寓于某种特定课程的接触之中。机会的多少视儿童学习的课程水平的高低而定。对某些儿童来说，所达到的课程水平越高，所获得的机会就越多。

这一假设最为有趣的一点是，学校的作用同社会的作用与儿童的作用相比起来相对消极。学校的义务是为儿童的地理上的便利和免费教育（不包括儿童的时间价值）"提供机会"，提供进入高等学校的课程。"运用机会"的义务则由儿童或家庭承担，所以儿童的作用被界说为积极的，他肩负着追求成就的重任。尽管存在着学校的作用相对消极、儿童与家庭的作用相对积极这一事实，但是家庭与儿童很快就丧失了这一社会服务的抉择权，而由国家取而代之。自从 19 世纪颁布义务教育法以来，法定的入学年龄不断提前。

在 19 世纪和 20 世纪实施公立教育的大部分时期内，教育机会均等的观念一直含蓄地表现在绝大多数教学实践中。但它一直面临着几大挑战，因为公共教育条件的新变化引起了一些严重的问题。在美国，人们首先对第二个假设——实施普通课程——提出了挑战。由于初等教育的发展，这一挑战于 20 世纪初露端倪。直至 1918 年全国教育委员会的报告发布之前，中等学校的标准课程主要是适合于升学的古典课程。中学中不能升入高校的青年人数的剧增，使课程必然向着更适合于大多数人的新的需要的方向改革。当然，这并不是说学校中的课程迅速地发生了变化，也并不是说所有的学校都进行了同样的改革，而是要说明全国教育委员会报告中的 7 条"基本原则"，对要求减少课程的学究式和刻板性的课程改革运动产生了强烈的影响。然而当时的情况是，各校却很少采用新型的非古典课程,其借口是这会在准备升高校的学生与不能继续升学的学生之间制造冲突。"不均等"被看成是由于采用了为少数人服务而不是为满足大多数人需要的课程。课程改革的目的是使课程适合于学校中大多数人的需要。

在许多学校中,改革表现为多样化课程取代以往的修完一门再修一门的单一课程。至于为进学院准备的课程,尽管其质量已有所下降,但仍被保留下来。这样,在新设计的中学课程中出现的机会均等的观念与较早出现在初等学校中的机会均等的观念遂有本质的区别。新型中等学校课程中固有的机会均等的思想,在人们看来就是向中等学校毕业生提供多种就业途径。换言之,对于一位不能上大学的男生来说,修完一门专业课程比学习一门为上大学而设置的必修课程更可以获得均等的教育机会。

这个定义的唯一难解之处是:它被认为是向人们提供或然性的事物,即某个特定的男孩将对中学后是就业还是继续升学作出抉择。一则,假定中学的新生班级中有将近70%的学生不能升入高校,那么,一旦规定某个学生应学习为70%的学生而设置的课程,也就断送了他上大学的机会;二则,若规定全部的学生应学习为30%的升学学生而设置的课程,同样就是对70%不能升学的高中毕业生的不均等。这确实是一个两难问题,而且没有一个学制已完全加以解决。由于青年人中学毕业后可以选择各种不同的途径,因此它比大学与非大学的两分法更普遍。例如在英国,一位准备升大学的学生必须主修文科或理科课程。德国的古典中学也作了同样的划分,它完全是在准备升高校的群体中进行的。在非大学课程中,人们还可以发现名目更加繁多的专业,特别是在职业、技术和贸易中学。

此时教育机会均等观念的显著特点被认为是向儿童提供期望的未来,而以前讨论的机会均等观念则是向儿童完全展现他的未来。这种分流性课程的观念正是利用了学生对未来的期望,把学生与课程相匹配。值得注意的是,最初出现的教育机会均等的简单观念比较适合于所有儿童都掌握读、写、算基本工具的初等学校,而多种前景的问题只在中等学校产生。还应注意的是,这个两难问题要直接归因于社会结构本身。假若根本不存在社会流动,人人都终身从属于某一固定的阶层,那么这种定向课程就会向与之相关的那一社会结构的人们提供均等机会。正因为代际之间存在着高层次的职业流动,即较多的就业机会上的均等,才产生了这个两难问题。

教育机会均等的第一个演变阶段主张所有的儿童必须在同样的学校学习同样的课程。它的第二个演变阶段是认为不同的儿童会有不同的职业前景,机会均等必须向每种类型的学生提供不同的课程。由于持反对意见的人向教育机会均等的基本思想提出了挑战,这一观念进入了第三和第四个演变阶段。第三个阶段被认为至少可追溯到1896年联邦最高法院确认南方各州设立"隔离与平等"的公共设施的提议起,直至1954年联邦最高法院裁定合法的种族隔离必定会产生机会不均等。南方各州在采纳"隔离与平等"的决议的同时,却否决了机会均等的最初观念中的第三个假设,即假定均等依赖于是否有上同样学校的机会。但是,这种否决与最初观念的总逻辑是符合的,因为在同样的学校上学乃是那个逻辑的内在组成部分。而支持该观念的理论基础则是机会寓于课程的接触之中。社会的责任是提供这种接触,儿童的责任则是利用这种接触。

这种潜在思想的蔓延给联邦最高法院带来了麻烦。显然,即使种族隔离学校具备同样的设备、发放同样的教师薪金,在某种意义上来说,仍不存在真正的教育机会均等。这种状况在英国是以不同的形式长期存在的。由于英国同时存在着"平民学校"与"民办小学",所以没有人会误认为已实现了完全的教育机会均等。但是教育机会不均等的根源仍旧是一种不可言状的情感。当联邦最高法院的决议颁布后,这种不可言状的情感开始以更精确的形式表现出来。其实质是,这类种族隔离学校有着(或可能有)不同的教学结果。从而注重教学结果的机会均等观念开始形成。联邦最高法院的决议实际上混淆了两个毫无联系的前提:只考虑结果的新观念和以种族分配学校践踏基本自由的合法前提。但是,对教育机会均等观念发生最重要的影响是引进了一个新的不同假设:机会均等在某种意义上有赖于学校教育的结果。我相信,若联邦最高法院的决议不是基于教学的结果而是基于侵犯自由,那么其立论就更充足。然而,通过提出教学结果的问题,联邦最高法院使隐藏在教育机会均等观念内的目标明朗化了,也就是说,这一目标必须与学校教育的结果相联系,而最初的教育机会均等的观念是难于指向这一目标的。

实际上,隐藏在机会均等观念之后的这些目标,可通过一个简单的思想实验来证明。假设早期的学校一周仅上一学时的课,且允许社会各阶层的子女入学,那就明显符合早期机会均等观念的假设,因为学校是免费的,开设普通课程,允许该地区的所有儿童就读。但即使在那个时期,它显然没有被认为已提供了均等机会。它的效益太低,况且中上层阶级家庭无论是在家里请家庭教师指导,还是让其子女上私立补习学校所追加的教育都导致了严重的不均等。

由此可见,这种以教育效果或结果为基础的机会均等观念,直至1954年才在联邦最高法院公布的决议中有所披露。然而这并没有完结,它产生的问题比解决的更多。也许它允许人们从宏观上去评价不均等的现象。例如南方学校的双轨制产生的不均等,或像我刚才在思想实验中提到的那种体制所产生的不均等,仅此而已。

更令人混淆不清的是,决议并非用学校教育结果作为不均等的标准,而是作为种族合校的理由。从此种族合校就作为教育机会均等观念的新型理论基础而问世。这样,曾一度被认为是教育机会均等观念的基本要素——注重学校教育结果的思想——很快就被另一种思想即种族合校的标准所取代。

　　我个人认为,教育机会均等观念演变的下一阶段始于教育机会均等教育调查处的成立。这个调查,是在 1964 年民权法案责成各州教育厅长对美国各种族及群体缺乏均等教育机会进行评估的背景下展开的。这个观念的演变以及这一演变带来的观念上的混乱,使对这一观念的界说更加困难。最初的机会均等观念可以根据所有儿童允许进入同样的学校,学习同样课程,享受免费教育的程度来确定。要对适合学生不同前景的多样化中等课程的存在作出评价,这是比较容易的,但指定某个儿童学习某种特定课程,则意味着接受了那种职业前途定向的均等观念。而引用新的解释,即以学校教育结果来评价均等和以种族合校来界说均等,则使该问题更加混乱。

　　结果,在设计该项调查中明显地不存在单一的教育机会均等观念,该项调查必须为各种不同的机会均等观念提供有关信息。我们对确定调查计划的内部备忘录的一部分进行了复达,从中可以看出这样做的理论基础。

　　构思中的第二个要点(这一结论的意义仅次于发现了国会意图的意义。这项调查的目的,并不是为了追究蓄意的种族歧视,而是为了确定与当局意图无关的不均等现象),是从第一个要点延伸出来的,与不均等的界说有一定的联系。第一种类型的不均等是以社区对学校的投入差异来界说的,如每个学生的费用、校舍、图书馆、教师素质等等。

　　第二种类型的不均等可以根据学校的种族构成加以界说。它是继联邦最高法院作出隔离的学校教育是一种固有的不平等的裁定之后出现的。根据前一种界说则排除了种族隔离带来的不均等问题,而根据后一种界说,只要该体系内的学校由不同的种族构成,学校体系内就存在教育不均等现象。

　　第三种类型的不均等包括学校的各种无形的特点,以及可直接归因于社区对学校投入的某些因素。这些无形的特点包括教师的德行、教师对学生的期望、学生在学习上的兴趣水平等等。其中任何一个因素都可能影响学校对学生的作用。然而这种界说并没有启示人们领悟问题的关键所在,也没有说明这些因素如何与学校不均等相联系。

　　所以,第四种类型的不均等,可根据学校对背景相同和能力相同的个体所产生的教育结果来界说。在这一界说中,若给予个人相同的投入,教育机会均等就是结果的均等。根据这一界说,不均等可能源于学校投入和(或)种族构成上的差异及(或)上述多种无形的因素。

　　这种界说需要分两步来确定不均等。首先,必须确定影响教育结果(要考虑到广义的结果,不仅包括学业成就,还包括学习态度、自我意象或其他变量)的各种不同因素,这就为根据学校对学生的效应而评定学校质量的各种测量提供了条件。其次,一旦因素确定,就必须对学校质量进行测量,确定黑人(或其他群体)与白人在进入低质量与高质量学校上存在的机会差异。

　　第五种类型的不均等可根据学校对具有不同背景和不同能力的个人产生

的教育结果来界说。根据这一界说,教育机会均等是在个人投入不同的条件下获得均等的教育。这种不均等的最显著的实例通常是出生于非英语家庭的儿童,如家里说西班牙语、那伐鹤语的儿童。另一实例是,成绩差的儿童通常出生于言语表达贫乏的家庭或缺乏某些促进概括能力发展经验的家庭。

这一极端形式的界说意味着,只有当少数民族、少数宗教派别与占有支配地位的民族、占有支配地位的宗教群体获得相同的教育结果(成就与态度)时,才实现教育机会均等。

备忘录的另一部分还说明了设计这项调查的依据,这项研究的重点主要放在第四种界说上,同时也为所有的五种界说尽可能提供信息。这就确保了与不均等界说有着明显必然联系的多元论的存在。注重第四种界说的主要理由是,这种接近法的结果能够最佳地转变为提高教育效果的政策。虽然最初的两种接近法(学校的无形投入和种族隔离)的结果当然也能转变为政策,但没有确凿的证据表明这些政策能够提高教育效果。贯彻第五种界说的政策必然能提高教育效果,但此项研究似乎不大可能提供足以指导这些政策的信息。

总而言之,有一点是很明确的:我们的任务不是制定政策,而是界说均等的构成。这种界说的形成必然是各种利益相互作用的结果,而且随着这些利益的变化而变化。我们的责任是,对目前使用的看来是以合理的方式所界说的不均等现状进行披露。

这次调查由于融合了各种教育机会均等观念,在当时就被认为是一种多元的方法。尽管这次调查的公开意图并不是对这些不同的机会均等观念作出裁决,但我仍然认为,这次调查使机会均等观念进入了一个崭新的演变阶段。这项调查所要说明的五种均等的定义,可以明显地分为两类。前三种界说涉及投入资源:第一种涉及因学校行政的作用而输入的资源(设备、课程和教师);第二种涉及学生输入的资源,在教育背景中,他们的存在是有利于学校的发展的;第三种涉及因上述所有因素的交互作用而形成的无形特点,诸如道德等。第四、五种界说则涉及教育的结果。这样,五种界说便可以区分为三种与学校的投入有关,两种与教育的结果有关。诚然,该项调查报告公布时,它并没有提供测定均等的五种不同的数量,也就是说,它没有分别为每一种界说限定一种数量,但却非常重视对这些界说进行区分。在第二章中,提供了与第一、二种界说有关的投入不均等的信息。在第三章中,提供了与第四、五种界说有关的结果不均等的信息,以及与第四、五种界说有关的投入与效益关系的信息。

虽然投入与效益的关系不是本文讨论的中心,但我们还是颇有兴趣地注意到,这次把学校的投入与学业成就联系起来的考察已表明,白人和黑人学生基本相似的投入特点很少对他们的学业成就产生影响。下面是黑人学校与白人学校之间差异的重要性的排列:最不重要的是设备和课程上的差异,其次是教师素质上的差异,最重要的乃是学生的教育背景上的差异。这些投入对黑人学生学业成就的重要性的次序与上述次序相同:最不重要的是设备条件和课程,其次是教师素质,最重要的是学生背景。

由于对投入与产出作了清晰的区分,由于同时注重投入与产出两个方面,这项研究报告彻底揭示了一直在支持全部教育机会均等观念而绝大部分仍含糊不清的理论基础:即机会均等观念意味着机会的效益均等。换言之,均等寓于对学习起作用的基本因素之中。我推测,由于对投入的界说之模糊而使这一观点隐晦不清,大概是教育研究直至最近才为揭示某些有效因素做了一些初步工作的原因。围绕这一报告的争论表明,对结果的测量存在着尖锐的分歧。而争论的焦点是,投入的结果是否构成了评价学校质量(即机会均等)的依据,从而取代了使用某些特定的投入之数量作为测定质量的依据(如小班是否肯定比大班好,薪金高的教师是否肯定比薪金低的教师好)。

如果事情这样来处置,即仅以教育的结果而不是以投入作为机会均等观念的依据,问题就能得到解决的话,那确实是太幸运了,然而事实并非如此。上述提及的第四、五种界说之间的矛盾就说明了这一点。我再一次用上述的思想实验:即假设在同等条件下为所有的儿童提供每周一小时的标准教育来说明这个矛盾。根据第四种界说,对儿童的全部背景差异进行控制,那么黑人与白人儿童的学习结果就应是相等的。因而根据这种界说,也就实现了机会均等。但是,如此微量的教育只能产生很小的效果,故而那些出生于良好的教育背景的儿童享受的教育机会要远远超过其他儿童。又因为这些教育背景优良的儿童常常是白人儿童,因此白人儿童与黑人儿童的总学业成就存在着巨大的差距,而根据第五种界说,这就是机会不均等。

从这个假定的思想实验中,虽然可以看出机会均等的构成问题并没有解决。该问题从教育调查处对某些调查结果绘制的图表中更清楚地反映出来。图1中最上方的一条线表示东北部各城市一、三、六、九、十二年级的白人学生的言语技能成就。第二条线表示南部各农村上述各年级的白人学生的言语技能成就。第三条线表示东北部各城市上述各年级的黑人学生的言语技能成就。第四条线表示南部农村的上述各年级的黑人学生的言语技能成就。

当与东北部各城市的白人学生比较时,其他三组的线条呈现的形式各不相同。与南部农村的白人学生比较,两个黑人学生组在一年级开始时几乎在同一起点上。随着年级的增高而逐渐分化;与东北部城市黑人学生比较,两组在一年级就存在很大的差距,并且一直保持这种距离;与南部农村的黑人学生比较,两组一开始就出现很大的差距,并且随着年级的增高差距越来越大。

这些线条中究竟哪一条表示了地区和种族群体之间的教育机会均等呢?哪一条表示了最严重的机会不均等呢?我认为第二个问题比第一个容易回答。上述最后一次比较所表明的两组起点的差距和随着年级升高(一至十二年级)

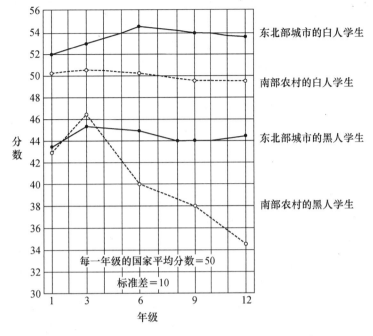

图 1 根据种族与地区划分的不同年级水平的言语技能成就模式

而差距增大这一状况,最有力地说明了存在着最严重的不均等。与南部农村的白人学生所作的第一次比较所显示的年级升高差距越大的状况也说明了机会不均等的存在。然而第二次比较中显示的东北部城市的白人学生与黑人学生之间出现的几乎恒常的差距说明了什么? 是机会均等吗? 我看不是的。事实上,它仅仅意味着在校期间黑人学生的平均成就水平与白人学生的平均成就水平的差距和他们入学时的差距几乎相等。若是这样的话,只有15%的黑人学生的平均成绩高于白人学生的平均成绩,而85%的黑人学生则低于白人学生。我们不妨这样认为,在没有上学时,由于家庭环境的差异,成就曲线就已经分化,或者说它们也许已经保持了同样的差距,就像这张图表中所示的一样(虽然两组在入学时都处于较低的成就水平)。假使是上述第一种情况,两条曲线一直保持平行,我们也许可以说学校对实现教育机会均等发挥了作用。但是在缺乏这种了解的情况下,我们就不能贸然断定了。

在这张示意图里,完全的教育机会均等是怎样的呢? 也许有人会据理争辩,它应该显示出一种辐合的趋势,纵然两组学生入学时的平均技能水平有所不同,但入学后水平低的平均成绩会上升,最后与水平高的那个组恰好重合。附带说明一下,我应该特别指出的是,这并不是说所有学生的学业成就都逐渐趋于等同,而仅仅是说最初水平不同的两组学生的平均成绩逐渐趋于一致。而学生个体在分数上存在的差异可能与二年级时存在的差异一样大或更大些。

然而,机会均等的界说仍有一些严重的问题。它意味着在整个学校期间不存在影响学业成就的其他因素,例如影响学生在校 12 年学业成就的家庭环境,尽管这些因素实际上对这两组学生的影响确有不同。具体地说,这个界说的含义是白人家庭环境(主要是中产阶级)与黑人家庭环境(主要是下层阶级)不会对学生的平均学业成就的不同产生影响。这种假设看起来非常不切实际。尤其是鉴于家庭背景对学业成就的普遍重要性,这种假设更应受到怀疑。

但是,如果我们承认家庭环境影响的可能性,那么它们造成的影响到何种程度才不算教育机会不均等呢? 整个学校期间的成就水平是一种恒常的差异,还是递增的差异? 这些无法回答的问题使人们领悟到教育机会均等观念的新的演变阶段的来临。这些问题关系到两组影响的相对强度:一组是黑人学生与白人学生基本相似的影响(主要是校内影响);一组是不同的影响(主要是家庭或邻里的影响)。如果学校影响不仅对黑人学生和白人学生相似,而且比其他影响更强,那么这两组学生的平均学业成就会趋于一致。如果学校的影响非常弱,那么两组的平均成绩就会分化。更为一般地说,一致性的学校影响与差别性的校外影响的相对强度决定了教育制度在提供机会均等上的有效性。从这一观点来看,完全的机会均等只有当全部差别性校外影响消失时才能实现,这一条件只有在寄宿学校创建后才可能存在。由于存在着差别性校外影响,机会均等只可能是一种接近,永远也不可能完全实现。这样教育机会均等的观念就演变为一种近似的机会均等观念。这种近似性不仅是由教育投入的均等决定的,而且还是由学校的影响与校外的差别性影响的相对强度决定的。换言之,产出的均等不完全由资源投入的均等决定,还由这些资源对学业成就产生的效力决定。

这就是现在的教育机会均等观念的立足点。我们已经剖析了一个半世纪前最初的机会均等观念形成后的演变过程,而它与经过第一次演变的观念有很大的差异。如果我们对上面提到的目前观念的深刻含义进行剖析,那么它与从前观念的差异就更显著了。在对最初观念的描述中,我曾指出社区与教育机构的作用是相对消极的,它们只被人们指望提供一些免费的公共资源,而有效地利用这些资源的责任则落在儿童和他的家庭肩上。然而教育机会均等观念的演变,已逆置了学校、社区、儿童和家庭的作用。如上所述,目前大多数机会均等观念意味着创造学业成就的责任应由教育机构,而不是由儿童来承担。十二年级黑人和白人学生之间的平均成就的差异实际上是机会不均等的程度,而减少这种不均等是学校的责任。这种责任上的逆置遵循着一定的逻辑顺序,它随着教育机会均等观念从学校资源投入的均等演变为学校教学结果的均等而发生转变。如同前几年一样,学校的责任已从公平地增加与分配它的"均等",变为增加学生学业成就的均等。这是一个令人注目的转变,一个必然会对今后的教育实践产生深刻影响的转变。

(何 瑾 译 余 晖 校)

提高发展中国家的教育质量的政策[①]

布鲁斯·福勒

作者简介

布鲁斯·福勒（Bruce Fuller），美国知名教育政策学家。1983—1985 年在马里兰大学任教，1984—1990 年在世界银行、美国政府国际发展部门任职，1990—1996 年在哈佛大学任教，1996 年至今任加州伯克利大学教育学院教授。他的研究方向包括公共政策、儿童和教育社会学、比较社会学和政策学。其代表性的著作有：《多元文化中的学校和社会资本》（*Schooling and Social Capital in Diverse Cultures*，2002）、《政府面临的文化：地方民主的斗争》（*Government Confronts Culture：The Struggle for Local Democracy*，1999）、《谁选择、谁失败？择校中的文化、组织和不平等因素》（*Who Chooses，Who Loses？Culture，Institutions，and the Unequal Effects of School Choice*，1996）、《教育领域的政治结构：国家，学校扩张以及经济变革》（*The Political Construction of Education：The State，School Expansion，and Economic Change*，1992）。

选文简介、点评

选文集中讨论了提高发展中国家学校教育质量的几种政策模式，文章中的讨论并非宏观意义上的泛泛而谈，而是结合发展中国家的若干特点，从微观层面剖析了几种政策模式的优缺点。文章对于教育政策模式的划分清晰准确，对各种教育政策模式的优缺点分析科学合理，因此其结论无论对于教育政策研究者还是政策制定者而言都具有重要的参考价值。

该文以发展中国家为讨论对象，分析了三种提高学校质量的政策模式，分别是：（1）增加学校的各种投入；（2）授权给教师个人；（3）使学校组织更有凝聚力、更专业。在这三种政策模式中，作者更强调最后一种模式的意义。

文章开篇即指出，发展中国家与发达国家的教育质量差距正在拉大，接着讨论了学校质量的内涵以及决定学校质量的因素，主要包括教学和课堂管理、校级管理、家庭、政府和公共机构的影响。

接下来的一部分讨论了提高发展中国家教育质量的三种政策模式：第一种

① ［瑞］托尔斯顿·胡森，［德］T.N.波斯尔斯韦特.教育大百科全书（第一卷）[M]. 张斌贤，等译.重庆：西南师范大学出版社；海口：海南出版社，2006：478-487.

是通过增加学校的各种投入来提升学校质量。这种政策模式的提出是基于"产品—功能"的理念，这种分析模式在经济学以及政策分析领域得到了广泛的运用。在"产品—功能"模式中，实践者所需要关心的问题主要有五个：（1）除了家庭背景对学生的影响，学校质量的高低对学生学业成就的影响有多大？（2）在学校教育中，哪些方面的投入能够有效促进学生的学业成就？（3）哪些方面的投入不能够促进学生的学业成就？（4）教育投入是怎样影响教学实践的？（5）在众多备选方案中，哪些方案符合"成本—效益"的要求？然而，这种模式存在的问题是：片面关注教育投入的作用，忽视了家庭和社会因素对学生学业成就的影响。第二种模式旨在充分发挥教师的作用。因为研究表明，在第三世界国家，学生的学业成就在很大程度上与教师的素质有关。然而，这种政策模式也存在着不可避免的缺陷：它只关注了教师、课程等外在因素对学生的影响，而没有深入讨论隐藏在班级中的"社会规则"的作用。第三种政策模式就是针对上述两种模式的弊端而提出的，因为前两种模式仅仅是分散而独行其是的，难以从更深的层面提升学校的整体质量。而第三种模式则强调学校组织中参与方式和规则的作用，突出了批评性反馈、成员参与等方式在提升学校质量方面的作用。

在后一个部分中，作者对第三种模式的内涵进行了延伸，提出后续的研究和实践应当关注教师与学生社交规则的构建。例如，在教学活动中谁能发言，什么时候发言？谁的信息更权威？在文章的结尾，作者提出教育政策应当关注一些基本的问题，如班级生活中的社交原则，而不应仅仅局限于资源投入和教师培训。

该文入选了胡森的《教育大百科全书》，它是西方学者中讨论教育质量问题的少有的经典之作。在研究的视角上，该文更强调微观领域的研究，从学校的层面进行讨论，对于我国的研究者和实践者具有较强的借鉴意义。

文章提出教育政策应当参与教师与学生社交规则的构建，而不是仅仅从外部进行投入和培训教师，只有改变学校组织的参与规则才能够从更深的层面上提升教育质量。这种分析问题的视角体现了当前教育政策研究的时代特征，即"研究微观领域、实践领域的政策问题，强调政策研究的应用性"，而非仅仅注重教育政策理论框架的构建。

选文的新意在于对提升学校质量的政策进行了划分，归纳出三种政策模式，这三种模式反映出实践中构建政策问题的三类不同方式，为我们讨论实际问题提供了一个分析框架。福勒对于前两种模式的批评有助于对政策实践进行改进。他认为，在"增加投入"的模式中，政策制定者把学校教育质量作为一个"黑箱"，对其内部运作的规则并不做细致分析，只是从外部探讨"投入—产出"的效益，这种政策模式虽然可操作性强但难以抓住问题的核心，有流于形式之嫌。对于"发挥教师作用"模式，他指出，政策制定者以教师的活动为切入点对学校教育质量进行分析，抓住了学校教育政策中的一个核心问题。然而，这种政策模式依旧没有抓住决定教育质量的核心问题（即隐藏在班级中的"社会规则"），因此该模式的成效只能是流于形式的。

在分析了前两种模式利弊的基础上，福勒对决定教育质量的"社会规则"进行了细致探讨，提出了第三种模式：这种政策模式属于政策活动的系统模式，它从微观、具体的层面探讨了学校运作中的参与和规则问题，在此基础上提出教育政策应当重视学校中的参与方式和规则的作用，其对于实践活动无疑具有较强的解释力。作者肯定了第三种模式的作用，并提出后续的研究和实践应当关注教师与学生社交规则的构建，引导研究者对学校教育政策进行微观研究，并为将来的研究勾勒了方向。

在阅读文章的过程中，读者可以有意识地思考以下几个问题：教育质量的内涵是什么？教育政策能否直接提高学校教学质量？第三种模式与第一、二两种模式的根本区别是什么？第三种模式的缺陷是什么？将来应当如何完善？

选文正文

怎样更好地提高学校教育质量和教师的工作效率问题，无论在西方国家还是在第三世界国家都一直争论不休。在发展中国家，教育质量是参差不齐的，它们的教育政策和学校的办学条件与我们在发达国家所见到的有着巨大的差距。证据也显示，特别在最贫穷的第三世界国家，基础教育的质量只是在维持现有水平甚至在下降。

早在 20 世纪 70 年代，人们开始着手对学校教学质量进行实验研究，教育改革对课堂教学和学生的学业成绩产生了或多或少的影响，对此，我们已经有了些了解。这里我们主要讨论以下问题：（1）决策者怎样给学校教育质量和其效益下定义；（2）依照学校所说的投入和过程的组织对学生所取得的成就进行解释；（3）可选择的干预和政策在强化这些模式当中所起的真正作用。它包括为学校质量的研究提出了新的方向，并以概要的形式得出结论，这可能需要扩大中央政府所起的作用。在本百科全书的其他条文里更详细探讨了教学问题应当是决策者感兴趣的问题。

1. 发展中国家的教育质量是否在下降

在全球范围内，在研究学校效益问题时，从西方国家引进的关于教育质量模型和政策干预形式继续占据主流。然而，有关证据很清楚地表明：研究发现第三世界国家的办学条件和第一世界国家的办学条件有天壤之别，即使同属发展中国家其差异也是巨大的。在工业化国家里，一个普通孩子每年接受 900 小时的教育，享受 52 美元的教育资源。与此相比，一个典型的第三世界的孩子——如果他上学的话——只有 500 小时上学时间和少于 2 美元的教育资源。1965 年，工业国家对每个小学生的投入是第三世界国家所能支付的 20 倍以上。到 1985 年，这个生均投入差异的比例已经扩大到 50 倍以上（Lockheed & Verspoor，1991）。当然，对每个学生的经费投入并不是影响学生成绩的唯一因素

(Hanushek，1986)，在许多发展中国家，它只是与所取得的成绩有一定的关联(Fuller，1987)。南北教育质量的差距不是个新问题，但是这个差距越来越大，情况也越来越糟糕。

第三世界的教育质量的发展趋势难被识别，进行跨国的归纳总结也难以实现，这是由于所提供的跨国之间的（变量）存在着巨大的可变性。例如，公立中学的质量很大程度上能得到保护（保障），即使在最穷的国家里也是如此。但在小学阶段，许多发展中国家无法满足由于儿童人口激增而不断攀升的对教育的需求。39 个最贫穷的第三世界国家（年人均收入少于 600 美元）的每个学生在小学阶段的花费自 1965 年的 41 美元下降到 1985 年的 31 美元（以 1985 年美元计），降幅达 25％(Lockheed & Verspoor)。这种下降反映了教师队伍（和教师的薪水）的增长跟不上不断增长的对基础教育的需求。例如，在印度，这个时期的平均生师比由 41∶1 攀升至 46∶1。在马拉维，儿童的人口数量在急剧增加，学生与教师的比例已经由 41∶1 急升到 61∶1。证据显示，在过去的时间里，发展中国家取得的成就实际上是非常不足的——这不仅指投入，而且应当包括可以跟踪的学校的所有成果。

1.1　对学校质量下定义和政策的修订

公共政策旨在提高学校质量是基于三个竞争模式——怎样用可选的定义解释每一种模式而提高质量。每个解释性模式包含决策者在提高当地学校教学质量所要承担的责任及其干预的可信方法的假定。在提高教学质量上，三个模式都受到如下假定的影响，即研究的成果应该首先告知主要的决策者。这三个模式介绍如下：

（1）把公众资源配置到有关学校，实现投入的最有效率的组合，包括更高质量的教师和更多更好的教育资源。

（2）通过更好地控制课程内容，或者使教师的角色和工作条件专业化来提高教育的实践以及教师充分利用资料的水平。

（3）通过授权地方当局和提高教师的效能（效益）改变学校的管理及寻求公共责任实现的路径。

1.2　政策、成就的创造和孩子的社会化

20 世纪 60 年代中期，关于美国和英国的学校质量问题，有个惊人的发现：研究者发现，在考虑到孩子的家庭和社会阶层的背景时，学校的教育质量的不同对孩子成绩水平的影响并没有表现出很大的差异性(Coleman，et al.，1966；Peaker，1971)。这些研究基于一种"产品—功能模型"，它继续影响着怎样理解学校各个要素的运作，以及中央（核心）决策者在操纵这些有影响力的要素时所扮演的潜在的角色。在这个基本模式里，教室被看成是个接收不同"教育投入"的地方，而且这些资源因为某种原因而聚到一起，对学生的学习产生影响。政府的任务就是去说明为了提高学生成就，所需的投入应达到什么水平，需要多少种投入。

在西方国家,由于发现学校教育对学生成就的差异只起轻微的影响,促使他们下决心去研究在学校和教室范围内的"社会作用"的演变过程,或许这有助于解释为什么学生所取得的成绩不同的原因。20 年来在教学实践和班级组织的实验研究中处于领先地位的是科尔曼(Coleman)的划时代研究,这种对教育学和班级研究的方法也使人们重新焕发了研究的兴趣。一种新的研究方式出现了,其重点是把学校这一层次的管理看成是影响学校效益的可能因素。对父母选择方面的研究主要集中在政府或市场的责任形式,他们怎样对学校管理和教师的效益起着更好的影响。这一研究为采取何种控制手段以及当地校长(或父母)能够利用怎样的激励来提高学校教学质量带来广阔的空间。

这里回顾了三种学校质量研究方法中的经验主义模式。值得注意的是这些"机械模式"——把政策行为和学校、班级改变联系在一起——把教育看成是有限的、封闭的体系,它可以根据其内在的合理性、规划和管理手段来自行运作。毫无疑问,决策者必须重视提高孩子在语言和算术技巧这方面的技能。该种方法有助于在学校和班级组织中确定那些很离散的因素,利于操作,更容易观察,除了孩子背景这种先辈留下的影响之外,哪些因素可以提高学生的成就。它提供了清楚的学校质量这一概念,更为重要的是,它明确了真正影响学校的因素,这些因素是从"质量"的符号性的层面中获得的,而不是经验上被认为是与学习成果相关联的那些因素。

然而,在许多国家,人们常常论及,政治领导人和父母并没有只重视机械地提高认知能力和考试分数。他们更广泛地讨论怎样提高教育质量所涉及的基本问题:什么是我们想让孩子们在学校真正学到的? 当在地方的学校教育里讨论有关生存的问题时(特别在年轻的、后社会主义者的和有经济问题的政府当中),"孩子应该学什么"这种限制性的观念似乎无法再满足需要了。甚至在更为发达的西方国家,提高考试成绩也是官方优先考虑的,父母和教师通常强调尊重权威,强调社会技能的学习,满足雇主的期待。这属于道德社会化的范畴,而不仅仅是发展认知能力。这些问题不仅在个人或团体里讨论,而且在全民中得到广泛的讨论。这一研究在寻找激发孩子和使孩子社会化的更有效方法的过程中——不管是为基本的文化学习或是为道德发展——在学校是否可以促进孩子在家庭和同龄人中的社会化方面,已显示出跨文化和社会阶层的差异。日本父母要求孩子在学校表现良好,这方面对孩子施加的精神压力要比美国的大(Stevenson & Stigler,1992)。学校是否要增加如此激励或仅仅被动接受从家庭的作用得到好处? 什么时候应加强或争取采用本土方法去使孩子社会化,例如尊重成人的权威或本土知识。这些是社会化的问题,而不仅仅是与掌握认知技能相关联的问题。

除此以外,人类关于学习方面的认识的进展则表现为过时的说教,属于行为主义者在课堂教学的形式。然而,三种教育质量模式隐晦地假定资料、技能和动机附属于有胆识的教师。首要的政策战略已经假定当教师(有知识、有教材、有优秀的语言和上课技巧)是课堂的中心人物时,学生成绩将会得到提高。正在形成的学习理论——其强调特别在当地的背景之下,语言技巧和社会规范的获得——暗示这个政策的假定可能会达不到预期目标(LeVine,et al.,1991)。

源于教育外部领域的政治压力,在对待三个模式的教学改进和组织教学的封闭式体系时表现出了不耐烦的心理。尽管影响成就的因素是多样的,但不断增长的对学校私有化或分散学校教育的控制权的支持提供了重要的例证。家庭对社会化和教育选择的政治合法化是首要议程,而不是在技术上帮助学校提高各种投入,培训教师或无足轻重地参与到学校层的管理中(Chubb & Moe,1990)。总的说来,这些相互作用的因素提出了严峻的挑战:怎样去思考"学校质量问题"以及它的成因。这个问题将在下面第三部分进行详细讨论。

1.3　确定学校质量的决定因素

图1显示了学校和其相关的广泛因素使教师可以提高学生的成绩。"孩子的成绩"包括技能上的认知能力、社会化目标,还有学习的动机。"教育和班级管理"包括基本的教育资源、班级的社会组织以及对教师有意义的价值观和实践。"校级管理"包括中心领导阶层,同时也包括中央政策和预算是否给予学校领导更大的权力去支配学校的资源。图1的右边有两组重要的相关因素:家庭对社会化、文化学习和学校教育的影响参数以及提高学校质量在一定的变化水平中具有优先作用的相关政策内容(相对于增大学校的供给或致力于关注公平,而不考虑质量问题而言),可能影响学校质量的政策干预和怎样获得计划的可选择方案(Elmor,1990)。

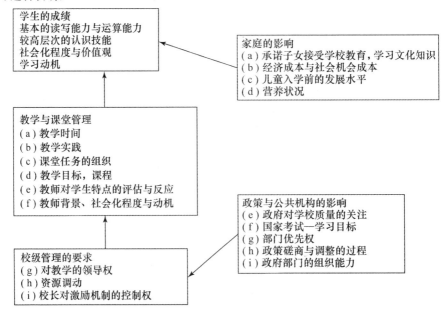

图1　界定教育质量:家庭、学校组织以及政策的影响因素

2. 提高学校质量的政策模式

每个模式都注重假定的因素和理论家认为能最好提高学生成就的政策干预的要点：班级的各种投入（产品—功能传统）；教师的个人知识、行为和动机（直接教育的传统）；为当地校长、教师、团体成员所精心设计的管理和组织角色（学校效益的传统）。

2.1　模式1：增加学校的各种投入

产品—功能模式已经初步主导了许多政府与国际机构的行为。这个方法有吸引力，因为不同领域的经济学家和政策分析家们都在使用它。如果能够明确地指出那些从经验上可以取得更好成就的具体因素（而且能够在不同的条件下运作），那么对这些目标的投入会变得更合理些。这里强调有效配置以更多地表现当前的政策对话的特征。由于美国科尔曼的早期研究（Coleman, et al., 1966）和英国普劳登（Plowden）委员会对学校教育的研究（Peaker, 1971），这个模式得到知识界广泛支持。科尔曼率先提出要建立一个多因素的生产功能模式来检验学校开支、可获得的教育资源和教师资质对学生取得成就的影响情况。在最初的研究当中，人们发现，物质投入对提高成绩几乎没有影响。然而，孩子的家庭背景却有相当的影响（Hanushek, 1986）。这一发现就为如下论断提供更多的证据，即为使儿童取得平等的教育成就，深层次的社会经济和阶级结构的变革是必要的。

研究产品—功能模式取得的成果对于解释如下五个问题作出了重要的贡献。第一，考虑到家庭背景不同之后，学校质量在解释儿童成就差异时是否发挥作用？从20世纪70年代早期以来，在发展中国家进行了近100项有关学生学业成就的实证研究。多数研究显示，来自西方国家的那些研究结论在工业化国家之外被证明是不正确的。家庭背景和父母所从事的职业的确影响儿童成就，特别在对本土语言的读写能力方面更是如此（Lockheed, et al., 1989）。学校质量水平对学生成绩影响也很大，同时也解释部分跟家庭不相干的科目的成绩取得与此不一致的原因——特别是数学成绩的取得（Heyneman & Loxley, 1983；Fuller, 1987）。此外，在拉丁美洲和东部非洲的研究表明：学校质量可以影响成绩，而这些成绩可以让大学生在劳动力市场获得成功（Schiefelbein & Farrell, 1984；Knight & Sabot, 1990）。这种实证研究工作——证明了发展中国家的学校作用和在西方国家所观察到的截然不同——得出重要的建议：一个人应当思考怎样利用社会的迁移和政策手段来减少社会不平等。

第二个要提的问题是：哪些特定的学校投入更可能影响到成绩？差不多100项研究表明，教学内容和教学过程对教学有着最根本、最持续的影响，包括教材、教师的指导、课外读物、花在学校的时间和教师本身在中学时接受教育的水平。教育的其他因素基本不会导致差异：设备的质量，花在教师培训学院的时间，还有教师的薪水（Fuller, 1987；Lockheed & Verspoor, 1991；Harbison

& Hanushek，1992)。

有关"产品—功能模式"的分析促使人们寻找相反的证据从而产生了第三个问题：哪些投入和投资不可能提高学生的成绩？多元模式，尤其是以某一种特定的不同的方法贯穿整个研究的模式，进一步令人信服地证明了某些个别学校的投入缺乏效果，而没有证实其影响的一致性。例如，纵观许多以第三世界为背景的研究，几乎没有研究表明班级的大小变化会影响学生的成绩水平。设备的质量是"学校质量"的另一个普通标志，但它对成绩的真正影响并没有被持续地观察到。例如，最近在巴西贫穷的东北部研究发现：在教师家里授课的班级和在正规学校教的班级效果没有区别(Harbison & Hanushek，1992)。这并不意味着这样的政策干预没有任何影响。然而，由于还找不出影响学习的根本因素，这就加重了某些国家的政策分析家的负担，即在投资之前，要证明那些所谓的成绩能带来什么实际利益。

第四个问题是：教育投入怎样与教学实践相关联？教学研究在历史上一直沿着一条明确的线路来发展，这与"产品—功能"模式非常不同。这两个方面结合起来，将大有益处。例如，据我们所知：结构严谨的教材和课程在某种情况下可以有效地代替花费较多的教师培训。简单地延长待在学校的时间，而不依赖于教学活动的变化，可能提高成绩。在特定的条件下，使用特定的教学法进行教学可以进一步提高学生的成绩(Fuller，1987；Lockheed & Verspoor，1991)。但是，这些模式并没有必要与所发现的西方国家的模式一样。例如，在中等收入的国家，增加可以获得的多种多样的教材内容，可以真正提高教师的主导作用，减少教师对学生的频繁的故作姿态(仅具有修饰意义)的提问限制学生的积极参与等。过分复杂的教学，如在一节课里使用几种不同的教学内容，可能在某种情形上会真正抑制成绩(Fuller & Hua，1992)。

产品—功能的隐喻有助于评价第五个政策问题：在可选的政策干预方案中，哪些是符合成本—效益要求的？旨在提高学校质量的某些干预确实可以提高学生的成绩，但对于备选的政策和投资其成本应是多少？例如，在尼加拉瓜，雅米松(Jamison，1982)估计要通过提高教科书的有效性来帮助学生提高学业成就，则班级平均人数要从40人降到10人。同样，增加教师培训项目的时间长度也可能提高学生成绩。但更有效的成本—效益策略是：增加普通中学教育的时间长度，而不是把时间花在昂贵的教师学院(Lockheed & Verspoor，1991)。

尽管越来越多的研究在使用"产品—功能"的方法，但该方法常常受到概念的困扰。它几乎没指出教师怎样利用这些投入。就像给农民建议时，有大量笔墨关于如何把稀少的资源配置到重要的投入领域。但(在第三世界的背景下)几乎不知道农民或教师怎样利用这些基本工具(经济学家称之为"技术性效率")。当人的因素——如教师的背景或岗前培训——被发现是有效的或是不重要时,这个模式很少通过其实际效用来解释其"运行机制"。在 20 世纪 90 年代初,发展中国家才开始进行班级观察研究,揭示教师在班上使用教材的频度和方法(Fuller & Snyder,1991;Lockheed & Longford,1991)。

最后,产品—功能模式认为孩子的家庭背景是能够充分控制的——把影响成绩的那些学校和班级的因素分开。但是社会阶层的界定、父母的信仰、学前的经验对学生日后的学业成就影响巨大。当以文化的角度来明确家庭背景的指标时,就会发现这些变量在非洲(Lockheed, et al.,1989)和在日本(Holloway, et al.,1990)对解释日后学校成绩的变化极有意义。这意味着以前的研究低估了家庭因素对日后学生学业成绩的影响。我们可以把重点放在家庭因素和学校因素在使孩子社会化方面怎样相互起作用,而不是把家庭影响看成孤立的、不用分析的东西。

2.2　模式 2：授权给教师个人

历史上两条线的研究都把重点放在评价教师的背景、培训和教学行为是否及怎样影响学生的成绩上。以教师为中心的第一条线的研究在历史上是和产品—功能传统相连的:经验主义努力旨在确定教师的特定个性特征——社会阶层背景、性别、教师培训水平和经验——可能影响着学生的表现。这条线的研究使决策者知道哪种类型的大学生可以从事教育服务。

与工业发达国家相反,第三世界国家的教师的基本特征可以在很大程度上解释学生成绩的不同。例如,在贫穷国家里,教师本身的文化水平和专业知识能力与学生的成绩成正比,而且教材和教师的指导可以加强教师本身的知识水平(Heyneman & Jamison,1980)。当确认教师中心的方法无效时,这些发现是有益的。例如给那些任期较长的教师增加报酬,这种做法是无理由的,因为没有证据说明(Fuller,1987)。综上所述,延长教师岗前培训会更好武装教师这种经验主义的证据是不可靠的,也不会因此而得到更高的学业成绩(Harbison & Hanushek,1992)。美国和南非的早期研究工作表明:女教师在某些学科领域里,能促使女学生有更好的表现(Sadker, et al.,1991;Fuller & Hua,1992)。

产品—功能传统的这一延伸并没有完全令人满意,因为即使发现教师的特别特征对学生的成绩有正面的影响,这些调查结果仍不能阐明其中潜在的机制。也没有足够的证据说明在什么条件下,这些机制可能或不可能被观察到。

以教师为中心的第二条研究线索先于产品—功能模式的研究。20 世纪 50 年代,教育心理学家就开始试图去查明教师掌握的特定教学技巧和班级管理技巧,这些技巧关系着学生成绩的水平。"小班教学"或"直接指导"继续开展关于教师行为的经验研究可以导致许多学生获得更高成就(至少在西方国家是如此):为每一课确定明确的目标;以一种连贯的方式介绍教学材料;为学生提供机会去积极实践和应用新的信息;评定学生的理解水平;适当做出调整,使学生既能理解又有一定挑战性和新鲜感（Gage & Needels，1991）。

美国和英国做了很多这样的研究。在发展中国家，班级是否享有同样的条件？这些"最好的教学活动"是否在不同的文化背景里也同样有效？通过广泛地回顾小班教学的研究——包括尼日利亚、韩国和泰国的实证研究工作（Anderson，et al.，1989），对于典型的班级质量做出几个重要的概括：教师通常支配着班级、授课、听写、做课堂作业；在所有的条件下，没有任何一套教学行为表明能根本地提高学生的成绩；在特定条件下的教师行为，其意义必须先被理解，在理论上才可以使学生获得更好的成绩；把孩子分组组成合作团队更有好处，但在发展中国家，几乎从来没有这种情况。例如在博茨瓦纳、巴基斯坦和斯里兰卡等国家就是如此。然而，教师的日常事务在小学和中学之间差别很大，而且这种事务依照不同类型、不同的学校整体质量、不同的资源水平、吸引训练有素的教师的能力、学校是公立的还是私立的等方面而不同（Fuller & Snyder，1991；Rugh，et al.，1991）。

这种对教学广泛、大量的研究是百科全书式的。这里要强调的是整合这项工作和产品—功能传统的关系是有用的，其原因有二：其一，与试图调整教师的教学活动相比，决策者能更好地影响学校的基本结构要素。在发展中国家，这些基本要素可以产生更好的成绩。例如，西方国家一直在讨论：如果教师不能有效地使用教学时间，延长孩子们待在学校的时间是否能提高他们的成绩（Karweit，1985）。而在发展中国家，延长教学的天数、教学年限以及调整校历来获得更长的上学时间，包括使学校的日程与农历同步，这些措施看来都可以有效地提高成绩（Fuller，1987；Lockheed & Verspoor，1991）。

其二，因为产品—功能模式的研究开始阐明教师是否利用教材和利用教材的复杂性，这就使得在第三世界国家班级中发现的变化更容易理解。小班教学的做法遭到批评，因为其认为，即使在当地条件相差很大的情况下，行为的一般规律对孩子也会产生相同的结果。例如，自由回答式的提问，这种教学行为，其效用在数学课里和在社会学课堂里是不同的。文化标准也是衡量教师行为是否对学生产生积极作用的条件之一。在非洲的许多班级里，权威和专家是绝对权威，鼓励孩子提问或表达其想法，是不可理解的。增加教材和班级组织的复杂性，超出某个限度后，事情会向相反的方向发展，并不能提高学生的学业水准，因为他们早期的社会化被班级常规事务所淹没（Fuller & Hua，1992）。

产品—功能理论家（以及工作在第三世界的学校质量研究人员）对以教师为中心研究的终结性批评中论述道：以这个模式进行研究时，学习内容和"隐藏"在班级中的社会规则很少会变成清晰的研究焦点。某些教学行为被认为具有放之四海而皆准的标准，独立于为教师和学校所鼓励的社会参与之外。与认为教师是班级的支配者相反，日本教师在低年级经常奖励学生团队的表现，而不是学生个人的表现。在鼓励学习和读写能力之间体现了相互依赖，从侧面影响着儿童的行为,而不是由某权威的激励而产生个人的成绩。这里,孩子们参与班级活动的规则是完全不同的(Lewis,1984)。扩大活跃的甚至是民主的社会参与是某些殖民地时期之后的政府的中心议程,比如在纳米比亚和南非。但分析学校投入和教学行为的有效方法并不能完全证明在指导学生及教师的班级行为的社会规则和权威形式。

2.3 模式 3:使学校组织更有凝聚力、更专业

前两种模式的特征是分散而独行其是的。对班级进行物资投入,教师自主地按照惯例进行教学。第三种模式在如何提高教师的有效性和孩子的成绩方面,进一步提出了更社会化的、以共同体为导向的概念。这里的重心是校长和教师的专业化角色——在不同学校里,合理的行为规则有可能相同也可能不同。我们注意到解释性模式已经从班级扩展到学校层次。这些学校层次的作用在班级中究竟怎样转化为学生更好的表现,至今还留有很大的空白。

在 20 世纪 80 年代前,大量研究表明:许多教师的工作相互间是孤立的;校长通常只是个管理者,进行学校维持工作,几乎没有显示其领导作用;旨在提高教学的努力要么只是昙花一现,要么就根本不存在(Rowan,1990)。到了 70 年代后期,在西方国家的学术圈子和许多校长当中,"有效学校运动"得到很好的开展。有关此次运动的辅助性研究显示,确定的学校组织特征与学生取得更好成绩之间是有联系的,而不是归结于教师和班级的特征(Rutter, et al.,1979;Chubb & Moe,1990)。这些经验研究结果,加上一些有说服力的言词,就可以刻画出影响教师士气和学生成绩的学校层次的因素:对教师的工作和学生表现有更高的期待;在教师专业发展和培训机会方面,校长应发挥强有力的领导作用;强调纪律,并提供井然有序的环境;共同管理,在教师当中要有同伴的支持;教学活动应重点放在共享技巧上,并且要利用普通的教学实践;更严谨地安排教育时间和进一步强调学术任务。这些学校层面的因素正扩展到发展中国家——即使不太了解这些作用在不同的组织文化里有不同的含义。

有效学校模式的支持者认为:学生成绩差,不仅是因为可获得的物资投入或教师个人的微观行为,而且是很多学校方面的因素造成的。这个模式也暗示:要提高学生的成绩,就要改变成员间的社交规则和学校组织的参与方式。也就是说,校长和教师的角色应更专业,减少机械的成分,应更多注意批评性的反馈,减少对教师日常事务的规定。根据对学校成员的期待和他们参与管理的合理方式,该种模式试图描叙学校质量,解释学生成绩。这种研究路线使人们对社交规则和社会规范增加兴趣,这些社交规则和规范能表现特定的学校及班级特色。

3. 学校质量和班级规则模式的形成

当对教师和校长怎样利用投入及管理班级进行研究时,随着研究的深入,人们开始用新的方法去思考教学质量和教学的社会特征。这项工作大多强调:

教师与学生参与学校和班级活动时,成员资格和参与规则是如何组织起来的。班级的社交规则提供不同的方法促进学生进行合适的行为举止。同样,教师角色的构建决定于他(她)在学校管理中是专业地参与还是机械地参与。

一些殖民时期之后的政府对学校民主化更感兴趣,学校民主化被视为教育的改革,得到东欧、南非和部分东亚国家的拥护,这使得对社会参与学校质量研究工作的进一步发展。这些政治上的要求使"学校质量"相对机械的概念受到挑战。另一方面,三个基本模式有助于决策者确定政策杠杆、学校投入和教师岗前的努力,在改变和重新塑造班级及学校的社交规则中,这些东西必须相应地改变。

在认知发展研究的两条线索上,人们重新对班级的社交规则产生兴趣。首先,任何教学场景都包括相互作用的内、外文化模式或参与规则:谁能发言,什么时候发言? 谁的信息更权威? 怎样回应不同的讲话者,它的规范和规则是什么? 什么形式的信息、观点、情感可以合理听取? 通过遵循既定的规则并按照学业成就的社会结构形式做出良好表现,学生就会逐渐形成对班级的忠诚,使班级有凝聚力。这些规则和期望可以根据不同的情形——不同的班级、不同的学校和当地文化——来确定。简单零碎地对班级进行高投入,或试图改变教师的行为,而忽略了班级社交规则,是不可能有效的 (Levine, et al., 1991)。

第二,孩子在班级(和家庭)中积极地构建理解和意义。对班级的研究可以看出,学生(第一和第三世界中)花很多时间来被动地听老师讲课、做平时的活动以及机械地练习。相反,同伴之间的或与成人之间的校外学习和活动对儿童的社会参与以及发展自己的思想和行为能力都具有相当大的作用。当然,每个具体的行为的可信度及意义随着不同的文化和班级而有所不同。例如,在日本,学前教师很少直接控制孩子的行为,而且和北美教师的明确处罚有不同意义。孩子所建构的知识及意义依赖于特定的规范和价值观,如当地文化或民族社会。在对学习及社会化方面的理解所取得的突破对于人们如何抓住和界定班级质量具有重要意义。

下面三个例证式的研究开始提供关于确定班级的社交规则的信息。

(1) 教师向学生提问的频率和形式决定学生的课堂参与形式。无论在西方国家或第三世界国家的学校,都很少对学生提问。当教师直接提问某个学生时,他只要一个正确的答案。如果没有教师要求,学生自愿提问的情况非常少见。福勒和斯耐德(Fuller & Snyder, 1991)在博茨瓦纳发现,普通小学教师在班上每 10 分钟提问 4 个问题。超过 3/4 的问题只需要一个事实的回答。每 7 个中只有 1 个问题,学生可以自愿回答。在巴基斯坦和泰国也有相同的发现 (Rugh, et al., 1991),在西方国家的学校也是如此(Anderson, et al., 1989)。教师提问的背景也正在研究,包括怎样提问才能适合班级活动和达到教师的期待;孩子怎样理解教师的提问类型(测理解能力,鼓励好的行为或处罚坏的行为,激发学生和其他学生的横向讨论),而这些类型在不同的文化中,也有很大的差别;还包括对课堂提问的认知功能的研究(Carlsen,1991)。

(2) 班级的社交技巧和学习任务影响着学生的参与质量。许多教师在班上试图管理学生和对学生讲话时,他们只使用简单的手段和常规方法。这种权宜的行为通常在第三世界国家是合理的,因为教师每天要面对大量的学生,而基本的教材又非常缺乏。然而,当教师要进行稍微有点难度的教学任务,就要求学生参与。授权给学习小组是一种常用方法。研究表明,在学习小组里,学生口头表达的机会和合作的机会增加,通常能提高成绩(Cohen,1986;Slavin,1991)。值得注意的是,教学法的复杂性可能会阻碍决策者关于课程材料和教师培训方法的选择。

(3) 教师对班级有效性理解的程度以及参与学校事务广度问题,已成为研究的一个主要方面。从这个角度来看,教师被视为社会化过程的一部分,从他们的岗前培训开始,进入班级后仍一直持续着。早期证据表明,考虑到学生家庭背景的影响和其他班级因素,教师对自己所起作用的认识和学生获得较好成绩是有关联的。当教师感觉自己在从事着重要的工作,他们的努力会得到有价值的结果,他们的学生就可能表现更好(Ashton & Webb,1986)。而且,参与规则可以促使有动机的行为的产生,从而对提高学生的成绩起作用。

4. 中央政策是否能促进班级发展

学校质量和班级生活的社交原则的概念改变具有重要意义。不能简单地把教师个人或零碎的教育投入看成是提高学生认知熟练程度的、机械的原动力。教师和教学材料是被置于一定社会背景下的一套或明或暗的社会参与的规则和方式。当学生被动倾听已表达的事实,或积极地构建自己的理解时,就能获得关于权威、专业技术和合理的行为方式的社会规范。

但公共政策是否能加强和扩大班级的社会结构? 政府,特别在发展中国家的脆弱政府,已经在努力地配置资源进行投入和教师培训项目,旨在最有效地提高学生成绩。但一些基本因素及其已经产生的对学生表现的影响,却被忽略了。产品—功能模式的一个主要优势就是它为政府决定做什么提供了框架。中央的决策者关注学校和班级不太具体的一面,这具有现实性吗?

几种力量正促使政府去理解学校质量这些更复杂的概念。首先,殖民地时期之后的国家已经开始试图影响班级的社交规则和参与规范。在国家标准音标和考试方面,国家通过立法和强制手段,为以后提供了普遍模式。在教育发展和社会地位获得方面,如果对事实材料的记忆以及掌握语言精华的标准是由官方来确定的话,那么班级中的参与式学习很少发生。这些中央机制的真正改善是很难的,但它对班级起着潜在影响作用。

第二,政府重新确立学校巡视员、校长与教师的社会角色和影响。当这些角色被注入技巧、判断力和专业技术时,教育质量将会得到进一步的关注。如果学校只是机械地进行管理,完全按照中央部门的指示或仅稍稍改变一下,那么创造性的参与规则(学校教职员工和学生的参与)就不太可能产生。后殖民政府习惯通过对学校的基本投入和培养更多的教师来显示其强大,这就使得它陷入进退两难的局面。但政府必须温和、谨慎地为学校培养专业人才(Fuller,1991)。有些政府把下属机构设到当地学校里,或把巡视员的角色变为代理人的角色,或者以激进的方式实施分权,或把学校私有化。

最后,政府和国际机构经常把当地教育人员的注意力从对学校质量问题的认真考虑上转移开。如现在所做的那样,依赖机械模式来提高学校的效益和成就,可能有利于预算政策合理化,而且可以小心地确定学校开支目标。但是合理化的政策也迫使父母及教师管理孩子的基本规则、行为以及参与的形式都发生了改变,例如教师培训被机械地视为把教学法技巧传授给新手。人们开始意识到教师更加关注那些班级规则的设置,这些规则保留着控制和教育的刻板形式。父母关注学校的纪律,与竞争及合作相关的社会价值;关注孩子所学的东西是强化还是削弱本土价值。特别是在那些试图摆脱早期殖民政权或遥远的独裁统治模式的国家,政治领导人越来越多地讨论儿童应该学习什么社会价值和道德,不学什么社会价值和道德。习惯使用机械的教学质量模式不足以实现这些深切的愿望,也不足以在班级里实现孩子们的社会化重建。

(覃壮才　盛　冰　译　余　晖　校)

专题拓展阅读文献

1. Richard L. Merritt & Fred S. Coombs. Politics and Educational Reform[J]. Comparative Education Review, 1997, Vol. 21, No. 2/3.

2. Apple, M. W. Challenging One's Own Orthodoxy: Diane Ravitch and the Fate of American Schools[J]. Educational Policy, 2010, 24(4): 687-698.

3. Taylor, S., et al. Educational Policy and the Politics of Change[M]. London and New York: Routledge, 1997.

4. Holtta, S. Towards Self-Regulative University [M]. Joensuu: Joensuu University Press, 1995.

5. Zajda, J. Globalisation, Ideology and Education Policy Reform[M]. New York: Springer, 2010.

6. Rizvi, F. H. & Lingard B. Globalizing Education Policy[M]. New York: Routledge, 2010.

7. Cohen, D. K., Fuhrman S. H. & Mosher F. The State of Education Policy Research[M]. Malwah, N. J.: Lawrence Erlbaum Associates, 2007.

8. Borman K. M. Implementing Education Reform: Sociological Perspectives on Educational Policy[M]. Norwood, N. J.: Ablex Publishing Corporation, 1996.

9. Charles Edquist. Innovation Policy: A System Approach, in Lundvall, B. & Archibugi, P. Eds. Majar Socio-Economic Trends and European Innovation Policy. Oxford: Oxford University press, 2001.

10. 《生产不平等：在政策与实践中的保守主义现代化》
[美]迈克尔·W. 阿普尔. 教育的"正确"之路——市场、标准、上帝和不平等[M]. 第二版. 黄忠敬, 等译. 上海: 华东师范大学出版社, 2008: 61-90.

北京大学出版社
教育出版中心 精品图书

大学之道丛书

哈佛：谁说了算 [美]理查德·布瑞德利 著 48元

麻省理工学院如何追求卓越

　　　　　　　　　　　[美]查尔斯·维斯特 著 35元

大学与市场的悖论 [美]罗杰·盖格 著 48元

现代大学及其图新 [美]谢尔顿·罗斯布莱特 著 60元

美国文理学院的兴衰——凯尼恩学院纪实

　　　　　　　　　　　[美]P.F.克鲁格 著 42元

教育的终结：大学何以放弃了对人生意义的追求

　　　　　　　　　　[美]安东尼·T.克龙曼 著 35元

大学的逻辑（第三版） 张维迎 著 38元

我的科大十年（续集） 孔宪铎 著 35元

高等教育理念 [英]罗纳德·巴尼特 著 45元

美国现代大学的崛起 [美]劳伦斯·维赛 著 66元

美国大学时代的学术自由 [美]沃特·梅兹格 著 39元

美国高等教育通史 [美]亚瑟·科恩 著 59元

哈佛通识教育红皮书 哈佛委员会撰 38元

高等教育何以为"高"——牛津导师制教学反思

　　　　　　　　　　[英]大卫·帕尔菲曼 著 39元

印度理工学院的精英们 [印度]桑迪潘·德布 著 39元

知识社会中的大学 [英]杰勒德·德兰迪 著 32元

高等教育的未来：浮言、现实与市场风险

　　　　　　　　　　[美]弗兰克·纽曼等 著 39元

后现代大学来临？ [英]安东尼·史密斯等 主编 32元

美国大学之魂 [美]乔治·M.马斯登 著 58元

大学理念重审：与纽曼对话

　　　　　　　　　[美]雅罗斯拉夫·帕利坎 著 35元

学术部落及其领地——知识探索与学科文化

　　　　　　　　[英]托尼·比彻 保罗·特罗勒尔 著 33元

德国古典大学观及其对中国大学的影响 陈洪捷 著 22元

大学校长遴选：理念与实务 黄俊杰 主编 28元

转变中的大学：传统、议题与前景 郭为藩 著 23元

学术资本主义：政治、政策和创业型大学

　　　　　　　[美]希拉·斯劳特 拉里·莱斯利 著 36元

什么是世界一流大学 丁学良 著 23元

21世纪的大学 [美]詹姆斯·杜德斯达 著 38元

公司文化中的大学 [美]埃里克·古尔德 著 23元

美国公立大学的未来

　　　　　[美]詹姆斯·杜德斯达 弗瑞斯·沃马克 著 30元

高等教育公司：营利性大学的崛起

　　　　　　　　　　[美]理查德·鲁克 著 24元

东西象牙塔 孔宪铎 著 32元

21世纪引进版精品教材·学术道德与学术规范系列

如何为学术刊物撰稿：写作技能与规范（英文影印版）

　　　　　　　　　　[英]罗薇娜·莫 编著 26元

如何撰写和发表科技论文（英文影印版）

　　　　　　　　　　[美]罗伯特·戴 等著 28元

如何撰写与发表社会科学论文：国际刊物指南

　　　　　　　　　　蔡今忠 著 25元

如何查找文献 [英]萨莉拉·姆齐 著 25元

给研究生的学术建议 [英]戈登·鲁格 等著 26元

学术道德学生读本 [英]保罗·奥利弗 著 17元

科技论文写作快速入门 [瑞典]比约·古斯塔维 著 19元

社会科学研究的基本规则 [英]朱迪斯·贝尔 著 18元

做好社会研究的10个关键 [英]马丁·丹斯考姆 著 20元

阅读、写作和推理：学生指导手册

　　　　　　　　　　[英]加文·费尔贝恩 著 25元

如何写好科研项目申请书

　　　　　　　　[美]安德鲁·弗里德兰德 等著 25元